"十四五"高等职业教育城市轨道交通类规划教材

城市轨道交通行车组织

孙　佩　禹建伟◎主　编
王兴仁◎副主编
廖军生◎主　审

中国铁道出版社有限公司
CHINA RAILWAY PUBLISHING HOUSE CO., LTD.

内容简介

本书是“十四五”高等职业教育城市轨道交通类规划教材之一，是城市轨道交通运营管理专业核心课程教材。全书以项目任务形式编写，以城市轨道交通运营企业的行车、客运岗位群所需的理论知识和操作技能为主，对城市轨道交通行车组织进行了较详细、较全面的描述。书中包括城市轨道交通行车组织概述、行车组织基础设备、列车开行计划、列车运行图、车站行车作业组织、车辆段行车作业组织、行车调度工作、列车运行组织、施工组织及工程列车开行、行车事故及预防共10个项目。

本书适合作为城市轨道交通运营企业控制中心、车站及车辆基地（车场）行车调度员、车站值班员、站务员、调车员等行车岗位人员的培训教材，可作为职业院校城市轨道交通及相关专业的教材和教学参考书，也可供相关专业技术人员学习参考。

图书在版编目（CIP）数据

城市轨道交通行车组织 / 孙佩，禹建伟主编 .—北京：中国铁道出版社有限公司，2021.11（2023.12 重印）

“十四五”高等职业教育城市轨道交通类规划教材

ISBN 978-7-113-28392-6

Ⅰ. ①城… Ⅱ. ①孙… ②禹… Ⅲ. ①城市铁路 - 行车组织 - 高等职业教育 - 教材 Ⅳ. ① U239.5

中国版本图书馆 CIP 数据核字（2021）第 189247 号

书　　名：城市轨道交通行车组织
作　　者：孙　佩　禹建伟

策　　划：侯　驰
责任编辑：张松涛　　　　编辑部电话：（010）83527746
封面设计：郑春鹏
责任校对：孙　玫
责任印制：樊启鹏

出版发行：中国铁道出版社有限公司（100054，北京市西城区右安门西街8号）
网　　址：http://www.tdpress.com/51eds/
印　　刷：三河市兴达印务有限公司
版　　次：2021年11月第1版　2023年12月第2次印刷
开　　本：787 mm×1 092 mm 1/16　印张：16.25　字数：396千
书　　号：ISBN 978-7-113-28392-6
定　　价：45.00元

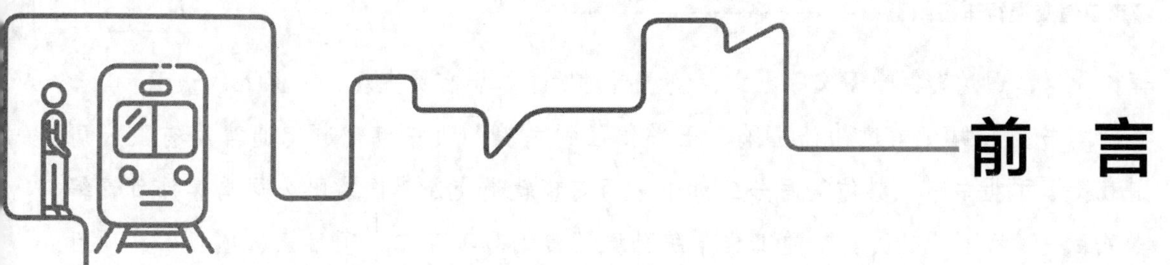

前言

我国大中城市人口密集、资源紧缺，而城市轨道交通具有节能、环保、快捷、高效的特点，是解决城市交通拥堵有效的方式。随着城市化进程的进一步加速，中国的城市轨道交通建设迎来了黄金发展期。截至2020年底，中国已有四十多个城市开通城市轨道交通，运营线路里程达到7 969.7 km，新增城市轨道交通运营线路36条，累计达到244条，运营车站达到4 681座（以上统计数量均未含台、港、澳数据）。据不完全统计，2020年城市轨道交通累计完成客运量175.9亿人次。

城市轨道交通是一个复杂的、技术密集型的公共交通系统，其高效运作要依靠先进的技术设备，要保障这个“大联动机”安全、高效运营，必须依靠与之相协调的高素质的应用型人才。目前，虽然很多职业院校开设了城市轨道交通相关专业，但缺乏较为系统、全面的与专业岗位所需理论知识及操作技能紧密结合的专业系列教材，为此中国铁道出版社有限公司联合西安交通工程学院、西安市轨道交通集团有限公司，校企合作，结合教学与现场工作需要，经过多次修改和完善编写了本书，以满足当前城市轨道交通应用型人才培养的需求。

城市轨道交通行车组织工作是城市轨道交通运营的核心内容之一，需要多工种协同配合才能顺利完成，无论是站务员、车站值班员、行车调度员、列车司机还是检修等岗位，都需要掌握城市轨道交通行车组织相关知识。本书主要有以下特点：

1．以项目任务形式编写，以城市轨道交通运营企业行车、客运岗位群所需的理论知识和操作技能为主，通过岗位职业能力分析，针对行车组织工作所需的理论知识和应用技能设定了10个项目，既注重基本的理论知识介绍，又更突出应用，应用部分从学生熟悉的车站工作入手，依次介绍了车辆段及控制中心等三大机构的行车作业组织，并对运营期间的正常、非正常的行车组织及非运营时段的检修施工做了重点介绍，在知识框架上结构更为合理、流畅。

2．本着“理论以够用为度，加强实践性教学”的原则，通过知识链接及任务实施等方式，融入城市轨道交通的最新应用及操作技能，不再局限于枯燥的

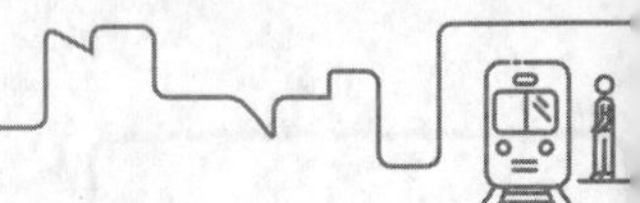

理论知识，通过案例、图文等方式，使学生对所学知识有更直观、更深入的认识。

本书由孙佩、禹建伟任主编，王兴仁任副主编，西安市轨道交通集团有限公司副教授廖军生主审。具体编写分工如下：西安市轨道交通集团有限公司禹建伟负责编写项目一、项目七；西安交通工程学院孙佩负责编写项目二、项目三、项目四、项目五、项目六；西安交通工程学院王兴仁负责编写项目八；西安市轨道交通集团有限公司郑西同负责编写项目九；西安中铁轨道交通有限公司赵朝前负责编写项目十。在编写过程中，孙佩、王兴仁负责设计全书框架及编写思路，程茗负责全书资料整理工作。

本书在编写过程中参考、引用了相关专家、学者发表、出版的关于城市轨道交通行车组织的文献，吸收了西安地铁、郑州地铁等城市轨道交通企业的运营资料，在此向相关作者表示衷心的感谢。

由于编写时间仓促，编者水平有限，不足之处在所难免，敬请读者批评指正。

编 者

2021 年 1 月

目　录

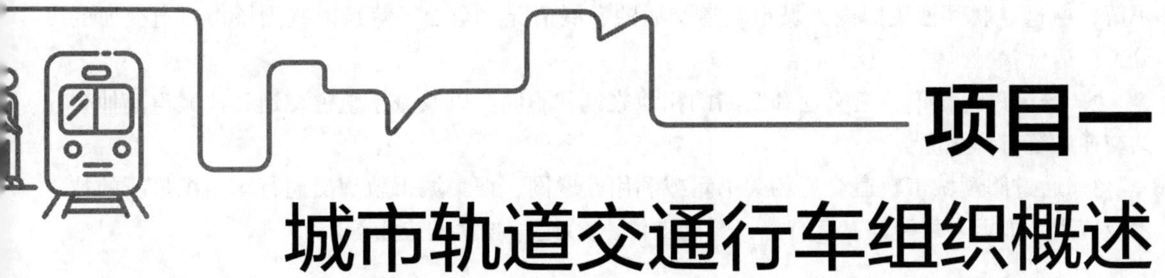

项目一 城市轨道交通行车组织概述

项目描述

城市轨道交通行车组织工作是城市轨道交通的核心工作，即在运输生产过程中，为完成运送乘客任务所进行的一系列与运输有关的工作。它担负着指挥列车运行、保证行车安全、提高运输效率的重要任务。

本项目从城市轨道交通行车组织工作特点及城市轨道交通行车工作认知两个方面进行介绍。

学习目标

1. 知识目标

了解城市轨道交通行车组织特点；了解城市轨道交通行车组织的工作要求；熟悉城市轨道交通行车指挥机构及各岗位的基本任务；了解城市轨道交通行车组织的基本规章制度。

2. 能力目标

对城市轨道交通行车组织工作有初步的认识，能够描述城市轨道交通系统和铁路系统的区别；能够描述行车指挥机构的构成及各机构职能，熟悉行车相关岗位及各类行车技术规章。

3. 素质目标

认识到城市轨道交通行车组织工作的重要性，树立对城市轨道行业的认同感和严肃认真的工作作风；培养自主学习、认识新事物、独立思考的能力。

任务一 城市轨道交通行车组织工作特点

任务目标

1. 了解城市轨道交通发展的必然性。
2. 了解城市轨道交通和铁路的区别。
3. 掌握轨道交通行车组织的工作要求。

任务描述

1. 作为一名城市轨道交通运营管理人员，首先要对城市轨道交通的运营现状、趋势有所

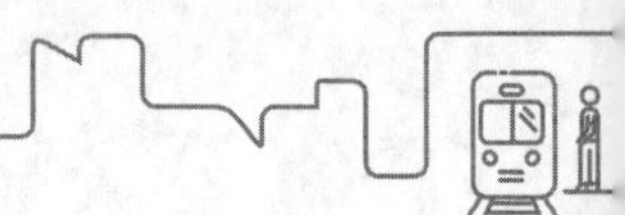

了解，通过互联网搜集国内外城市轨道交通的发展情况，全面了解目前我国城市轨道交通的分类、运营状况、营业里程、年客运量等。

2．分组讨论城市轨道交通和铁路的相似之处和不同，以及城市轨道交通相比城市其他公共交通系统有哪些优势。

3．通过阅读城市轨道交通相关书籍或利用互联网，搜集城市轨道交通行车组织最新的技术及应用，如无人驾驶、人工智能、智能支付、5G通信技术的应用等。

相关知识

一、城市轨道交通发展的必然性

城市交通特别是大城市交通，当前面临的主要问题包括：人员流动及道路车辆增加速度过快，道路容量严重不足造成了交通阻塞、车速下降、事故频发，交通管理水平低下等问题造成市民行车难、乘车难。从供给和需求的角度来看，新的道路建设降低了出行时耗，但交通便捷的同时，也引发了新的交通需求，经过一段时间后又恢复到原来的拥挤状态，因此“交通需求总是趋向于大于交通供给”。城市交通问题的实质即人、车、线路三要素之间的相互制约关系在城市的不同时空中的反映，其核心是如何满足乘客广泛的交通需求，并保持优质的交通服务水平。

城市轨道交通包括地铁、轻轨、独轨、现代有轨电车等，我国城市轨道交通发展是以地铁为主导，多种线路协同发展。截至2020年底，我国城市轨道交通运营线路里程中地铁占比79%，仍处于主导地位，因其具备以下优势使其成为发展的必然，同时也成为缓解城市交通压力的骨干。

1．运量大

地铁单向运送能力在30 000 ~ 70 000人/h之间，轻轨交通在10 000 ~ 30 000人/h之间，而公共汽车、电车为8 000人/h，在客流密集的城市，轨道交通疏散客流具备更大的优势。

2．准时、快速

地铁有自己的专用线路，与道路交通相隔离，不受其他交通工具的干扰，不会出现交通阻塞而延误运行时间，可保证乘客准时、迅速地到达目的地。

3．安全

地铁或于地下或高架，即使在地面也与道路交通相隔离，与其他交通工具无相互干扰，如果不遇到自然灾害或发生意外，运行安全有充分的保障。

4．低碳环保

地铁采用电力驱动，噪声小，污染轻，对城市环境不造成破坏。

5．节省土地资源

地铁（多建于地下或高架）即使在地面其占地也有限，充分利用了城市空间，节省了日益宝贵的土地资源。

城市轨道交通是现代化都市的重要基础设施，是解决城市交通拥挤、乘车困难、行车速度下降的有效手段。同时，城市轨道交通也存在一定的局限性，如建设费用高，建设周期长，技术含量高，建设难度大，一旦修建好，后期改扩建相对困难；如遇有自然灾害尤其是火灾，乘客疏散困难，容易造成人员伤亡；城市轨道交通的运营组织涉及多部门、多工种，其运输组织工作远比地面公共交通复杂。

二、城市轨道交通有别于铁路的特点

城市轨道交通与铁路同属于广义的轨道交通，都要依托固定轨道、借助于电力驱动（非电气化铁路除外），但在运营范围、速度、服务对象、技术设备等方面与铁路存在明显的不同。

1. 运营范围

城市轨道交通运行范围是城市市区及郊区；而铁路跨及全国各省区，点多、线长、面广、连接城乡。

2. 运行速度

城市轨道交通因在城市范围内运行，站间距离短，目前多数线路须站站停车，列车运行速度通常不超过 80 km/h；而铁路的运行速度比较高，许多线路在 120 km/h 以上，高速铁路在 200 km/h 以上。

3. 服务对象

城市轨道交通的服务对象单一，只有客运服务；而铁路包含客货运输任务。

4. 线路

城市轨道交通大部分线路在地下或高架，且均为双线，各线路之间一般不过线运营。正线一般采用 9 号道岔，车辆段采用 7 号道岔，按轮轨支撑形式不同，其线路除了常见的钢轨钢轮系统外，还有单轨系统、自动导向系统等，这些都与铁路有异。

5. 车站

城市轨道交通一般车站多为正线，多数车站没有道岔，换乘站多为立体方式；铁路车站有数量不等的道岔及股道，有较复杂的咽喉区，换乘为平面方式，需要通过跨越设施（天桥或地道）完成。

6. 列车

城市轨道交通采用电动车组，一般不分解，车辆类型少，与高速铁路列车相似；普速铁路列车分为机车和车辆两部分，且机车、车辆种类众多。

7. 车辆段

城市轨道交通车辆段主要是服务于车辆检修、停放、日常保养、和正线行车作业服务；铁路车辆段常设于铁路的区段站和编组站，主要负责列车车辆（不含机车）的运营、整备及检修等工作。

8. 供电

城市轨道交通的供电包括牵引供电和动力照明供电，一旦断电，系统将瘫痪；铁路除了电气化铁路外，还有非电气化铁路，可在没电的情况下保持运行动力。

9. 通信信号

城市轨道交通列车密度高，行车间隔短，普遍采用列车自动监控和列车自动运行的方式，并建立了可靠的通信网；铁路多数采用三显示、四显示，以轨道电路检测列车位置及线路占用情况，精度较低。

10. 运营管理

城市轨道交通运营条件十分单纯，除了进、出段和折返外，没有交会，少数线路设有越行线（开行快慢车），正线上一般没有调车作业，易于实现自动监控；铁路运营组织复杂，有大量的越行、会车、调车作业，自动化程度相对较低。

三、城市轨道交通对行车组织工作的要求

城市轨道交通，尤其是地下铁道因其固有的特点，对其行车组织提出如下要求：

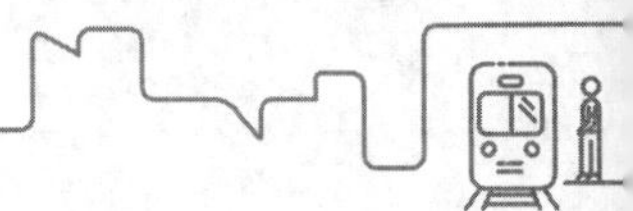

1. 安全性要求高

因城市轨道交通尤其是地下部分隧道空间小，行车密度大，故障排除难度大，若发生事故难以救援，损失将非常严重，所以对行车安全的保证，即对行车组织提出了更高的安全要求。

2. 计划性强

城市轨道交通行车组织要有完善的行车计划，且日常当中要严格遵守，在运营中各部门都要以运行图为依据，按照行车组织规则组织列车运行，列车发车时刻、停站时间、发车密度、运行交路等都需要提前制订计划。

3. 信号显示要求高

城市轨道交通虽然地面信号机少，地下部分背景暗，且不受天气影响，直线地段瞭望条件好，但曲线地段受隧道壁的遮挡，信号显示距离受到限制，所以保证信号显示也是一个重要的问题。

4. 可靠性高

由于城市轨道交通隧道净空小，且装有带电的接触网，行车时不便于维修和排除设备故障，所以要求信号设备具有高可靠性，应尽量做到平时不维修或少维修。列车、通信设备等故障都会影响到正常运营，所以对于设备可靠性要求高。

5. 自动化程度高

由于城市轨道交通的线路长度短，站间距离短，列车种类较少，行车规律性很强，因此它的调度系统中通常包含自动排列进路和运行自动调整的功能，自动化程度高，需要人工介入的地方极少。

任务实施

近年来，我国城市轨道交通在建设、运营和设备技术革新上取得了较大的成就，那么目前我国城市轨道交通的发展在国际上处于什么水平？有哪些城市开通了轨道交通，营业里程有多少？输送客流量有多少？我国城市轨道交通的发展趋势是怎样的？根据所学的相关知识，完成以下任务：

1. 分组讨论，确定任务实施方案及人员分工。
2. 利用相关书籍或互联网搜集资料，分组制作 PPT 并进行效果展示，讲解及互动讨论。
3. 各组成员对收集的学习资料进行汇总，并撰写心得体会。

任务评价

序号	评价内容	评价标准	分数	评分记录		
				学生自评	组间互评	教师评分
1	小组计划	任务明确、分工合理	10			
2	资料搜集	资料、数据等完整全面	20			
3	制作 PPT	PPT 制作内容逻辑清晰、美化效果好	20			
4	讲解及互动	逻辑清晰、互动效果好	30			
5	学习总结	资料全面、观点明确	20			
总分			100			

任务二 城市轨道交通行车工作认知

任务目标

1．掌握城市轨道交通行车指挥机构的构成及各机构功能。

2．了解行车主要岗位及其工作要求。

3．了解城市轨道交通行车组织的基本规章制度。

任务描述

1．作为一名城市轨道交通运营管理人员，首先要对行车指挥机构有明确的认识，通过多媒体、网络或实地参观，了解城市轨道交通行车指挥机构的设置、构成及作用。

2．由于各城市轨道调度生产组织机构不尽相同，岗位设置也略有不同，分组搜集资料相互讨论，掌握行车组织相关岗位及其工作要求。

3．行车作业要有章可循，分组讨论学习行车组织过程中需要严格遵守、认真执行的有哪些规章制度。

相关知识

一、城市轨道交通行车指挥机构

城市轨道交通系统是一个复杂的、技术密集型的城市公共交通系统。为确保行车组织工作中各环节紧密配合、协调工作，保证列车安全、正点运行，必须坚持安全生产的方针，贯彻高度集中、统一指挥、逐级负责的原则。

城市轨道交通行车指挥机构层次图如图 1.1 所示。轨道交通系统设立运营控制中心（OCC）。OCC 一般按照分工设置不同的调度工种，通常设有控制中心值班主任、行车调度员、电力调度员、环控调度员、维修调度员等岗位。

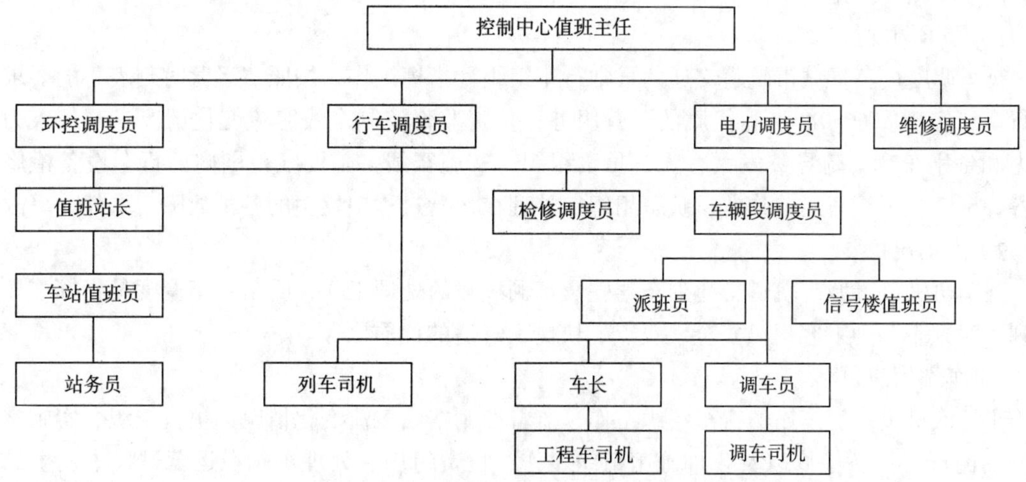

图 1.1 城市轨道交通行车指挥机构层次图

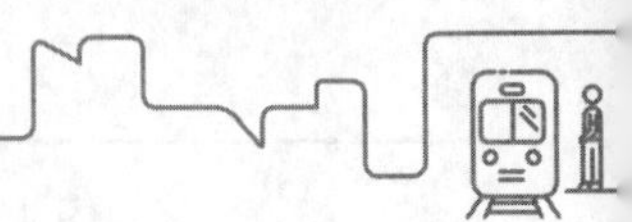

一般城市轨道交通行车指挥机构分为一级、二级两个指挥层级；二级服从一级指挥。一级指挥为：行车调度员、电力调度员、环控调度员和维修调度员。二级指挥为：车站值班站长、车辆段调度员、检修调度员。各级指挥根据各自职责任务独立开展工作，并服从运营控制中心值班主任总体协调和指挥。

车站由值班站长负责，车辆段由车辆段调度员统一指挥；列车在区间时，电客车由列车司机负责指挥，工程车由车长负责指挥；列车在车站时，由车站值班站长负责指挥，或由行车调度员用无线电话直接指挥列车司机；发生行车设备故障，车站值班站长（车站值班员）应及时报告维修调度员和行车调度员；由行车调度员跟进维修调度员或车辆段调度员组织抢修处理。

各行车机构主要工作：

1. 运营控制中心（OCC）

OCC是城市轨道交通系统运营日常管理、设备维修、行车组织的指挥中心，通过各调度员，对全线列车运营和设备运行情况进行监视、控制、协调、指挥和调度，也是城市轨道交通系统运营信息收发中心，所有与行车有关的信息必须通过OCC集散。

2. 车辆段控制中心（DCC）

DCC是车场管理、车辆维修组织和作业的控制中心，负责车场范围内的行车组织、维修施工管理，负责车辆日常检修、清洁、定修和临修工作控制，为轨道交通系统运营及设备维修施工提供数量足够的和工况良好的客车和工程车。

3. 车辆段信号楼

车辆段信号楼设有微机联锁设备，集中控制车场范围内的进路、道岔和信号机，隶属车辆段调度员管理。车场信号控制室与其邻接车站通过进路照查电路，共同组织与监控列车进出车场。

4. 车站

车站设有车控室，主要任务是接发列车，并做好乘客服务工作，遇突发情况进行应急处理，确保行车安全和乘客人身安全。

二、城市轨道交通主要行车岗位及基本要求

1. 行车相关岗位

1）行车调度员

行车调度员负责城市轨道交通的日常行车组织、指挥工作，按照“运营时刻表”的要求组织行车，实现安全、准点和优质的运营服务；负责监督控制全线客流变化情况，调集人力、物力和备用车辆，疏导突发大客流；负责组织、实施正线、辅助线范围内的行车设备检修以及各种施工、工程车运输作业；负责组织、处理在运营过程中发生的各种故障、事件、事故。

2）列车司机

列车司机负责城市轨道交通列车驾驶及车辆故障的处理工作，听从行车调度员指挥，按照“列车时刻表”为乘客提供安全、正点、快捷、舒适的优质服务。

3）车站值班员

车站值班员负责车站的行车组织工作，监督控制本站客流变化情况，负责组织、实施本站范围内的行车设备检修以及各种施工组织工作，负责组织、处理车站在运营过程中发生的各种故障、事件、事故。

4）车辆段人员

（1）车辆检修调度员

车辆检修调度员负责车辆的计划维修、故障抢修、事故处理、调试、改造作业安排及组织实施，监视所有车辆技术状态，提供运行图所规定的客车数上线服务，并确保其状态良好，符合有关规定。

（2）车辆段调度员

车辆段调度员统一指挥车辆段内的行车组织工作，全面负责组织实施客车、机车车辆转轨、取送作业，组织实施列车调试作业、列车出入车辆段等工作，科学合理地调配人员、机车车辆和协调、安排车辆段内行车设备、消防设备及库房等设备、设施的检修维护。

（3）车辆段信号楼值班员

车辆段信号楼值班员根据接发列车作业计划、调车作业计划操作微机联锁设备，负责列车进出车辆段的行车组织工作。

2. 相关岗位要求

1）行车调度员

作为实现"列车时刻表"的实际组织者，行车调度员肩负着控制整体系统、指挥列车运行、处理突发事件的重大责任。

2）列车司机

作为行车组织的最前线执行人员，列车司机肩负着安全驾驶列车、快捷运送乘客、保证人身安全的重大任务。

3）车站值班员

车站值班员要确保自动化设备和所提供的服务能满足乘客的需求，也要保障在车站管辖范围内乘客的安全；车站的运输服务工作需要与控制中心紧密合作，车站值班员随时准备执行行车调度员命令，协助行车调度员完成行车组织工作，根据客流状况作出适当的安排措施。

4）车辆段人员

车辆段人员是行车组织工作中重要的后勤保障人员，为正线列车安全运营提供状态良好的列车，要求各岗位人员认真做好列车检修、维护及准备工作。

三、城市轨道交通行车组织的基本工作制度

行车组织类规章制度是轨道交通运营企业技术管理的核心，是规范所有行车组织工作从业人员生产活动的行为准则。各行车组织岗位人员必须严格遵守、执行规章制度，确保整个系统安全、有序、高效地运作。

1. 城市轨道交通行车组织规则

1）《行车组织规则》的内容

《行车组织规则》是各城市轨道交通企业根据各自运营线路信号及有关设备系统运营使用功能和行车设备的配置及实际运营要求情况制定的，是一个企业行车管理的基本法规。

① 技术设备：包括轨道、道岔、信号机、电客车、屏蔽门、通信设备、供电设备、机电设备等。

② 行车组织指挥系统：包括行车组织原则、运营组织指挥机构及功能、运营指挥执行层次等。

③ 行车闭塞法：主要包括移动闭塞法、准移动闭塞法及固定闭塞法。

④ 列车运行有关规定：主要包括列车运行模式、电客车运行的准备和条件、电客车出入车辆段的组织、列车接发作业规定、电客车运行中的操作、工程车开行规定等。

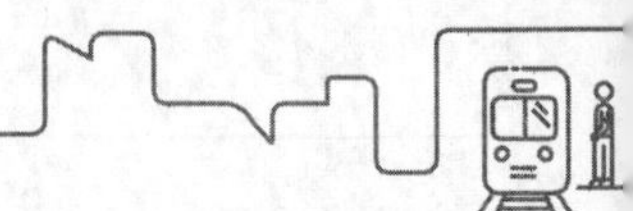

⑤ 非正常情况下的行车组织：包括列车反方向运行规定、列车退行规定、列车推进运行规定、信号系统设备故障时的行车办法、客车故障处理、救援列车的开行、屏蔽门故障的处理、NRM（非限制人工驾驶）模式运行的规定、隧道内线路积水时的行车规定、遇恶劣天气时的行车组织等。

⑥ 设备维修规定：设备的日常养护维修、设备检修施工组织、运营时间的设备抢修、非运营时间的设备检修施工、施工防护等。

⑦ 信号设备操作规定：主要包括 HMI（人机操作界面）操作规定、LCW（本地控制工作站）操作规定、LCP（局域控制盘）盘的操作规定。

⑧ 固定信号、手信号显示方式、显示意义的规定及信号示意图。

⑨ 其他：包括隧道照明、标志、行车日期的划分、电动列车驾驶员添乘要求、行车凭证及行车表簿的格式及填写要求等。

2）《行车组织规则》的编制要求

①《行车组织规则》是运营管理的基本法规，它规定了各部门、各单位在从事运营生产过程中，必须遵循的基本原则、工作方法、作业程序和相互关系。

②《行车组织规则》需明确运营工作人员的主要职责和必须具备的基本条件，并对工作流程作原则性说明。

③ 各部门、各单位制定的有关技术业务方面的规程、规则、细则和办法等都必须符合《行车组织规则》。

④ 随着城市轨道交通系统的不断发展，线路的不断延伸，信号管理模式的改变，《行车组织规则》也需不断充实和完善。

2. 城市轨道交通行车调度工作规则

1）《行车调度工作规则》的主要内容

① 行车调度的组织机构、职责范围和工作制度。

② 行车调度设备。

③ 日常调度工作。

④ 调度命令的下达程序及要求。

⑤ 中央控制室 ATS 操作及故障处理。

⑥ 施工计划的安排实施及运营前的多项准备。

⑦ 非正常情况下的列车运行调整。

⑧ 列车运行图的铺画规定。

⑨ 运行记录、图表。

⑩ 运营分析及信息传递。

⑪ 调度员的培训工作。

2）《行车调度工作规则》的编制要求

① 编制时应以《行车组织规则》为依据，内容不应与《行车组织规则》的规定相抵触。

② 在行车调度工作中，《行车调度工作规则》应对调度工作具有指导作用。

③《行车调度工作规则》应根据线路、信号等设备的调整进行相应的修改。

3. 城市轨道交通车站行车工作细则

1）《车站行车工作细则》的主要内容

① 车站概况和技术设备：车站概况包括车站的位置、性质、等级和任务；技术设备包括股道、

信号、联锁及闭塞、客运设备、自动售检票系统、通信、照明、供电等设备。

② 日常作业计划及生产管理制度。

③ 车站行车组织工作：包括正常运营期间及非正常情况下车站行车办法。

④ 车站客运组织工作：包括正常运营期间及非正常情况下车站客运组织办法。

⑤ 特殊运输工作组织。

⑥ 检修施工管理。

⑦ 行车备品管理及行车簿册填记要求。

⑧ 设备故障时车站广播宣传的规定。

⑨ 列车与车辆技术作业过程及其时间标准。

2）《车站行车工作细则》的编制要求

① 编制时应以《行车组织规则》为依据，细则中的规定不能与《行车组织规则》的规定相违背。

②《车站行车工作细则》的编制应从车站实际情况出发，制定的规定需符合车站工作要求，充分发挥现有设备的运用效能，从实际出发，更新改造限制能力的薄弱环节，不断提高作业效率，扩大设备能力。

③《车站行车工作细则》的编制内容应是《行车组织规则》的规定在车站工作的具体细化，并根据车站实际情况作补充，用合理的劳动组织推行作业标准化，做到各项作业的连续性、均衡性，最大限度地平行作业，减少各种等待、干扰时间，加速车辆周转，实现安全、正点、畅通、优质、高效地为乘客服务的目的。

任务实施

城市轨道交通系统是一个复杂的、技术密集型的公共交通系统，为确保行车组织安全，需要有多个部门、多个工种紧密配合、协调工作才能保证列车安全正点运行。那么行车组织涉及哪些机构？各城市行车调度机构有什么不同？行车相关岗位有哪些？各工种之间如何配合？作业中需要遵循哪些规章制度？根据所学的相关知识，完成以下任务：

1．分组讨论，确定任务实施方案及人员分工。

2．通过互联网收集各城市行车组织机构的组成及工种的设置，列举两个例子说明各城市之间的差异性。

3．小组成员进行角色分工，掌握正常情况下各工种之间的作业协调。

4．各组成员对收集的学习资料进行汇总，并撰写心得体会。

任务评价

序号	评价内容	评价标准	分数	评分记录		
				学生自评	组间互评	教师评分
1	小组计划	任务明确、分工合理	10			
2	资料搜集	资料、数据等完整全面	20			
3	角色演练	模拟各工种、描述其职责	30			
4	语言表达	逻辑清晰、表达清楚	20			
5	学习总结	资料全面、观点明确	20			
总分			100			

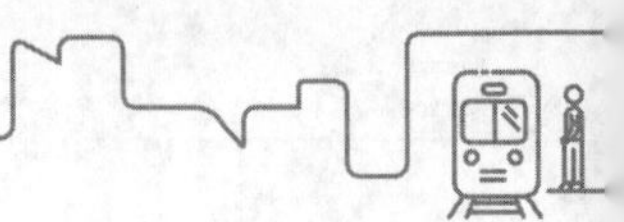

项目小结

城市轨道交通系统的安全、速度、输送能力和效率与行车组织工作密切相关，行车组织工作是轨道交通系统完成其运营任务的核心。行车组织工作必须坚持安全生产的方针，贯彻高度集中、统一指挥、逐级负责的原则，发扬协作精神。各单位、各部门要主动配合，紧密联系，协同动作，不断提高效率，安全、准时、高效地完成客运服务工作。

本项目重点介绍了城市轨道交通行车组织的特点、城市轨道交通行车组织工作的要求，城市轨道交通行车指挥机构、主要行车岗位及要求、相关的规章制度等，使学生对城市轨道交通行车组织有了新的认识。

巩固与练习

一、单选题

1. 地铁单向每小时运送能力可达（　　）人次。

A. 40 000~70 000　　B. 30 000~80 000
C. 30 000~70 000　　D. 30 000~40 000

2. 以下（　　）不是一级调度。

A. 行车调度员　　B. 电力调度员　　C. 环控调度员　　D. 车站值班员

3. 运营控制中心的英文缩写是（　　）。

A. COCC　　B. OCC　　C. DCC　　D. ACC

4. （　　）负责车辆的计划维修、故障抢修、事故处理、调试、改造作业安排及组织实施，监视所有车辆技术状态，提供运行图所规定的客车数上线服务，并确保其状态良好，符合有关规定。

A. 行车调度员　　B. 电力调度员　　C. 环控调度员　　D. 检修调度员

二、简答题

1. 简述城市轨道交通行车组织特点。
2. 简要说明城市轨道交通行车指挥机构层次。
3. 简述城市轨道交通行车指挥机构中各岗位的基本任务。
4. 城市轨道交通行车组织的基本规章制度有哪些？

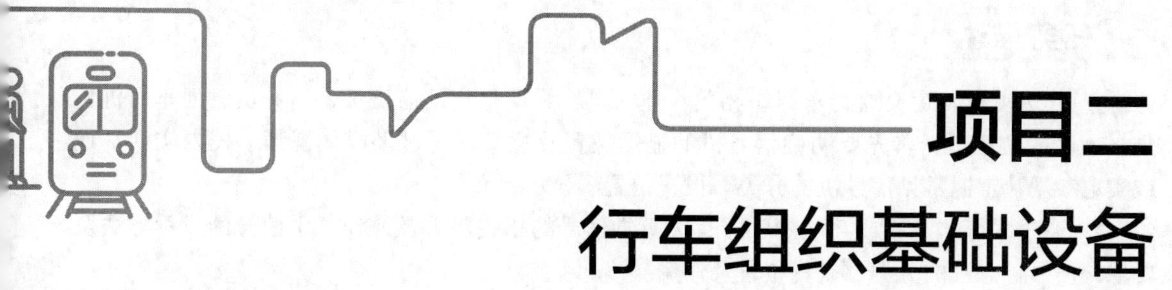

项目二 行车组织基础设备

项目描述

城市轨道交通是一个高度自动化的有机整体，需要由多部门和多工种共同配合运转，一旦出现疏漏则会导致行车事故，所以要始终树立“安全第一”的思想，而“信联闭”则是保证行车安全的三大基础。列车运行过程中需要得到相应的凭证或准许，相应的信号显示即为行车凭证；联锁设备可保证列车在车站范围内的运行安全；闭塞设备则保证列车在区间的运行安全。三者共同为列车运行提供了安全环境。

本项目将从信号基础、联锁及联锁设备、行车闭塞法三个方面进行介绍。

学习目标

1. 知识目标

掌握视觉信号、听觉信号、手信号和信号标志牌的显示意义及原理；掌握联锁概念及基本功能、联锁设备的操作；理解行车闭塞法的概念及分类；掌握移动闭塞和电话闭塞的基本原理及应用。

2. 能力目标

能对保证城市轨道交通行车组织安全的三大基础设备有明确的认识；能认识各类信号机，并掌握其设置位置、显示意义；能使用信号旗或信号灯显示相应的手信号，能显示并辨认常用的徒手信号；能通过计算机联锁设备完成排列进路、取消进路，能对道岔、信号机、轨道电路等进行常规操作；能掌握移动闭塞及电话闭塞的原理，能熟练组织电话闭塞接发列车过程。

3. 素质目标

认识到“信联闭”设备对城市轨道交通行车组织工作的重要性，树立学生“安全第一”的思想及严肃认真的工作作风和风险防范意识；培养学生独立思考的能力和团结协作的意识。

任务一　信号基础

任务目标

1. 掌握信号系统分类。
2. 掌握各种信号机的作用和显示。
3. 掌握正线信号机、车辆段信号机的设置要求。

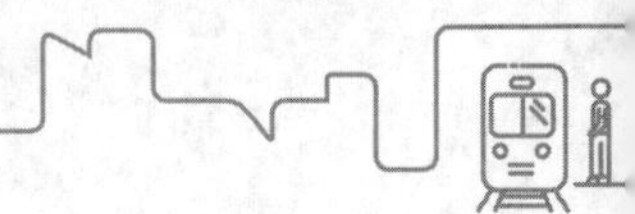

任务描述

1. 作为城市轨道交通行车组织相关作业人员，无论是车站值班员、站务员、列车司机还是车辆段的调度员，首先要明确信号机的显示位置及意义。通过多媒体视频、校内实训基地或实地参观，掌握常见信号机的分类、设置位置、显示含义。

2. 通过多媒体视频或互联网学习有关听觉信号的相关要求及操作，手信号的显示方法及要求，信号标志牌的分类、设置位置及作用。

3. 准备信号旗和信号灯等基础设备，分组进行演练，达到能熟练显示及辨认手信号的目的。

相关知识

一、行车信号定义及其基本要求

行车信号是指用特定的物体(包括灯)的颜色、形状、位置，或用仪表和音响设备等向行车人员传达有关机车车辆运行条件、行车设备状态以及行车的指示和命令等信息。作为列车运行及调车作业的命令，有关人员必须严格执行信号的显示及规定。

行车信号的基本要求：

① 各种信号机的灯光排列、颜色、外形尺寸应符合规定的标准。

② 信号机的显示方式和表达的含义必须统一，并且符合规定的要求。

③ 信号机的设置须保持能够进行实时检测、故障警告，为列车运行提供安全保障、正确信息。

④ 一般情况下，信号机设置在运行线路的右侧，与列车司机的驾驶位置相同，便于瞭望和确认信号。

⑤ 行车手信号、行车听觉信号的显示方式和表达的含义应该符合规定要求。

⑥ 信号机的设置以及行车手信号、行车听觉信号的显示应考虑线路地形、地物的相关影响。

二、信号类别

1. 按感官方式分类

城市轨道交通信号按感官方式分为视觉信号和听觉信号两种。

1）视觉信号

视觉信号是以信号灯的颜色、显示数目及灯光状态等表达的信号，如地面信号机、手信号、信号标志牌等。视觉信号又可分为昼间、夜间和昼夜通用信号，昼间和夜间的信号分别以不同方式显示。

公里标、曲线标、站段分界标、站界标、预告标等属于昼夜通用信号，色灯信号也属于昼夜通用信号。在昼间遇降雾、暴风雨雪及其他情况，致使停车信号显示距离不足 1 000 m，注意或减速信号显示距离不足 400 m，调车信号及调车手信号显示距离不足 200 m 时，应使用夜间信号。隧道内只采用夜间或昼夜通用信号。

视觉信号的基本色一般有四种：红色要求停车；黄色注意或降低速度；绿色按正常速度运行；白色允许调车时越过调车信号机。

2）听觉信号

听觉信号是以声音的强度、长短等方式来表示信号意义，如号角、口笛、响墩等发出的音响和机车的鸣笛声。

听觉信号，长声为 3 s，短声为 1 s，间隔为 1 s。重复鸣示时，须间隔 5 s 以上。以某地铁公司为例，客车、车组、工程车、轨道车等列车的鸣示方式见表 2.1。

表 2.1 列车的鸣示方式

序号	名称	鸣示方式	使用时机
1	起动注意信号	一长声 —	列车起动或机车车辆前进时（双机牵引时，本务机车鸣笛后，尾部机车应回示，本务机车再鸣笛一长声后起动）； 接近车站、鸣笛标、隧道、施工地点、黄色信号、引导信号、天气不良时； 在区间停车后，继续运行时，通知车长； 客车在检修及整备中，准备降下或升起受电弓
2	退行信号	二长声 — —	客车、机车车辆、单机开始退行
3	召集信号	三长声 — — —	要求防护人员撤回时
4	呼唤信号	二短一长声 • • —	客车或机车要求出入车厂时； 在车站要求显示信号时
5	警报信号	一长三短声 — • • •	发现线路有危及行车安全的不良处所时； 列车发生重大、大事故及其他需要救援情况时； 列车在区间内停车后，不能立即运行，通知车长时
6	试验自动制动机复示信号	一短声 •	试验制动机开始减压时； 接到试验制动结束的手信号，回答试风人员时； 调车作业中，表示已接受调车长所发出的信号时
7	缓解信号	二短声 • •	试验制动机缓解时
8	紧急停车信号	连续短声 • • • • • • •	列车司机发现邻线发生障碍，向邻线上运行的列车发出紧急停车信号时，邻线列车司机听到后，应立即紧急停车

知识链接

响墩 一种紧急的听觉信号装置，通过列车车轮碾爆产生巨响，以提醒列车司机紧急停车，如图 2.1 所示。

图 2.1 响墩

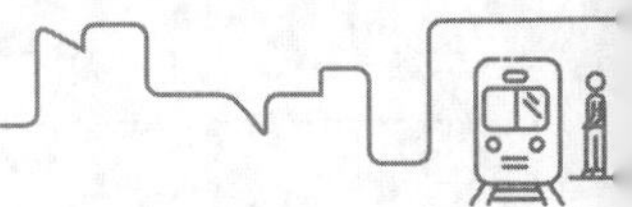

2. 按安装方式分类

① 固定信号：是被固定地安装在运行线路一定位置，用以指示列车运行和调车工作的信号，如信号机、行车信号标志牌、信号表示器等。

② 车载信号：是将地面信号通过传输设备或其他方式传输引入列车的信号。车载信号安装在列车的两端，如图 2.2 所示。

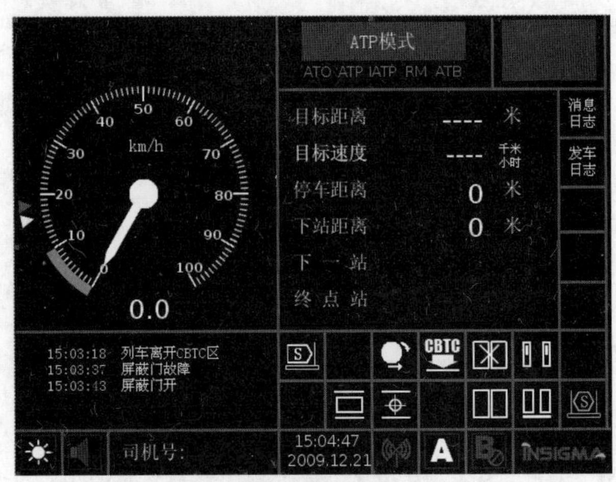

图 2.2 车载信号显示

③ 手信号：是行车有关人员手持信号旗、信号灯或直接用手臂显示的信号，用来表达相关的含义，指示列车或者车辆的允许和禁止条件。

④ 移动信号：当运行线路在特殊情况下或需要施工、救援，要求列车禁止驶入某地点、区域或须减速运行时应设置移动信号。移动信号根据需要临时设置或撤除，如停车信号牌或灯、减速信号牌或灯、减速防护地段终端信号牌或灯。

知识链接

城市轨道交通地面采用的色灯信号机在结构上与铁路信号机基本相同，但在设置要求和显示意义方面与铁路有一定区别，对于信号机的显示距离也有自己的规定，除了车辆段和有道岔的正线车站外，其他地方一般不设置地面信号机。

城市轨道交通的自动化程度比较高，一般采用“地面信号显示与车载信号系统相结合，以车载信号系统为主”的运用方式，列车的运行速度不取决于地面信号机的显示，地面信号只起辅助作用。

三、信号机及其显示

1. 信号机的类型

信号机是地铁最常用的视觉信号设备，它的作用贯穿于行车工作的整个过程中。一般情况下，信号机按其功能可分为进站信号机、出站信号机、防护信号机、调车信号机、复示信号机、阻挡信号机、引导信号机等；按其安装方式可分为高柱信号机和矮柱信号机。

① 进站信号机：防护车站和指示列车运行条件的信号机。

② 出站信号机：防护发车进路及运行线路的信号机。

③ 防护信号机：防护敌对进路的列车相互冲突的信号机，通常设置在平面线路的交叉地点。

④ 调车信号机：保证机车、车辆在站内或基地内从事转线、编组作业时能够安全高效地进行。

⑤ 复示信号机：受地形、地物影响，主体信号机的显示达不到规定的显示距离时，调车、出站及发车信号机前应设置复示信号机，复示主体信号机的显示状况。

⑥ 阻挡信号机：设置在线路尽头，不准车辆越过该信号机，防护线路终端。

⑦ 引导信号机：设置在进站信号机或接发车进路信号机机柱上。当主体信号机进路信号因故不能开放，显示一个红色灯光时，其可点亮一个黄色灯光引导列车进站(场)。

知识链接

我国城市轨道交通的信号系统没有对地面信号的显示方式和显示意义进行统一规定，因此信号显示存在一定差异，例如引导信号，有的城市轨道交通公司采用一个红色灯光和一个白色的灯光，而有的城市轨道交通公司采用一个红色灯光和一个黄色灯光。

2. 信号显示

城市轨道交通信号按功能和地理位置分为正线信号和车辆段信号两大部分。不同地铁公司的信号显示方式稍有不同，下面以某地铁关于信号显示的相关规定为例进行说明。

1）正线信号显示方式

正常情况 CBTC 模式下地面信号机灭灯（终端信号机为红灯常亮状态）；非 CBTC 列车及轨旁 ATC 设备故障等情况下地面信号机点亮。

① 绿色灯光：允许信号，表示道岔已锁闭，进路中所有道岔开通直股，列车可以越过此信号机运行到下一架顺向信号机。

② 黄色灯光：允许信号，表示道岔已锁闭，进路中至少有一组道岔开通侧股，列车可以不超过道岔侧向限速的速度越过此信号机运行到下一架顺向信号机。

③ 红色灯光：禁止信号，不允许列车越过信号机。

④ 红色灯光 + 黄色灯光：引导信号，准许列车以不大于规定的速度运行到下一架顺向信号机并随时准备停车。

⑤ 灭灯及其他显示：不允许 ATO/ATP 驾驶模式以外的列车越过信号机。

2）车辆段信号显示方式

① 入段信号机采用高柱黄、绿、红三灯位信号机构，绿灯封闭，红灯为常态。其显示及意义见表 2.2。

表 2.2 入段信号机显示及意义

序号	信号灯显示	行 车 指 示
1	一个黄色灯光	表明入段的进路开通，准许列车按规定的速度越过该架信号机进段
2	一个红色灯光	不准列车越过该架信号机
3	一个红色灯光和一个黄色灯光	表明开放引导信号，准许列车以不大于 25 km/h 的速度越过该架信号机并随时准备停车

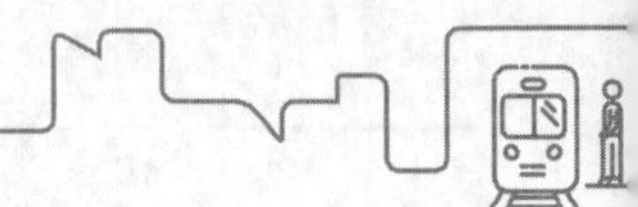

② 出段信号机采用高柱黄、绿、红三灯位信号机构，绿灯封闭，红灯为常态。其显示及意义见表 2.3。

表 2.3 出段信号机显示方式

序号	信号灯显示	行 车 指 示
1	黄灯	允许越过该信号机运行
2	红灯	禁止列车越过该架信号机

③ 阻挡兼调车信号机采用黄、白、红三灯位信号机构，红灯为常态，其显示及意义见表 2.4。

表 2.4 列车阻挡兼调车信号机显示及意义

序号	信号灯显示	行 车 指 示
1	白灯	准许按规定的速度越过该架信号机进行调车作业
2	红灯	禁止列车越过该架信号机
3	黄灯	准许按规定的速度越过该架信号机进行列车作业

④ 调车信号机兼顾列车终端阻挡信号机时，设置为红灯，一般调车信号机设置为蓝灯，其显示及意义见表 2.5。

表 2.5 矮型调车信号机显示及意义

序号	信号灯显示	行 车 指 示
1	白灯	准许按规定的速度越过该架信号机进行调车作业
2	蓝灯 / 红灯	禁止列车越过该架信号机

小贴士：车辆段内终端阻挡信号机采用红、白两灯位，红灯为常态，白灯封闭。车辆段内任何主体信号机灯光熄灭均视为禁止信号。

四、手信号（在地下车站显示手信号时按夜间方式显示）

手信号也是一种轨道交通的移动信号，它们是由作业人员直接挥动信号旗和信号灯或借助手的动作来下达的各种命令，其中不借助工具发出的手信号称为徒手信号。信号旗有三种基本颜色：绿、黄、红；信号灯（也叫号志灯）有四种基本灯光：绿、黄、红、白。

小贴士：手信号显示的基本要求：位置适当、正确及时、横平竖直、灯正圈圆、角度准确、段落清晰。在不显示手信号时，凡昼间持有信号旗的人员，应将信号旗拢起，左手持红旗，右手持绿旗（扳道员右手持黄旗），不持信号旗的人员徒手按规定方式显示信号。

1. 列车手信号的显示

特殊情况下，列车运行时有关人员应遵守表 2.6 所示手信号的显示。

表 2.6 列车手信号的显示

序号	手信号类别	显示方式	
		昼间	夜间
1	停车信号：要求列车停车	展开的红色信号旗，无红色信号旗时，两臂高举头上，向两侧急剧摇动	红色灯光，无红色灯光时，用白色灯光上下急剧摇动
2	紧急停车信号：要求列车司机紧急停车	展开红旗下压数次，无信号旗时，两臂高举头上，向两侧急剧摇动	红色灯光下压数次，无红色灯光时，用白色灯光上下急剧摇动
3	减速信号：要求列车降低速度运行	展开的黄色信号旗，无黄色信号旗时，用绿色信号旗下压数次	黄色灯光，无黄色灯光时，用白色或绿色灯光下压数次
4	发车信号：要求列车司机发车	展开的绿色信号旗上弧线向列车方面做圆形转动	绿色灯光上弧线向列车方面做圆形转动
5	通过手信号：准许列车由车站通过	展开的绿色信号旗	绿色灯光
6	引导信号：准许列车进入车站或车厂	展开黄色信号旗高举头上左右摇动	黄色灯光高举头上左右摇动
7	降弓信号	左臂垂直高举，右臂前伸并左右水平重复摇动	白色灯光上下左右重复摇动
8	升弓信号	左臂垂直高举，右臂前伸上下重复摇动	白色灯光做圆形转动
9	“好了”信号	拢起的信号旗上弧线向列车方向做圆形转动	白色灯光上弧线向列车方向做圆形转动

2. 列车手信号显示的时机和地点

特殊情况下，接发列车时显示手信号的时机和地点见表 2.7。

表 2.7 特殊情况下接发列车时显示手信号的时机和地点

序号	手信号类别	何种情况下显示	显示时机	收回时机	显示地点
1	紧急停车信号	工程列车进站或通过车站，出现危及行车安全情况；客车进站，发现危及行车安全情况，但来不及按压站台紧急停车按钮或紧急停车按钮不起作用时	立即显示	列车停车后	就近显示
2	减速信号	发现工程列车或客车超速时	立即显示	列车头部越过信号显示地点后	头端墙侧扶梯口，靠近紧急停车按钮附近
3	引导手信号		看见列车头部灯开始	列车头部越过信号显示地点后	站台头端墙，站台门与线路间站台上
4	“好了”信号	车站相关作业完成时		列车司机鸣笛回示或口头回示后	在便于列车司机辨认的前提下，完成相关作业后可就地显示
5	道岔开通信号	车站（车厂）须现场人工排列进路（如道岔故障及联锁故障等）时	进路排好时	列车头部越过信号显示地点后	在列车前方便于列车司机瞭望的适当安全避让位置

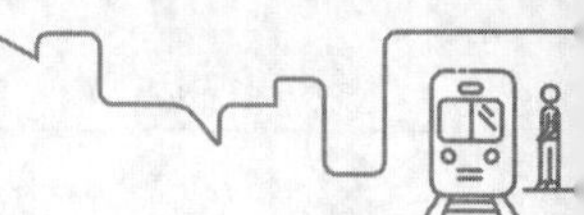

3. 调车手信号

调车手信号见表 2.8。

表 2.8 调车手信号

序号	调车手信号类别	显示方式	
		昼间	夜间
1	停车信号	展开的红色信号旗，无红色信号旗时，两臂高举头上，向两侧急剧摇动	红色灯光，无红色灯光时，用白色灯光上下急剧摇动
2	减速信号	展开的绿色信号旗下压数次	绿色灯光下压数次
3	指挥列车或车辆向显示人方向来的信号	展开的绿色信号旗在下方左右摇动	绿色灯光在下方左右摇动
4	指挥列车或车辆向显示人反方向去的信号	展开的绿色信号旗上下摇动	绿色灯光上下摇动
5	指挥列车或车辆向显示人方向稍行移动的信号	左手拢起红色信号旗直立平举，右手展开的绿色信号旗在下方左右小摆动	绿色灯光下压数次后，再左右小动
6	指挥列车或车辆向显示人反方向稍行移动的信号	左手拢起红色信号旗直立平举，右手展开的绿色信号旗在下方上下小动	绿色灯光平举上下小动
7	三、二、一车距离信号：表示推进车辆的前端距被连挂车辆的距离	右手展开的绿色信号旗下压三、二、一次，分别表示距停留车三车（约 60 m）、二车（约 40 m）、一车（约 20 m）	绿色灯光平举下压三、二、一次
8	连挂作业	两臂高举头上，拢起的手信号旗杆成水平末端相接	红、绿色灯光（无绿色灯用白色灯光代替）交互显示数次
9	试拉信号	按本表第 6 项的信号显示，当车列启动后立即显示停车信号	
10	取消信号：通知前发信号取消	拢起的手信号旗，两臂于前下方交叉后，左右摇动数次	红色灯光做圆形转动后，上下摇动
11	停留车位置信号：表示车辆停留地点	拢起的手信号旗，单臂于前下方左右小摇动	白色灯光左右小摇动
12	道岔开通信号：表示进路道岔准备妥当	地下车站为绿色灯光高举头上左右小动；车厂（或地上车站）为拢起的黄色信号旗高举头上左右摇动	绿色灯光（无绿色灯光时为白色灯光）高举头上左右小动

4. 试验列车自动制动机的手信号显示方式

1）制动

① 昼间——绿色信号旗拢起高举，或徒手单臂高举；

② 夜间——白色灯高举。

2）缓解

① 昼间——用拢起的绿色信号旗在下部左右摇动；

② 夜间——白色灯光在下部左右摇动。

3）试验完了（或其他作业完成的显示）

① 昼间——用拢起的绿色信号旗做圆形转动；

② 夜间——白色灯光做圆形转动。

5. 徒手信号

调车长或管理人员及行车有关人员检查工作或遇列车救援、发生紧急情况，没有携带信号灯或信号旗时，可用徒手信号显示。徒手信号显示方式见表 2.9。

表 2.9 徒手信号显示方式

序号	徒手信号类别	显 示 方 式
1	紧急停车信号（含停车信号）	两手臂高举头上，向两侧急剧摇动
2	三、二、一车信号	单臂平伸后，小臂竖直向外压直，反复三次为三车、二次为二车、一次为一车
3	连挂信号	紧握两拳头高举头上，拳心向里，两拳相碰数次
4	试拉信号	如本表第 5 或第 6 项，当列车刚起动时马上给停车信号（第 1 项）
5	向显示人方向稍行移动	左手高举直伸，右手平伸小臂左右摇动
6	向显示人反方向稍行移动	左手高举直伸，右手向下斜伸，小臂上下摇动
7	好了信号	单臂向列车运行方向上弧圈做圆形转动

五、信号标志牌

城市轨道交通系统中的有关行车标志分为线路标志和信号标志，设在运行方向的右侧。它们是行车工作的重要组成部分，主要用来对运行中的列车司机和设备的巡检、维修等人员指示相关条件和操作要求。

1. 线路标志

通过各种线路标志可以使工作人员明确线路情况，方便进行各种设备维修、检查，使列车司机能够依据各类行车标志驾驶列车，达到运行安全和规范行车的目的。与行车直接有关的线路标志主要有以下几种：

1）百米标

表示正线距离里程计算起点每一百米的长度，以百米为单位。

2）公里标

表示城市轨道交通线路从起点开始计算的连续里程标志，以公里为单位。

3）曲线标

曲线起点和曲线终点标志的简称。设在曲线中点处，标志上标明曲线中心里程、半径大小、圆曲线及缓和曲线长度、超高、加宽等有关数据。

4）圆曲线及缓和曲线始终点标

设在直线、曲线、缓和曲线三者相互联系的节点处或开始与终止处，标明所向方向为直线、圆曲线或缓和曲线。缓和曲线是指线路上直线和圆曲线相接处为减少振动而设置的一段曲率半径不断变化的线路；圆曲线的弧度用曲线半径表示，以 m 为单位，曲线半径越大线路越缓和，曲线半径越小弯度越紧促。

5）坡度标

设在线路纵断面的变坡点处，表示该坡道的坡度大小及坡段长度，并用箭头表示上坡和下坡。

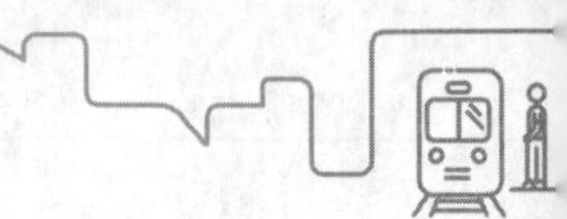

6）桥梁标

设在桥梁中心里程（或桥头）处。桥梁标的标面上注有按线路计算里程方向的桥梁编号和所在线路的中心里程。

2. 信号标志

① 警冲标：在两条线路会合处，为了防止停留在一线的车辆与邻线上的车辆发生侧面冲撞而设在两会合线路之间间隔 4 m 的中间标志。股道之间间距不足 4 m 时应设在两线路中心线最大间距的起点处，如图 2.3 所示。

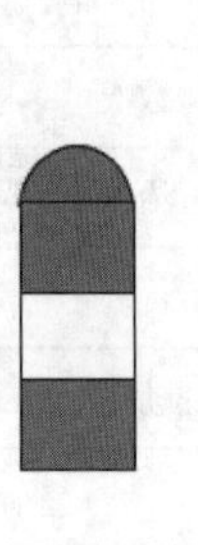

图 2.3　警冲标

② 车站标：是车站与区间分界处的标志，主要用于车站管辖范围区界的划分和列车运行时位置的识别，如图 2.4 所示。

③ 鸣笛标：要求列车司机鸣笛的标志，一般设在道口、桥梁、隧道口以及线路状况复杂地段的外方规定位置。

④ 停车牌：指示列车停车位置的标志，通常用于车站站台规定的乘客上下车的停车地点以及列车折返时指示列车司机停车的地点。它固定设置在规定位置，如图 2.5、图 2.6 所示。

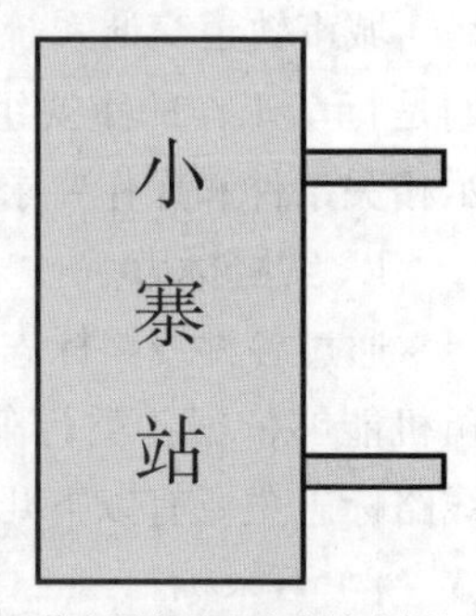

注：黄底黑字（以小寨站为例）

图 2.4　站名标

停车位置
（隧道内）

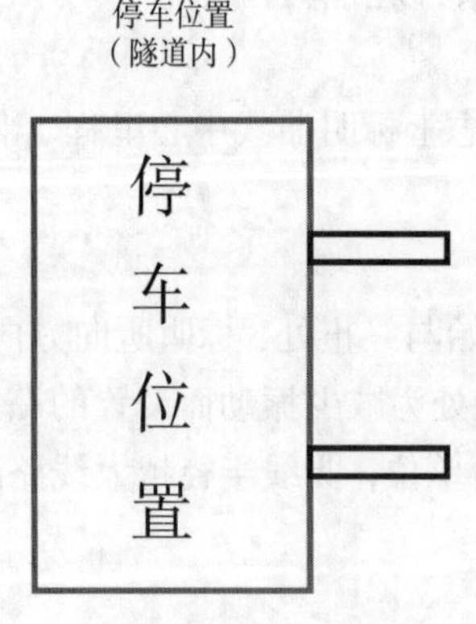

注：白底红字红框

图 2.5　停车位置（隧道内）

图 2.6　停车位置（地面线）

⑤ 一度停车标：要求列车(机车)在该地点停车后进行确认线路、道岔以及进行相关操作后继续行驶的指示标志，如图 2.7 所示。

图 2.7　一度停车标

⑥ 车挡表示器：设在线路尽头线车挡上的表示器，便于列车司机以及车辆段调度员确认车挡位置。隧道内显示红色灯光，地面线路昼间使用红色方牌、夜间使用红色灯光，如图 2.8、图 2.9 所示。

图 2.8　圆形车挡表示器

图 2.9　方形车挡表示器

⑦ 接触网（轨）终止标：表示接触网已终止的标志，设在接触网终端，警告列车司机不准越过该标，防止脱弓，如图 2.10 所示。

图 2.10　接触网终止标

⑧ 预告标：通常设于非自动闭塞区段进站信号机外方，用以预告进站信号机位置距离的标志。在城市轨道交通运输中的基地试车线设置了类似的预告牌（警告牌），用于预告试车

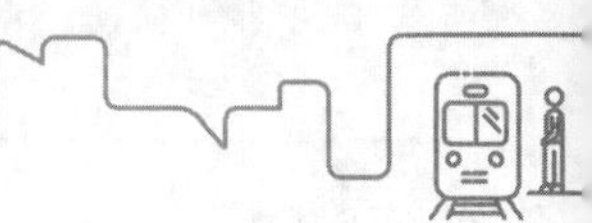

线尽头端距离。预告牌(警告牌)为直立白色长方形牌(白底黑条),三个为一组,牌上分别涂有三条、二条、一条黑色斜线,表示距尽头车挡距离,如图 2.11、图 2.12 所示。立牌地点距尽头的距离由城市轨道交通管理部门依据实际情况制定。

图 2.11　300 m 预告标

图 2.12　200 m 预告标

⑨ 引导接车地点标:指引导员引导接车时所站的位置的标志。引导员接车时原则上站在进站信号机外方或站界标处。如因地形、地物影响在上述地点显示手信号时不能保证列车在 200 m 以外确认时,引导地点应向区间延伸,在保证列车在 200 m 外方看清引导信号的地点设置引导员接车地点标。

任务实施

在城市轨道交通系统中,信号系统是用于指挥和控制列车运行的设备系统,对于保证行车安全、提高线路通过能力有着至关重要的作用。根据所学的相关知识,完成以下任务:

1. 分组讨论,组员轮流每人介绍一种常见的信号机,并说明其设置位置及显示意义。
2. 小组成员共同讨论,对常用的听觉信号及常见的信号标志牌进行介绍,各列举两个例子。
3. 小组成员进行角色分工,手持信号旗、信号灯进行演练,轮流显示信号,其他组员辨认信号并说明含义。
4. 各组成员对所学知识进行汇总整理,并撰写心得体会。

任务评价

序　号	评价内容	评价标准	分　数	评分记录		
				学生自评	组间互评	教师评分
1	小组计划	任务明确、分工合理	10			
2	信号机介绍	位置、显示含义正确	20			
3	手信号演练	动作规范、表达正确	30			
4	语言表达	逻辑清晰、表达清楚	20			
5	学习总结	资料全面、观点明确	20			
总　分			100			

任务二　联锁及联锁设备

任务目标

1．掌握联锁基本概念。

2．掌握联锁设备基本功能。

3．掌握联锁设备分类及其使用。

任务描述

1．无论是行车调度员、车站值班员、信号楼值班员都应当掌握联锁设备的构成、功能以及相关操作。根据所学过的专业基础知识，收集联锁设备相关内容。

2．在使用计算机联锁设备操作前，先确认是否获取控制权，然后根据要求完成排列进路、取消进路、道岔及信号机等元素的操作，避免无效操作或错误操作。

3．在使用继电集中联锁设备时，要严格按照“眼看、手指、口呼”的要求操作，避免错排进路而导致行车事故。

相关知识

一、联锁基本原理

为了保证行车安全，通过技术方法，使进路、进路道岔和信号机之间按一定程序、一定条件建立起的既相互联系又相互制约的关系称为联锁。

联锁关系可以归纳为以下几点：

① 只有进路空闲且有关道岔开通位置正确，防护这一进路的信号机才能开放。

② 当防护某一进路的信号机开放以后，该进路上的所有道岔均不能转换。

③ 当防护某一进路的信号机开放以后，所有敌对进路的信号机均不能开放。

④ 在正线出站信号机开放以前，进站信号机不能显示正线通过信号。

根据系统内各设备在功能上的分工和所在的位置，联锁系统可分解成如图 2.13 所示的联锁控制主设备（联锁控制层）、人机交互层和采集 / 驱动层。联锁控制层和采集 / 驱动层都必须符合故障—安全原则，其设备设在车站信号机械室内；人机交互层设在车站值班室。

联锁控制层是联锁系统的核心，它除了接收来自人机交互层的操纵信息外，还接收来自监控层所反映的室外信号机、转辙机和轨道电路状态的信息，并根据联锁条件，对这些控制信息和状态信息进行处理，产生相应的信号控制命令和道岔控制命令。

人机交互层的主要功能是：操作人员在该层向联锁机构输入操作信息，接收联锁机构反馈的设备状态信息和行车作业情况信息。

采集 / 驱动层的主要功能是：接受联锁机构的控制命令，通过信号控制电路来改变信号机显示；接受联锁机构的道岔控制命令，驱动道岔转换；向联锁机构反馈信号机状态、道岔状态和轨道电路状态信息。

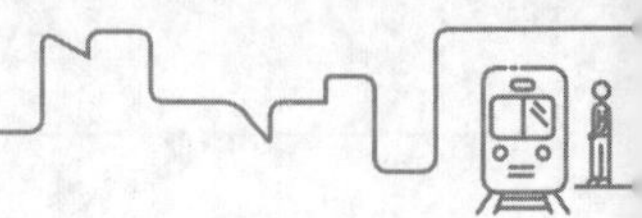

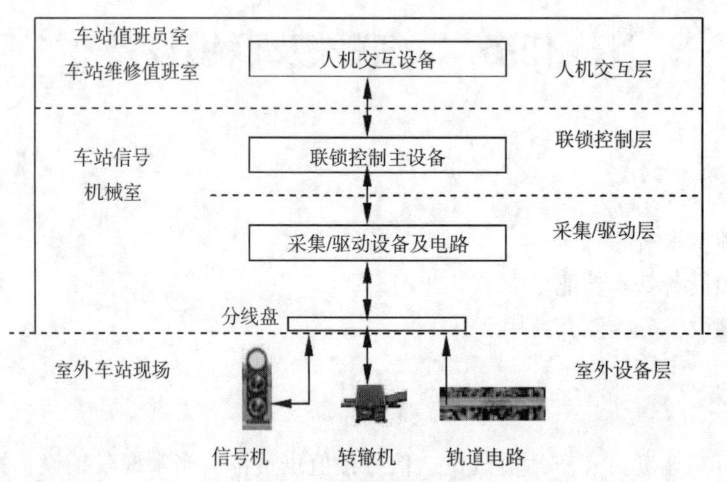

图 2.13　联锁系统构成

二、联锁设备功能

联锁设备的功能包括：轨道电路的处理、进路控制、道岔控制、信号控制、进路自动设置。

1. 轨道电路处理功能

轨道电路处理功能是接收和处理轨道区段的“空闲、占用”状态信息，并把该状态信息转发给其他相关设备。

2. 进路控制功能

进路控制功能就是建立和解锁进路的功能。建立进路的过程就是从开始办理进路到防护该进路的信号开放的过程。解锁进路的过程就是从列车驶入进路到越过进路中全部轨道区段的过程，或是操作人员解除已建立的进路的过程。

1）建立进路

建立进路的过程有四个阶段，即进路选择、道岔控制、进路锁闭和信号控制。进路建立后，一直保持锁闭状态；当发出取消进路命令或有车正常占用又出清后，进路才能取消。

（1）进路选择

进路选择的检查条件是：操作手续符合操作规范；所选进路处于空闲状态；进路始端信号机灯丝完好；对进路有侧向防护要求的所有轨道区段都处于空闲状态；在进路中没有轨道区段被占用。

如果进路检查的条件成立，那么联锁设备开始转换道岔，锁闭道岔，开放信号。如果进路检查的条件不成立，或没有在指定点检测到道岔位置，则向控制中心回送一个无效命令停止建立进路的操作。

（2）进路锁闭

当进路内有关道岔的位置符合进路要求，而且进路在空闲状态没有建立敌对进路等条件得到满足时，实现进路锁闭。进路锁闭后，进路内的道岔不能再被操纵，与该进路敌对的其他进路就不能建立了。

2）解锁进路

如果进路和进路的接近轨道区段处于空闲状态，那么控制中心发出取消进路指令，进路立即取消。

当列车接近进路时，若此时由于某种原因需取消进路，则取消进路的操作需延时生效，以确保即使列车冒进，此时进路仍处于锁闭状态，道岔不会转换，列车不会颠覆，不致产生危险。

知识链接

以某地铁计算机联锁设备为例，LOW 界面显示器屏幕上由三个窗口组成，分别为基本窗口、主窗口和对话窗口，每个窗口的排列是固定的，如图 2.14 所示。

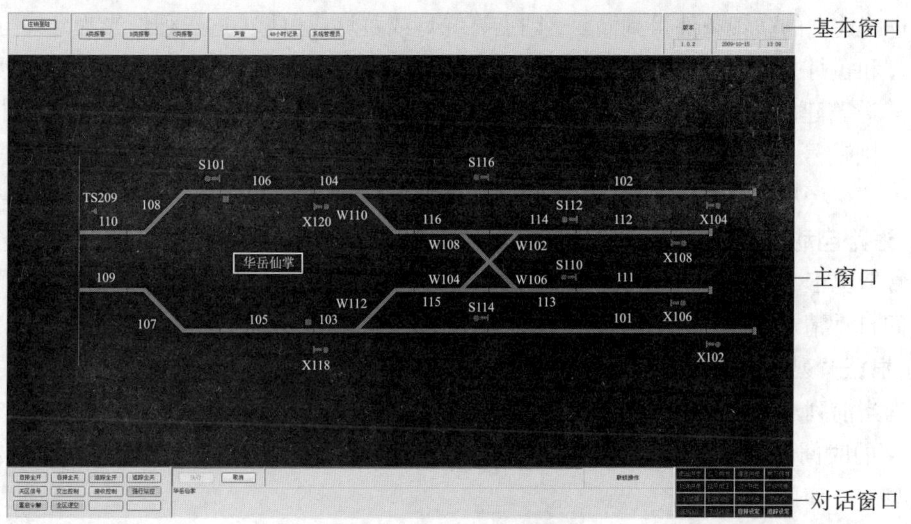

图 2.14　LOW 界面显示

① 排列进路：在 LOW 上，要排列一条基本进路，只要用鼠标的左键点击 LOW 主窗口（图象放大区）上要排列进路的始端信号机，再用鼠标的右键点击要排列进路的终端信号机，此时所选始端信号机和终端信号机都会被打上灰色底色，然后在对话窗口中的命令显示栏（在 LOW 的左下角）用鼠标的左键点击“排列进路”的命令，最后用鼠标的左键点击对话窗口中的“执行”按钮即可。

② 取消进路：在 LOW 上，要取消一条已排好的进路，只要用鼠标的左键点击 LOW 主窗口（图象放大区）上该进路的始端信号机，再用鼠标的右键点击该进路的终端信号机，此时所选始端信号机和终端信号机都会被打上灰色底色，然后在对话窗口中的命令显示栏（在 LOW 的左下角）用鼠标的左键点击“取消进路”的命令，最后用鼠标的左键点击对话窗口中的“执行”按钮即可。

3. 道岔控制功能

1）监测

全天候监控所有道岔的状态，道岔的状态信息反馈到人机交互层。如果发生列车挤岔等不正常情况，可由道岔检测设备反映到控制室，并给出声光报警。

2）锁闭

道岔锁闭电路接收到控制中心送来的锁定道岔指令，对道岔进行锁闭操作，并返回一个锁

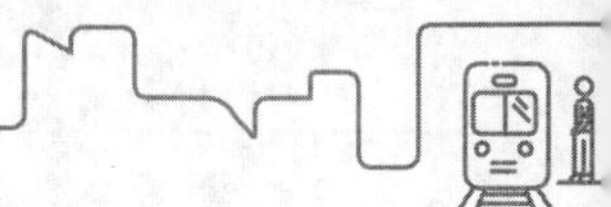

闭成功或锁闭失败的状态信息给控制中心。根据需要还可以对每组道岔进行单独锁闭。

3）错开道岔动作时间

只有当道岔区段空闲、道岔不在指定位置并未被锁定时，才能也才需要对道岔进行转换操作。为了消除操作多组道岔时瞬间电流过大的现象，联锁设备需要错开转辙机转动时间。

4. 信号控制功能

信号控制功能负责监视轨旁信号状态，并依据进路、轨道区段、道岔和其他轨旁信号状态信息对其进行自动控制。当收到控制中心送来的信号更新指令时，则更新信号状态。

若进路建立的联锁条件得到满足，则点亮绿灯或黄灯或白灯（这三种灯光为允许行车灯光，其中绿灯和黄灯是列车运行时的允许灯光，白灯为调车情况下的允许灯光），表示进路在锁定状态；若进路建立的联锁条件不满足，则点亮红灯。如果信号开放后，由于某种原因条件又不满足，则信号自动关闭。直到条件满足后，在收到信号重新开放指令时，才重新点亮允许灯光。

5. 进路自动设置功能

正常情况下，地铁中只需要开通某一固定进路。根据列车的目的地，进路自动设置功能在适当时间自动请求进路。进路自动设置功能有以下两种模式。

1）根据“列车时刻表”自动设置进路

根据当前列车识别号和列车位置，由当前时刻表设置进路。进路自动设置功能必须考虑时刻表定义的时间顺序；当进路或轨道电路发生变化时，此功能将检查等待列表，并发送一个请求信息。

2）根据列车识别号自动设置进路

在某些降级模式下，虽然“列车时刻表”无效，但进路自动设置功能仍可根据列车识别号来确保，实际列车识别通过位于每个站台和正线车辆上的应答器来定义进路控制，设置适当的进路。

三、继电集中联锁和计算机联锁系统

联锁逻辑和有关的输入、输出的控制及表示，若主要是由继电器来完成的，则称为继电集中联锁；主要由计算机来完成的就称为计算机联锁。

1. 继电集中联锁

继电集中联锁由继电器及其电路构成，设备框架图如图 2.15 所示。6502 电气集中联锁是继电集中联锁设备的突出代表。它是我国铁路上使用最广、最具有代表性的联锁设备。

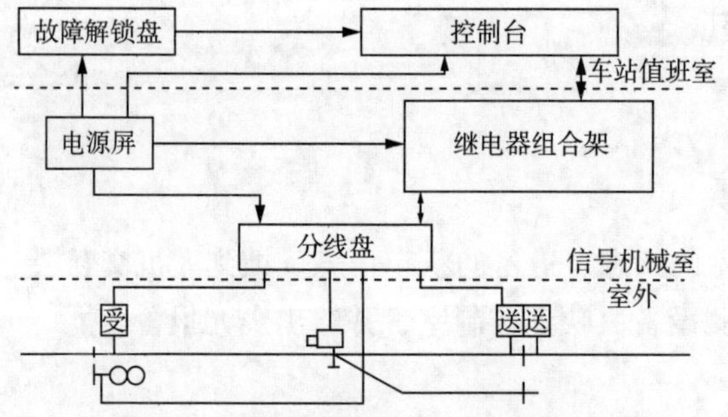

图 2.15　继电集中联锁设备框架图

继电集中联锁系统的联锁机构由继电电路构成，继电电路能够较好地实现逻辑运算。用继电器断电失磁或后接点闭合来表达安全侧信息，具有故障—安全性能。继电集中联锁电路监控层的控制电路也是由安全型继电器构成的，它除了满足联锁条件外，还控制信号灯泡和转辙机内电动机的动作电源。

继电集中联锁具有以下优点：逐段解锁，提高咽喉道岔使用率；对进路操纵只需按压两个进路按钮就能转换道岔，开放信号，而且不论进路中有多少道岔均能依次转换；组合式电路采用站场型，单元式电气集中，定型化组合，接插件连接，可适应批量化生产，具有简化设计、加速施工、加速工厂预制和便于使用等特点。

但是继电集中联锁也存在如下缺点：控制台是专用产品，造价较高，兼容性差；无自诊断功能；设计、施工量大，且不利于维护；不利于增加新功能，并且信号设备室建筑面积大；无进路自动设置功能。

2. 计算机联锁

计算机联锁系统由硬件和软件构成。硬件包括联锁计算机（完成联锁功能和显示功能）、彩色监视器、微型集中操纵台、安全继电输入输出接口柜、计算机联锁专用电源屏，以及现场信号机、转辙机、轨道电路等室外设备。

计算机联锁系统人机交互层采用通用计算机人机接口设备，如鼠标器、图形输入板、键盘等，其价格便宜，使用灵活。

计算机联锁系统的联锁机构由计算机、接口和系统软件构成。国际上为保证计算机符合故障—安全原则的措施是采用带有结果比较的计算机 2 次处理和采用带有结果比较的多机并行处理，即一硬二软方案和一软多硬方案，通常为二取二系统或三取二系统。

二取二系统是在正常情况下，2 台相同的计算机对输入数据的处理结果是相同的，此相同的处理结果经比较器比较确认后，就使同步器的控制脉冲得以通过比较器，于是由输出电路给出控制命令。在发生故障时，双机处理结果不同，比较器通过同步器切断计算机处理过程，并锁住控制命令的发出；同时通过信号转换电路切断控制电流，并给出故障报警。2 套计算机在空间上是分开的，可以用相同的程序，即所谓“一软二硬”。而三取二系统是三机并行，有两台计算机输出结果相同就给出输出命令。

计算机联锁设备与继电集中联锁相比有如下优势：

① 计算机联锁控制系统的设计、施工工作量大大减少，并且系统可以方便地增加新功能，使得系统功能进一步完善。

② 提供现代化的声、像、图文显示，人机交换的功能更加完善，内容更丰富，信息量更大，工作效率更高。

③ 系统的可靠性和安全性将更高。

④ 随着电子与计算机技术的发展，计算机联锁的性能价格比更高。

⑤ 体积小、占地面积小，且随车站规模增大，面积节省的优点更为显著。

⑥ 计算机联锁控制系统的维修工作量小，且具有自诊断、故障定位功能，降低了维护难度并可通过远距离联网，实现远程故障诊断。

通过对比继电集中联锁和计算机联锁的优缺点，不难看出，铁路上的继电集中联锁不能满足地铁正线运营的要求，所以地铁除了在车辆段有所运用外，正线上均采用计算机联锁。但

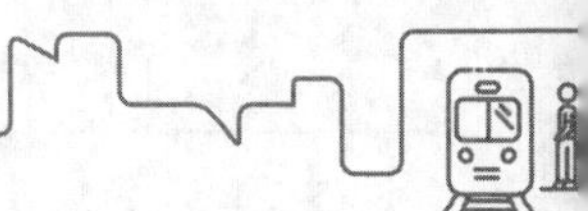

不论是计算机联锁还是继电集中联锁，实现联锁的要求是完全相同的。

任务实施

联锁是“通过技术方法，使进路、信号和道岔必须按照一定程序并满足一定条件，才能动作或建立起来的相互关系”。联锁系统以电气设备或电子设备实现联锁功能，以信号机、动力转辙机和轨道电路室外三大件来体现联锁功能。

某线路微机联锁设备自排功能出现故障，无法实现行车指挥自动化，需要人工通过联锁设备排列进路。根据所学的相关知识，完成以下任务：

1．分组讨论，介绍联锁设备的构成及各部分功能。

2．组员分别模拟车站值班员或行车调度员，通过 LOW 或 C-LOW 工作站进行控制权转换，完成排列进路、道岔、信号机等相关操作。

3．模拟信号楼值班员利用车辆段联锁设备进行相关操作。

4．各组成员对所学知识进行汇总整理，并撰写心得体会。

任务评价

序号	评价内容	评价标准	分数	评分记录		
				学生自评	组间互评	教师评分
1	小组计划	任务明确、分工合理	10			
2	作业准备	正确检查设备状态、控制权等	10			
3	正线联锁设备的操作	作业程序规范、操作正确	30			
4	车辆段联锁设备的操作	作业程序规范、操作正确	30			
5	学习总结	资料全面、观点明确	20			
总分			100			

任务三　行车闭塞法

任务目标

1．掌握行车闭塞法的概念及不同类型。

2．掌握移动闭塞核心原理。

3．掌握电话闭塞的基本原理及路票的填写。

任务描述

1．根据所学过的专业基础知识，并通过互联网或参考相关文献，比较固定闭塞、准移动闭塞和移动闭塞的特点。

2．了解移动闭塞的组成及特点，掌握移动闭塞三要素，并通过互联网搜集移动闭塞的不同技术类型及我国的应用。

3．掌握站间电话闭塞的使用时机，按要求规范填写路票。

相关知识

一、行车闭塞法

1. 行车闭塞法的概念

相邻两车站之间的线路称为区间。列车在区间运行，必须区间空闲，而且必须杜绝其对向和同向同时有列车运行的可能，即必须从列车的头部和尾部进行防护。因此，为了安全、准确、迅速、协调地完成运输生产任务，必须使列车之间保持一定安全距离，以保证运行安全，防止出现列车碰撞事故。

为保证列车运行的安全性，在组织列车运行时，通过设备或人工控制，使连续发出列车保持一定间隔距离安全行车的办法，称为行车闭塞法，简称为闭塞。

2. 隔离基本方法

为了保证列车的安全运行，普遍采用的方法是隔离法。隔离法有两种形式：时间间隔法和空间间隔法。

1）时间间隔法

时间间隔法实际上是一种不确切的空间间隔法。即在一个区间内，用规定的时间将同方向运行的轨道车辆彼此间隔开运行，以达到列车之间的空间间隔。由于时间间隔法没有设备上的控制，容易发生人为的行车事故，安全性较差。所以，时间间隔法不能确保行车安全，原则上不采用该方法，只有在特殊情况下（如临时性的缓解列车堵塞、事故起复后的车流疏散、一切电话中断时的行车等）才采用。

2）空间间隔法

空间间隔法是在轨道交通正线上，每隔相当距离设立一个车站，自动闭塞区段设有通过信号机，这样将正线划分为若干个区间或闭塞分区，在同一时间里、同一空间内只准许一列车运行的办法。正常情况下都应使用空间间隔法。

知识链接

区间与站内的划分，是行车组织工作的一项重要内容，也是划定责任范围的依据。列车进入不同地段时必须取得相应的凭证或准许，在我国，列车占用区间的凭证通常为车站出站信号机的准许显示或目标点和速度码。在城市轨道交通线路上，采用的闭塞方式不同，闭塞分区的划分也不相同。

① 采用站间闭塞时，在单线上以两个车站的进站信号机机柱的中心线为车站与区间的分界线，如图 2.16 所示；在双线或多线上，分别以各线路的进站信号机机柱或站界标的中心线为车站与区间的分界线，如图 2.17 所示。两站间的线路区段称为站间区间。

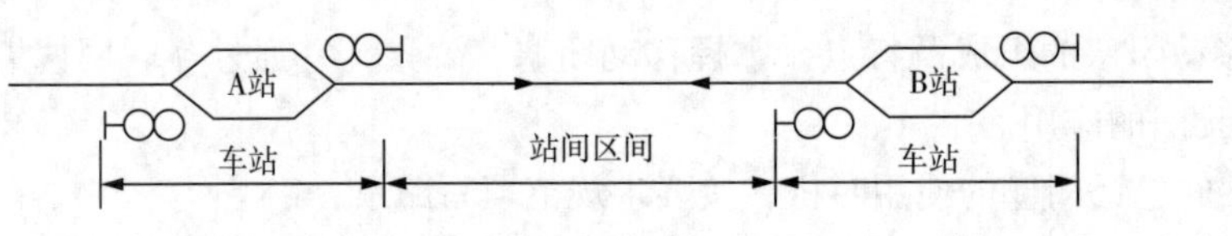

图 2.16　单线线路区间的划分

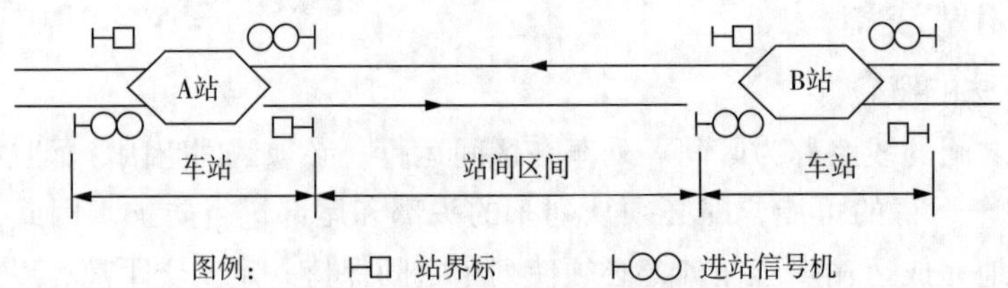

图 2.17　双线线路区间的划分

② 采用大区间闭塞时，并非所有的车站都是闭塞区间的分界点，通常根据作业需要将某些大站（或重要车站）设置为闭塞区车站，两闭塞区车站之间的线路区段称为大区间，其他车站则为大区间内的闭塞分区分界点，如图 2.18 所示。

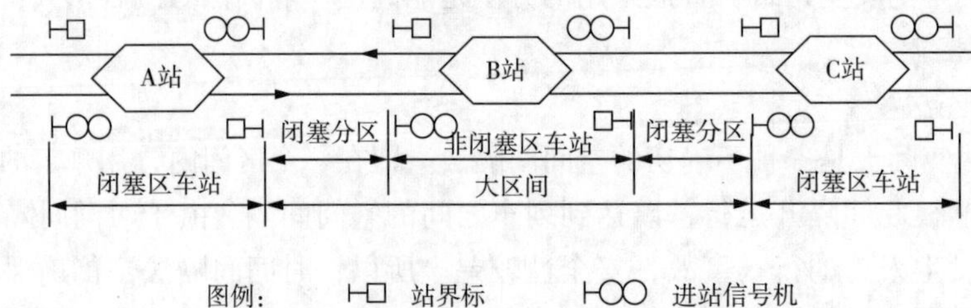

图 2.18　双线线路自动闭塞分区的划分

③ 采用移动闭塞时，是以同方向保持最小运行间隔的前行列车尾部和追踪列车头部为活动闭塞区间的分界线，如图 2.19 所示。

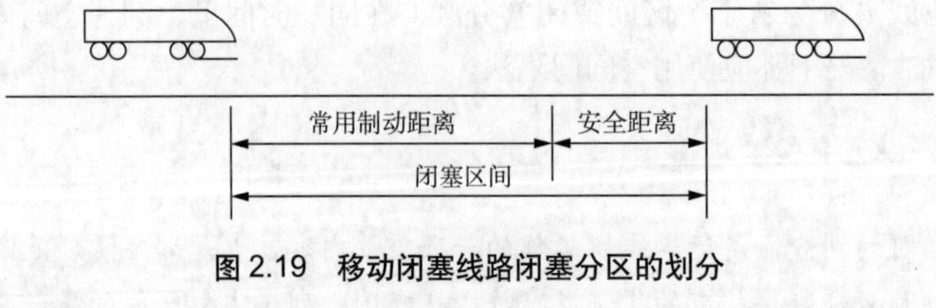

图 2.19　移动闭塞线路闭塞分区的划分

二、闭塞的类型

闭塞按照各种不同的角度可以有各种不同的分类，一般可分为站间闭塞和自动闭塞两大类。

1. 站间闭塞

站间闭塞就是两站间只能运行一列车，其列车的空间间隔为一个站间。站间闭塞按技术手段和闭塞实现方法又可分为：电话闭塞、路签闭塞、路牌闭塞、半自动闭塞、自动站间闭塞。

路签闭塞和路牌闭塞在我国已经淘汰。

① 电话闭塞是一种非正常情况下的备用闭塞。

② 半自动闭塞是人工办理闭塞手续，列车凭信号显示发车后，出站信号机自动关闭的闭塞方法。其特征为：站间只准走行一列车；人工办理闭塞手续；人工确认列车完整到达和人工恢复闭塞。

③ 自动站间闭塞是在有区间占用检查的条件下，自动办理闭塞手续，列车凭信号显示发车后，出站信号机自动关闭的闭塞方法。其特征为：有区间占用检查设备；站间区间只准走行一列车；办理发车进路时自动办理闭塞手续；自动确认列车到达和自动恢复闭塞。

2. 自动闭塞

自动闭塞是根据列车运行及有关闭塞分区状态自动变换信号显示，而列车司机凭信号行车的闭塞方法。其特征为：把站间划分为若干闭塞分区，有分区占用检查设备，可以凭通过信号机的显示行车，也可凭机车信号或列车运行控制的车载信号行车；站间能实现列车追踪；办理发车进路时自动办理闭塞手续，自动变换信号显示。从保证列车运行而采取的技术手段角度来看，自动闭塞可分为两大类：传统的自动闭塞和装备列车运行自动控制系统的自动闭塞。

1）传统的自动闭塞

传统的自动闭塞属于固定闭塞的范畴，一般设地面通过信号机，装备有机车信号，保证列车按照空间间隔制运行的技术方法是用信号或凭证来实现的。传统的自动闭塞通常就称为自动闭塞，在此因为要与装备列车运行控制的自动闭塞加以区分，故冠以传统的自动闭塞之称。目前，传统的自动闭塞一般适用于列车最高运行速度在 160 km/h 及以下的情况。

自动闭塞是依靠运行中的列车自动完成闭塞作用的一种设备，将两端车站的区间正线划分为若干个闭塞分区，每个闭塞分区的起点设置一个通过色灯信号机进行防护。每个闭塞分区都装设轨道电路，因而能够准确反映列车的运行情况和钢轨的完整与否，并及时通过色灯信号机显示，向接近它的列车指示运行条件。因为出站信号机的关闭与通过色灯信号机的显示变化是随着列车的运行通过列车自动控制的，不需要人工操纵（但出站信号机的开放一般仍由车站值班员在排列进路时完成，只有当连续放行通过列车时，才改由列车运行控制），所以叫作自动闭塞。

传统自动闭塞法的类型：

（1）三显示自动闭塞

红色灯光：前方闭塞分区有车占用，停车，不准越过信号机。

黄色灯光：前方仅有一个闭塞分区空闲，减速通过。

绿色灯光：前方至少有两个闭塞分区空闲，按规定速度通过。

三显示自动闭塞有两个速度等级，一个闭塞分区既能满足制动距离。三显示自动闭塞在绿色灯光条件下，至少有两个闭塞分区空闲可供列车占用。因此，列车基本上是在绿色灯光或黄色灯光下运行的，可以保持较高速度的运行，或只需要短暂减速运行。三显示自动闭塞适合于客货列车混行的铁路系统。

（2）四显示自动闭塞

红色灯光：前方闭塞分区有车占用，停车，不准越过信号机。

黄色灯光：前方仅有一个闭塞分区空闲，低速列车减速通过。

绿黄色灯光：前方有两个闭塞分区空闲，高速列车减速通过。

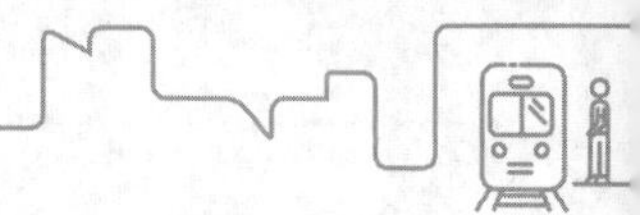

绿色灯光：前方至少有三个闭塞分区空闲，按规定速度通过。

四显示自动闭塞有三个速度等级，两个闭塞分区才能满足制动距离。四显示自动闭塞保证列车在绿色灯光条件下运行，可以充分发挥列车运行速度，比较适合于较高速度的铁路区段或城市轨道交通系统。

（3）多信息自动闭塞

多信息自动闭塞也称为多显示自动闭塞，是对四显示及以上自动闭塞的统称。多于四显示时，往往地面通过信号机不具备多显示的条件，而以机车信号显示为主。

各类自动闭塞显示示意图如图2.20所示。

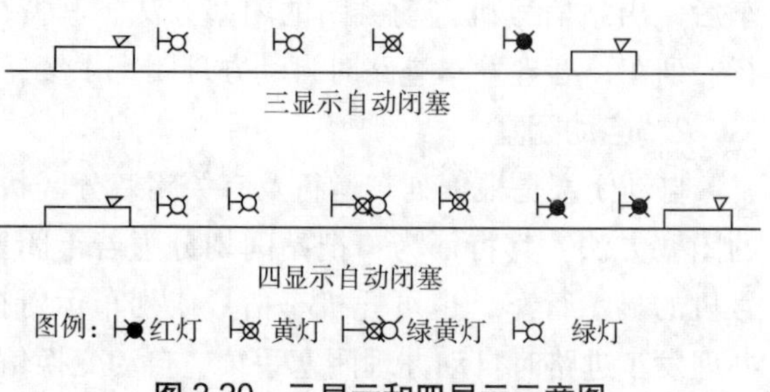

图 2.20　三显示和四显示示意图

追踪运行的前后列车间，间距越大，通过能力越差，但运行安全程度越高，列车的运行速度也可发挥到最佳点。同样，在自动闭塞区段，车站向区间按一定的间隔时间连续发车，发车间隔时间越长，线路通过能力就越低，但安全可靠性提高；发车间隔时间越短，则线路通过能力就越大，但必须保证续行列车与前行列车有安全的间隔距离，这个安全距离可以由自动闭塞的制式来决定。

自动闭塞每个闭塞分区均装有轨道电路，因此，可以比较准确地表示前方列车的位置，继而向续行列车传输比较明确的速度指令，从而保证两个列车之间既有可靠的安全制动距离，又能保持最短的空间间距，以达到最大的通过能力。

2）装备列车运行自动控制系统的自动闭塞

从闭塞制式的角度来看，装备列车运行自动控制系统的自动闭塞可分为三类：固定闭塞、准移动闭塞（含虚拟闭塞）和移动闭塞。称为准移动闭塞，说明它还不是移动闭塞，所以有时把它归入固定闭塞。

① 固定闭塞将轨道划分为固定的闭塞分区，不论前车还是后车都是用轨道电路来监测的，所以系统只知道列车在哪个区段并不知其具体位置，因此列车的控制必然是分级的、阶梯式的。在这种制式中，需要向被控制列车“安全”传送的只是代表少数几个速度级的速度码，如图2.21所示。

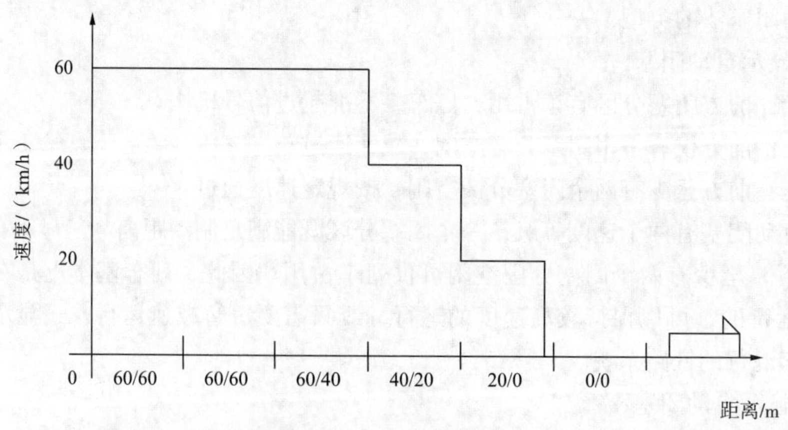

注：图中“40/20”是区段的“入口/出口”速度

图 2.21　分级阶梯式制动

② 准移动闭塞（也可称为半固定闭塞）是介于固定闭塞和移动闭塞之间的一种闭塞方式。它对前、后列车的定位方式是不同的。前行列车的定位仍沿用固定闭塞的方式，而后续列车的定位则采用连续的或称为移动的方式。准移动闭塞可解释为“预先设定列车的安全追踪间隔距离，根据前方目标状态设定列车的可行车距离和运行速度，介于固定闭塞和移动闭塞之间的一种闭塞方式”。

准移动闭塞同时采用移动和固定两种定位方式，所以它的速度控制模式，必然既具有无级（连续）的特点，又具有分级（台阶）的性质。若前行列车不动而后续列车前进时，其最大允许速度是连续变化的；而当前行列车前进，其尾部驶过固定区段的分界点时，后续列车的最大速度将按“台阶”跳跃上升，如图 2.22 所示。

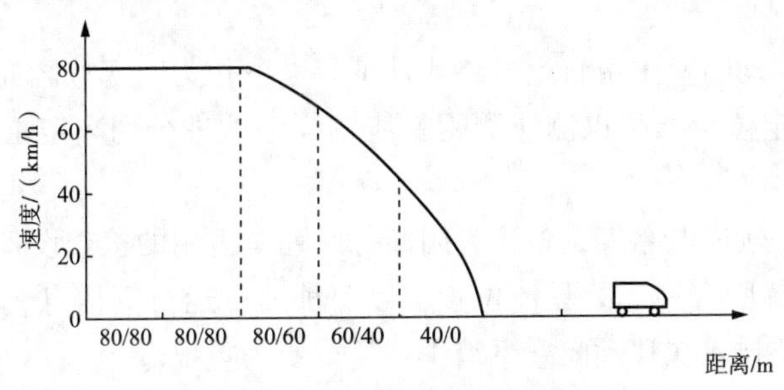

图 2.22　分级 - 连续式制动

准移动闭塞在控制列车的安全间隔上比固定闭塞进了一步。它通过采用报文式轨道电路辅之环线或应答器来判断分区占用并传输信息，信息量大；可以告知后续列车继续前行的距离，后续列车可根据这一距离合理地采取减速或制动措施，列车制动的起点可延伸至保证其安全制动的地点，从而可改善列车速度控制，缩小列车安全间隔，提高线路利用效率。但准移动闭塞中后续列车的最大目标制动点仍必须在先行列车占用分区的外方，因此，它并没有完全突破轨道电路的限制。

③ 移动闭塞是一种新型的闭塞制式。它不设固定闭塞区段，前、后两列车都采用移动式的定位方式，如图 2.23 所示。移动闭塞可解释为“列车安全追踪间隔距离不预先设定，而随列车的移动不断移动并变化的闭塞方式”。在城市轨道交通中，移动闭塞是一种采用先进的通信、计算机、控制技术相结合的列车控制技术，所以国际上习惯称其为基于通信的列车控制系统（Communication Based Train Control System，CBTC）。

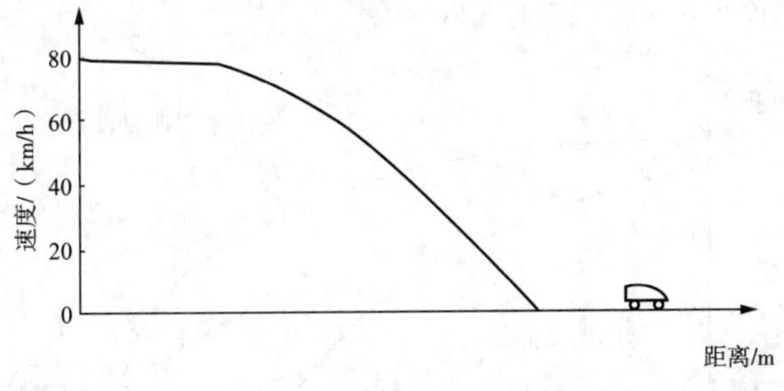

图 2.23　连续式制动

移动闭塞可借助感应环线或无线通信的方式实现。早期的移动闭塞系统大部分采用基于感应环线的技术，即通过在轨间布置感应环线来定位列车和实现车载计算机与控制中心之间的连续通信。武汉轻轨一期和广州地铁 3 号线相继采用基于环线的移动闭塞技术。

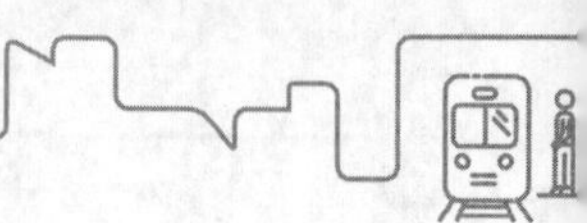

现今大多数先进的移动闭塞系统已采用无线通信系统实现各子系统间的通信，构成基于无线通信技术的移动闭塞。

三、移动闭塞系统的核心原理

1. 移动闭塞基本要素

在移动闭塞技术中，闭塞分区仅仅是保证列车安全运行的逻辑间隔，与实际线路并无物理上的对应关系，因此，移动闭塞在设计和实现上与固定闭塞有比较大的区别。其中列车定位（Train Position）、安全距离（Safety Distance）和目标点（Target Point）是移动闭塞技术中最重要的三个概念，可以称为移动闭塞的三个基本要素。

1）列车定位

在固定闭塞和准移动闭塞中由轨道电路或计轴等设备作为闭塞分区列车占用的检查设备，就能粗略地进行列车定位，再配以测速测距就能较详细地进行列车定位，最多再加应答器校准坐标。

在移动闭塞中没有轨道电路等设备作为闭塞分区列车占用的检查设备，被控对象基本处于动态过程中，只有了解所有列车的具体位置，以何种速度运行等信息，才能实施对列车的有效控制，所以列车定位技术在移动闭塞系统中就显得更为重要。

列车定位由地面设备和车载设备共同完成。列车定位信息的主要作用是：为保证安全列车间隔提供依据，CBTC 系统对在线的每一列车，能计算出距前行列车尾部的距离，或距进站信号点的距离，从而对它实施有效的速度控制；作为列车在车站停车后打开车门以及屏蔽门的依据。

目前，在列车自动控制系统中得到应用的列车定位技术主要有：测速定位法、查询—应答器法、交叉感应线圈法和卫星定位法。另外还有多普勒雷达法、无线扩频列车定位法、惯性列车定位法、航位推算系统定位法、漏泄波导法、漏泄电缆法等。

2）安全距离

安全距离是后续追踪列车的命令停车点与其前方障碍物之间的一个固定距离。障碍物可以是确认了的前行列车尾部的位置或者无道岔表示（道岔故障）的道岔位置。该距离是基于列车安全制动模型计算得到的一个附加距离，它能保证追踪列车在最不利条件下能够安全地停止在前行列车的后方而不发生冲撞。所以，安全距离是移动闭塞系统中的关键，是整个系统设计的理论基础和安全依据，如图 2.24 所示。

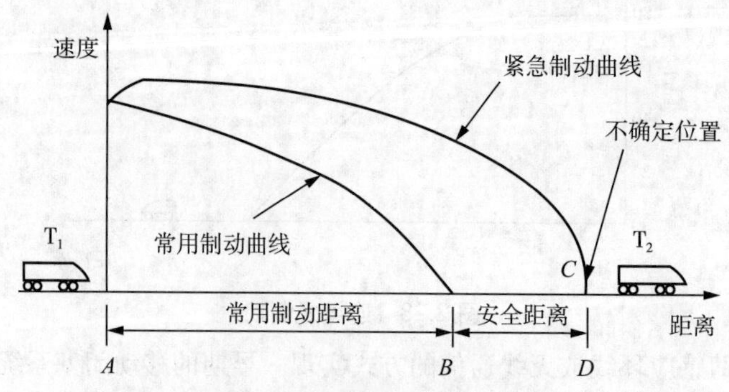

图 2.24　移动闭塞基本原理示意图

A—后续列车制动起点；*B*—后续列车常用制动停车点；*C*—危险点（目标点或障碍物）；*D*—紧急制动停车点

3）目标点

目标点是列车运行的行车凭证，如同固定闭塞系统中的允许信号，列车只有获得了目标点，才能够向前移动。目标点通常是设在列车前方一定距离的某个位置点，一旦设定，即表明列车可以安全运行至该点，但不能超过该点。移动闭塞系统就是通过不断前移列车的目标点，引导列车在线路上安全运行的。

2. 移动闭塞系统的组成和特点

1）移动闭塞系统的组成

移动闭塞系统主要包括无线数据通信网、车载设备、区域控制器和控制中心等。图 2.25 所示是基于通信的 CBTC 系统结构框图。地面和车载设备通过“数据通信网络”连接起来，构成系统的核心。

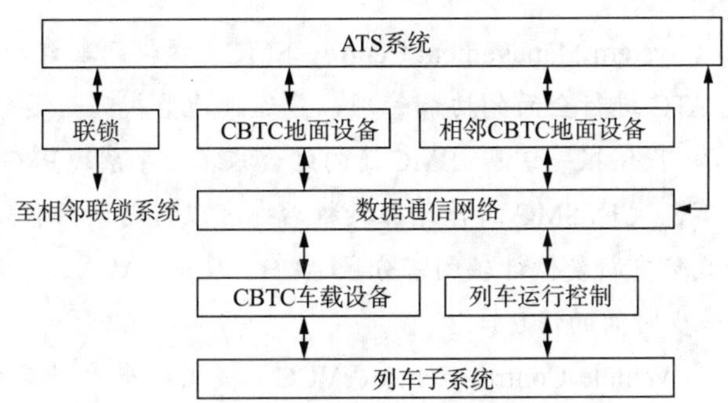

图 2.25 典型的 CBTC 系统结构框图

无线数据通信是移动闭塞实现的基础。通过可靠的无线数据通信网，列车将位置、车次、列车长度、实际速度、制动潜能和运行状况等信息以无线的方式发送给区域控制器，区域控制器追踪列车并通过无线传输方式向列车发送移动授权。

车载设备包括无线电台、车载计算机和其他设备（传感器、查询器），列车将采集到的数据（车辆信息、现场状况和位置信息等），通过无线数据通信网发送给区域控制器，以协助其完成运行决策，同时对接收到的命令进行确认并执行。

2）移动闭塞系统的特点

① 线路没有固定划分的闭塞分区，列车间隔是动态的，并随前一列车的移动而移动。

② 列车间隔是按后续列车在当前速度下所需的制动距离，加上安全余量计算和控制的，这样可确保不追尾。

③ 制动的起点和终点是动态的，轨旁设备的数量与列车运行间隔关系不大。

④ 可实现较小的列车运行间隔。

⑤ 采用地车双向数据传输，信息量大，易于实现无人驾驶。

知识链接

武汉地铁 1 号线正线信号系统引进了泰雷兹公司（原 ALCATEL 加拿大运输自动化公司）基于交叉感应电缆环线通信的移动闭塞信号系统（Seltrac S40），它是 CBTC（Communication Based Train Control System，基于通信的列车自动控制系统）的一个应用实例，最早应用于加拿大的 SkyTrain。

该系统主要由管理层、操作层、设备执行层三部分构成，如图 2.26 所示。

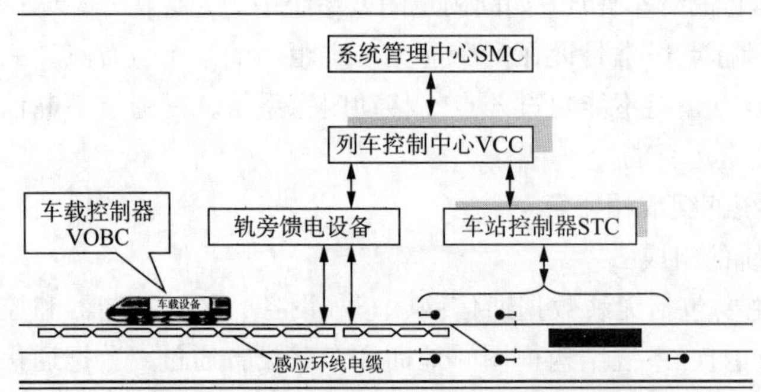

图 2.26　典型的 Seltrac MB 移动闭塞系统

① 系统管理中心（System Management Centre，SMC）提供列车自动监督（ATS）功能，对列车自动控制系统 ATC 进行全面的协调管理，能连续地监视列车运行状态获取信号系统信息并进行图形化显示，提供报警信息。SMC 还向站台旅客向导系统 PPG 提供列车服务信息，以便通知车站上的乘客；现地 SMC 工作站在授权后也可以进行运营控制，比如扣车、现地模式时操作道岔、为线路重新复位计轴闭塞分区 ACB。现地 SMC 工作站还向站台发车指示器提供距离发车还有多少时间的信息。

② 车辆控制中心（Vehicle Control Centre，VCC）提供列车自动防护（ATP）和列车自动运行（ATO）功能，VCC 负责计算列车的安全间隔和移动限制。列车移动与列车办理进路所要求的道岔位置进行联锁。这些功能通过报文发给 VOBC 和 STC 的命令来完成。VCC 从 SMC 接收排路和服务运营命令，然后向 SMC 提供服务和设备的状态。VCC 计算每列车的目标点并相应地向 VOBC 发送指令。VCC 还定期从 VOBC 和 STC 取得状态报告（主要是列车位置和道岔位置），如图 2.27 所示。

3 个 CPU 处理器，分别实时获取列车数据进行计算，运算结果至少 2 个 CPU 相符时才会执行操作命令

图 2.27　VCC 计算机

③ 车站控制器（Station Controller，STC）是 ATC 系统的安全型轨旁子系统，提供轨旁设备的控制功能，从道岔和信号机采集状态信息并把它们转发给 VCC 及现地 SMC 工作站。它还根据 VCC 或现地 SMC 工作站的命令来转动道岔，STC 根据运营模式（ATC 自动控制模式或后退模式）的需要来控制信号机。

④ 感应环线电缆敷设于轨道之间，每 25 m 交叉一次。车载 VOBC 在其经过每个交叉时检测到信号相位的变化，并以此来进行其定位计算，列车位置的最小精度为 1 个交叉的 1/4，即 6.25 m。感应环线数据通信系统是 VCC 和车载控制器 VOBC 之间交换信息的媒介，如图 2.28 所示。

每 25 m 一个交叉，安装于轨旁，最长不超过 3.2 km

图 2.28 感应环线

⑤ 车载控制器（Vehicle On-Board Controller，VOBC）通过通信环线与 VCC 通信，控制列车实现 ATP 及 ATO 功能。每列列车配备 2 个车载控制器 VOBC（热备冗余配置），当其中 1 个出现故障时自动切换到冗余的备用 VOBC 上继续进行列车控制，若 2 个均发生故障将对列车实施紧急制动确保安全。

广州地铁 3 号线采用阿尔卡特以环线通信为基础的 Serac S40 移动闭塞列车自动控制系统，通过感应环线通信系统来提供列车与地面设备间的通信。

广州地铁 4 号线采用西门子 TRAINGUARD MT 移动闭塞列车自动控制系统，通过无线通信系统来提供列车与地面设备间的通信。

四、电话闭塞法的原理

1. 电话闭塞的特点

电话对轨道交通的安全生产和提高运行效率起了很大的作用。站间电话闭塞法是在信号系统故障，不能使用 ATP 组织正常行车时，由两车站值班员利用站间行车电话，以电话记录的方式办理闭塞的方法，是一种代用闭塞法，均按站间区间办理。

由于电话闭塞没有机械、电气设备的控制，都靠制度加以约束，办理闭塞手续时必须严格。为保证同一区间、同一线路在同一时间内不误用两种闭塞法，在停用基本闭塞改为电话闭塞或恢复基本闭塞法时，均需根据行调的调度命令来办理。

2. 电话闭塞法的使用时机

通常遇到下列情况之一时会改用电话闭塞法行车：

① 列车反方向运行时；

② 按进路闭塞法行车时，连续两个站间区间及其以上范围内计轴设备故障，无法通过控制台确认列车位置时；

③ 遇到地面信号机因故不能开放，且行车调度员及综控员与列车间的无线通信均中断时；

④ 未安装 ATP 车载及无线通信设备的列车遇到出站信号机因故不能开放时。

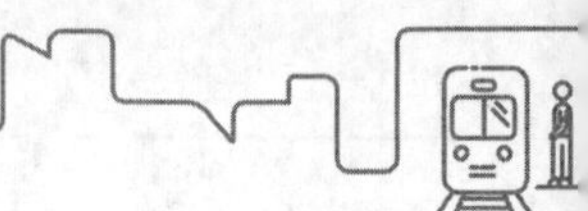

3. 电话闭塞法的行车凭证

使用电话闭塞法行车时，列车占用区间的行车凭证，不论单线或双线均为路票。列车凭路票运行应采用 URM 模式驾驶；列车反向运行时，车站应在路票的左上角加盖“反向运行”专用章，非固定股道接车、折返时应写明接车股道。路票的格式如图 2.29 所示。

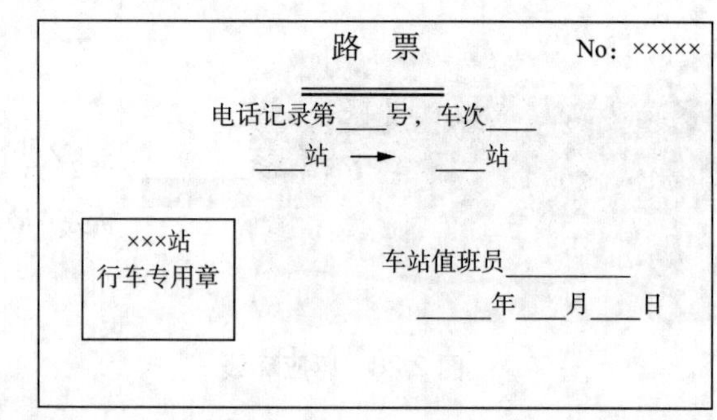

注：规格75 mm × 88 mm

图 2.29 路票的格式

任务实施

在城市轨道交通系统中，闭塞设备对于保证列车在区间的运行安全起着极为重要的作用。根据所学的相关知识，完成以下任务：

1．分组讨论，掌握隔离法的基本原理，并掌握车站及区间的划分。

2．利用互联网或查阅相关书籍及文献，总结比较固定闭塞、准移动闭塞、移动闭塞的特点。

3．掌握电话闭塞的使用时机，用小卡票制作路票并按要求填写。

4．各组成员对所学知识进行汇总整理，并撰写心得体会。

任务评价

序　　号	评 价 内 容	评 价 标 准	分　　数	评 分 记 录		
				学生自评	组间互评	教师评分
1	小组计划	任务明确、分工合理	10			
2	闭塞法介绍	方法、原理正确	30			
3	路票填写	填写规范、内容正确	20			
4	语言表达	逻辑清晰、表达清楚	20			
5	学习总结	资料全面、观点明确	20			
总　　分			100			

项目小结

本项目主要介绍了保证城市轨道交通行车组织安全的三大基础。重点介绍了行车信号的类型、手信号的显示及正确用法；介绍了联锁的概念、原理、功能以及联锁设备的分类应用；介绍了行车闭塞法的定义及不同类型行车闭塞法的特点和基本原理。

通过本项目的学习，要求学生能够明确各类信号显示意义及正确显示手信号；掌握联锁的功能及操作要求；理解固定闭塞、准移动闭塞和移动闭塞的基本原理和异同。

巩固与练习

一、单选题

1. （　　）是将地面信号通过传输设备或其他方式传输引入列车的信号，其安装在列车的两端。

A. 固定信号　　B. 车载信号　　C. 手信号　　D. 移动信号

2. 能够保证机车、车辆在站内或基地内从事转线、编组作业时能够安全高效地进行的是（　　）。

A. 进站信号机　　B. 防护信号机

C. 调车信号机　　D. 引导信号机

3. 出段信号机（　　）灯位信号机构表示允许越过该信号机运行。

A. 黄灯　　B. 红灯　　C. 白灯　　D. 蓝灯

4. 展开的红色信号旗，无红色信号旗时，两臂高举头上，向两侧急剧摇动，该种显示方式属于手信号类型的（　　）。

A. 停车信号　　B. 减速信号　　C. 引导信号　　D. 发车信号

5. 展开的绿色信号旗上弧线向列车方面做圆形转动，这种显示方式属于手信号类型的（　　）。

A. 停车信号　　B. 减速信号　　C. 引导信号　　D. 发车信号

6. 昼间调车手信号中操作为左手拢起红色信号旗直立平举，右手展开的绿色信号旗在下方上下小动的是（　　）。

A. 减速信号　　B. 指挥列车或车辆向显示人方向来的信号

C. 停车信号　　D. 指挥列车或车辆向显示人反方向稍行移动的信号

7. 标志上标明曲线中心里程、半径大小、圆曲线及缓和曲线长度、超高、加宽等有关数据的是（　　）线路标志。

A. 百米标　　B. 曲线标　　C. 坡度标　　D. 桥梁标

8. 四显示自动闭塞中前方仅有一个闭塞分区空闲，低速列车减速通过的是（　　）。

A. 红色灯光　　B. 绿色灯光

C. 黄色灯光　　D. 绿黄色灯光

二、判断题

1. 城市轨道交通信号按感官方式分为视觉信号和听觉信号两种。（　　）

A. 正确　　B. 错误

2. 响墩是一种视觉信号装置，通过列车车轮碾爆产生巨响，以提醒司机紧急停车。(　　)

A. 正确　　B. 错误

3. 停车信号牌或灯、减速信号牌或灯、减速防护地段终端信号牌或灯是固定信号。(　　)

A. 正确　　B. 错误

4. 红色灯光+黄色灯光：允许信号，准许列车以不大于规定的速度运行到下一架顺向信号机并随时准备停车。(　　)

A. 正确　　B. 错误

5. 警冲标是在两条线路会合处，为了防止停留在一线的车辆与邻线上的车辆发生侧面冲撞而设在两会合线路之间间隔 4m 的中间标志。(　　)

A. 正确　　B. 错误

6. LOW 界面显示器屏幕上由三个窗口组成，分别为基本窗口，主窗口和对话窗口，每个窗口的排列是固定的。(　　)

A. 正确　　B. 错误

7. 移动闭塞系统采用地车双向数据传输，信息量大，易于实现无人驾驶。(　　)

A. 正确　　B. 错误

8. 使用电话闭塞法行车时，列车占用区间的行车凭证，只有单线为路票。(　　)

A. 正确　　B. 错误

三、简答题

1. 什么是视觉信号、听觉信号？举例说明。

2. 计算机联锁设备与继电集中联锁相比有何优势？

3. 移动闭塞系统的特点有哪些？

4. 遇到哪种情况时会改用电话闭塞法行车？

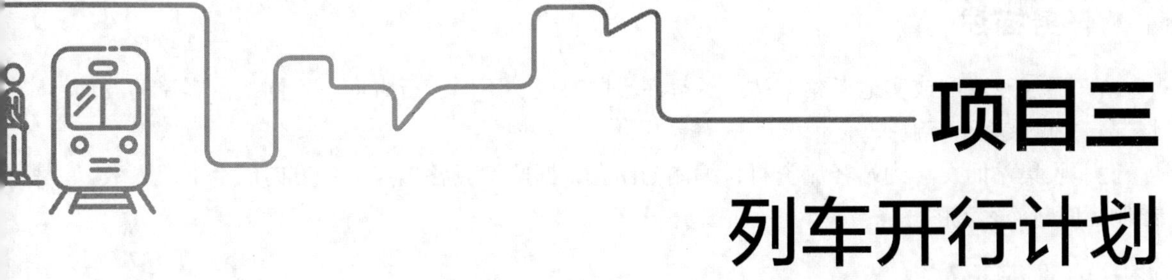

项目三
列车开行计划

项目描述

列车开行计划是根据城市轨道交通客流的特点，规定城市轨道交通线路的日常运输任务。对于如何确定车站各时段最大断面客流量、计算营业时间内各时段开行的列车数，确定所采用的列车开行方案（编组方案、交路方案、停站方案）等进行重点分析，作为编制列车运行图，计算运输工作量和确定车辆运用方案的基础资料。

本项目将从客流计划、全日行车计划、列车开行方案、车辆运用计划四个方面进行介绍。

学习目标

1. 知识目标

了解城市轨道交通客流的特点并掌握客流计划的编制方法；掌握城市轨道交通全日行车计划的编制方法；掌握编组方案、交路方案及停站方案的优缺点及适用情况；掌握城市轨道交通车辆运用计划。

2. 能力目标

能分析客流特征并掌握客流计划的编制方法；能完成全日行车计划的编制并掌握最终行车方案的微调原则；能根据客流的时空分布特征，确定列车编组方案、交路方案及停站方案，并能综合各项因素进行方案选优；能根据高峰小时开行列车数计算出运用车数，再据此推算出备用车数、检修车数，并掌握车辆运用计划。

3. 素质目标

认识到列车开行计划对城市轨道交通行车组织工作的重要性，在计划编制过程中做到运能与运量相匹配，兼顾效率和经济性，在满足乘客出行方便的同时，又要节约企业运营成本。

任务一　客流计划

任务目标

1. 了解乘客的出行需求及客流变化的影响因素。
2. 掌握客流计划的编制方法。

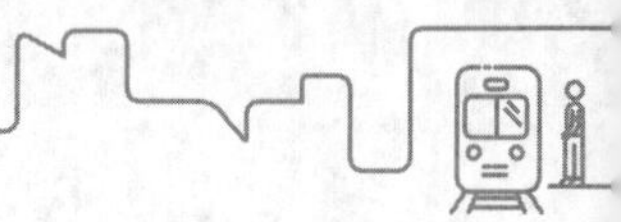

任务描述

1．通过互联网或实地考察车站，了解在不同时段、不同运行方向、不同站点客流的波动情况，并做乘客出行调查。

2．收集站间发、到站客流资料，编制 OD 表，据此计算各站点、各方向的上下车人数，绘制区间断面客流图。

相关知识

一、客流

客流是指在单位时间内，城市轨道交通线路在某个方向上通过的乘客人数。客流的概念既表明其在空间上的位移及数量，又强调了这种位移带有方向性和起讫位置。

客流是动态流，随天、时、地的变化而改变，这种变化是城市社会经济活动、生活方式在轨道交通系统的综合反映。客流变化主要体现在时间分布和空间分布两个方面。

1. 客流时间分布特征

在现代大都市中，一年内的不同季节，一周内的不同日子，一日内的不同时段，客流分布有其自身的变化规律：

1）季节性或短期性客流的变化

在旅游旺季或国家规定的法定节日，如元旦、春节、五一劳动节、国庆节等假期内，城市中流动人口的增加会使轨道交通线路的客流也随之增加，如图 3.1 所示。一般情况节假日全天各时段客流量都较高，客流日分布曲线为全峰型，如图 3.2（a）所示。而短期性客流的激增，通常是因举办重大活动的特定时间段（活动结束后），客流会显著增加，或遇恶劣天气（酷暑、大雨、台风等）聚变引起的，客流日分布曲线为突峰型，如图 3.2（b）所示。

图 3.1　节假日大客流

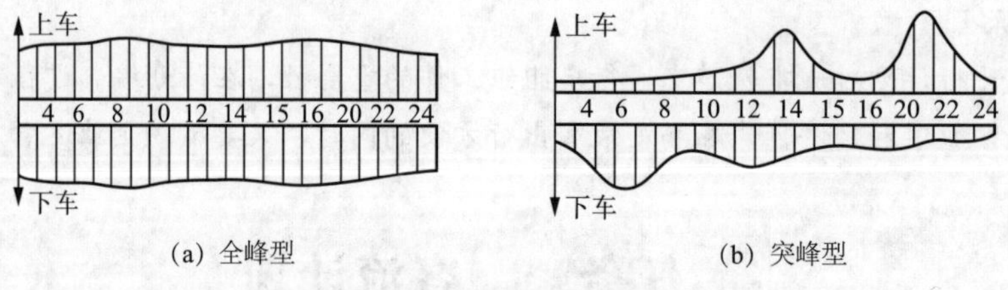

图 3.2　客流日分布曲线图（一）

2）一周内每日客流量的变化

现代市民的活动规律是以工作日与非工作日为循环。在每个工作日内，通常会出现早晚 2 个客流高峰，客流日分布曲线为双向峰型，如图 3.3（a）所示。而在双休日出现早晚高峰并不明显，全日客流较工作日往往也有所减少，客流日分布曲线为平峰型，如图 3.3（b）所示。周一与节假日后的早高峰小时客流量，以及周末与节日前的晚高峰小时客流量会大于一般工作日早、晚高峰小时客流量。

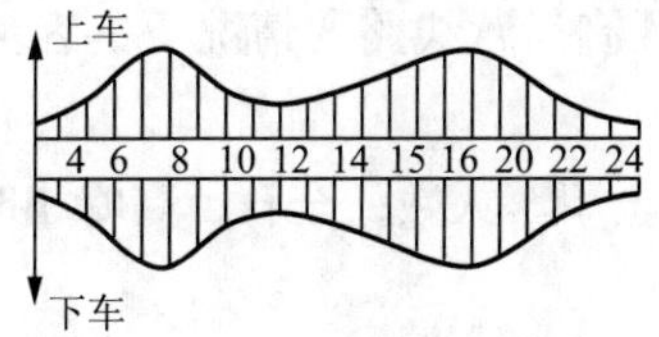

（a）双向峰型

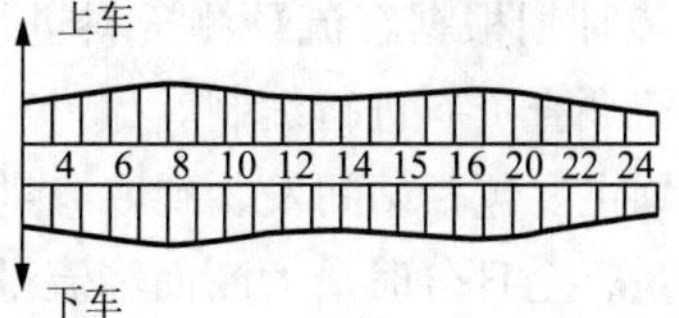

（b）平峰型

图 3.3 客流日分布曲线图（二）

3）一日内各小时的客流变化

小时客流量随人们的生活节奏和出行规律的变化而变化。白天时段客流有多次变化起伏，一般清晨与夜间乘客最少，早晨上班和上学的时段客流达到最高峰，高峰过后渐渐进入低谷，傍晚下班和放学时段客流进入次高峰，而后又进入低谷时段。同时客流在高峰时期的分布也是不均衡的，往往会出现 15 ~ 20 min 的超高峰时段。西安地铁 3 号线 2021 年 1 月 13 日各区间最大断面客流如图 3.4 所示。

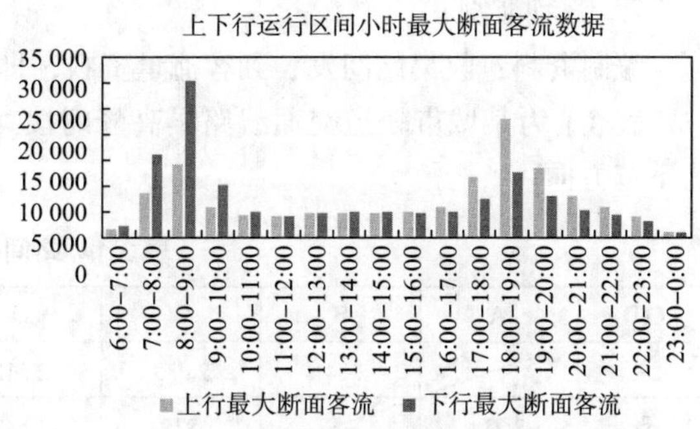

图 3.4 西安地铁 3 号线 2021 年 1 月 13 日各运行区间小时最大断面客流数据

2. 客流空间分布特征

城市轨道交通线路的设置位置、站点分布及运行方向上的差异性等特点导致客流在空间上也存在一定的不均衡性：

1）各条线路客流的不均衡

各条线路客流的不均衡体现为不同线路的客流量差异和客流量分布的差异，包括现状客流量分布的不均衡和客流增长的不均衡两个方面，二者共同构成整个轨道交通网客流分布的不均衡。

2）各个方向客流的不均衡

在轨道交通线路上由于客流的流向不同，各条线路上下行方向的客流通常是不相等的。

$$\alpha_1 = \frac{\max(A_{\max}^{上}、A_{\max}^{下})}{\frac{(A_{\max}^{上} + A_{\max}^{下})}{2}} \tag{3.1}$$

式中 α_1——上下行方向客流的不均衡系数；

$A_{\max}^{上}$——上行最大断面客流量，人。

$A_{\max}^{下}$——下行最大断面客流量，人。

当 α_1 较大时，即出现了上下行方向最大断面客流量不均衡。

3）各车站乘降人数的不均衡

在城市轨道交通线路上，全线各站乘降量总和的大部分往往集中在少数几个车站上。居民区、商业中心及新线的开通都会使车站乘降量发生较大的变化，使不均衡性情况加剧或引发新的不均衡。

二、客流计划

1. 客流计划编制

客流计划是编制全日行车计划、列车开行方案和车辆运用计划的基础。在新线投入运营的

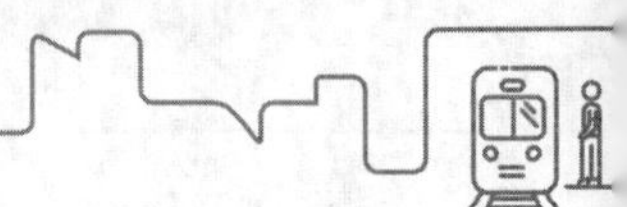

情况下，客流计划根据客流预测资料进行编制；在既有运营线路的情况下，客流计划根据统计资料和客流调查资料进行编制。

客流计划主要包括站间发、到客流量，各站方向上下车人数，全日、高峰小时和低谷小时的断面客流量，全日分时最大断面客流量等。

客流计划是全日行车计划编制的基础资料。在客流计划编制过程中，以站间发、到客流量数据作为原始资料，通过计算可以得到各站上下车人数，继而绘制出各方向站间客流断面图，最后分析全日分时最大断面客流量等数据。

2. **编制实例**

编制资料：收集站间发、到客流量资料，即站间客流 OD 表（也称客流斜表）。

表 3.1 为某城市轨道交通线路早高峰时段 7:00~8:00 的站间客流 OD 表，已知 A—H 方向为下行方向。

表 3.1　站间客流 OD 表　　单位：人 /h

O/D	A	B	C	D	E	F	G	H
A		2 341	2 033	2 518	1 626	2 104	3 245	4 232
B	2 314		575	1 540	1 320	2 282	2 603	3 112
C	1 887	524		187	281	761	959	1 587
D	2 575	1 376	199		153	665	940	1 638
E	1 556	1 253	322	158		143	426	1 040
F	3 100	2 337	662	691	162		280	1 895
G	4 191	3 109	816	956	448	388		711
H	3 560	2 918	1 569	1 728	967	1 752	671	

根据上述资料，客流计划的编制方法如下：

① 根据表 3.1 计算出各站上下车人数，计算结果见表 3.2。

本案例中已知 A—H 间为下行方向，表 3.1 中斜线右上方为下行区客流，斜线左下方为上行区客流。计算各方向、各站上下车人数时，根据划分好的上下行区域，将该区域行累计为各站上客人数，列累计为各站下客人数。如 A 站下行上车人数为：$A_{上}$ =2 341+2 033+2 518+1 626+2 104+3 245+4 232=18 099；C 站下行下车人数为：$C_{下}$ =2 033+575=2 608。

表 3.2　各站上下车人数统计　　单位：人

下行上车数	下行下车数	车　站	上行上车数	上行下车数
18 099	0	A	0	19 183
11 432	2 341	B	2 314	11 517
3 775	2 608	C	2 411	3 568
3 396	4 245	D	4 150	3 533
1 609	3 380	E	3 289	1 577
2 175	5 955	F	6 952	2 140
711	8 453	G	9 908	671
0	14 215	H	13 165	0

② 根据各站上下车人数，可计算出各区间断面客流量，计算公式见式（3.2），计算结果见表3.3。

$$P_{i+1}=P_i-P_{下}+P_{上} \tag{3.2}$$

式中 P_{i+1}——第 i+1 个断面的客流量，人；

P_i——第 i 个断面的客流量，人；

$P_{下}$——在车站下车人数，人；

$P_{上}$——在车站上车人数，人。

表 3.3 各区间断面客流量 单位：人

下　行	区　间	上　行
18 099	A—B	19 183
27 190	B—C	28 386
28 357	C—D	29 543
27 508	D—E	28 926
25 737	E—F	27 214
21 957	F—G	22 402
14 215	G—H	13 165

③ 根据表3.3绘制区间断面客流图，如图3.5、图3.6所示。从图上可直观地找出最大客流方向的最大区间断面客流量，即上行C—D区间的客流量29 543。

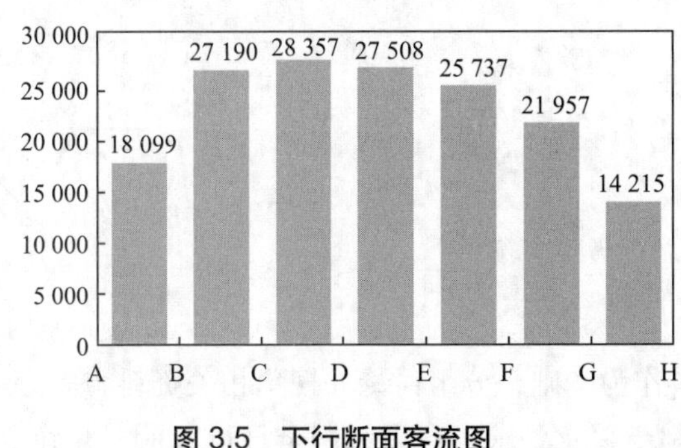

图 3.5 下行断面客流图

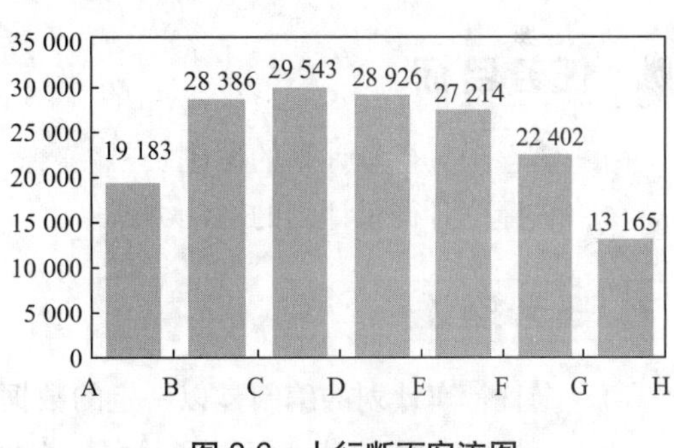

图 3.6 上行断面客流图

客流计划编制过程中，对于高峰小时断面客流量的计算可通过高峰小时站间发、到客流数据根据上述方法计算求得，也可根据全日站间发、到客流量数据求出全日断面客流量数据后，依据各小时断面客流量所占全日客流量的一定比例来估算，而对于比例系数的取值则可通过客流调查确定。全日分时最大断面客流量，可在求出高峰小时断面客流量的基础上，根据全日客流分布比例来确定。

任务实施

客流是规划轨道交通线网及线路走向、选择轨道交通制式及车辆类型、安排轨道交通项目建设顺序、设计车站规模和确定车站设备容量、进行项目经济评价的依据，也是轨道交通安

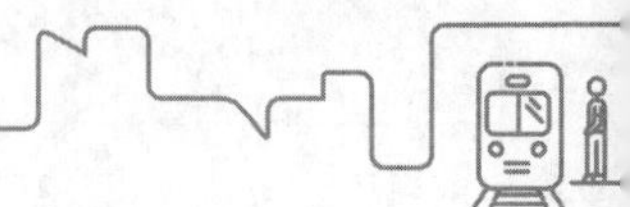

排运力、编制列车运行计划、组织日常行车和分析运营效果的基础。根据所学的相关知识，完成以下任务：

1．分组讨论，分别描述客流在时空上分布的不同特征。

2．小组成员可通过实地考察某条地铁线路，根据 AFC 进出站数据，统计车站到、发客流情况。

3．根据统计的 OD 数据，编制客流计划，计算车站上下车人数，绘制区间断面客流图。

4．各组成员对所学知识进行汇总整理，并撰写心得体会。

任务评价

序　号	评价内容	评价标准	分　数	评分记录		
				学生自评	组间互评	教师评分
1	小组计划	任务明确、分工合理	10			
2	客流特征	描述详细、全面	20			
3	客流计划编制	方法正确、计算无误	30			
4	语言表达	逻辑清晰、表达清楚	20			
5	学习总结	资料全面、观点明确	20			
总　分			100			

任务二　全日行车计划

任务目标

1．熟悉全日行车计划的编制资料。

2．掌握全日行车计划的编制方法。

任务描述

1．全日行车计划的编制是以一定的数据资料作为基础，分组讨论并搜集相关资料。

2．根据收集到的基础资料和数据，根据编制步骤及要求，合理编制全日行车计划，确定最终方案。

相关知识

一、全日行车计划编制资料

1. 营业时间

城市轨道交通系统的营业时间依城市而异。营业时间的安排主要考虑了两个因素：一是方便乘客，满足城市生活的需要，考虑市民居住生活出行等特点；二是满足轨道交通系统各项设备检修养护的需要。大多数地铁公司的营业时间为 18 ~ 20 h，个别城市有 24 h 的情况，适当延长营业时间，是城市轨道交通系统提高服务水平的体现。

知识链接

目前全天 24 h 营业的地铁城市有伦敦、纽约和哥本哈根；柏林、巴黎、巴塞罗那和斯德哥尔摩等很多欧洲城市也在尝试周末通宵运营；中国香港地铁在重大节假日，如平安夜、元旦等实行通宵运营。

北京地铁 1 号线是中国内地每天运营时间最长的地铁，最晚到 1:29 结束，4:58 再投入早班运营，中间仅相隔 3.5 h，是最接近通宵运营的线路。中国内地 0 点后仍在运行的地铁线路如表 3.4 所示。

表 3.4　中国内地 0 点后仍在运行的地铁线路

城　市	线　路	末班车到达	备　注
广州 7 条	1 号线	0:02	
	2 号线	0:25	
	3 号线	0:06	
	3 北线	0:10	
	4 号线	0:23	
	5 号线	0:10	
	8 号线	0:04	
北京 6 条	1 号线	1:29	周五 ~ 周六
	1 号线	0:26	周日 ~ 周四
	2 号线	1:15	周五 ~ 周六
	6 号线	0:41	
	10 号线	0:26	
	13 号线	0:14	
	15 号线	0:12	
上海 6 条	1 号线	0:55	周五 ~ 周六
	2 号线	1:01	周五 ~ 周六
	2 号线	0:02	周日 ~ 周四
	7 号线	0:53	周五 ~ 周六
	8 号线	0:56	周五 ~ 周六
	9 号线	0:48	周五 ~ 周六
	9 号线	0:14	周日 ~ 周四
	10 号线	0:47	
长沙	4 号线	0:00	
重庆	3 号线	0:08	
成都	2 号线	0:12	
乌鲁木齐	1 号线	0:18	

城　市	线　路	末班车到达	备　注
深圳 7 条（相同线路只计一次）	1 号线	1:06	节假日
	2 号线	1:02	节假日
	3 号线	1:10	节假日
	5 号线	1:07	节假日
	7 号线	0:56	节假日
	9 号线	0:46	节假日
	11 号线	1:02	节假日
	1 号线	0:06	平日
	2 号线	0:10	平日
	3 号线	0:11	平日
	5 号线	0:07	平日
	11 号线	0:37	平日
武汉 5 条	1 号线	0:12	
	2 号线	0:44	
	4 号线	0:02	
	6 号线	0:06	
	7 号线	0:10	
南京 3 条	1 号线	0:29	
	3 号线	0:12	
	10 号线	0:14	
西安 4 条	1 号线	0:14	
	2 号线	0:37	
	3 号线	0:15	
	4 号线	0:03	
杭州	2 号线	0:01	

注：表中数据截至 2019 年 7 月 19 日。

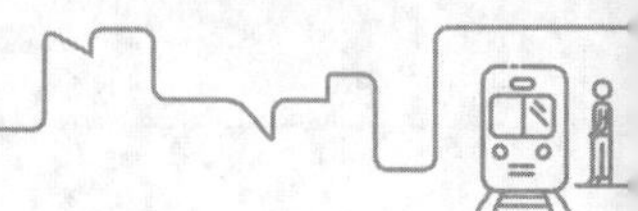

2. 全日分时最大断面客流量

全日分时最大断面客流量通常在高峰小时断面客流量的基础上，根据全日客流分布比例图计算确定。

3. 列车定员数

列车定员数是车辆定员和列车编组辆数的乘积。

车辆定员人数由车辆的座位人数和站位人数组成。站位面积为车厢面积减去座位面积，所以车辆定员的多少取决于车辆的类型、尺寸、车厢内座位布置方式和车门设置数。部分地铁车辆尺寸及定员情况见表 3.5。

列车编组辆数的确定以高峰小时最大断面客流量作为基本依据，在客流量一定的情况下，可采用增加列车编组辆数，或缩短行车间隔时间的措施达到预定的运能要求。

表 3.5 部分地铁车辆尺寸及定员情况

城市	洛杉矶	莫斯科	新加坡	香港	上海
车宽 /m	3.08	2.71	3.20	3.11	3.00
车长 /m	22.78	19.21	23.65	22.85	24.14
座位 / 人	68	47	62	48	62
站位 / 人	164	187	258	279	248
定员 / 人	232	234	320	327	310

4. 线路断面满载率

线路断面满载率是指在单位时间内特定断面上的车辆载客能力利用率。线路断面满载率通常是指在高峰小时，单向最大客流断面的车辆载客能力利用率。

计算公式如下：

$$\beta = \frac{p_{\max}}{c_{\max}} \times 100\% \tag{3.3}$$

式中 β——线路断面满载率；

$P_{\max}$——高峰小时单向最大断面客流量，人；

$c_{\max}$——高峰小时线路输送能力，人。

线路断面满载率反映了高峰小时开行列车在最大客流断面的满载程度，也反映了乘客乘坐的舒适程度。

二、全日行车计划的编制

1. 全日行车计划的编制方法

① 根据高峰小时断面客流量及客流分布比例计算全日分时最大断面客流量数据。

② 计算营业时间内分时开行列车数。按下式计算：

$$n_i = \frac{p^i_{\max}}{P_{列} \times \beta} \tag{3.4}$$

式中 n_i——分时开行的列车数，列或对；

p_{max}^i——分时最大断面客流量，人；

$p_{列}$——列车定员数，人；

β——线路断面满载率。

③ 计算分时行车间隔。按下式计算：

$$t_i=\frac{60}{n_i} \quad (\text{min}) \tag{3.5}$$

或

$$t_i=\frac{3\,600}{n_i} \quad (\text{s}) \tag{3.6}$$

式中 t_i——分时行车间隔，min 或 s；

n_i——小时开行列车数，列。

④对各行车间隔进行微调，最终确定全日行车计划。

根据客流需求确定沿线各段的行车间隔时间可提高轨道交通服务的针对性和有效性，从而改善轨道交通的服务质量，提高车辆运营的效率，增强对城市居民出行的吸引力。在非高峰运营时段如果行车间隔时间过长，不但会增加乘客的候车时间，而且也不利于吸引客流。因此，为方便乘客并提高服务水平，可规定在 9:00 ~ 21:00 的非高峰运营时段，为保证线路服务水平，确定最终行车间隔时间标准不大于 6 min；而在其他非高峰运营时段内，最终确定的行车间隔时间标准不大于 10 min。最后全日行车计划中的高峰小时行车间隔时间还需验算是否符合线路通过能力、信号以及其他设备条件等制约因素。

2. 编制实例

某城市轨道交通线路基础资料如下，根据资料为该线路确定全日行车计划。

① 该城市轨道交通线路营业时间：5:00 ~ 23:00。

② 早高峰时段出现在 7:00 ~ 8:00，晚高峰时段出现在 16:00 ~ 17:00。早高峰小时（7:00 ~ 8:00）各断面客流数据见表 3.3。

③ 全日分时断面客流分布比例见图 3.7。

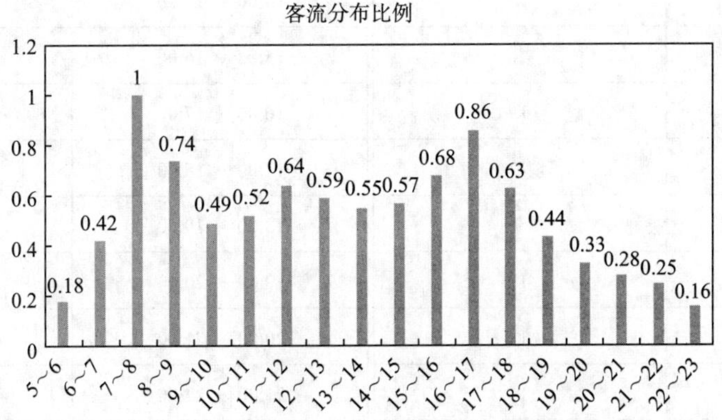

图 3.7 分时最大断面客流分布比例图

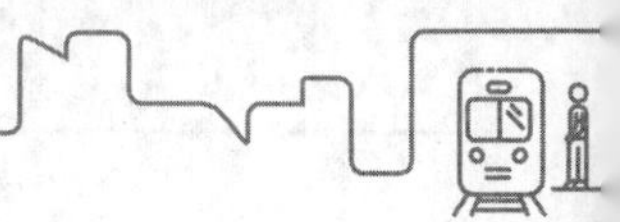

④ 列车编组 6 辆，定员为 310 人。

⑤ 线路断面满载率：早晚高峰小时为 110%，其他运营时间为 90%。

根据上述资料，全日行车计划的编制过程如下：

① 计算早高峰小时最大断面客流量。

根据表 3.3 可知，最大客流方向的最大区间断面客流量为 29 543 人，则早高峰小时最大断面客流量为 29 543。

② 计算全日分时最大断面客流量。

根据高峰小时断面客流量及客流分布比例计算全日分时最大断面客流量，计算结果见表 3.6。

表 3.6　全日分时单向最大断面客流量

时　　段	最大断面客流量	时　　段	最大断面客流量
5:00 ~ 6:00	5 318	14:00 ~ 15:00	16 840
6:00 ~ 7:00	12 408	15:00 ~ 16:00	20 089
7:00 ~ 8:00	29 543	16:00 ~ 17:00	25 407
8:00 ~ 9:00	21 862	17:00 ~ 18:00	18 612
9:00 ~ 10:00	14 476	18:00 ~ 19:00	12 999
10:00 ~ 11:00	15 362	19:00 ~ 20:00	9 749
11:00 ~ 12:00	18 908	20:00 ~ 21:00	8 272
12:00 ~ 13:00	17 430	21:00 ~ 22:00	7 386
13:00 ~ 14:00	16 249	22:00 ~ 23:00	4 727

③ 计算营业时间内各小时应开行的列车数，计算结果见表 3.7。

表 3.7　全日分时开行列车数

时　　段	开行列车数	时　　段	开行列车数
5:00 ~ 6:00	4	14:00 ~ 15:00	10
6:00 ~ 7:00	8	15:00 ~ 16:00	12
7:00 ~ 8:00	15	16:00 ~ 17:00	13
8:00 ~ 9:00	13	17:00 ~ 18:00	12
9:00 ~ 10:00	9	18:00 ~ 19:00	8
10:00 ~ 11:00	10	19:00 ~ 20:00	6
11:00 ~ 12:00	12	20:00 ~ 21:00	5
12:00 ~ 13:00	11	21:00 ~ 22:00	5
13:00 ~ 14:00	10	22:00 ~ 23:00	3

④ 计算营业时间内各小时的行车间隔时间，计算结果见表 3.8。

表 3.8 各时段行车间隔时间

时　段	行车间隔时间	时　段	行车间隔时间
5:00 ~ 6:00	15 min	14:00 ~ 15:00	6 min
6:00 ~ 7:00	7 min30 s	15:00 ~ 16:00	5 min
7:00 ~ 8:00	4 min	16:00 ~ 17:00	4 min35 s
8:00 ~ 9:00	4 min35 s	17:00 ~ 18:00	5 min
9:00 ~ 10:00	6 min40s	18:00 ~ 19:00	7 min30 s
10:00 ~ 11:00	6 min	19:00 ~ 20:00	10 min
11:00 ~ 12:00	5 min	20:00 ~ 21:00	12 min
12:00 ~ 13:00	5 min25 s	21:00 ~ 22:00	12 min
13:00 ~ 14:00	6 min	22:00 ~ 23:00	20 min

⑤ 微调，最终确定全日行车计划。

在计算出车站各时段应开行的列车数及行车间隔时间的基础上，再根据城市轨道交通车站制定的服务水平进行调整。由于对地铁的服务时间间隔时间有要求，一般情况下要求：低谷时段的最大行车间隔时间要求不能大于 10 min，非高峰时段的最大行车间隔时间要求不能大于 6 min，因此需要对上述计算结果进行修正，最终确定全日行车计划。

根据这一原则，上述案例中如 22:00 ~ 23:00，这一时段客流量为 4 727 人，根据计算得知应该开行列车数为 3 对，此时行车间隔时间为 20 min，则乘客候车时间过长，为方便乘客出行需求，将列车开行数调整为 6 对，行车间隔调整为 10 min。最终确定的全日行车计划见表 3.9，早高峰小时运输能力见表 3.10。

表 3.9 全日行车计划

运 营 时 间	开行列车数 / 对	行车间隔时间	运 营 时 间	开行列车数 / 对	行车间隔时间
5:00 ~ 6:00	6	10 min	14:00 ~ 15:00	10	6 min
6:00 ~ 7:00	8	7 min30 s	15:00 ~ 16:00	12	5 min
7:00 ~ 8:00	15	4 min	16:00 ~ 17:00	13	4 min35 s
8:00 ~ 9:00	13	4 min35 s	17:00 ~ 18:00	12	5 min
9:00 ~ 10:00	10	6 min	18:00 ~ 19:00	10	6 min
10:00 ~ 11:00	10	6 min	19:00 ~ 20:00	10	6 min
11:00 ~ 12:00	12	5 min	20:00 ~ 21:00	10	6 min
12:00 ~ 13:00	11	5 min25 s	21:00 ~ 22:00	6	10 min
13:00 ~ 14:00	10	6 min	22:00 ~ 23:00	6	10 min

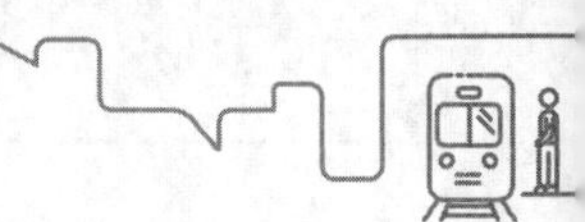

表 3.10　早高峰小时运输能力

时　　段	7∶00～8∶00	单向最大断面客流量	29 543 人
车辆定员	310 人	行车间隔时间	4 min
列车编组辆数	6 辆	开行列车数	15 对
列车定员数	1860 人	单向最大运输能力	30 690 人

任务实施

全日行车计划是城市轨道交通营业时间内各个小时开行的列车数计划，它规定了城市轨道交通线路的日常运输任务。根据所学的相关知识，完成以下任务：

1．分组讨论全日行车计划需要涉及哪些基础资料，列出需要收集的资料清单。

2．以某条即将开通运营的地铁线路为例，根据客流及相关运营资料（详见本项目“巩固与练习”实作题），为该线确定全日行车计划。

3．各组成员对所学知识进行汇总整理，并撰写心得体会。

任务评价

序　　号	评 价 内 容	评 价 标 准	分　　数	评 分 记 录		
				学生自评	组间互评	教师评分
1	小组计划	任务明确、分工合理	10			
2	资料清单	列举项目是否齐全	10			
3	资料收集	资料采集是否全面	20			
4	全日行车计划编制	编制步骤正确、计算结果无误	40			
5	学习总结	资料全面、观点明确	20			
总　　分			100			

任务三　列车开行方案

任务目标

1．了解列车编组种类，掌握其优缺点和适用情况。

2．掌握交路的概念及分类。

3．掌握列车折返方式及交路计划的确定。

4．掌握停站方案的类型及适用情况。

任务描述

1．根据客流时间分布，讨论编组方案的优缺点及适用情况。

2．根据客流空间分布，讨论交路方案的优缺点及适用情况，并能根据资料确定交路计划。

3．根据客流的 OD 分布，讨论停站方案的优缺点及适用情况。

相关知识

一、列车编组方案

列车编组方案规定了列车是固定编组还是非固定编组，以及列车的编组辆数。列车编组方案的比选基于客流的时间分布。

1. 列车编组种类

1）大编组方案（长编组）

大编组是指在运营时间内列车编组辆数固定且相对较多，如地铁列车采用 6 辆或 8 辆编组的情形。

2）小编组方案（短编组）

小编组是指在运营时间内列车编组辆数固定且相对较少，如地铁列车采用 3 辆或 4 辆编组的情形。

3）大小编组方案（混合编组）

大小编组方案是指在运营时间内列车编组辆数不固定。

① 在客流非高峰时段编组辆数相对较少，在客流高峰时段编组辆数相对较多，如在客流非高峰和高峰时段，地铁列车分别采用 3/6 辆编组、4/6 辆编组或 4/8 辆编组的方案。

② 在全日运营时间内采用大小编组，如地铁列车采用 3/6 辆编组或 4/6 辆编组的方案。

应该指出，离开一定的客流条件来讨论列车编组方案的比选是无意义的。当线路的分时客流比较均衡时，大小编组方案将失去比选的必要性；当客流已经接近远期设计客流量时，小编组方案将失去实施的可能性。因此，只有在客流尚未达到远期设计客流量，并且分时客流不均衡程度较大的情况下，才有必要对列车编组方案进行比选。

知识链接

采用大小编组方案时，与 4/6 辆编组方案相比，3/6 辆编组方案具有乘客服务水平较高、可根据客流量灵活编组以及车辆维修周期一致等优点。

轨道交通车辆一般可按有无动力装置分为动车和拖车两类，城市轨道交通动车受电方式有两种：第三轨受流和受电弓。轨道交通车辆按有无驾驶室分为带司机室车和不带司机室车两类，有时用“T 车”表示无司机室的拖车，“Tc 车”表示有司机室的拖车，“Mp 车”表示带受电设施的动车，“M 车”表示不带受电设施的动车。通常 1 辆 Tc 车加 1 辆 Mp 车加 1 辆 M 车组成一个车辆单元，6 辆编组的地铁列车由两个车辆单元组成。

每个城市每条线路动车组编组略有不同，车辆连接顺序也略有差别。

A. 重庆 1 号线车辆连接顺序为“Tc-Mp-M-M-Mp-Tc”。

B. 北京地铁 4 号线车辆连接顺序为“Tc1-M1-M3-T3-M2-Tc2”。

C. 上海地铁分为带司机室的拖车（A 型）、无司机室带受电弓的动车（B 型）、无司机室不带受电弓的动车（C 型）三种。6 节时可按 A-B-C-C-B-A 编组，也可以编成 A-B-C-B-C-A，各节车辆之间均互相贯通，以方便乘客流通。当为 8 节编组时，可以编成 A-B-C-B-C-B-C-A，也可以是 A-B-C-C-B-B-C-A。

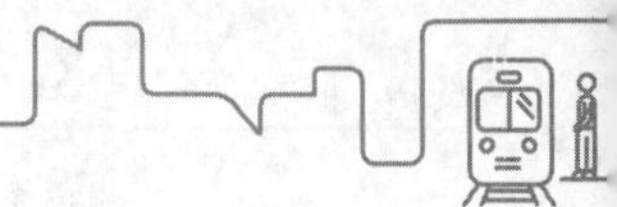

2. 影响列车编组方案的因素

为满足一定的客流需求，轨道交通必须提供一定的列车运能。小时列车运能既与小时内开行的列车数有关，也与列车编组辆数和车辆定员有关。假设小时列车运能应达到 18 000 人 /h，四种不同方案的列车类型见表 3.11。

表 3.11　列车编组与车辆选型、通过能力的关系

方案序号	一	二	三	四
列车编组辆数 / 辆	3	6	4	6
车辆定员 / 人	300	300	300	200
列车间隔 /min	3	6	4	4
列车运能 /（人 /h）	18 000			

由此可见，当车辆选型一定时，列车编组与列车间隔成正比关系；当列车间隔一定时，列车编组与车辆定员成反比关系。

影响列车编组方案比选的主要因素是客流、车辆选型和列车间隔。此外，在进行列车编组方案比选时，通常还应考虑乘客服务水平、车辆运用经济性和运营组织的复杂性等影响因素。

1）客流

客流因素主要是指高峰小时最大断面客流量与分时客流不均衡程度。高峰小时最大断面客流量越大，需要的小时列车运能也越大。在车辆选型和列车间隔一定的情况下，列车编组辆数与高峰小时最大断面客流量成正比关系，即客流较大时列车编组也较大。

从提供必要的小时列车运能出发，在高峰小时最大断面客流量较大且列车间隔已无法进一步压缩的情况下，列车编组只能选择大编组方案；在高峰小时最大断面客流量不大，但分时客流不均衡程度较大的情况下，选择小编组方案或大小编组方案有助于提高运营经济性和乘客服务水平。

2）车辆选型

车辆选型的依据是高峰小时最大断面客流量，在高峰小时最大断面客流量不小于 3 万人的情况下，应采用车辆定员稍大的车型，如 A 型车和 B 型车。在列车间隔一定的情况下，小时列车运能取决于列车定员，而列车定员又是车辆定员与列车编组辆数的乘积；如果车辆定员较大，则列车编组可相应较小。

3）列车间隔

从提供必要的小时列车运能出发，在车辆定员一定的情况下，为适应小编组方案，列车间隔应相应压缩，但列车间隔的压缩又受到线路通过能力和列车折返能力的制约，因此，采用小编组方案是有条件的。当用小编组方案替代大编组方案时，应验算列车间隔与通过能力是否相适应。当客流量已经接近远期设计客流量时，由于通过能力的利用率接近饱和，无法进一步压缩列车间隔，因而小编组方案就失去了实施的可能性。

4）乘客服务水平

在进行列车编组方案比选时，应考虑不同编组方案的乘客服务水平，在客流量不大、列车密度较低的情况下，与大编组方案相比，采用小编组方案时的乘客候车时间较短。因此，小编组方案有助于提高乘客服务水平。另外，在采用大小编组方案时，应在站台上设置乘客候车位置导向标志。

5）车辆运用经济性

采用小编组方案，对提高列车满载率及降低牵引能耗具有积极意义，但随着列车中动车比例的增加，车辆的平均价格也呈上升趋势。此外，随着小编组列车开行数的增加，乘务员的配备数也相应增加。

6）行车组织的复杂性

在进行列车编组方案比选时还应考虑行车组织的复杂性。与采用固定编组方案相比，在选用大小编组方案时，列车的编组与解体、高峰与非高峰时段的过渡及列车间隔的调整等均增加了行车组织的复杂程度。

二、列车交路方案

列车交路是指列车在规定的运行线路上往返运行的方式，规定了列车运行区段、折返车站以及按不同交路运行的列车数。列车交路方案是指根据运营组织的要求及运营条件的变化，按列车运行图或由行车调度指挥列车按规定区间运行、折返的列车运行计划。

1. 列车交路种类

常见的列车交路有长交路、短交路和混合交路。

① 长交路是指列车在全线各站间运行，为全线提供运输服务，列车到达两端点站进行站后折返，如图 3.8 所示。长交路具有对中间站折返线路要求不高、行车组织运行方式简单的优点，但不考虑区段客流量不均衡的因素，合理运用运能方面有所欠缺。

② 短交路是指列车在某一区段内运行，在指定车站折返，它可为某一区段旅客提供服务，如图 3.9 所示。短交路在城市轨道交通的行车组织中除特殊情况下一般不采用。

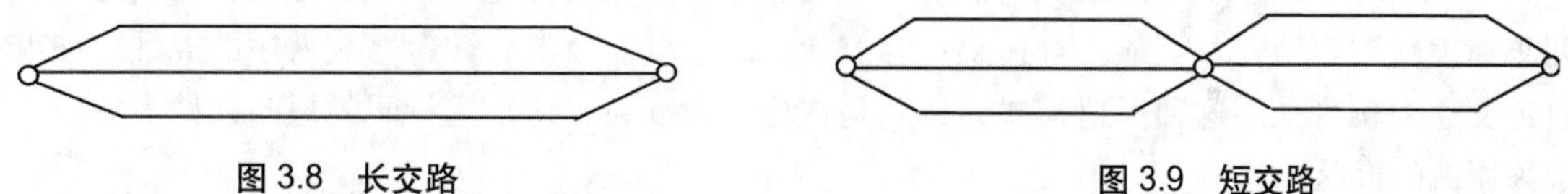

图 3.8 长交路　　图 3.9 短交路

③ 混合交路则指线路上长短交路并存的情形，既能够在两个终点站间折返运行，也能够在某一中间站折返运行，如图 3.10 所示。混合交路的行车组织方式是比较经济合理的一种运行方案，特别是在区段客流不均衡程度高，造成某一区段运能不能满足运量的需要时，混合交路运营组织方式尤为适用；但这种方式行车组织相对较为复杂，同时对客运组织也有较高的要求。

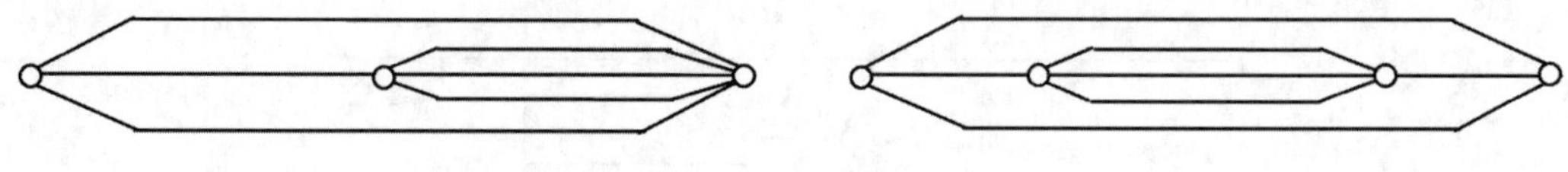

图 3.10 混合交路

从行车组织的角度，长交路要较短交路列车运行组织简单，对中间站设备要求也不高，但在各区段客流量不均衡程度较大的情况下，会产生部分区段运能的浪费。短交路能适应不同客流区段的运输要求，运营较经济，但要求中间折返站具有两个方向的折返设备以及具有方便的换乘条件。长短交路混跑的组织方案，可兼顾不同出行距离乘客的需求，又能提高运营效益。

2. 列车折返方式

列车折返是指列车运行至图定的终点或折返站时，进入折返线路，改变运行方向的过程。折返作业时列车司机驾驶列车到达终点或折返站，车站行车人员以及列车司机按有关规定完

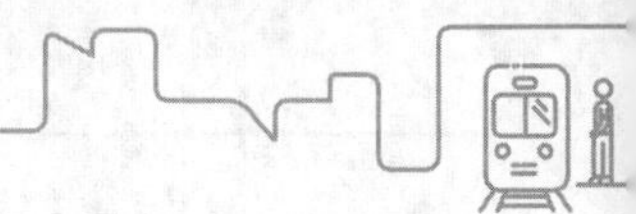

成折返操作的程序与步骤。

列车折返方式分为站前折返、站后折返和混合折返。

① 站前折返：指列车在中间站或终点站经由站前渡线进行折返作业。

如图 3.11 所示，其中图（a）为列车在终点站利用交叉渡线进行站前折返，图（b）为列车在终点站利用单渡线进行站前折返，图（c）为列车在中间站利用折返线进行站前折返。

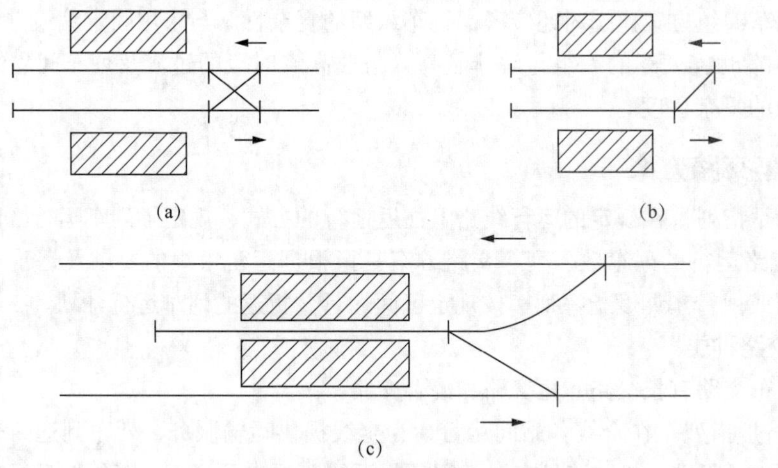

图 3.11　站前折返示意图

站前折返时，列车空车走行少，折返时间较短；乘客能同时上下车，可缩短停站时间；车站正线兼折返线，能减少投资费用。但列车在折返过程中会占用区间线路，从而影响后续列车闭塞，对行车安全有一定威胁，出发列车与到达列车存在敌对进路；进出站侧向通过道岔，列车速度受到限制，影响乘坐舒适感；客流量大时，可能会引起站台客流秩序的混乱。城市轨道交通中较少采用这种折返模式，特别是在行车密度高、列车运行间隔短的条件下一般不会采用站前折返方式。

② 站后折返：指列车在中间站或终点站经由站后折返设备进行折返作业。

如图 3.12 所示，其中图（a）为列车在终点站利用交叉渡线进行站后折返，图（b）为列车在中间站利用折返线进行站后折返。

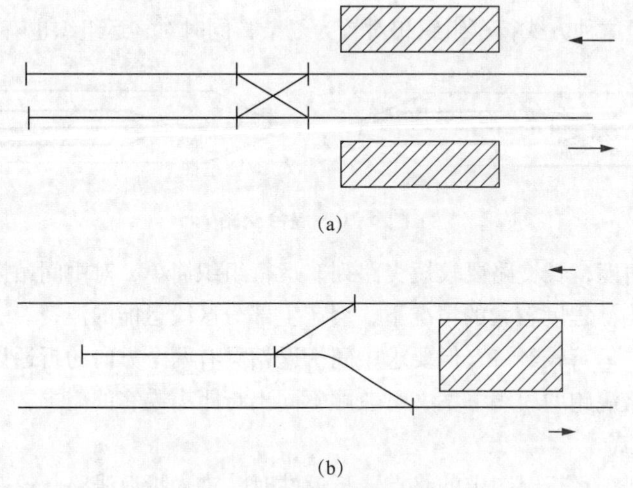

图 3.12　站后折返示意图

环形折返是一种特殊的站后折返。环形线折返设备可保证最大的通过能力，节省设备费用与运营成本，但施工量大，由于列车在小半径曲线上运行，钢轨的磨耗也大，而且不能停放检修列车，也难以进行线路扩展，所以较少采用，如图 3.13 所示。

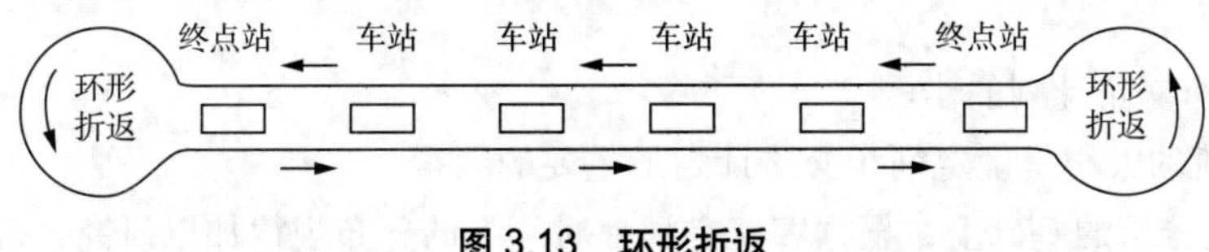

图 3.13 环形折返

站后折返避免了站前折返的进路交叉的问题，安全性能良好；而且站后折返时列车进出站速度较高，有利于提高运行速度。一般来说，站后尽端折返线折返是国内外城市轨道交通最常见的方式，站后渡线方法则可为短交路提供方便。站后折返的主要不足是列车折返时间较长。

③ 混合折返：站前、站后混合布置折返线，如图 3.14 所示。

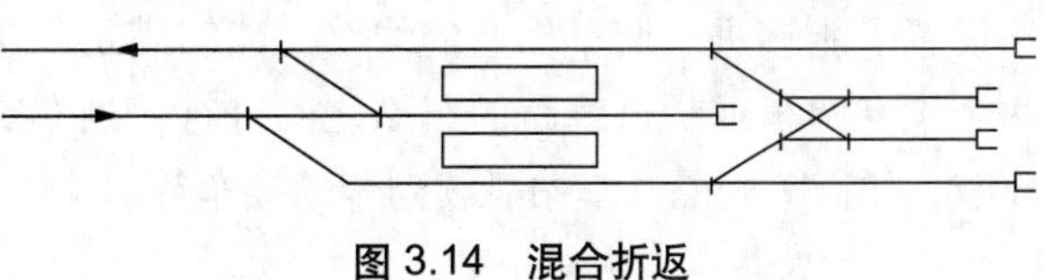

图 3.14 混合折返

混合折返的目的是提高列车折返能力与线路通过能力，有利于行车组织调整，适用于对折返能力要求较高的端点站。

知识链接

西安地铁 3 号线，呈半环形走向，东北起自灞桥区保税区站，途经未央区、新城区、碑林区，西南至雁塔区鱼化寨站，连通了西安国际港务区、西安高新技术产业开发区，是西安市轨道交通线网规划的骨架线路，如图 3.15 所示。

西安地铁 3 号线自开通运营即采取了长短交路运营方案，如图 3.16 所示。长交路：鱼化寨至保税区 26 个车站全线运行，保税区为终点站；短交路：鱼化寨至香湖湾 21 个车站运营，类似公交车的区间车，香湖湾是终点站。

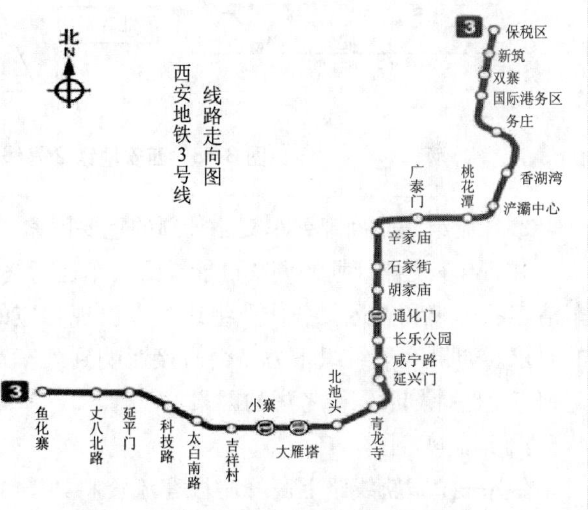

图 3.15 西安地铁 3 号线线路走向图

目前，西安除了 3 号线采用长短交路方案外，西安地铁 4 号线自 2018 年 12 月 26 日开通运营后也采取该模式，如图 3.17 所示。北客站（北广场）至航天新城（29 个站）长交路全线运行，航天新城为终点站。短交路北客站（北广场）至航天大道（24 个车站）运行。

图 3.16 西安地铁 3 号线长短交路示意图 **图 3.17 西安地铁 4 号线长短交路示意图**

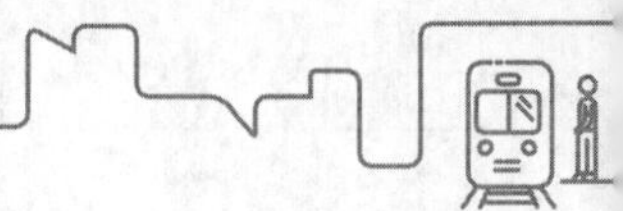

3. 列车交路计划的确定

当轨道交通线路较长、客流分布不均衡时，通过合理、可行的交路组合来安排列车输送能力是一种充分利用有限资源、降低运输成本的有效方法。规定列车交路的方法与过程就是编制列车交路计划。

1）确定列车交路计划的步骤

① 区段客流的大小是确定列车交路计划最主要的因素。

在客流调查分析的基础上，根据客流空间、时间上的分布规律加以研究，确定列车开行的方案，勾画列车交路。

② 行车条件决定了列车交路计划实现的可能性。

城市轨道交通由于其运营特点，根据车站位置的不同、客流量的大小设置线路，只有少量站设置了能够进行调车作业的线路，能够满足列车折返作业的需要。列车交路的实现只能在两个设有调车或折返线路的车站之间进行，列车交路还需要考虑是否会影响行车组织的其他环节，如行车间隔、车站后续列车的接车等。

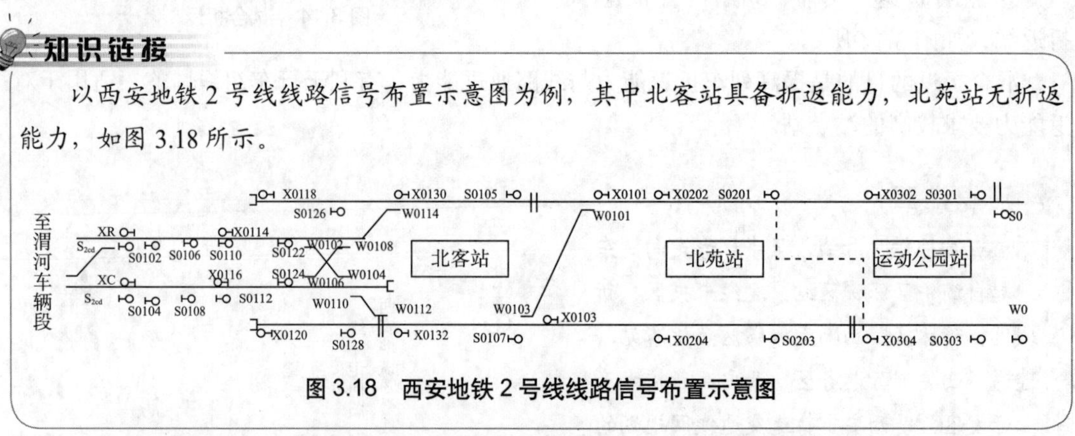

知识链接

以西安地铁2号线线路信号布置示意图为例，其中北客站具备折返能力，北苑站无折返能力，如图3.18所示。

图3.18　西安地铁2号线线路信号布置示意图

③ 客流组织是确定列车交路计划的重要因素。

由于列车交路计划的调整可能导致列车运行终到站的变化，相关车站的乘客乘降作业、列车清客、转线和客运服务作业组织都会出现相应的变化，这些都对车站作业组织提出了较高的要求。如果客运组织不力将会直接影响到列车运行图的执行情况。因此，客流组织也是确定列车交路计划时需要考虑的因素。

2）编制实例

在A—H城轨线路上高峰时段客流资料如图3.19所示，在E站应具备折返条件，列车定员为1 800人/列，满载率为110%。请根据以上资料确定该线路的交路计划。

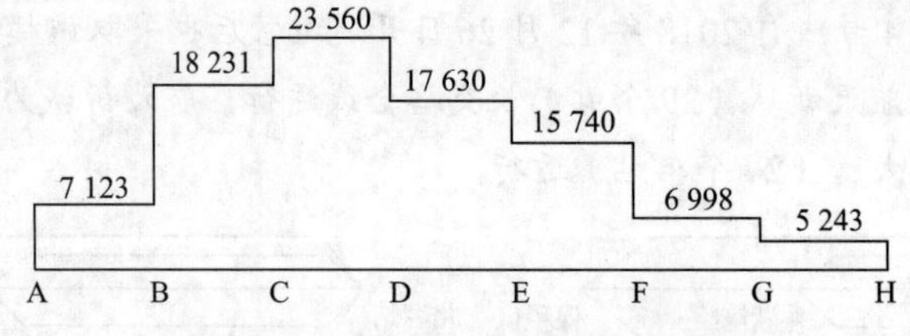

图3.19　A—H站间各区间断面客流图

计算过程：

方案 A：在不考虑客流空间分布的情况下，按长交路开行时需要开行的列车数为：

$$n=23\ 560/(1\ 800\times 110\%)=12\text{（对）}$$

如果单一开行长交路列车，虽满足最大客流区间 C—D 区间的客流需求，但列车在 A—B 及 G—H 区间等地则会出现运能浪费的情况。

方案 B：根据客流空间分布情况，开行长短交路方案：

① 图 3.19 显示，客流断面从 B 站开始骤增至 F 站开始下降，所以在 B—F 区域客流量较大，属于“凸”形断面客流，有必要对交路方案进行比选。

② 全线除 E 站具备折返能力外，两端点站 A、H 也具备折返能力，所以有三个折返站点，但 B、F 站不具备行车条件，最终将短交路调整至 A—E 之间。

③ 确定各交路开行列车数：

$$n_{长}=15\ 740/(1\ 800\times 110\%)=8\text{（对）}$$

$$n_{短}=23\ 560-15\ 740/(1\ 800\times 110\%)=4\text{（对）}$$

由上述计算得出，在采用长短交路套开时，A—H 城轨同样开行 12 对列车，但其中有 4 对列车只运行至 E 站。由于短交路列车运行至 E 站折返，这 4 对短交路列车走行距离缩短，因而能耗减少，从而降低了运输成本。

列车交路计划规定了列车的运行区段、折返车站以及按不同列车交路运行的列车数。列车交路计划的确定应建立在对线路各区段客流量进行统计分析的基础上，充分考虑行车组织与客运组织的条件，进行可行性研究后加以确定。

小贴士：

确定列车交路计划时一般应考虑的因素：

① 客流特性：客流在时间上、空间上的不均衡性。

② 线路条件：折返线的设置。

③ 行车条件：折返时间，追踪间隔时间。

④ 车底（动车组）数。

⑤ 客运组织工作：乘降作业、列车清客、客运服务工作等。

三、列车停站方案

我国城市轨道交通在列车停站设计中大多采用站站停的方案。该方案具备列车种类简单、不存在列车越行、乘客乘车方便的优点。

从客流的 OD 特征分析，针对于短途乘客比重大的线路，开行站站停车方案有利；但如果针对于中远途乘客来讲，站站停方案会增加这部分乘客到达终到站的时间，所以为了提高列车运行速度及满足乘客的不同需求，根据线路的客流特点，还可采用其他不同的停站方案。

1. 非站站停车方案

非站站停车方案包括分段停车、跨站停车、部分列车跨多站停车等情况。

1）分段停车

该方案在混合交路的基础上，规定长交路列车在短交路区段外进行站站停车作业，在短交

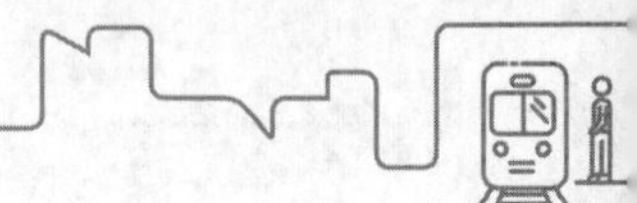

路区段内不停车通过，而短交路运行列车则在短交路区段内各站停车，如图 3.20 所示。

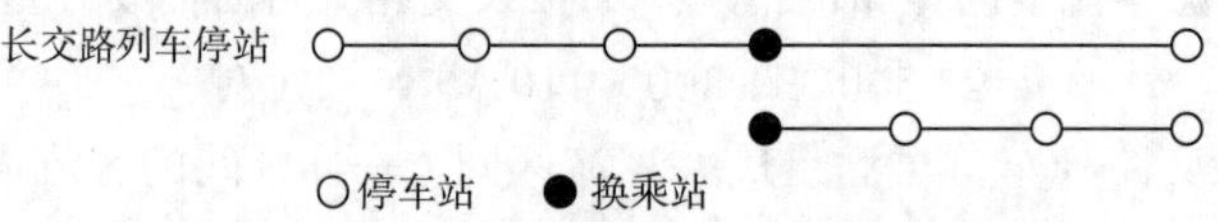

图 3.20　分段停车列车运行方案示意图

分段停车列车运行方案减少了混合交路列车的停站次数，因而能压缩长途乘客在列车上的总运行时间；列车运行速度的提高也有利于加快长交路运行车辆的周转。该方案的主要问题是：上下车不在同一交路区段的乘客需要换乘，增加了全程运行消耗的时间。

2）跨站停车

列车跨站停车方案在长交路的情况下采用，将全线车站分成 A、B、C 三类，A、B 两类车站按相邻分布原则确定，C 类车站按每隔若干个车站选择一站的原则确定。所有列车均应在 C 类车站停车作业，但在 A、B 两类车站则分别停车作业，如图 3.21 所示。

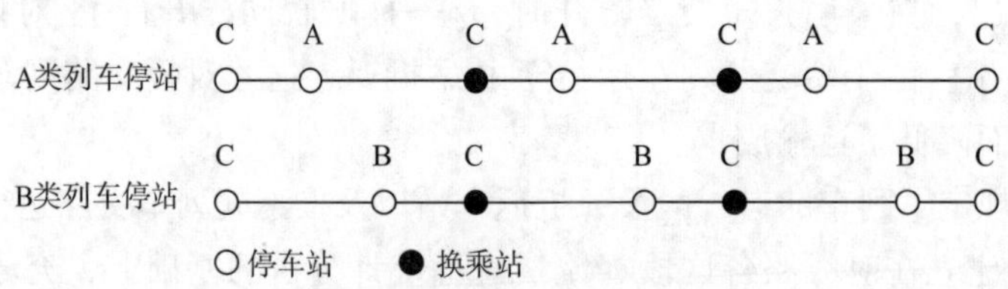

图 3.21　跨站停车列车运行方案示意图

跨站停车列车运行方案减少了列车停站次数，因而能压缩列车运行时间和乘客换乘时间，提高运行速度；还能够加速车辆周转速度，减少车辆使用，降低运营成本。该方案的问题是：由于 A、B 两类车站的列车到达间隔加大，乘客候车时间增加，另外在 A、B 两类车站间乘车的乘客需要在 C 类车站换乘，带来不便。该方案适用于在 C 类车站客流量较大，而在 A、B 类车站客流较小，并且乘客平均运距较长的线路。

3）部分列车跨多站停车

部分列车跨多站停车是指线路上开行两类长交路列车，即普速、站站停列车和快速、跨多站停列车，快速列车只在线路上的主要客流集散站停车，在其他车站则不停车直接通过，如图 3.22 所示。

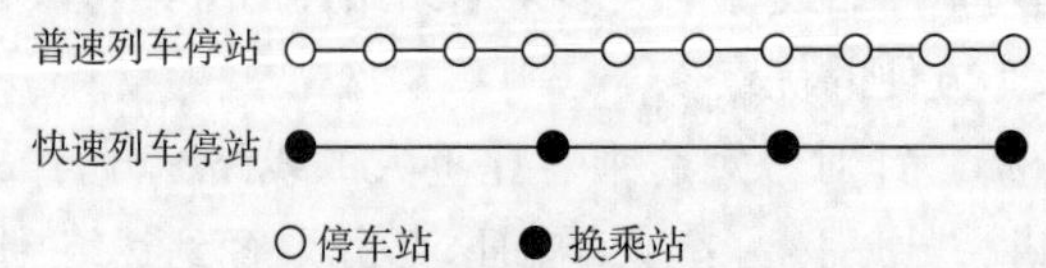

图 3.22　部分列车跨多站停车列车运行方案示意图

该停车方案在提高跨多站停车列车运行速度的同时，避免了跨站停车方案存在的部分乘客需要换乘的问题，做到既能提高运营经济性，又不降低对乘客的服务水平。此外，该停车方案运用比较灵活，运营部门可根据客流特征、按不同比例确定快速列车的开行数。在线路通过能力利用率比较高的情况下，采用该停车方案通常会引起快速列车越行普速列车的情况，如果不安排列车越行，只能以损失线路通过能力来保证追踪列车间隔时间。

知识链接

北京地铁6号线（Beijing Subway Line 6），是中国北京市第15条开通地铁的线路，于2012年12月30日开通运营一期工程（海淀五路居站至草房站），于2014年12月30日开通运营二期工程（草房站至潞城站），于2018年12月30日开通运营西延伸段（海淀五路居站至金安桥站），标志色为土黄色，如图3.23所示。

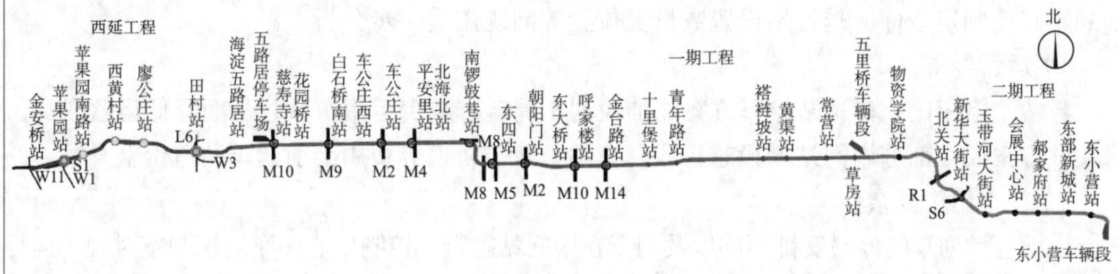

图3.23 北京地铁6号线线路示意图

截至2020年10月28日，北京地铁6号线全长52.9 km，采用全地下敷设方式，共设34座地下车站（其中2座暂未开通），采用8节编组B型列车。

早在6号线设计初期就考虑过“越行大站快车”，实现快慢车混跑。快车高速通行，只在主要车站停靠；慢车常规运行，每站都停。为此，常营站和通运门站就专门预留了如同高铁站里的越行区，双站台、四条轨道，两条轨道供慢车停靠，两条轨道供快车停靠和“超车”。

早高峰期间，6号线出城方向将按照“一列快车、两列慢车”的方式运行越行大站快车，快车在青年路站到郝家府站之间一站直达，并会在常营站和通运门站超越前方慢车，而慢车则会各站停靠。相比慢车，乘客搭乘快车全程最多可省7 min 08 s。到了晚高峰期间，进城方向也会安排越行大站快车。

广州地铁21号线：广铁21号线在全线开通初期，常规运营列车行车间隔约8 min一趟，快车行车间隔约半小时，两者开行比例为4∶1。其中，快车仅停靠员村、天河公园、棠东、黄村、大观南路、苏元、镇龙、凤岗及增城广场这9个车站，单程运行时间大约53 min，较常规运营模式列车节省14 min。

除上述地铁开行了快慢车以外，上海地铁16号线、广州地铁14号线，深圳地铁13号线也都相继采用该模式。

2. 停车方案影响因素

1）站间OD客流特征

在长距离出行乘客比例较大及某些发到站间的直达客流较大时，采用非站站停车方案是有利的。该方案比较适用于部分乘客的乘车区间是郊区段各站与市区段终点站之间的通勤出行，如远郊区与商务区之间、远郊区车站与轨道交通环线换乘站之间的出行。

2）乘客服务水平

采用非站站停车方案，在压缩长距离乘客出行乘车时间的同时，也会出现一部分乘客增加换乘时间或候车时间的情形，因此，采用非站站停车方案是否可行，应根据站间OD客流，定量分析计算长途乘客节约的出行时间与部分乘客增加的换乘与候车时间。

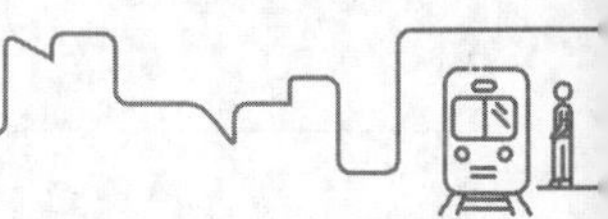

如果乘客节约的时间总和大于增加时间总和，或者乘客的节约时间与增加时间基本持平，采用非站站停车方案是可行的，能提高或至少不降低乘客服务水平。

3）列车越行问题

采用非站站停车方案存在后行列车越行前行列车的可能性。如果后行列车越行前行列车，可通过调整列车追踪时间来避免越行，但这是以降低线路通过能力来换取列车不越行的，难以适应大客流或客流增长较快的线路。因此，采用非站站停车方案，必须对列车越行相关问题，如列车越行判定条件、越行站设置数量及位置等问题作进一步分析。

4）运营经济性

与站站停相比，非站站停车方案能加快列车周转，减少运用车数，从而降低运营成本，但采用该方案要在部分中间站增设越行线，车站土建与轨道等费用会引起车站造价上升。

5）行车组织复杂性

由于各类列车的停站安排不同以及列车在中间站越行，控制中心、车站控制室对列车运行的监控及站台上乘客导向服务均应加强。因此，非站站停车方案的行车组织要比站站停车方案复杂。

四、列车开行方案优选

无论是列车编组方案、列车交路方案和列车停站方案都是在客流分析的基础上进行初步选优，然后是开行方案的综合选优。综合选优评价指标包括乘客服务水平、车辆运用、通过能力适应性、行车组织复杂性、运输成本等多方面因素。

1. 乘客服务水平

相关评价指标包括乘客乘车时间、候车时间、换乘时间、换乘次数和平均出行速度等。

2. 车辆运用

相关评价指标包括列车周转时间、运行速度、运用车数、日车走行公里和车辆满载率等。

3. 通过能力适应性

主要是评价列车开行方案实施后的能力损失，以及最终通过能力是否适应。包括线路通过能力利用率、列车折返能力利用率等。

4. 行车组织复杂性

行车组织复杂性与列车开行方案中的列车编组、交路或停站方案，乘客需要获得的乘车信息，以及列车运行调整的机动性等有关。行车组织很复杂的列车开行方案，在实践中一般不被运营部门所接受。

5. 运输成本

相关评价指标包括车辆购置费用、增设折返线费用、增设越行线费用、列车运行距离相关费用和乘务人员费用等。

任务实施

列车开行方案是日常行车组织的基础，包括列车编组方案、列车交路方案、列车停站方案三部分，方案的制定还规定了按不同编组、交路和停站方案开行的列车数。根据所学的相关知识，完成以下任务：

1. 根据客流统计资料显示，某条线在客流分布上极为不均衡，整个区间断面客流呈现“纺锤体”型，如何为该线路确定交路计划，分组讨论并说明具体步骤和注意事项。

2. 某条即将开通运营的新线，根据客流预测数据显示，该线路客流在时间上的不均衡系数较大，分组讨论并为该线确定编组方案。

3. 各组成员对所学知识进行汇总整理，并撰写心得体会。

任务评价

序号	评价内容	评价标准	分数	评分记录		
				学生自评	组间互评	教师评分
1	小组计划	任务明确、分工合理	10			
2	交路计划确定	影响因素分析到位、编制方法正确	20			
3	编组方案确定	影响因素分析到位、方案正确	30			
4	语言表达	逻辑清晰、表达清楚	20			
5	学习总结	资料全面、观点明确	20			
总分			100			

任务四　车辆运用计划

任务目标

1. 掌握车辆保有量计划。
2. 了解车辆运用计划。

任务描述

1. 掌握运用车、检修车、备用车的概念及要求。

2. 新建的线路需要购置一定数量的车辆，车辆的购置成本较高，掌握各种车辆的配备比例，使购置车辆既能满足运量的需求，同时又可以降低运营成本。

相关知识

一、车辆运用计划

车辆运用计划是指在一定类型的设备和行车组织方法条件下，为完成全线全日行车计划所需要的车辆保有数量计划。车辆运用计划包括推算运用车辆数、检修车辆数和备用车辆数三部分。

1. 运用车

运用车是为完成日常运输任务而配备的技术状态良好的车辆。运用车的需要数与高峰小时开行列车数、列车运行速度及在折返站停留时间等因素有关。根据线路远期客流预测数据，测算远期运行行车间隔可得出所需运用列车数。

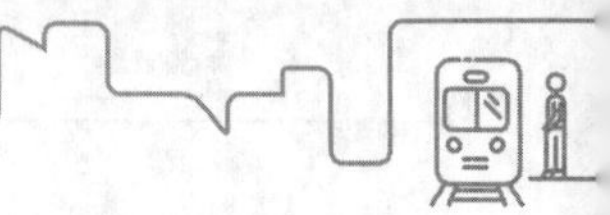

运用车辆数与高峰小时开行的最大列车数、列车运行速度及折返站停留时间等因素有关，计算方法为：

$$N=\frac{n_{高峰}\theta_{列}m}{60} \tag{3.7}$$

式中 $n_{高峰}$——高峰小时开行的列车数，对；

m——平均每列车编成辆数；

$\theta_{列}$——列车周转时间，min。

列车周转时间是指列车在线路上往返一次所消耗的全部时间。它包括列车在区间运行时间、列车在中间站停留时间以及列车在折返站作业停留时间。

$$\theta_{列}=\sum t_{运}+\sum t_{站}+\sum t_{折} \tag{3.8}$$

式中 $t_{运}$——列车在线路上往返一次各区间运行时间之和；

$t_{站}$——列车在线路上往返一次各中间站停站时间之和；

$t_{折}$——列车在折返站停留时间之和。

2. 检修车

处于检修状态的车辆为检修车。车辆经过一段时间的运用后，各部件会产生磨耗、变形或损坏，为保证车辆技术状态良好和延长使用寿命，需要定期对车辆进行检修，如图 3.24、图 3.25 所示。车辆检修包括车辆检修级别和车辆检修周期，根据设计性能、使用寿命以及运用环境和运用指标来确定。

图 3.24 列检库

图 3.25 车辆架修

检修列车数量需根据运用列车数量综合维修能力、修程修制取得，一般为运用列车数量的 10%～15%。

检修周期主要是根据设备的磨损程度和可靠性而定的，而车辆运用时间和行走公里数通常是设备磨损和可靠性的表征，因此在实际过程中，就将车辆运用时间和走行公里数作为车辆检修周期的确定标准。车辆的检修级别通常包括日检、双周检、双月检、定修、架修和大修6类，见表3.12。

表3.12 车辆检修级别、周期及停时

检 修 级 别	时 间 间 隔	走行公里数	检 修 停 时
日检	1日	—	—
双周检	2周	4 000	4 h
双月检	2月	20 000	48 h
定修	1年	100 000	10日
架修	5年	500 000	25日
厂（大）修	10年	1 000 000	40日

知识链接

我国目前经常采用的检修修程、周期及停修时间是基于日常维修和定期检修相结合的检修制度即预防性计划检修制度而确定的，部分大城市轨道交通检修制度见表3.13 ~表3.16。

表3.13 北京地铁车辆检修修程、周期及停修时间

检 修 修 程	修程周期/（$\times 10^4$ km）	库停时间/（d/列）	调试/（d/列）	合计/（d/列）
厂修	112 ~ 128	70	20	90
架修	56 ~ 54	17	7	24
定修	28 ~ 32	10	7	17
月检	2	2	0	2
列检	每日	—	—	—

表3.14 上海地铁车辆检修修程、周期及停修时间

检修修程	时间间隔	走行公里	检修停时	主要检修内容和要求
日检	1日			系统功能检查，保证车辆运行安全
双周检	2周	4 000	4 h	系统功能检查，易损件检查更换，保持车辆状态
双月检	2月	20 000	48 h	主要部件状态检查测试，更换使用周期短的零件
定修	1年	100 000	10天	架车，局部解体，大型部件细致检查、测试、修理、镟轮，保持车辆整体主要性能
架修	5年	500 000	25天	架车，基本解体。走行部和牵引电机分解、清洗、检查、修理。恢复车辆整体主要性能
大修	10年	1 000 000	40天	架车，全部解体。车体和转向架整形；电机、电气线路、轮对分解修理；车辆外表喷漆；局部技术改造。恢复车辆基本性能，达到或接近新造车的水平

表 3.15 广州地铁车辆检修修程、周期及停修时间

检 修 修 程	检修周期（运营时间）	检修周期 /（$\times 10^4$ km）
日检	1 天	
双周检	2 周	0.35 ~ 0.5
三月检	3 个月	2.5 ~ 3.5
半年检	6 个月	6.5 ~ 8
一年检	1 年	12.5 ~ 15
二年检	2 年	23 ~ 28
三年检	3 年	34 ~ 40
架修	6 年	62 ~ 75
厂修	12 年	125 ~ 150

表 3.16 日本地铁车辆检修修程、周期及停修时间

检 修 修 程	检 修 周 期		停修时间 /（d/ 列）
	东京营团地铁	东京都营地铁 名古屋市营地铁	
全面检查	≤ 6 年	≤ 6 年	18 ~ 25
重要部件检查	60×10^4 km 或≤ 4 年	40×10^4 km 或≤ 3 年	12 ~ 15
月检查	≤ 3 个月	≤ 3 个月	1.0
日检查	≤ 6 日	≤ 3 日	0.25

3. 备用车

备用车是为轨道交通系统适应可能的临时或紧急的运输任务、预防车辆故障的发生而准备的技术状态良好的车辆，如图 3.26 所示。一般说来，这部分车辆可控制在 10% 左右。

新线车辆状态较好，客流量不大，备用车辆数量可适当减少。

图 3.26 备用车

二、车辆运用计划的确定

车辆部门在正常运营结束后，对车辆进行检查，并根据车辆的检修修程和状况，向车场的运转部门提供目前车辆的检修情况及可供使用的列车配备计划。

1. 排定出入段顺序与时间

在列车运行图下达后，车辆段根据运行图的有关要求，排定运用车组的出段顺序、时间和担当车次，回段顺序、时间和返回方向。

2. 铺画车辆周转图

根据运行图和车辆出段顺序，车辆运用计划以车辆周转图的形式规定了全日对应各出段顺序的车辆在正线上往返运行的列车交路，运用车组在两端折返站的到、发时刻，运用车组出入段时间和顺序，如图 3.27 所示。

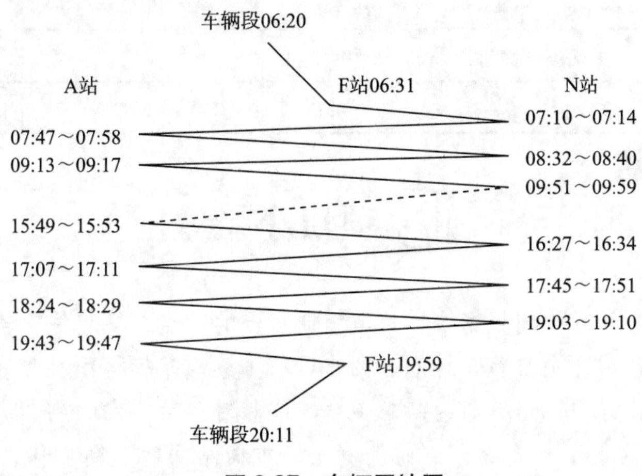

图 3.27 车辆周转图

3. 确定对应各出段顺序的运用车

根据车辆的运用情况和技术状态，在每日傍晚具体安排次日车辆各出段顺序、列车交路的运用车（编号）与待发股道。在安排车辆运用时，应注意使运用车的走行公里在一定时期内大体均衡。

4. 配备乘务员（列车司机）

城市轨道交通乘务制度采用轮乘制。由于乘务员值乘的列车不固定，在编制车辆运用计划时，应对乘务员的出退勤时间、地点和值乘列车车次、工间休息和途中用餐等作出同步安排，在安排乘务员工作时，应注意乘务员的连续工作时间，不得超劳。

车辆运转部门根据车辆部门提供的车辆使用计划，并综合运行图所需的上线车辆的数量和上线时间，编制车辆运用计划。

任务实施

车辆运用计划是指为完成全线全日行车计划所需要的车辆保有量计划。根据所学的相关知识，完成以下任务：

1. 分组讨论车辆保有量计划包括哪些车辆，简述其特点。

2. 以某条即将开通运营的新线为基础，根据预测客流数据及其他相关资料，计算高峰小

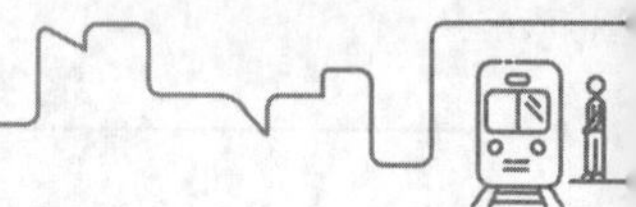

时开行列车数，并以此推算出运用车、备用车、检修车数量。

3. 各组成员对所学知识进行汇总整理，并撰写心得体会。

任务评价

序号	评价内容	评价标准	分数	评分记录		
				学生自评	组间互评	教师评分
1	小组计划	任务明确、分工合理	10			
2	车辆保有量	类别全面、表述正确	20			
3	资料收集	资料采集是否全面	20			
4	运用车、备用车等计算	方法正确、计算结果无误	30			
5	学习总结	资料全面、观点明确	20			
总分			100			

项目小结

城市轨道交通列车开行计划根据城市轨道交通客流的特点，规定城市轨道交通线路的日常运输任务，制定客流计划、全日行车计划、列车开行方案、车辆运用计划等内容。

客流计划将是全日行车计划编制的基础资料。编制时以站间发、到客流量数据作为原始资料，通过计算得到各站上下车人数，继而绘制出各方向站间客流断面图，最后分析全日分时最大断面客流量等数据。

全日行车计划在客流计划的基础上，计算出营业时间内各小时开行列车数，由此再计算出行车间隔时间，并对非高峰时段行车间隔进行微调，最终确定全日行车计划。

列车开行方案在客流时空分析的基础上，介绍了编组方案、交路方案及停站方案的优缺点及适用情况，利用合理运营方案不仅可以提高服务质量，充分发挥线路的通过能力，也满足各区段不同的输送能力需求。

车辆运用计划则是为了更好地完成全线全日行车计划，而准备的所需要的车辆保有数（运用车、检修车、备用车）。

巩固与练习

一、单选题

1. 最终确定全日行车计划时，由于对地铁的服务时间间隔有要求，一般情况下低谷时段的最大行车间隔要求不能大于（　　）。

A. 5 min　　B. 6 min　　C. 8 min　　D. 10 min

2. 影响列车编组方案比选的主要因素是客流、车辆选型和（　　）。

A. 列车间隔　　B. 车辆运用经济性
C. 乘客服务水平　　D. 运营组织的复杂性

3. （　　）是指列车在某一区段内运行，在指定车站折返，可为某一区段旅客提供服务。

A. 列车交路　　B. 短交路　　C. 长交路　　D. 混合交路

4. （　　）是指在运营时间内列车编组辆数固定且相对较多，如地铁列车采用 6 辆或 8 辆编组的情形。

A. 大编组　　B. 小编组　　C. 大小编组　　D. 常规编组

5. 当客流量不大且在时间上的分布极为不均衡的情况下，应选用（　　）。

A. 大编组　　B. 小编组　　C. 大小编组　　D. 常规编组

6. 城市轨道交通运营系统发生事故时，为了维持通车应该用（　　）。

A. 长交路　　B. 短交路　　C. 长短交路　　D. 机车交路

7. 我国城市轨道交通车站为了保证安全，普遍采用（　　）。

A. 站前折返　　B. 站后折返　　C. 混合折返　　D. 环形折返

8. 备用车按运用车的（　　）配备。

A. 10%　　B. 15%　　C. 20%　　D. 30%

9. （　　）是指列车在中间站或终点站利用站前渡线进行的折返作业。

A. 站前折返　　B. 环形线折返　　C. 站后折返　　D. 混合折返

10. 检修列车数量需根据运用列车数量综合维修能力、修程修制取得，一般为运用列车数量的 10% ~（　　）。

A. 15%　　B. 20%　　C. 25%　　D. 30%

二、判断题

1. 客流是动态流，在单位时间内，城市轨道交通线路在某个方向上通过的乘客人数。（　　）

A. 正确　　B. 错误

2. 客流计划是编制全日行车计划、列车开行方案和车辆运用计划的基础，是全日行车计划编制的基础资料。（　　）

A. 正确　　B. 错误

3. 列车开行方案包括列车编组方案、列车交路方案、列车停站方案三部分。（　　）

A. 正确　　B. 错误

4. 我国城市轨道交通在列车停站设计中大多采用非站站停的方案。该方案具备列车种类简单、不存在列车越行、乘客乘车方便的优点。（　　）

A. 正确　　B. 错误

5. 车辆运用计划是指在一定类型的设备和行车组织方法条件下，为完成全线全日行车计划所需要的车辆保有数量计划。（　　）

A. 正确　　B. 错误

三、简答题

1. 什么是客流计划？包括哪些内容？

2. 轨道交通营业时间的安排需要考虑哪些因素？

3. 线路断面满载率的含义是什么？在实际工作中通常是指什么？如何计算？

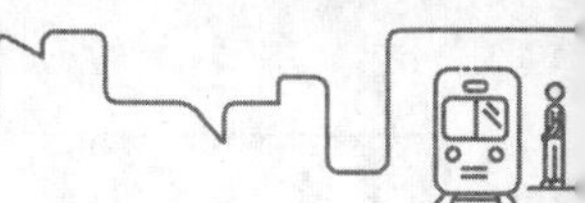

4. 列车交路的种类有哪些？各有何优缺点？

四、实作题

根据下列已知条件计算最大断面客流量，并确定全日行车计划。

编制资料：

（1）全日站间 OD 客流数据见表 1。

（2）客流全日分时分布规律见表 2。

（3）列车编组为 6 辆，车辆定员为 310 人。

（4）线路断面满载率，早、晚高峰时（早高峰为 7:00 ~ 8:00、晚高峰为 17:00 ~ 18:00）为 1.2，其他运营时间为 0.9。

表 1　全日站间 OD 客流

发 / 到	A	B	C	D	E
A	—	3 260	2 150	1 980	1 950
B	2 100	—	1 540	2 330	3 530
C	2 800	2 900	—	1 220	2 600
D	2 420	2 100	3 200	—	1 390
E	1 200	3 320	5 860	2 420	—

表 2　客流全日分时分布规律

时　段	客流占全日客流比例	时　段	客流占全日客流比例
5:00 ~ 6:00	0.18	14:00 ~ 15:00	0.59
6:00 ~ 7:00	0.49	15:00 ~ 16:00	0.68
7:00 ~ 8:00	1	16:00 ~ 17:00	0.63
8:00 ~ 9:00	0.74	17:00 ~ 18:00	0.88
9:00 ~ 10:00	0.52	18:00 ~ 19:00	0.63
10:00 ~ 11:00	0.64	19:00 ~ 20:00	0.44
11:00 ~ 12:00	0.6	20:00 ~ 21:00	0.31
12:00 ~ 13:00	0.55	21:00 ~ 22:00	0.28
13:00 ~ 14:00	0.57	22:00 ~ 23:00	0.16

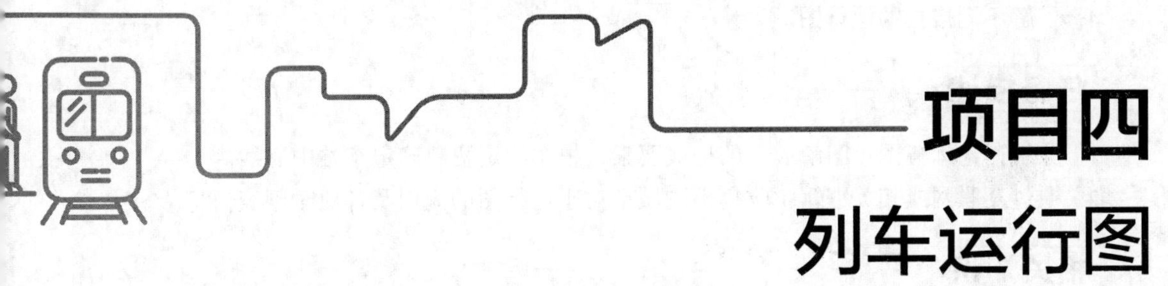

项目四 列车运行图

项目描述

列车运行图是城市轨道交通运营生产的一个综合性计划，是城市轨道交通行车组织的基础，其质量的高低直接关系着城市轨道交通系统的效益、能力和安全。什么是运行图？有哪些构成因素？如何编制列车运行图？通过哪些指标去检验运行图的编制质量，使其最终应用到实际运营中，做到经济又合理？

本项目将从列车运行图的基本概念、列车运行图的分类及符号、列车运行图的基本要素及列车运行图的编制四个方面进行介绍。

学习目标

1. 知识目标

了解列车运行图的定义及作用；熟悉列车运行图的格式及分类；掌握列车运行图的基本要素；掌握列车运行图的编制流程及基本方法；掌握列车运行图相关指标的计算。

2. 能力目标

能掌握运行图的图解原理，能根据资料确定站名线；能区别不同类型的运行图并能判断运行图上的不同符号；能掌握运行图的基本因素，并能计算各项时间因素；能根据给定的线路资料绘制运行图；能掌握运行图相关的指标计算。

3. 素质目标

认识到列车运行图对城市轨道交通行车组织工作的重要性，在编制运行图的过程中，要有严谨的工作态度，确保编制的运行图符合各项时间标准、数量标准，最终确定的运行图能做到经济合理。

任务一　列车运行图的基本概念

任务目标

1. 掌握列车运行图的定义及作用。
2. 掌握列车运行图的图解原理。
3. 掌握站名线的确定方法。

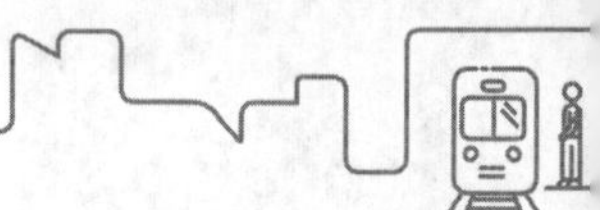

4．了解不同格式的运行图。

任务描述

1．分组讨论运行图（图解表）的构成要素，根据给定资料确定车站中心线。

2．通过互联网或相关书籍，收集不同城市对于运行图的应用及各地时刻表信息。

相关知识

一、列车运行图的定义

列车运行图是运用坐标原理来描述列车在轨道线路运行的时间、空间关系，直观地显示出列车在各车站（车辆段）停车或通过、在各区间运行状态的一种图解形式，如图 4.1 所示。它规定了列车运行交路、各次列车在车辆段和每个车站的到达和出发（或通过）时刻、列车折返时间、列车在区间运行时间及在车站停站时间等，是组织全线列车运行的基础。

二、列车运行图的作用及意义

在城市轨道交通运营生产过程中，列车运行是一个复杂的系统过程，它要利用多种技术设备和系统的联动，要求各部门、各工种、各项作业之间互相协调配合，才能保证行车的安全性和提高运营效率，列车运行图在此发挥着极其重要的作用。为了保证城市轨道交通运营生产过程的协调一致性和计划性，使各列车运行能彼此很好地配合，保证列车运行与乘客服务工作的协调一致性，保证安全、快捷、经济、准确地运送乘客，合理有效地利用轨道交通技术设备，充分利用轨道交通通过能力，轨道交通运营企业必须通过编制列车运行图来实现。

列车运行图是城市轨道交通运营企业实现列车安全、正点运行和经济有效地组织运营生产工作的列车运营生产计划，它规定了轨道线路、车辆段、电客车、施工检修设备的运用以及与行车相关各部门（如车站、车辆段、施工检修部门）的工作组织安排，并将整个轨道线网的运营生产工作联系成一个统一的整体，使其严格按照一定运行程序有条不紊地进行工作，保证按图运行。另外，列车运行图又是城市轨道交通运营企业面向社会提供运输能力和保证服务水平的一种有效形式，它提供了城市轨道交通线路运营服务时间、首末班车时间和运营时刻表，规定了不同季节、不同日期、不同时段客流需求的运能供给和运营服务能力指标。

因此，列车运行图不仅是城市轨道交通运营生产的一个综合性计划，也是行车组织工作的基础，更是轨道交通运营企业经济效益和社会效益的重要体现。

三、列车运行图的图解原理

列车运行图运用坐标原理表示列车在各站和区间运行计划的一种图解形式，由横坐标、纵坐标、时间线、站名线、运行线、列车车次和运行时刻组成。

1．横坐标

横坐标表示时间变量，按要求用一定的比例进行时间划分。

2．纵坐标

纵坐标表示车站距离变量，按区间实际里程比例或按区间运行时分比例来确定。

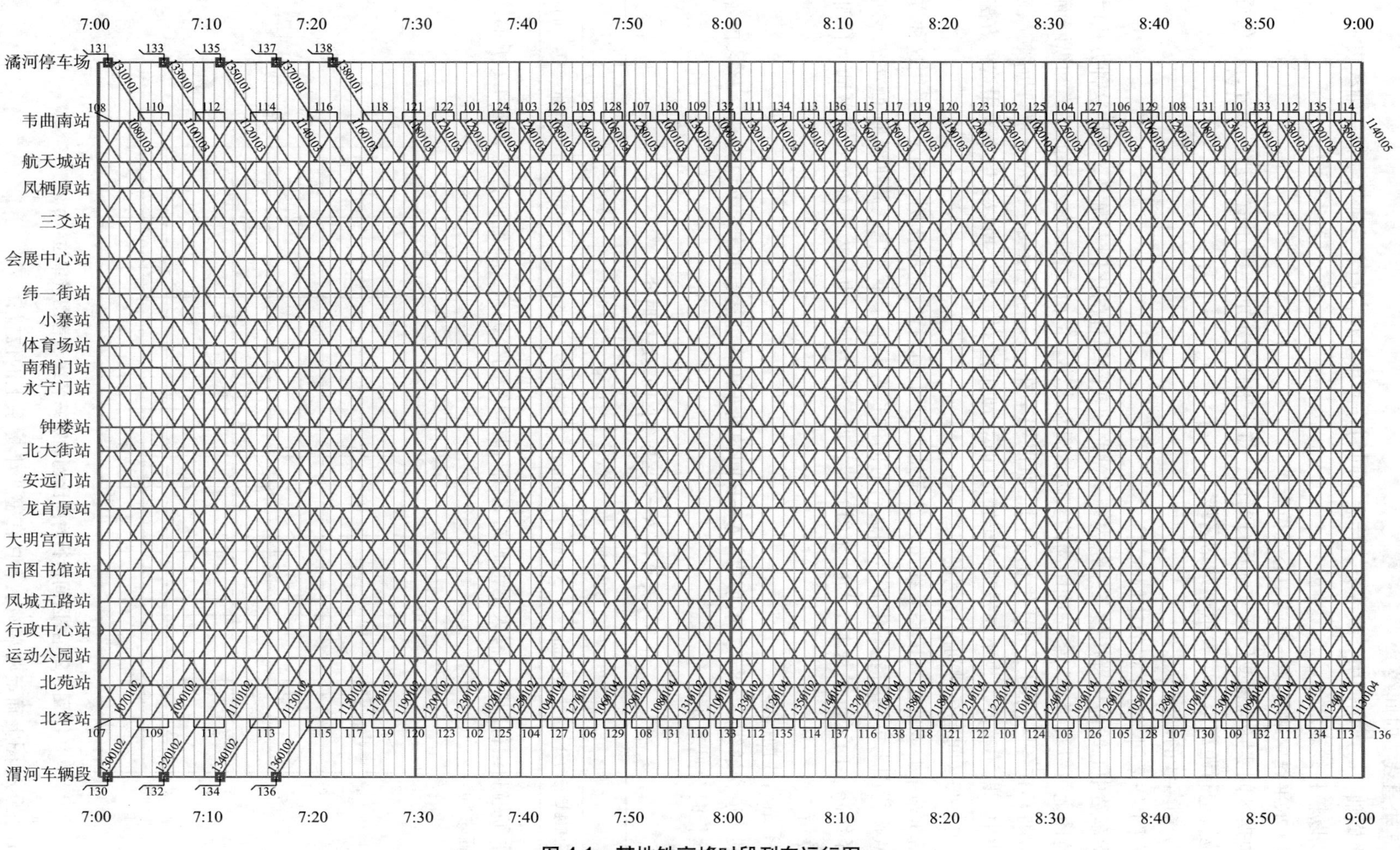

图 4.1 某地铁高峰时段列车运行图

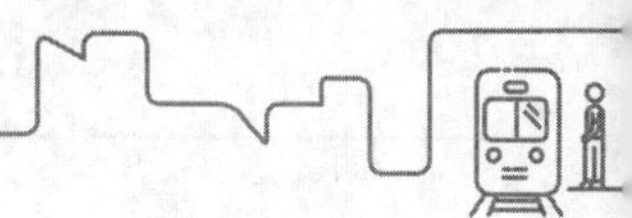

3. **垂直线**（时间线）

将横轴按一定比例用竖线等分，代表不同的分钟和小时，通常分钟格线以较细线表示，小时格线以较粗线表示。

4. **水平线**（站名线—车站中心线位置）

根据区间实际里程或区间实际运行时间，将纵轴按一定的比例用横线加以划分，以车站中心线位置进行距离定点，表示车站站名线。

1）站名线的确定方法

（1）按区间实际里程的比例确定

指车站中心线的位置按整条线路内各车站之间实际里程的比例来确定。采用这种方法时，从运行图上可以直接看出各站间距离的实际情况和大小。但由于各区间线路的平面和纵断面不一样，列车在各区间的运行速度也不同，所以列车在全线的运行线往往是一条斜折线。在实际运用中，既不整齐，也不易发现列车在区间运行时间上的差错，所以一般不采用这种方法。

（2）按区间运行时间的比例确定

指车站中心线的位置按整条线路内各车站之间列车运行时间的比例来确定。采用这种方法时，从运行图上可以明显看出各区间运行时间的长短。由于不考虑线路平纵断面情况，列车在整条线路上的运行线基本上为一条斜直线，既整齐美观，也易发现列车在各区间运行时间上的差错。

2）站名线的确定

某轨道交通线路下行方向两端站 A—B 间的列车单程纯运行时分共计 35 min，区段内各区间纯运行时分见表 4.1。

表 4.1　A—B 区段各区间纯运行时分

区　间	A—a	a—b	b—c	c—d	d—e	e—f	f—g	g—B
区间纯运行时分	6 min	5 min	3 min	4 min	5 min	4 min	5 min	3 min

手工编制运行图时，需人工铺画站名线与时间线的坐标系，其铺画方法如图 4.2 所示，具体铺画步骤：

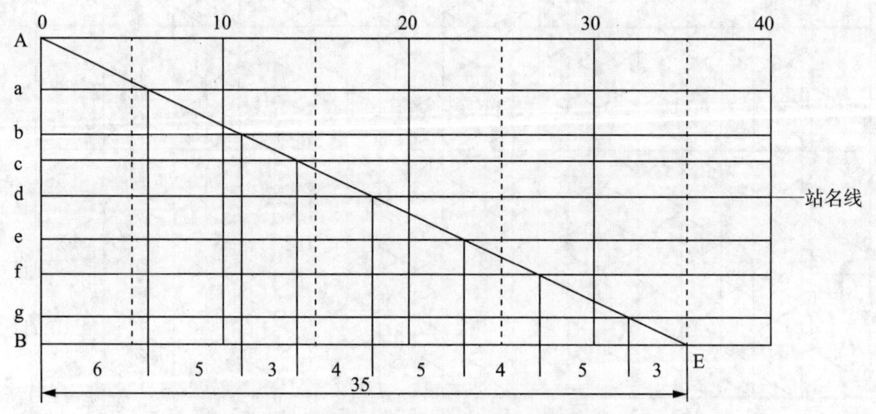

图 4.2　按区间运行时间比例确定站名线示意图（单位：min）

① 在运行图上确定两端站 A、B 在整张坐标系上的位置；

② 在代表 A 站的横线上任取一点 A，并以 A 点所对应的时间为原点，在代表 B 站的横线上向右截取等于 35 min 的 BE 线段，得到 E 点；

③ 再按 A—a、a—b、b—c 等区间的列车运行时分，将 BE 线段划分为 8 个时间段，连接 A、E 两点，得到一斜直线 AE；

④ 然后以 8 个时间段的端点为基点作横轴的垂直线，在斜直线 AE 上可得到交点，以各交点作水平线，找出 a、b、c 等站在纵坐标上的位置，即各站的车站中心线。

5. **斜线**（运行线）

根据列车在各站的到达、出发或通过的时刻铺画列车运行线，即为列车运行的近似表示。列车运行线路分为上、下行线，我国城市轨道交通企业普遍采用的运行图，由左下方向右上方倾斜的运行线为上行线，由左上方向右下方倾斜的运行线为下行线。

通常在一张运行图上，存在担任不同运营任务的列车。为了便于识别，不同种类列车运行线采用不同的表示方法，主要表现在列车车次或运行线型的不同。

6. **列车车次**

列车车次是为区别列车种类、性质和运行方向，对每一列列车赋予的号码或代号。

知识链接

在不同的 ATS 信号系统中，车次的编制规定也不尽相同，见表 4.2。列车车次一般由服务号、目的地码和序列号几个要素组成，同时个位是偶数则为上行，奇数为下行，顺序编号。

表 4.2　各地列车车次号的使用规定

项　目	北京地铁 1 号线	上海轨道交通 1 号线	广州地铁 2 号线
车次号位数	4	5	6
使用规定	第一位：上下行方向 第二位：列车种类 后两位：列车运行次序	前三位：列车种类与运行号 后两位：列车目的地	前两位：列车目的地 中间两位：列车种类 后两位：列车运行次序

以西安地铁为例：西安地铁 2 号线列车车次由 7 位数组成，前三位为服务号，中间两位为目的地码，后两位为序列号，在中央大屏幕及 HMI 上显示前五位。

① 空电客车、专列车次比照电客车车次，使用服务号区分，电客车、专列的服务号规定见表 4.3。

表 4.3　电客车、专列的服务号

列 车 类 别	服 务 号	列 车 类 别	服 务 号
电客车	101~199	专列	901~949
空电客车	801~849		

② 工程车、调试车、救援列车车次为 3 位数，车次规定见表 4.4。

表 4.4　工程车、调试车、救援列车的车次规定

列 车 类 别	车 次 编 号	备　注
工程车	501~549	
调试车	551~599	
救援列车	601~649	含电客车、工程列车

③ 客车标志：地铁徽记，客车服务号及标志灯等。

④ 工程车尾部必须挂有标志灯。当工程车按首尾机车编组时，应使用首端机车驾驶，当首端机车故障而使用尾端机车驾驶时，按推进运行办理。

7. 运行时刻

在列车运行图上，列车运行线（斜线）与车站中心线（横线）的交点即为列车到达、通过或出发的时刻。由于城市轨道交通系统采用 1 分格运行图，列车行车间隔较小、停站时间较短，则一般不标注列车到、发时刻。

四、运行图的形式

在城市轨道交通运营生产中，根据不同工种、对象的使用范围要求，列车运行图有两种输出形式：图解表和运营时刻表。

1. 图解表

图解表又称时距图，是指列车在车站（车辆段）出发、到达（或通过）的时刻，及列车折返、在各区间的运行时间的图解形式，主要供城市轨道交通企业运营调度部门行车调度指挥使用。其中，图解表中的坐标系根据使用习惯特点有两种表示方法。在图 4.3 中，横坐标为时间，纵坐标为距离，水平线之间的距离即为站间距，在国内这种表示方法使用得最为广泛。而图 4.4 所示坐标系表示方法正好与图 4.3 相反，例如：国内采用西门子信号系统的轨道线路则使用这种形式的列车运行图。

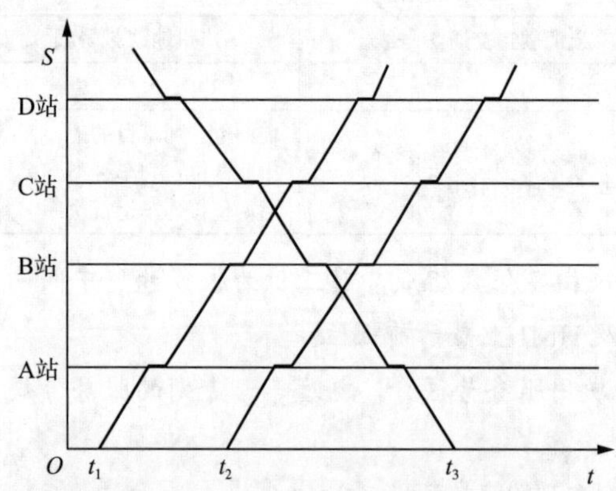

图 4.3　横坐标表示时间的运行图

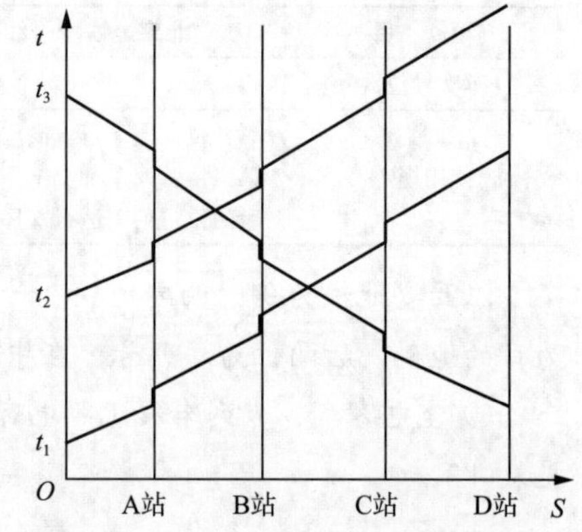

图 4.4　横坐标表示距离的运行图

知识链接

不同信号系统的列车运行图表：

① 卡斯柯信号系统运行图，见图 4.5。

A. 横坐标以垂直线来划分表示时间，纵坐标以横线来划分表示车站。

B. 运行线（斜线）由左至右为上行，由右至左为下行；黑色运行线代表计划线，粉色运行线代表实际线。

C. 运行图的显示格式通常为一分格运行图。

② 西门子信号系统运行图，见图 4.6。

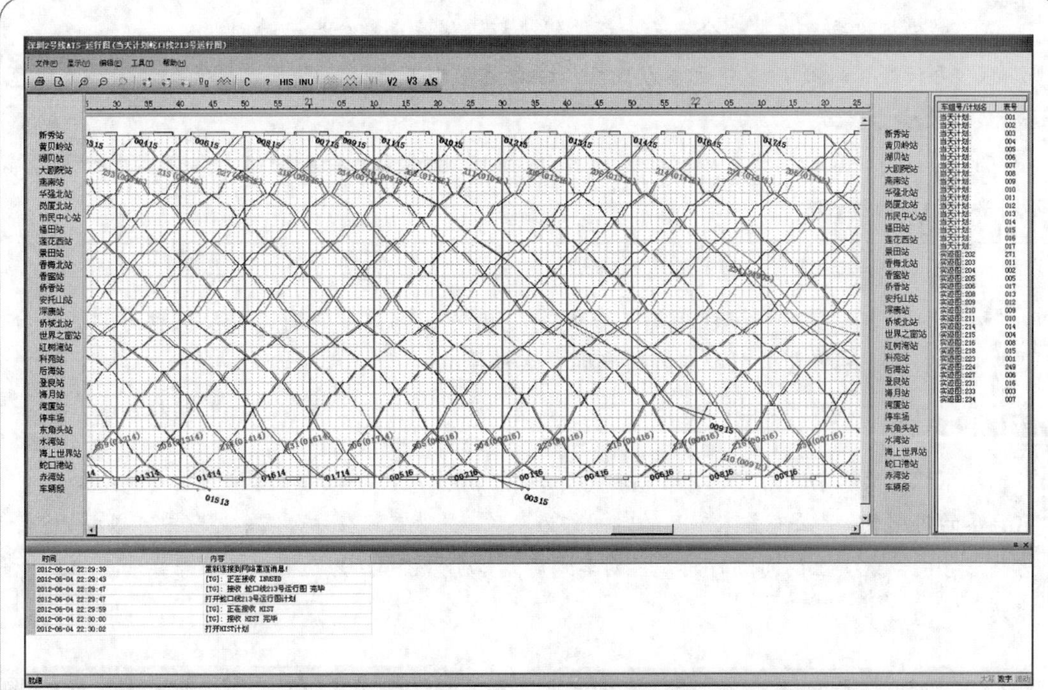

图 4.5　卡斯柯信号系统运行图

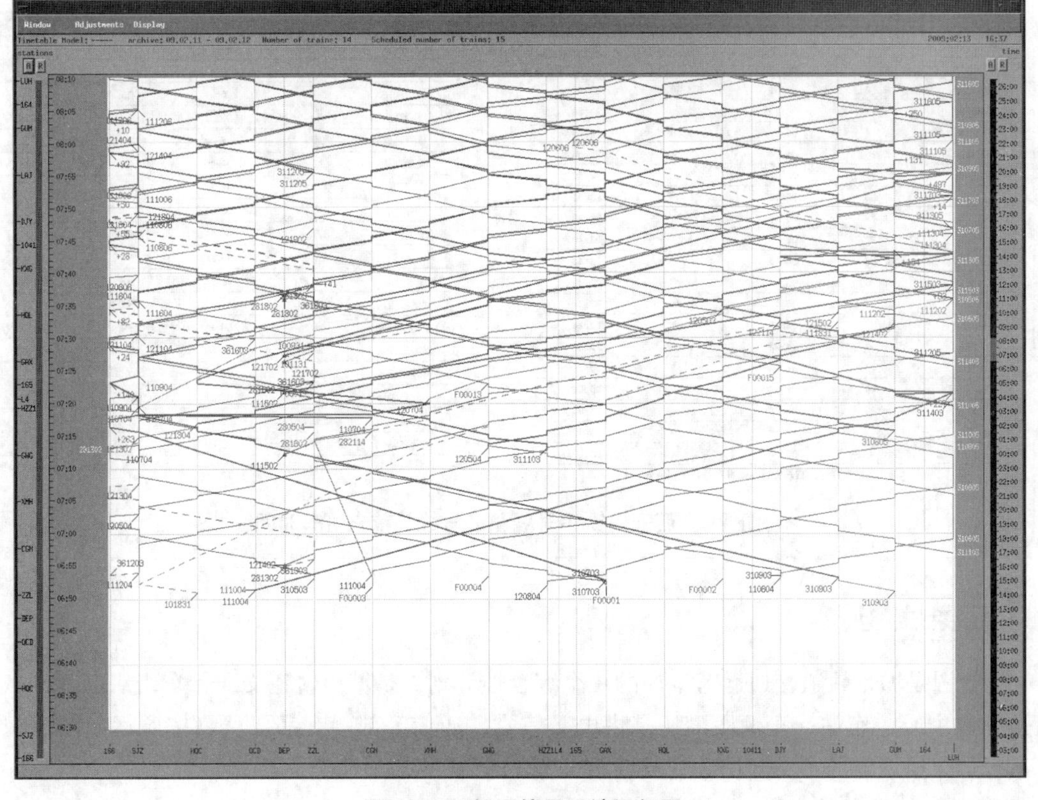

图 4.6　西门子信号系统运行图

A. 横坐标以垂直线来划分表示车站，纵坐标以横线来划分表示时间。

B. 运行线（斜线）由左至右为上行，由右至左为下行；蓝色运行线代表计划线，红色运行线代表实际线。

C. 运行图的显示格式可以根据所选择的时间范围自动选择一分格、二分格、四分格等不同格式的运行图。

2. 运营时刻表

“运营时刻表”是指列车在车站（车辆段）出发 、到达（或通过）及折返时刻的集合，主要供车站人员、乘务司机以及对外公布时乘客使用。

知识链接

城市轨道交通系统的“运营时刻表”有别于铁路系统，各城轨运营公司，一般不会公布非常详尽的时刻表，只公布首末班车的时间作为参考，另外乘客在站台候车过程中可根据 PIS（乘客信息导向系统）上的间隔时间掌握列车到离站信息。图 4.7 为西安地铁 1 号线和 2 号线的首末班车时间。

1 号线 各站点首末班车时间 西安地铁 XI'AN METRO

站名	往沣河森林公园	往纺织城	往沣河森林公园	往纺织城
纺织城站	06:00	06:43（到达）	23:30	00:13（到达）
半坡站	06:02	06:41	23:32	00:11
浐河站	06:04	06:39	23:34	00:09
长乐坡站	06:06	06:36	23:36	00:07
万寿路站	06:09	06:34	23:39	00:04
通化门站	06:12	06:31	23:42	00:02
康复路站	06:14	06:29	23:44	23:59
朝阳门站	06:16	06:27	23:46	23:57
五路口站	06:18	06:24	23:48	23:55
北大街站	06:21	06:22	23:51	23:52
洒金桥站	06:23	06:19	23:53	23:50
玉祥门站	06:25	06:17	23:55	23:48
劳动路站	06:27	06:15	23:57	23:46
开远门站	06:30	06:12	00:00	23:43
汉城路站	06:33	06:10	00:03	23:40
枣园站	06:35	06:07	00:05	23:38
皂河站	06:37	06:05	00:07	23:36
三桥站	06:40	06:02	00:10	23:33
后卫寨站	06:43	06:00	00:13	23:30
沣东自贸园站	06:46	06:07	00:16	23:27
上林路站	06:49	06:04	00:19	23:24
北槐站	06:52	06:02	00:22	23:22
沣河森林公园站	06:53（到达）	06:00	00:23（到达）	23:20

本表自2020年12月28日起实行，如有变动将另行通知。

2 号线 各站点首末班车时间 西安地铁 XI'AN METRO

站名	往北客站	往韦曲南	往北客站	往韦曲南
韦曲南站	06:00	06:47(到达)	23:50	00:37（到达）
航天城站	06:03	06:44	23:53	00:34
凤栖原站	06:05	06:42	23:55	00:32
三爻站	06:07	06:40	23:57	00:30
会展中心站	06:10	06:37	00:00	00:27
纬一街站	06:13	06:34	00:03	00:24
小寨站	06:15	06:32	00:05	00:22
体育场站	06:17	06:30	00:07	00:20
南稍门站	06:19	06:28	00:09	00:18
永宁门站	06:21	06:26	00:11	00:16
钟楼站	06:24	06:23	00:14	00:13
北大街站	06:26	06:21	00:16	00:11
安远门站	06:29	06:18	00:19	00:08
龙首原站	06:31	06:16	00:21	00:06
大明宫西站	06:33	06:14	00:23	00:04
市图书馆站	06:36	06:11	00:26	00:01
凤城五路站	06:38	06:09	00:28	23:59
行政中心站	06:40	06:07	00:30	23:57
运动公园站	06:43	06:04	00:33	23:54
北苑站	06:45	06:02	00:35	23:52
北客站	06:47（到达）	06:00	00:37（到达）	23:50

本表自2020年12月28日起实行，如有变动将另行通知。

图 4.7 西安地铁 1 号线和 2 号线的首末班车时间

任务实施

运行图是城市轨道交通运营生产的一个综合性计划，是城市轨道交通行车组织的基础，无论是控制中心、车站、车辆段，还是供电、信号、通信等部门，都要严格按照运行图组织列车运行。根据所学的相关知识，完成以下任务：

1．分组讨论，轮流讲解运行图的定义、作用、意义。

2．根据给定的线路基础资料，确定站名线，掌握注意事项。

3．小组成员讨论地铁图解表、运营时刻表与铁路的异同，举例说明。

4．各组成员对所学知识进行汇总整理，并撰写心得体会。

任务评价

序　号	评价内容	评价标准	分　数	评分记录		
				学生自评	组间互评	教师评分
1	小组计划	任务明确、分工合理	10			
2	运行图介绍	是否详细、全面	20			
3	站名线的确定	方法正确、确定无误	30			
4	语言表达	逻辑清晰、表达清楚	20			
5	学习总结	资料全面、观点明确	20			
总　分			100			

任务二　列车运行图的分类及符号

任务目标

1．掌握运行图的分类及应用。

2．了解运行图的有关表示符号。

任务描述

1．分组讨论运行图的分类及应用，给出任意一张运行图能够判断该运行图的特征，并能看懂运行图上的车次、时刻信息。

2．小组成员能够画出运行图上的相关符号，并说明其作用。

相关知识

一、列车运行图的分类

1. 按照使用范围分类

1）工作日运行图

该运行图是根据每周工作日出现早晚 2 个高峰的客流特征而编制的，主要满足城市居民上下班（学）的出行需求。

2）双休日运行图

在每周的双休日出现的早晚高峰并不明显。根据城市轨道线路沿线分布的不同特征，全日客流较工作日也有所减少或增加。该运行图是根据双休日实际客流特征而编制的。

3）节假日运行图

节假日主要是指元旦、春节、清明节、五一劳动节、端午节、中秋节和国庆节等法定节假日。节假日期间，在连接商业网点、旅游景点的轨道交通线路上，客流往往会有所增加。节

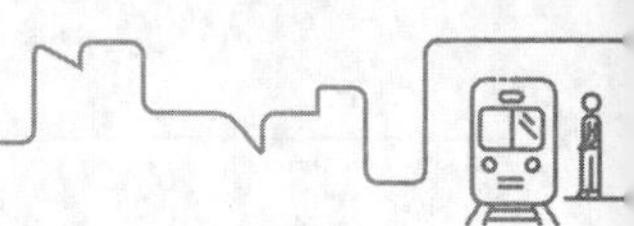

日前的晚高峰小时客流会大于一般工作日早晚高峰小时客流。所以从运营经济性考虑，应根据不同的客流量编制不同的运行图满足运量需求。

4）其他特殊运行图

该运行图通常是指因举办重大活动、遇天气骤变而引起短期性客流激增而编制的特殊运行图，或因新线开通设备调试、运行演练而编制的演练运行图等。

2. 按照时间格式分类

1）一分格运行图

它的横轴以 1 min 为单位用细竖线划分，五分格用虚线，十分格和小时格用较粗的竖线表示，如图 4.8 所示。一分格运行图主要在城市轨道交通（地铁或轻轨）运行图上使用。

2）二分格运行图

它的横轴以 2 min 为单位用细竖线划分，常用于市郊铁路运行图的编制，如图 4.9 所示。

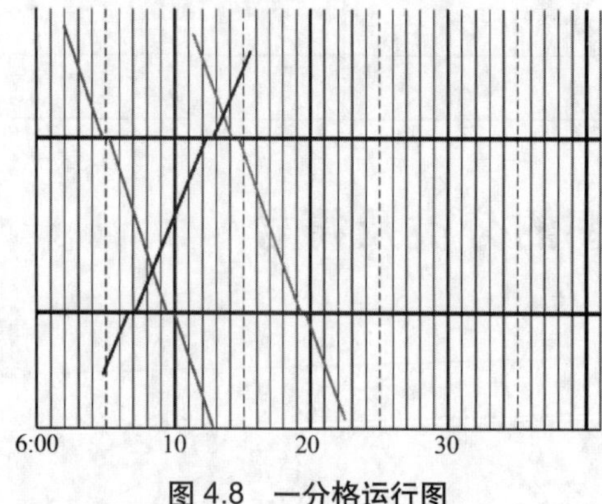

图 4.8　一分格运行图

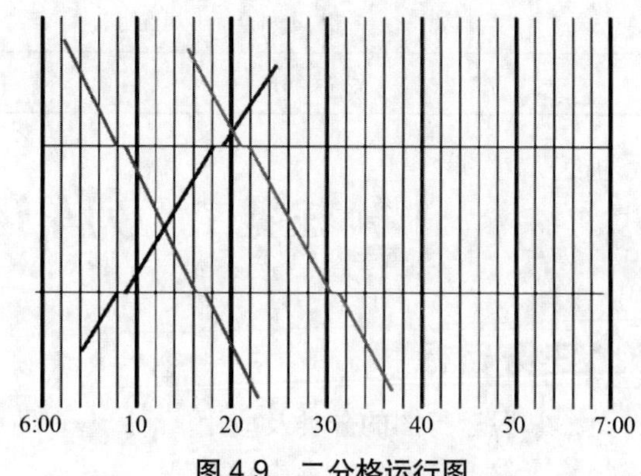

图 4.9　二分格运行图

3）十分格运行图

它的横轴以 10 min 为单位用细竖线划分，半小时用虚线表示，小时格用较粗的竖线表示，如图 4.10 所示。十分格运行图主要用在铁路运行图上，供调度员在日常调度指挥工作中绘制实际运行图时使用。

4）小时格运行图

它的横轴以 1 h 为单位用竖线划分，如图 4.11 所示。在铁路上，小时格运行图主要是编制旅客列车方案图和机车周转图时使用。

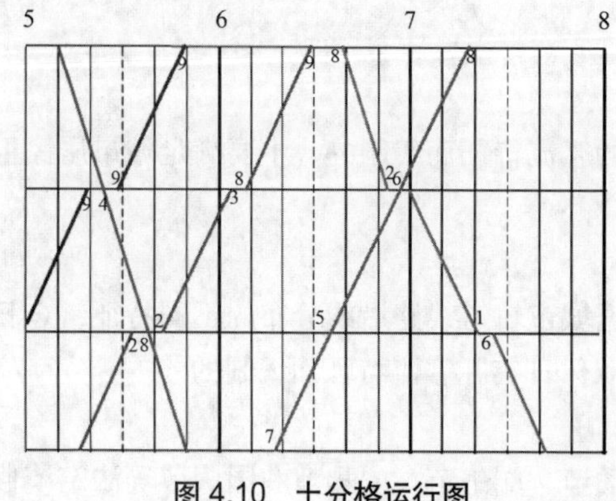

图 4.10　十分格运行图

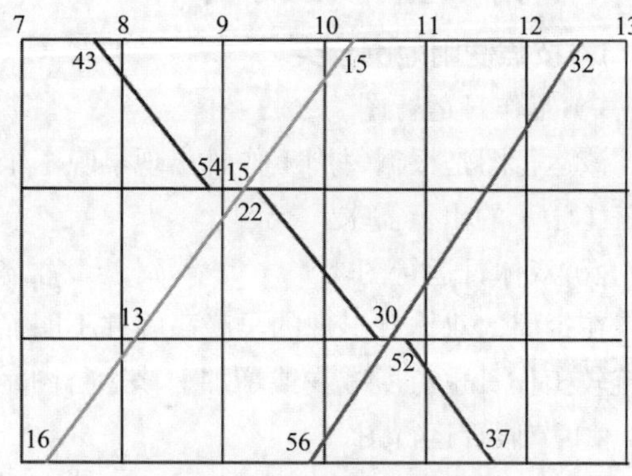

图 4.11　小时格运行图

3. 按照区间正线数目分类

1）单线运行图

在单线区段，上下行方向列车都在同一正线上运行。在城市轨道交通系统中，单线运行图使用较少，通常只在非正常情况下列车运行调整时而采用。因此，两个方向的列车必须在车站上进行交会，如图 4.12 所示。

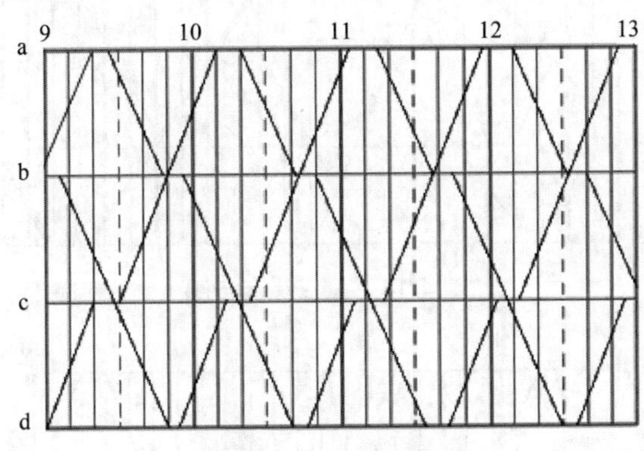

图 4.12 单线运行图

2）双线运行图

在双线区段或线路，上下行方向列车在各自的正线上运行，因此，上下行方向的列车运行互不干扰，在车站或区间均可交会。城市轨道交通系统一般均设置双线，采用双线运行图，如图 4.13 所示。

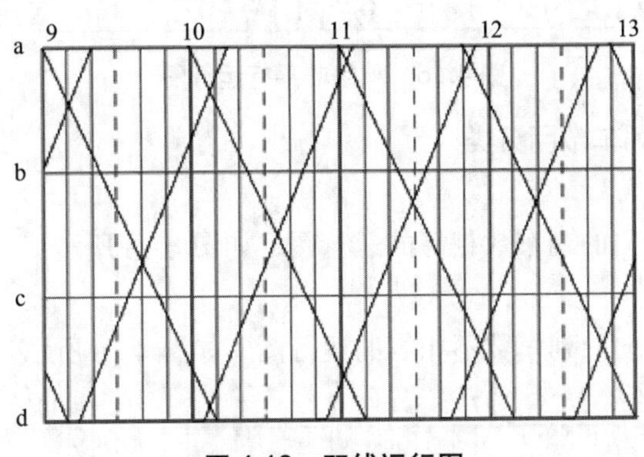

图 4.13 双线运行图

3）单双线运行图

此类情况主要运用在铁路上，在有部分双线的单线区段或线路，单线区间和双线区间各自按单线运行图和双线运行图的特点铺画运行线。在城市轨道交通系统线网中只有在非正常情况下的列车运行调整时使用单双线运行图，如图 4.14 所示。

4. 按照列车运行速度分类

1）平行运行图

在同一方向，同一区间内的列车运行速度相同，且列车在区间两端站的到、发或通过的运行方式也相同，因而列车运行线相互平行，如图 4.12、图 4.13 所示。

2）非平行运行图

在同一方向，同一区间铺画不同运行速度的列车，且列车在区间两端站的到、发或通过的

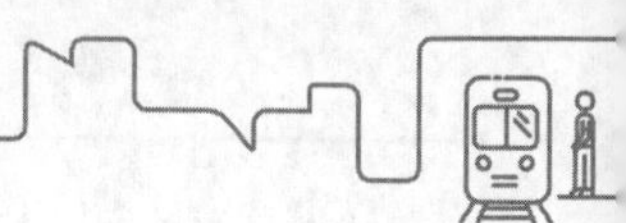

运行方式不同，因而列车运行线间不平行，如图 4.14、图 4.15 所示。

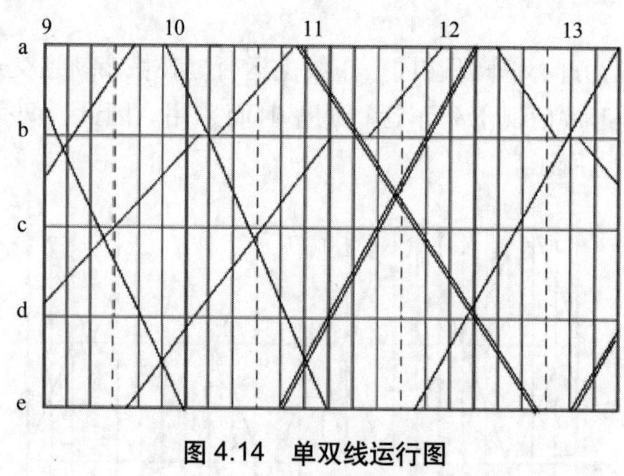

图 4.14　单双线运行图

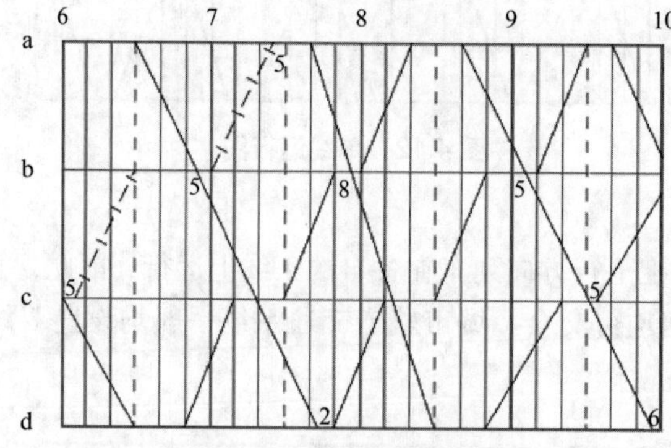

图 4.15　单线非平行运行图

5. 按照上下行方向列车数目分类

1）成对运行图

该运行图是上下行方向的列车数相等的运行图，如图 4.13 所示。

2）不成对运行图

该运行图是上下行方向的列车数不相等的运行图，如图 4.16 所示。

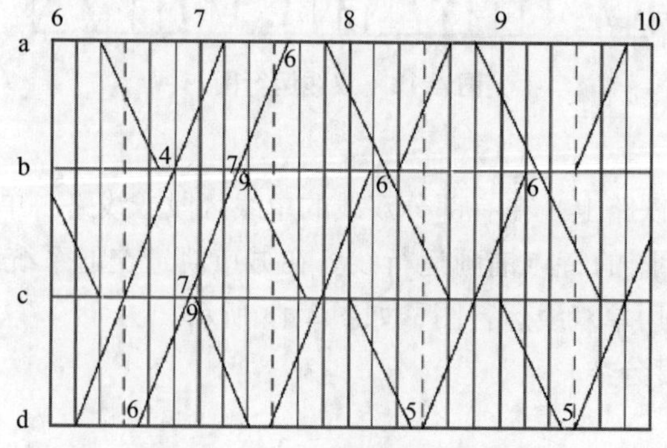

图 4.16　单线不成对运行图

6. 按照同方向列车运行方式分类

1）连发运行图

在这种运行图上，同方向列车的运行以站间区间为间隔。在单线区段采取这种运行图时，在连发的一组列车之间不能铺画对向列车。

2）追踪运行图

在这种运行图上，同方向列车的运行以闭塞分区为间隔。一般在自动闭塞的单线或双线区段上采用，如图 4.17 所示。

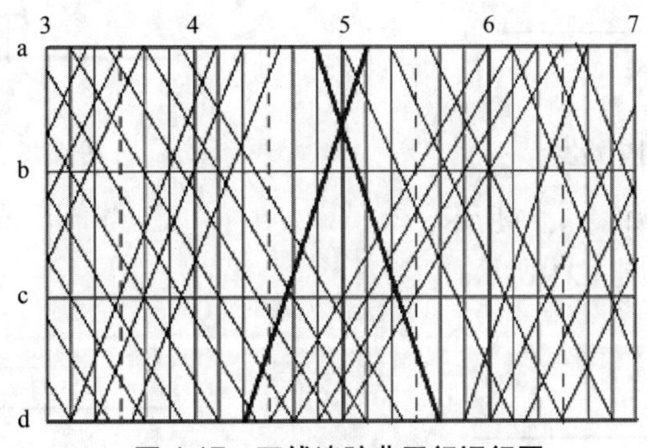

图 4.17 双线追踪非平行运行图

7. 按照列车运行方式分类

1）单一交路运行图

该运行图是线路客流分布不存在差异、全线各区段客流量较均衡、列车采用单一运行交路的运行图。

2）非单一交路运行图

该运行图是因城市轨道线网中部分线路结构形式，或线路客流在时间和空间上的不均衡性而采用的共线交路形式的列车运行图，主要包括长短交路嵌套运行图、环形交路运行图和衔接交路运行图等。

以上所列举的分类，都是针对运行图的某一特点而加以区别的。实际上，每张运行图都具有好几方面的特点。根据城市轨道交通系统线路运营特点，列车运行图一般均采用双线平行成对运行图。

二、列车运行图相关符号

列车运行图是记录列车运行实际情况的图表，它采用不同的线条和符号表示列车运行的有关信息，国内部分城市轨道交通一般采用如下表示方法：

1. 列车运行图上的列车运行线（见表 4.5）

表 4.5 列车运行图上的列车运行线

列车种类	符号	说明
客运列车	————————	红色实线
临时加开列车	------------------	红色虚线
专运列车	——→——→——→——→	红色实线加箭头
排空列车	——○————○——	红色实线加圆圈
救援列车	——×————×——	红色实线加叉
调试列车	————————	蓝色实线
施工列车	————————	黑色实线

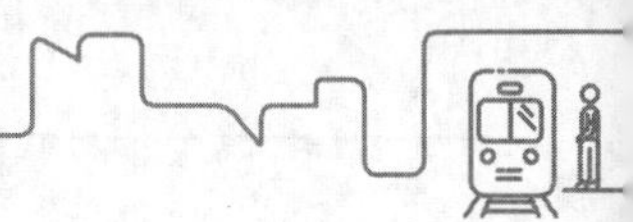

2. 列车运行图上的有关表示符号

① 列车始发，如图 4.18 所示。

② 列车终到，如图 4.19 所示。

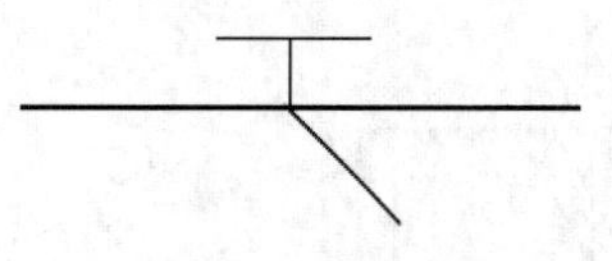

图 4.18　列车始发

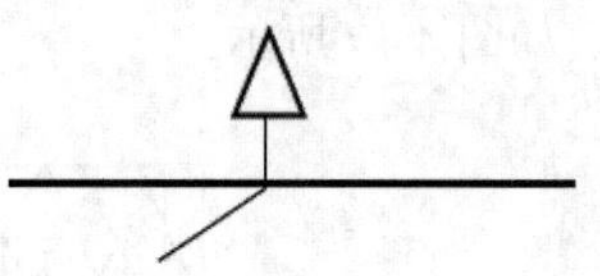

图 4.19　列车终到

③ 列车由邻线转来，如图 4.20 所示。

④ 列车开往邻线，如图 4.21 所示。

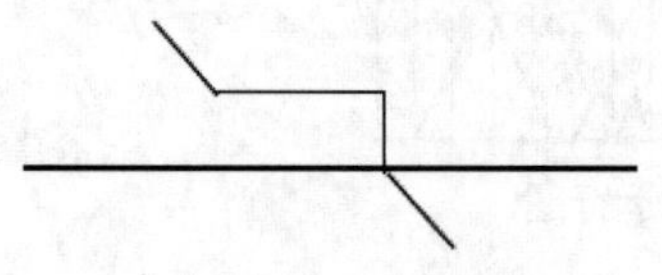

图 4.20　列车由邻线转来

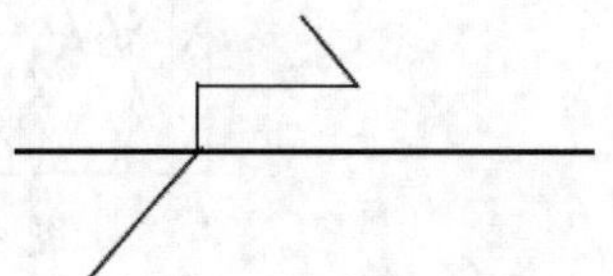

图 4.21　列车开往邻线

⑤ 列车合并运行时，在红色实线下方加红色虚线，如图 4.22 所示。

⑥ 列车反方向运行时，在反方向运行区间的运行线上填写车次及“反”字，如图 4.23 所示。

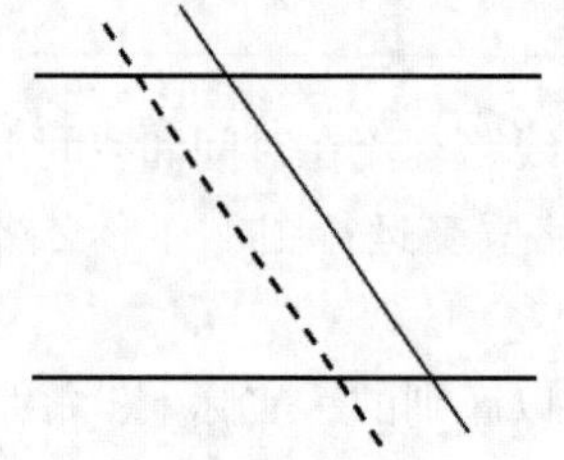

图 4.22　列车合并运行

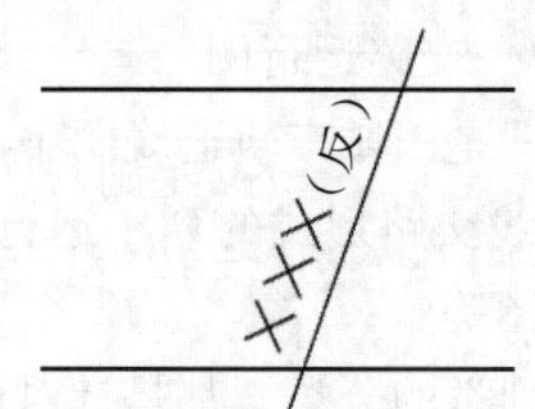

图 4.23　列车反方向运行

⑦ 列车折返交路，如图 4.24 所示。

⑧ 列车不停车通过车站，在列车运行线上方加带箭头的红色短实线，如图 4.25 所示。

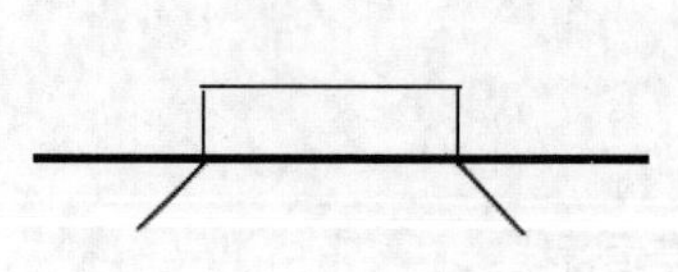

图 4.24　列车折返交路

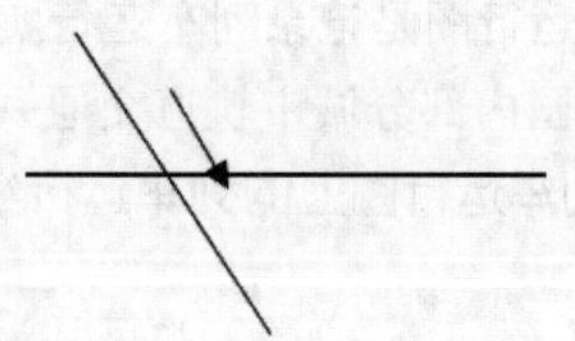

图 4.25　列车不停车通过

⑨ 列车停站时间超过规定时间标准，图解实际停站时间，并用红笔画圈，在圈内注明原因，如图 4.26 所示。

⑩ 列车在区间停车，图解停车时间，并用红笔画圈，在圈内注明原因，如图 4.27 所示。

小贴士: 列车正点红笔打勾。列车早点红笔画圈，圈内注明早点时分。列车晚点蓝笔画圈，圈内注明晚点时分，晚点原因可用简明略号注明。

图 4.26 列车停站超时　　　　图 4.27 列车在区间停车

任务实施

运行图按照使用范围、时间刻度、正线数目、列车运行速度、运行方式等条件，可以分为多种不同的类型。根据所学的相关知识，完成以下任务：

1．分组讨论运行图的分类、特征及判断方法，总结城市轨道交通系统运行图的特征。

2．根据图 4.28，各组成员判断该运行图的特征，并读取时刻信息。

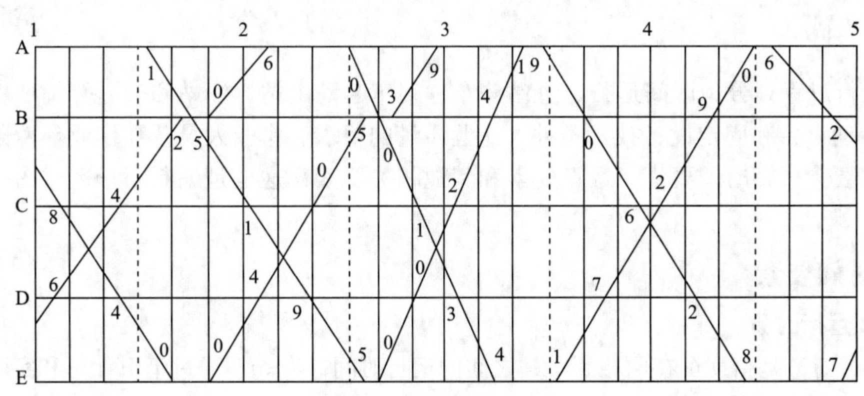

图 4.28 列车运行图

3．各组成员对所学知识进行汇总整理，并撰写心得体会。

任务评价

序　号	评价内容	评价标准	分　数	评分记录		
				学生自评	组间互评	教师评分
1	小组计划	任务明确、分工合理	10			
2	运行图分类	是否详细、全面	20			
3	运行图特征判断	判断正确、时刻读取无误	30			
4	语言表达	逻辑清晰、表达清楚	20			
5	学习总结	资料全面、观点明确	20			
总　分			100			

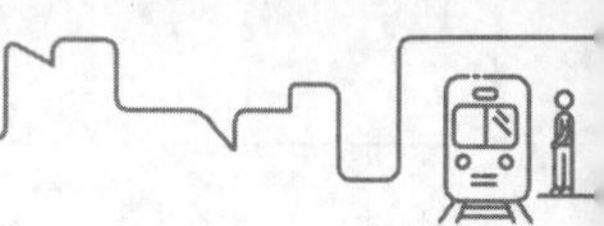

任务三　列车运行图的基本要素

任务目标

1．掌握列车运行图的时间要素。

2．掌握列车运行图的数量要素。

3．了解列车运行图的其他相关要素。

任务描述

1．分组讨论运行图在编制前需要收集哪些资料，列出所需资料清单。

2．铺画运行图时，如何把握区间运行时间、停站时间、折返时间等，分组讨论各项作业时间标准的构成及影响因素。

相关知识

列车运行过程划分为区间运行、进站停车、列车起动出站、停站和折返等单项作业，决定因素有活动设备和固定设备技术条件、作业质量的要求、作业人员数和作业环境条件。运行图的基本要素包括时间要素、数量要素和其他相关要素，这也是编制列车运行图的基础和前提。

一、时间要素

1. 区间运行时分

区间运行时分是指列车在两相邻车站之间的运行时间标准。它通过牵引计算和实际试验相结合的方法进行查定。

$$T_{运}=t_{纯运}+t_{起}+t_{停} \tag{4.1}$$

式中 $T_{运}$——列车区间运行时分，min；

$t_{纯运}$——列车不停车通过两相邻车站所需的区间运行时分，min；

$t_{起}$——起车附加时分，min；

$t_{停}$——停车附加时分，min。

在城市轨道交通系统中，列车区间运行时分按线路相同方向出站信号机之间的距离计算。由于上下行方向的线路平面、纵断面条件和列车编成辆数可能不相同，列车区间运行时分应按各种列车和上下行方向分别查定。此外，列车区间运行时分还应根据列车在每一区间两个车站上不停车通过和停车两种情况分别查定。列车不停车通过两个相邻车站所需的区间运行时分称为纯运行时分。列车到站停车的停车附加时分和停站后出发的起车附加时分，应根据电客车类型、列车编成辆数以及进出站线路平纵断面条件查定。

在实际应用中，新线开通运营前通常是采用理论时间加一定富余量，用“就上不就下”的原则确定（如：3 min 12 s 就采用 3 min 15 s），尽量留有余量。通过一段时间的运行后，经过查标，重新修正一些出入较大的区间。修正完后，在列车速度不变的情况下，基本上就固定这个区间运行时分不变。

2. 停站时间

停站时间是指车站办理乘客乘降所必须的停车时间标准。城市轨道交通系统列车停站作业可分解为：进站停稳至屏蔽门、车门打开，乘客上下车，关闭车门和屏蔽门至列车起动三部分。由此可见，影响列车停站时间的因素主要在于乘客上下车效率和列车司机操作效率，其时间长短主要取决于车站的乘客上下车人数、列车车门数、站台布置及站台客流疏导等因素。

列车停站时间，应根据不同信号系统级别、车站客流量等级、列车不同需要分别设定。对线路终点站的设定需考虑车站人员上车清客、列车司机播放客服广播所需要的时间；对车站屏蔽门和车门未实现联动的情况需考虑列车司机配合操作默契度、两者开关的不同步时差。

列车停站作业的时间标准，一般通过客流预测分析计算的理论值和实际查标相结合的方法确定。在满足实际需要的条件下，应最大限度地缩短列车停站时间，以提高列车的运行速度。根据国内目前城市轨道交通运营经验统计，每名乘客上下车约需 0.6 s。

$$t_{上下}=\frac{0.6Q_{上下}}{N_{列}M} \tag{4.2}$$

式中 $t_{上下}$——乘客上下车时间，s；

$Q_{上下}$——高峰小时内单个方向本站上下客人数之和，人；

$N_{列}$——高峰小时通过本站的列车数，对；

M——每列车的车门数，个。

由于乘客的上下车人数在时间上具有波动性，随天、时、地的变化而改变，而且，不同的运行时段（高峰、低峰）和不同的运行区段（大客流区间、小客流区间）车厢内的乘客密度也不均衡（尤其对于新线开通时的运行情况），所以在计算结果外应考虑一定的富余量。

$$t_{停站}=t_{门}+t_{上下}+t_{确认}+\Delta t \tag{4.3}$$

式中 $t_{停站}$——每列车在车站上的停留时间，s；

$t_{门}$——开关门时间，s；

$t_{上下}$——乘客上下车时间，s；

$t_{确认}$——列车司机确认信号显示和车门关好的时间，s；

Δt——一定程度的富余时间，s。

在停站时间的实际确定过程中，除个别客流量较大的车站外，一般车站的停站时间应控制在 20 ~ 30 s，停站时间过长不仅会降低列车运行速度，在高密度行车情况下，还会影响到后续列车的运行。

3. 折返作业时分

折返作业时分是指列车到达终点站或在具有折返能力的中间站进行折返作业所必需的时间总和。该时间通过牵引计算和实际查标相结合的方式确定。列车折返方式分为站前折返和站后折返，站前折返是列车经由站前渡线进行折返，站后折返是列车利用站后尽端折返线进行折返。

不同的折返布置形式，列车折返所需时间不同。折返作业时分主要包括确认信号时间、列车驶入（出）折返线时间、列车司机交接班时间、办理进路时间等，主要受折返线折返方式、列车长度、列车制动能力、信号设备水平、列车司机操作水平等多因素影响。在城市轨道交通系统中一般采用站后折返方式，只有在非正常情况下（如：列车严重晚点、站后折返线道

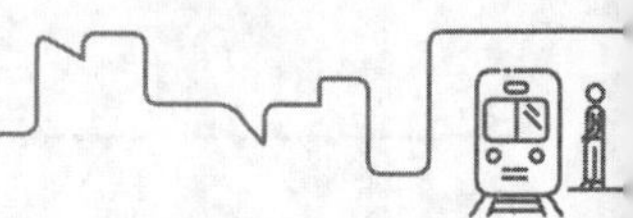

岔故障）列车运行调整时采用站前折返。列车在终点站进行站后折返作业的过程如图 4.29 所示。

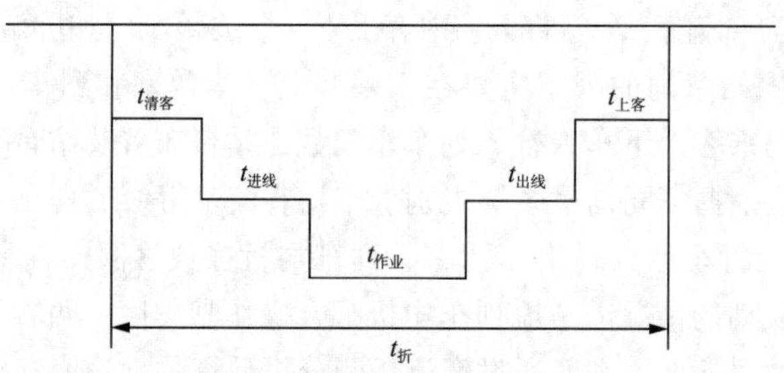

图 4.29　列车在终点站进行站后折返作业的过程

$$t_{折}=t_{纯折}+t_{清客}+t_{上客} \tag{4.4}$$

式中　$t_{折}$——列车在车站折返作业时分，min；

$t_{纯折}$——列车在车站纯折返作业时分，min；

$t_{清客}$——列车在车站下客站台清客时分，min；

$t_{上客}$——列车在车站上客站台上客时分，min。

城市轨道交通系统纯折返时间是指列车自终点站下客站台动车时起，运行到达上客站台停稳时止所需的运行时间。

$$t_{纯折}=t_{作业}+t_{进线}+t_{出线} \tag{4.5}$$

式中　$t_{纯折}$——列车在车站纯折返作业时分，min；

$t_{作业}$——包括道岔区段进路解锁延迟、排列折返进路和开放调车信号、列车司机交接班、列车更换操作台等各项作业时间，min；

$t_{进线}$——列车驶入折返线的走行时间，min；

$t_{出线}$——列车驶出折返线的走行时间，min。

4. 运行间隔时间

城市轨道交通系统的列车运行间隔时间是根据一天当中客流特点来确定的。一般来说，工作日早晚高峰客流量最大，呈现出早晚两个高峰时间段；双休日与节假日客流量大且均匀，主要集中在白天时间段。所以不同使用范围的运行图的最大区别是相同时段的运行间隔安排不同。

在城市轨道交通列车运行图编制中，列车运行间隔除了要满足各时段（特别是高峰时段）的客流需求外，还需要考虑线路在不同运营阶段，受到投入运用的列车数量、技术设备折返能力、列车停站时间等不同因素的限制问题。因此，在实际编图计算列车运行间隔时，需要考虑不同时段实际运行间隔时间与列车运行周期和列车运用数量间的相互关系，以此最大限度地满足在既有设备条件下不同时段的客流需求。

5. 列车运行周期

列车运行周期（$T_{周}$）是指列车在指定运行交路的始发站、终点站间往返运行一次所花费的总时间。该时间由列车上下行单程运行时间、始发站和终点站的折返时间四部分组成。其计算公式如下：

$$T_{周}=t_{上单程}+t_{下单程}+t_{始折}+t_{终折} \tag{4.6}$$

式中 $t_{上单程}$——列车上行单程运行时间，min；

$t_{下单程}$——列车下行单程运行时间，min；

$t_{始折}$——列车在始发站的折返时间，min；

$t_{终折}$——列车在终点站的折返时间，min。

一般来说，在技术设备和开行方案不做调整的情况下，$t_{上单程}$、$t_{下单程}$的时间基本是固定的，$T_{周}$主要受$t_{始折}$和$t_{终折}$的制约。

6. 车站间隔时间

车站间隔时间是指车站上办理两列车到达、出发或通过作业所需的最小间隔时间。它是限制全线能力最重要的要素。在查定车站间隔时间时，应遵守有关规章的规定及车站技术作业时间标准，以保证行车安全和最有效地利用区间通过能力。

在城市轨道交通系统中，一般均采用双线单向运行方式，所以常用的车站间隔时间包括同方向列车连发间隔时间、同方向列车不同时发到间隔时间两种。一般是在信号设备功能不完善或故障时，列车采用信号降级模式下的行车闭塞法运行调整时采用此方式。

1）同方向列车连发间隔时间（$\tau_{连}$）

在双线区段，从列车到达或通过前方邻接车站时起，至由车站向该区间再发出另一同方向列车时止的最小间隔时间，称为同方向列车连发间隔时间。需要考虑的因素有：两相邻车站间距离、线路状况、行车类型、运行时间、停站时间、发车时间、列车司机确认时间等。根据列车在前后两车站停车或通过的不同情况，连发间隔时间可有下列四种形式：

① 两列车均通过前后两车站，见图 4.30（a）。

② 第一列车在前方站停车，第二列车在后方站通过，见图 4.30（b）。

③ 第一列车在前方站通过，第二列车在后方站停车，见图 4.30（c）。

④ 两列车在前后两站均停车，见图 4.30（d）。

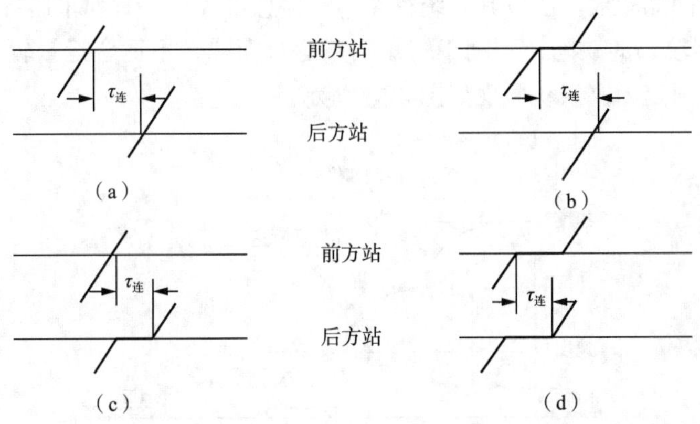

图 4.30 同方向列车连发间隔时间

2）同方向列车不同时发到间隔时间（$\tau_{发到}$）

自列车由车站出发时起，至同方向另一列车到达车站时止的最小间隔时间，称为同方向列车不同时发到间隔时间，见图 4.31。

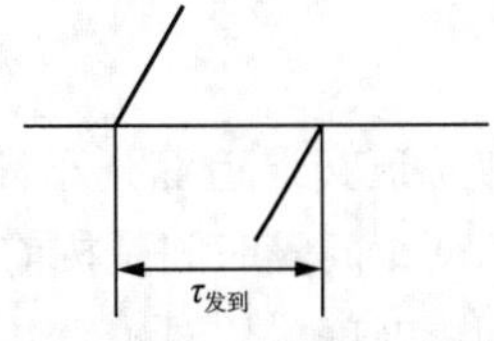

图 4.31 同方向列车不同时发到间隔时间

但必须注意的是，城市轨道交通系统中不同信号

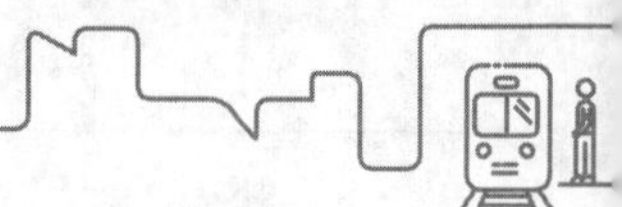

模式（固定闭塞、移动闭塞）下的同方向列车不同时发到间隔时间的计算要素不同。另外，同方向列车连发间隔时间是发生在前后两个车站上，而同方向列车不同时发到间隔时间是发生在同一个车站上。

7. 追踪列车间隔时间（$I_{追}$）

城市轨道交通追踪列车间隔时间是同一方向追踪运行的两个列车间的最小允许间隔时间，从一列车头部到另一列车头部计算确定。

目前，我国绝大多数城市轨道交通企业都采用自动闭塞（也称空间间隔法或距离间隔法），把线路划分为若干区间或分区，在每个空间内同时只准许一列列车运行，使前行列车和追踪列车保持一定距离。这种行车方法具有明显的优点：一是能严格地把列车分隔在不同的空间，有效防止列车追尾，确保列车运行安全；二是因在一个分区同一时间内只允许一列列车运行，列车可按规定的较高速度运行，提高效率，加速车辆运转。两列车运行必须保持的间隔至少应满足后车制动距离的需要，还要考虑适当的安全距离和确认信号、触发制动过程中列车的运行距离。

从闭塞方式制式来看，目前有固定闭塞、准移动闭塞和移动闭塞三类。而追踪列车间隔时间，取决于自动闭塞信号的制式、列车长度、列车运行速度、列车停站时间，以及闭塞分区的长度等因素。

1）固定闭塞追踪列车间隔时间

固定闭塞系统是将线路划分为若干个位置、距离不变的闭塞分区，一个闭塞分区只能被一列车占用。固定闭塞的追踪目标点是前行列车所占用闭塞分区的始端，后行列车从最高速开始制动的计算点为要求开始减速的闭塞分区的始端，这两个点都是固定的，空间间隔的长度也是固定的，所以称为固定闭塞。在固定闭塞制式下，前、后列车的运行间隔为多个闭塞分区，列车定位以固定分区的长度为单位，而与列车在分区内的实际位置无关，因此列车制动的起点和终点总在某一分区的边界。为充分保证安全，必须在两列列车之间增加一个保护区段，这使得列车间的安全间隔较大。所以其系统存在传输信息量较少、对列车运行的控制精度不高、列车安全保护距离较长的缺陷，不利于缩短列车运行间隔，不适合运量较大的城市轨道交通线路的信号系统。固定闭塞系统原理如图 4.32 所示。

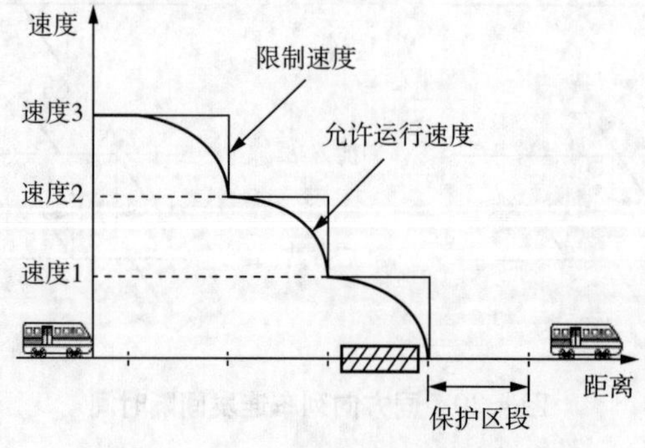

图 4.32　固定闭塞系统原理示意图

城市轨道交通追踪列车经过车站时的间隔时间远大于列车在区间运行时的间隔时间，所以，追踪列车间隔时间是按前后两列追踪列车先后经过车站必须保持的最小列车间隔距离计算得到的间隔时间。从图 4.32 中可以看出，固定闭塞追踪列车间隔时间由进站运行、制动停车、停站作业、启动出站四项作业时间组成，计算公式如下：

$$I_{追}=t_{运行}+t_{制动}+t_{停站}+t_{出站} \tag{4.7}$$

式中 $I_{追}$——追踪列车间隔时间，s；

$t_{运行}$——后行列车从初始位置时起运行至开始制动时止的运行时间，s；

$t_{制动}$——后行列车从开始制动时起至到达站内停车时止的制动时间，s；

$t_{停站}$——后行列车在车站停车作业时间，s；

$t_{出站}$——后行列车从车站起动加速时起至出清站台并驶出安全防护距离止的运行时间，s。

2）准移动闭塞追踪列车间隔时间

准移动闭塞仍需对线路进行闭塞分区的划分，其系统根据列车前方目标距离、目标速度、线路状况（曲线半径、坡道数据）、列车性能等信息，确定速度控制曲线，实现对列车的控制。准移动闭塞仍以闭塞分区为列车最小安全行车间隔，但可根据目标速度和目标距离随时调整列车间隔。准移动闭塞将前行列车所占用闭塞分区的始端作为后续列车的追踪目标点，是介于固定闭塞与移动闭塞之间的一种闭塞方法。

准移动闭塞在控制列车的安全间隔上比固定闭塞更进了一步。它通过采用报文式轨道电路或环线来判断分区占用并传输信息，信息量大；可以告知后续列车继续前行的距离，后续列车可根据这一距离合理地采取减速或制动措施，列车制动的起点可延伸至保证其安全制动的地点，从而可改善列车速度控制，缩小列车安全间隔，提高线路利用效率。但准移动闭塞中后续列车的最大目标点仍必须在前行列车占用分区的外方，因此它并没有完全突破轨道电路的限制。准移动闭塞系统原理如图 4.33 所示。

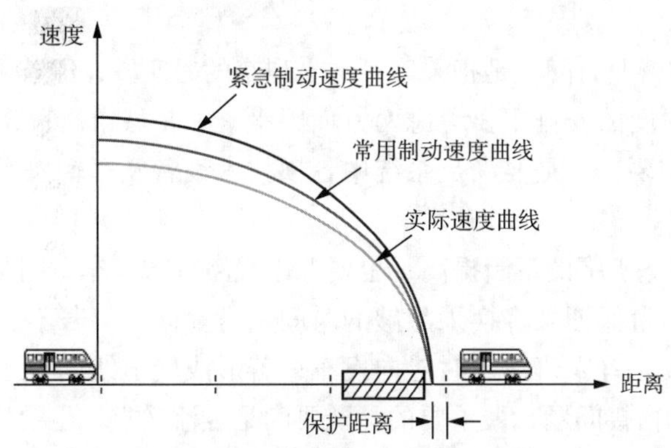

图 4.33　准移动闭塞系统原理示意图

从图 4.33 中可以看出，前后两追踪列车最小间隔距离为后行列车在当前速度下所需的制动距离和前行列车的尾端保护距离，则其追踪列车间隔时间即为后行列车以当前速度从初始位置运行至制动停车、停站作业和起动出站所消耗的时间。

3）移动闭塞追踪列车间隔时间

移动闭塞系统没有固定的闭塞分区，而是将线路分成了若干个通过数据库预先定义的线路单元，每个单元长度从几米到十几米，移动闭塞分区即由一定数量的单元组成，单元的数目可随着列车的速度和位置而变化，分区的长度也是动态变化的。

移动闭塞系统是利用通信技术，通过车载设备、现场通信设备与车站或列车控制中心实现信息交换完成速度控制的。列车间的最小运行间隔距离由列车在线路上的实际运行位置和运行状态确定。控制中心通过车载设备和轨旁设备不间断地双向通信，根据列车实时的速度和位置

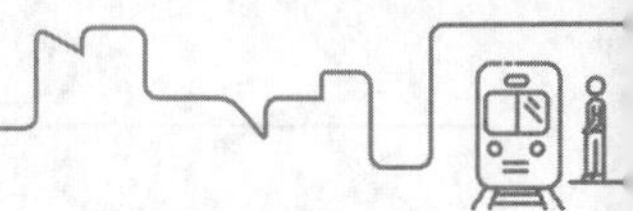

动态计算出列车的最大制动距离。列车的长度加上这一最大的制动距离，并在列车后方加上一定的防护距离，便组成了一个与列车同步移动的虚拟分区。由于保证了列车前后的安全距离，两个相邻的移动闭塞分区就能以很小的列车追踪间隔同时前进，使列车能以较高的速度和较小的间隔运行，从而提高了运输能力，其原理如图 4.34 所示。

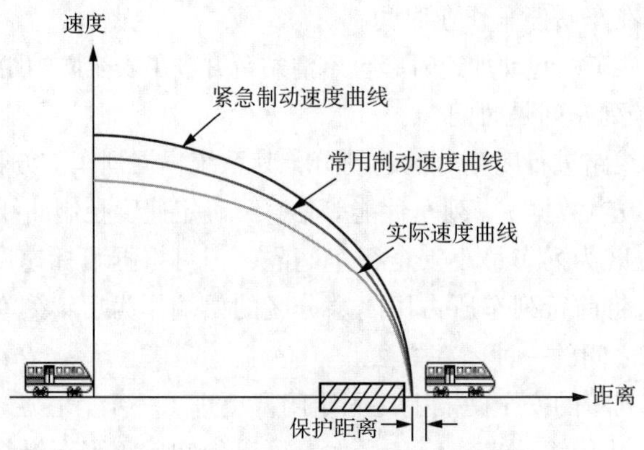

图 4.34　移动闭塞系统原理示意图

从图 4.34 中可以得知，在前行列车出清车站与安全防护距离时，后行列车以规定速度恰好运行至进站位置，所以其追踪列车间隔时间即为后行列车制动停车、停站作业和起动出站所消耗的时间。

8. 运营服务时间

运营服务时间也称营业时间，是指乘客可乘坐列车的时间段，即首末班车的时间跨度点。一般依城市而异，其时间的安排主要考虑两方面因素：一是城市居民出行活动特点，要方便乘客，满足城市生活需要；二是要满足系统中各项技术设备及车辆停运进行整备、检修、施工的需要。

另外，随着运营服务水平的不断提高，也要考虑线路首末班车时间与地面公交、相邻铁路或高铁站衔接问题，尽量保证乘客换乘足够的时间余量。同时，若不受线路车辆段或车场位置限制，可尽量保证线路首末班车同时对向发车；若形成轨道线网，还要考虑各条线路首末班车与各换乘站之间的衔接问题，最重要的是既要满足客流需求，也要满足夜间施工时间。

二、数量要素

1. 全线分时段客流分布

全线分时段客流分布可根据客流的时间分布进行预测、调查分析，确定不同峰期时段的客流量。根据不同时段的客流分布特征，技术人员可对列车运行图峰期时段进行划分设置，并合理安排列车编组数、列车运行列数，作为开行不同形式运行方案（开行区间列车、连发列车）的主要依据。

在线路运营分析或运行图编制的实际运用中，为充分做到车流、客流相吻合，除掌握全天各小时内的客流分布外，还要掌握半小时乃至 10 min 的变化量。上述客流数据一般通过 AFC 系统得到。

2. 全日分时最大断面客流量

全日分时最大断面客流量通常是在高峰小时断面客流量的基础上，根据全日客流分布图来计算确定。若条件允许，采用分时断面客流量分布计算所得的全日分时最大断面客流量数据更为准确可靠。此数据主要是了解全日各小时最大断面出现的区间、时段及流量，在编制运行图方面做到运力与运量相匹配。

3. 满载率

列车满载率是指列车实际载客量与列车定员数之比。编制列车运行图时，既要保证一定的列车满载率，又要留有一定余地，兼顾某些不可预测因素带来的客流量波动，并兼顾乘客的舒适水平。

线路断面满载率是指在单位时间内特定断面上的车辆载客能力利用率。在实际工作中，线路断面满载率通常是指在高峰小时单向最大客流断面的车辆载客能力利用率。

4. 列车最大载客量

列车最大载客量是指列车根据定员载客量和线路断面满载率计算的允许运送的最大乘客数。

5. 平均运距

平均运距是指乘客平均乘坐距离，一般通过 AFC 系统得到。

6. 运用车数

运用车数是指为完成日常运输任务而配备的技术状态良好的车辆。运用车的需要数与高峰小时开行列车数、列车周转时间及列车编组辆数等因素有关。

7. 备用车

备用车原则上停放在车辆段或车场内，但根据线路的客流特征、车辆段位置、运行方案安排，可适当安排少数备用车停放于线路两端终端站或具备存车和折返能力的中间站，方便首末班车的发车，减少空驶里程，提高运营效率；另外，可对行车调度员在运用车故障或发生突发事件时进行运行调整带来一定的灵活性和便利性，一定程度上缩短故障恢复时间，减小事故影响范围。

8. 出入段能力

单位时段通过出入段线进入正线的最大列车数，即出入段能力。车辆段与正线车站之间的出入段线有限，加之出入段列车进入正线时还会受到正线通过能力的影响，因此出入段能力是编制列车运行图时的重要考虑因素。

三、相关要素

相关要素是指除了时间要素、数量要素以外，对编制列车运行图有一定影响的因素，故也需要进行一一考虑。

1. 与地面其他交通方式的衔接

包括与其他交通设施的衔接，如铁路车站、公路汽车站、机场、港口等；不同城市交通方式线路之间的布置与匹配，如公交线路与城市轨道交通线路；静态交通设施的设计，如自行车、小汽车等其他车辆停放等。

2. 与其他城市设施的衔接

需要考虑与其他城市设施的衔接，如大型体育场馆、娱乐、商业中心等，这些场所会有突发性的客流对城市轨道交通系统的正常运营带来冲击，造成一时运力和人力安排的困难。

3. 列车检修作业

为保证列车状态完好，需均衡安排各列车的运行时间与检修时间，既保证每列车都有日常

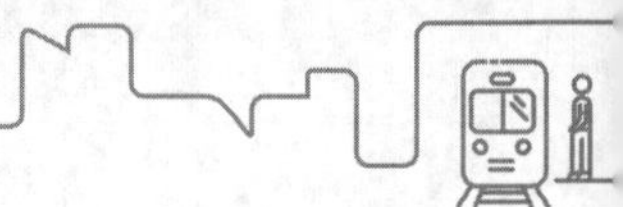

维护保养时间，又使各列车日走行公里数较为接近。

4. 车站存车能力

在城市轨道交通系统中，在终点站、少数车站设有停车线，因此在线路上可存放一定数量列车，在日常运行时可用来停放备用车，在夜间可存放列车以减少空驶里程，均衡早上运营发车秩序。

5. 乘务司机作息时间

根据乘务司机作息制度、交接班地点与方式、途中用餐等因素，均衡安排列车的运行时间和列车交路。

6. 列车调试（试车）作业

检修作业完毕的列车应在车辆段的试车线上进行试车作业，测试合格后才能上线投入运营。某些车辆段未设置试车线，或者试车线不能满足试车要求时，可安排在正线上进行试车。但在实际运营中，一般不允许在载客运营列车间安排调试列车的开行。

任务实施

根据列车运行图的特性，可以将列车运行图分为不同的种类，而列车运行图的共性则是组成列车运行图的各项基本要素。这些要素实质上就是把列车的运行过程按空间或时间上的特征划分为若干单项作业，在编制列车运行图之前，首先要确定这些基本要素。根据所学的相关知识，完成以下任务：

1. 分组讨论运行图在编制前需要收集的资料。
2. 小组成员分别就运行图的各类时间因素进行分析，说明其构成及影响因素。
3. 各组成员对所学知识进行汇总整理，并撰写心得体会。

任务评价

序号	评价内容	评价标准	分数	评分记录		
				学生自评	组间互评	教师评分
1	小组计划	任务明确、分工合理	10			
2	资料收集	是否详细、全面	20			
3	各时间因素分析	分析到位、考虑因素全面	30			
4	语言表达	逻辑清晰、表达清楚	20			
5	学习总结	资料全面、观点明确	20			
总分			100			

任务四　列车运行图的编制

任务目标

1. 了解列车运行图的编制原则。

2. 熟悉列车运行图的编制资料。
3. 掌握列车运行图的编制方法。
4. 理解列车运行图相关指标。

任务描述

1. 掌握运行图编制的基本原则及方法步骤。
2. 分组讨论手工绘制运行图和计算机编制运行图的优缺点及适用情况。
3. 各小组根据给定的基础资料，绘制一份运行图。

相关知识

一、列车运行图的编制原则

1. 安全性原则

保证列车运行及乘客的安全。这是编制列车运行图时必须始终坚持的方针，因此，各项编制工作都要遵守有关规章制度，严格遵守各项作业程序和列车运行图要素的时间标准及技术要求。

2. 便利性原则

尽量方便乘客。快捷、便利是提高城市轨道交通竞争力的重要途径，为此应根据不同阶段客流变化规律，考虑在满足运行技术要求的前提下，尽量最大限度地在不同峰期时段选择不同发车间隔，尤其是高峰客流时段内应增加列车密度，以减少乘客候车时间；而在低谷时段安排列车运行间隔时，最大的运行图发车间隔不易过大；同时要兼顾首末班车时间与其他交通工具的衔接，保证运量的波动程度，使运行图具有一定的弹性，以适应日常运输生产和列车运行秩序变化的需要。

3. 经济性原则

① 在保证安全可靠的条件下，提高列车的运行速度，缩短列车运行时间。列车运行速度高是城市轨道交通系统的主要优势，标志着城市轨道交通的整体运营效率和服务水平。

② 充分、有效地利用车站及线路的通过能力。始发站和终点站的折返能力通常是全线能力的限制因素，所以必须对折返线的折返作业时间标准进行精确计算，合理安排作业程序，尽可能进行平行作业。此外，列车出入段能力也是限制区间通过能力的重要因素，所以要做好出段信号机至正线站台间的作业时间计算。

③ 在保证运量需求的条件下，尽量降低列车运用车数。通过综合考虑不同峰期时段列车运行速度、停站时间、折返作业时间、列车开行方式等因素，均衡上线运用车数，使其数量达到最少，提高列车及线路满载率，降低系统的车辆保有量与运营成本，也要兼顾乘务司机的休息时间与车辆检修安排。

4. 均衡性原则

① 城市轨道交通系统列车运行图的编制是一项需要考虑线路路网结构、客流特征、乘客服务、列车运用和运营调整等多因素优化的复杂工作。所以，列车运行线的铺画做到绝对均衡几乎是不可能的，但应该尽量要求保持相对均衡，如：运营经济性与服务水平高低的相对平衡，在不同的运营阶段需要考虑不同的运营目标和侧重点，建立一套整体的运营策划工作体系，来有效、持续地挖掘运输潜力。

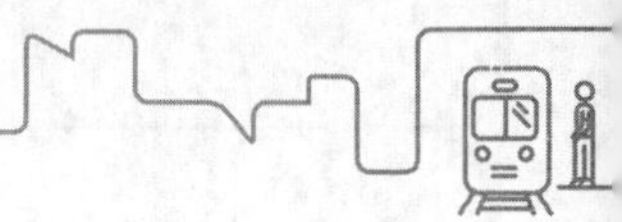

② 在车辆段未设置试车线的情况下，列车运行图编制中需预留调试列车运行线。原则上，调试运行线不允许穿插铺画在载客运营列车运行线之间。

二、列车运行图的编制时机

① 在新线试运行及试运营演练、正式开通运营时。

② 在新线或既有线、车站客流量、时段客流分布规律等发生较大变化时，如五一劳动节、国庆节、春节等重大节假日期间。

③ 城市轨道交通系统技术设备发生较大变化时，如改变线路的运行速度、信号系统升级等。

④ 运输组织方式发生改变时，如改变列车出入车辆段方式、改变折返站折返方式、改变运行交路（如：单一交路改为长短交路混跑）、增加新停车场投入使用、延长运营服务时间等。

⑤ 重新调整各项行车技术作业时间标准时，如调整停站时间、压缩行车间隔、增加上线列车数等。

⑥ 需要重新编制运行图的其他情况时。

三、列车运行图的编制资料

① 现行列车运行图执行情况的分析及改善意见。

② 现有信号系统等级下，行车设备的追踪列车间隔时间、车站间隔时间、信号进路排列逻辑关系与运行线安排的制约关系。

③ 现行运行图执行期间各站 OD、全日分时段客流分布、全日分时最大断面客流量、满载率等客流数据。

④ 不同性质列车在各站的停站时间标准、各区间运行时间。

⑤ 现阶段乘务司机在正线交接班制度（包括交接班地点、交接时间标准）、折返站折返作业时间标准。

⑥ 线路各区间允许速度、过岔速度、需限速区段及限速数据。

⑦ 若为节假日或特殊活动的举办编制列车运行图时，需掌握节假日或举办活动（如重要赛事、演唱会、商业展览会等）的规模、持续时间、地点等资料。

四、列车运行图的编制步骤

列车运行图的编制一般由运营管理部门负责牵头组织，大致分为研究讨论、确定编制方案、基础数据计算、铺画详图、编制时刻表、模拟运行冲突检测和技术指标计算七个步骤，具体工作步骤如下：

① 按编制要求和编制目标提出编制或调整运行图的注意事项；

② 收集编图资料，对有关技术问题或运营专题组织调查研究和试验；

③ 总结分析现行列车运行图的执行情况和存在问题，提出改进意见；

④ 确定新图执行的列车运行方案；

⑤ 确定新图基础运行参数；

⑥ 征求调度、客运、乘务、车辆部门对列车运行方案和基础运行参数的意见，并根据会签意见进行有根据的调整；

⑦ 根据列车运行方案铺画详细的列车运行图，编制列车运营时刻表；

⑧ 在 ATS 信号系统模拟机上，对列车运行图进行模拟运行冲突检测，并进行必要的调整修改；

⑨ 对列车运行图的编制质量和关键点进行全面的检查，并计算列车运行图技术指标；

⑩ 将编制完毕的列车运行图、运营时刻表及执行说明等报有关部门审核批准；

⑪ 根据上级领导指示，以总公司行政发文形式将新图执行日期、运作要求进行下发执行。

五、列车运行图的编制方法

1. 手工铺画列车运行图

人工绘制运行图传统的方法是由编图人员依靠铅笔和一分格图纸手工完成，但城市轨道交通系统作为新型行业，在新线运营前期或计算机编图系统未投入使用的情况下，列车运行图则是由编图人员利用 CAD、excel 等办公软件绘制。

1）手工绘制列车运行图的方法步骤

① 确定车站中心线位置，即确定列车运行图的整体布局界面。

② 铺画列车运行详图，即编图技术人员根据列车运行方案，将全天列车运行图分解为不同时段的列车运行线，然后在一分格列车运行图上依次精确铺画不同时段内每条列车运行线在各站的到达、出发和通过时刻，在折返站的停留时间等。重复上述操作，即可完成整张列车运行图的铺画工作。

2）手工绘制列车运行图存在的问题

由于编图工作涉及面广、制约因素复杂、编制工作量大，手工编制运行图存在以下主要问题：

① 手工铺画运行图周期长，不能作多方案比选和评价，运行图质量缺乏科学的保证，编图机动性差。

② 手工铺图在资料收集、准备、铺图和调整工作的完成以及冲突检测、时刻表的转变和运行图的打印全过程中，重复劳动量大，精确度低，效率低下且出错率高。

③ 手工方式调整运行图工作只能在小范围内进行，灵活性差，难以从全局出发保证整张运行图的综合效益。

④ 由于铺图人员技术水平不一，所编出的运行图版式不统一、质量差别较大，尤其在临时调整运行图时，大大影响调整速度和精确度。

2. 计算机编制列车运行图

1）计算机编制列车运行图的原理

计算机编制列车运行图系统提供了用户编制、调整运行图的平台和相关功能。从编图基础数据的录入，列车运行图的编制、调整、分析和检测，到时刻表及各种报表的自动生成、图形打印等，实现了全过程的信息化管理，所以要求用户能熟练地运用这些功能。

与手工编制列车运行图相对比，计算机编制列车运行图的原理主要在于：将手工编制列车运行图人工需掌握的技能知识、所有与编图有关的基础数据都赋予计算机，编图人员只需根据编图要求等信息，采用人机对话方式，将列车运行图的编制、调整问题分解成若干列车运行线铺画的子问题进行反复操作，得到用户所需的列车运行图。

2）计算机编制列车运行图的优点

与传统手工编制运行图相比，采用计算机编制运行图的优点有：

① 提供了高效的数据处理手段，减轻了列车运行图编制和数据资料处理中的劳动强度，提高了处理的速度和精确度，降低了出错率。

② 保障了列车运行图编制的科学性，提供了多方案辅助决策信息，有利于方案的评价和

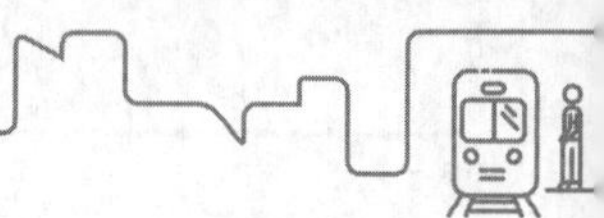

选择，保证了列车运行图的编制质量。

③ 实现了系统资源共享，保证了编图信息的存储、传输及处理，改善了数据信息的管理和交流，实现了编图业务的整体化，提高了编图效率。

④ 缩短了列车运行图编制全过程的时间，提高了城市轨道交通适应客流特征和特殊需求的应变能力，提升了城市轨道交通运营服务水平，提高了城市轨道交通运营经济效益。

⑤ 促进了全线技术设施合理配置和设备能力的协调，有利于设备应用效率的综合发挥，有利于促进员工素质及服务水平的提高，形成人员、设备及应用间的良性循环，提高了城市轨道交通企业与公共交通企业的市场竞争力。

因此，列车运行图的编制必须摆脱依赖手工编制的落后状态，采用先进的计算机信息处理技术和网络技术，提高编图质量，加快编图速度，把编图人员从复杂、烦琐的手工劳动中解脱出来，实现运行图编制的现代化，实现计算机自动编制运行图。

六、列车运行图编制质量的检查与指标计算

1. 列车运行图编制质量的检查

列车运行图编制完后，必须对运行图的编制质量进行全面的检查。检查的主要内容有：

① 上下行首末班车在两端站的开车时间是否符合对外公开宣传运营时间的要求；

② 列车运行图上铺画的列车数和折返列车数是否符合要求；

③ 各时段的列车运行间隔是否符合不同峰期时段（高峰、平峰或低谷）客流的运能要求；

④ 列车运行线的铺画是否符合规定的各项作业时间标准；

⑤ 同一时刻停在车站折返线的列车数是否超过该站现有的折返线数；

⑥ 列车乘务司机的工作和休息时间是否符合规定的时间标准；

⑦ 换乘站的列车到发密度是否均衡。

2. 列车运行图的指标计算

在检查并确认列车运行图完全满足规定的要求后，接着就可计算列车运行图的各项指标：

1）首、末班车在始发站的发车时刻

2）行车间隔

按高峰时段与非高峰时段分别统计，分最大间隔、最小间隔。

3）运用车组数

按高峰时段与非高峰时段分别计算。

4）列车周转时间

$$\text{列车周转时间}=\frac{\sum\text{分时运用车组数运行时间}-\sum\text{回库时间}}{\text{全日开行列车对数}}\ (\text{min}) \tag{4.8}$$

5）开行列数

指凡列车在运营线路上行驶一个单程，无论是全程行驶还是短交路折返，均按一列计算。开行列数按列车种类和上下行分别计算。

6）运输能力

$$\text{运输能力}=\text{载客列车数}\times\text{列车定员（万人）} \tag{4.9}$$

7）运营里程

$$\text{运营里程}=\text{全日总开行列数}\times\text{运营线路长度（列·公里）} \tag{4.10}$$

8）列车技术速度

$$列车技术速度=\frac{\sum 列车单程运行距离}{\sum 列车单程旅行时间-\sum 列车停站时间}(km/h) \tag{4.11}$$

9）列车运行速度

$$列车运行速度=\frac{\sum 列车单程运行距离}{\sum 列车单程旅行距离}(km/h) \tag{4.12}$$

10）车辆总走行公里：包括图定的车辆空驶里程。

$$车辆总走行公里=\sum(列车数\times 列车编组辆数\times 列车运行距离)(km) \tag{4.13}$$

11）车辆日均走行公里（日车公里）

$$车辆日均走行公里=\frac{车辆总走行公里}{\sum 分时运用车数}(km) \tag{4.14}$$

12）运能利用率

$$运能利用率=\frac{日客运量\times 平均运距}{\sum(客运列车数\times 列车定员\times 列车运行距离)} \tag{4.15}$$

为了进一步评价新列车运行图的编制质量，除了计算新列车运行图的各项指标外，并应与现行列车运行图进行比较，分析各项指标提高或降低的主要原因。

七、实行新运行图前的准备工作

列车运行图经最后审核、发布后，为了保证新运行图能够正确和顺利地实行，必须在实行新图之前做好下列准备工作：

① 规定实行新图的日期，并发布执行命令及相关要求；

② 印刷并分发列车“运营时刻表”；

③ 组织有关人员学习新图，使每个有关职工了解、熟悉并掌握新图特点和规定的要求；

④ 做好列车和列车司机的调配工作；

⑤ 拟定保证执行新图的技术组织保障措施和新旧运行图交替执行的交接工作安排；

⑥ 根据新图的规定，组织各站、车辆段修订现有工作流程。

任务实施

随着城市轨道交通客运量的增长和客流特征的变化，轨道交通系统技术设备和运输组织工作的不断改进，以及列车运行速度和运营服务水平的逐步提高，当上述因素更改或变化时，就有必要重新编制列车运行图。根据所学的相关知识，完成以下任务：

1．分组讨论运行图编制的基本原则、方法步骤及注意事项。

2．根据给定的线路基础资料（详见“巩固与练习”实作题第 1 题），确定站名线，编制运行图一份。

3．各组成员对所学知识进行汇总整理，并撰写心得体会。

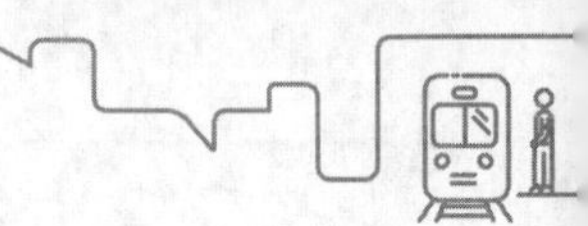

任务评价

序　　号	评 价 内 容	评 价 标 准	分　　数	评 分 记 录		
				学生自评	组间互评	教师评分
1	小组计划	任务明确、分工合理	10			
2	运行图编制的方法	原则分明、方法明确	10			
3	站名线的确定	方法正确、确定无误	20			
4	运行图的编制	运行线铺画正确，时间、车次、符号均正确	40			
5	学习总结	资料全面、观点明确	20			
总分			100			

项目小结

列车运行图在城市轨道交通行车组织工作里起着非常重要的作用，它是运营生产的一个综合性计划，也是城市轨道交通行车组织的基础。本项目分别讲述了列车运行图在城市轨道交通实际运营生产中的作用及意义、列车运行图的格式及分类、列车运行图的基本要素、列车运行图的编制及运行图技术指标的计算等知识点。

通过本项目的学习，学生应掌握列车运行图的编制，编制过程中应考虑各项要素、关键点的安排，以列车运行图来实现轨道线路运营生产工作的统一性，确保城市轨道交通运营企业面向社会提供的运输能力和服务水平，体现轨道交通运营企业的经济效益和社会效益。

巩固与练习

一、单选题

1. 列车运行图是运用（　　）原理来描述列车运行的一种图解形式。

A. 线性原理　　B. 坐标原理

C. 列车运行原理　　D. 时间空间原理

2. 根据区间实际运行时间或区间实际里程，将纵轴按一定的比例用横线加以划分，以车站中心线位置进行距离定点，表示车站（　　）。

A. 站名线　　B. 时间线　　C. 运行线　　D. 斜线

3. 在列车运行图中，一分格运行图主要用于（　　）。

A. 国铁，地铁　　B. 国铁，轻轨

C. 高铁，轻轨　　D. 轻轨，地铁

4. 十分格运行图，它的横轴以 10 min 为单位用（　　）划分。

A. 虚线　　B. 较粗的竖线　　C. 细竖线　　D. 曲线

5. （　　）同方向列车的运行以闭塞分区为间隔。

A. 连发运行图　　B. 平行运行图
C. 追踪运行图　　D. 不成对运行图

二、判断题

1. 车次是为区别列车种类、性质和运行方向，对每一列列车赋予的号码或代号。(　　)
A. 正确　　B. 错误

2. 在列车运行图上，列车运行线与车站中心线的交点即为列车到达、通过或出发的时刻。(　　)
A. 正确　　B. 错误

3. 其他特殊运行图通常是指因举办重大活动、遇天气骤变而引起短期性客流的激增而编制的特殊运行图，或因新线开通设备调试、运行演练而编制的演练运行图。(　　)
A. 正确　　B. 错误

4. 列车最大载客量就是列车的实际载客量。(　　)
A. 正确　　B. 错误

5. 传统手工编制运行图比计算机编制运行图，更保障了列车运行图编制的科学性，提供了多方案辅助决策信息，有利于方案的评价和选择，保证了列车运行图的编制质量。(　　)
A. 正确　　B. 错误

6. 列车运行图编制完后，必须检查列车运行线的铺画是否符合规定的各项作业时间标准。(　　)
A. 正确　　B. 错误

三、简答题

1. 什么是列车运行图？运行图图解包括哪些因素？
2. 列车运行图分为哪几类？分别适用于哪些情况？
3. 列车运行图的时间要素有哪些？
4. 阐述列车运行图的编制步骤。
5. 检查列车运行图编制质量的内容包括哪些？

四、实作题

1. 手工绘制运行图。

编制资料：某地铁线路 A—H 方向各区间分布及计算资料如下（上行方向为 A—H，反之为下行）。

（1）各站停站时间：见表 1。

表 1　各站停站时间

站　名	A	B	C	D	E	F	G	H
停站时间 /s	60	30	30	30	30	30	30	60

（2）各区间运行时分：见表 2。

表 2　各区间运行时分

区　间	A—B	B—C	C—D	D—E	E—F	F—G	G—H
运行时分	2'30"	2'00"	2'30"	3'00"	3'10"	2'30"	2'40"

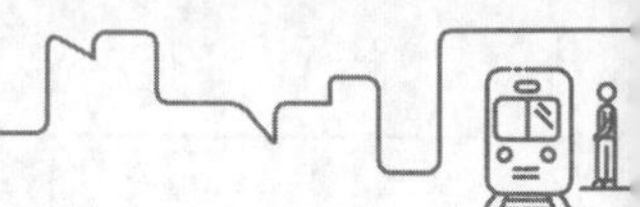

（3）其他时间：列车折返时间为 4 min，上午运营时间为 6:00 ~ 12:00，其中 7:00 ~ 9:00 为高峰时段，发车间隔 3'20"，其余时段发车间隔为 6 min，两端点站均采用站后折返。请根据已知条件画出 6:00 ~ 12:00 的列车运行图，并在图上标明列车交路。

2. 计算机编制运行图。

编制资料：某城市一条新地铁线路开通前，通过牵引计算，其线路部分区段及列车运行参数如下：

（1）站间距、区间运行时间及停站时间，如图 1 所示。

下行线			上行线		
停站时间	区间运行时间	站名	站间距/m	区间运行时间	停站时间
0:00:50		A站			0:00:50
	0:02:21		1610.7	0:02:16	
0:00:35		B站			0:00:35
	0:01:49		1136.5	0:01:50	
0:00:45		C站			0:00:45
	0:01:44		1061.7	0:01:47	
0:00:35		D站			0:00:35
	0:01:45		869.9	0:01:40	
0:00:30		E站			0:00:30
	0:01:38		907	0:01:35	
0:00:35		F站			0:00:35
	0:02:20		1415.9	0:02:12	
0:00:40		G站			0:00:40
	0:01:39		989.3	0:01:40	
0:00:45		H站			0:00:45
	0:01:54		1255.8	0:01:56	
0:00:35		L站			0:00:35

图 1　站间距、区间运行时间及停站时间

（2）两端点站折返时间：3 min30 s。

（3）出入段时间：4 min。

（4）运行周期、各峰期行车间隔及上线列数，如图 2 所示。

运营服务时间		6:00～22:30，共计16.5 h		
最小运行周期		75 min		
工作日	峰期划分	高峰	平峰	低峰
	时段划分	7:30～9:30（早高峰） 17:30～20:30（晚高峰）	9:30～17:30	6:00～7:30 20:30～22:30
	上线列数	14	13	12
	行车间隔	5 min 24 s	5 min 48 s	6 min 15 s

图 2　站间距、区间运行时间及停站时间

（5）两端点站首末班车发车时间，见表 3。

表 3　两端点站首末班车发车时间

车　站	首 班 车	末 班 车
A站	6:00	22:00
L站	6:30	22:30

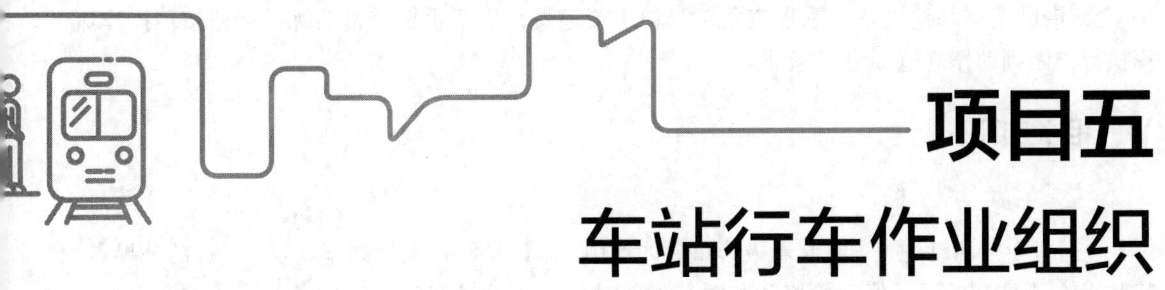

项目五 车站行车作业组织

项目描述

车站是线路上供列车到发、通过的分界点，某些车站还具有折返、停车检修和临时待避等功能。车站的运输生产活动主要由行车作业和客运作业构成，车站行车作业包括接发列车作业和列车折返作业。日常作业过程中，接发列车有哪些作业标准？列车在端点站如何办理折返作业？

本项目将从车站及其技术设备、车站行车作业两方面重点介绍。

学习目标

1. 知识目标

了解城市轨道交通线路的类型及道岔的结构；掌握手摇道岔六部曲的操作要点；掌握不同情况下车站接发列车标准；掌握车站列车折返作业的模式和流程。

2. 能力目标

能对车站、线路进行分类，并掌握其功能；能判断道岔的开通方向，并根据作业标准进行手摇道岔；能掌握车站站控室的设备设施，了解其基本原理和操作；能办理正常情况下的接发列车作业组织；能办理电话闭塞时人工接发列车作业；能组织列车在端点站的折返作业。

3. 素质目标

认识到车站行车工作的重要性，树立遵章守纪、严肃认真的工作作风，确保车站作业安全、顺畅。

任务一　车站及其技术设备

任务目标

1. 了解车站、线路的作用及分类。
2. 掌握道岔的分类、构成、使用及保养。
3. 掌握车站信号及通信设备的构成及应用。

任务描述

1. 作为城市轨道交通车站运营管理作业人员，需要熟悉车站及车站技术设备。通过多媒体视频、校内实训基地或实地参观，掌握车站基础设备和站控室设备的构成及应用。

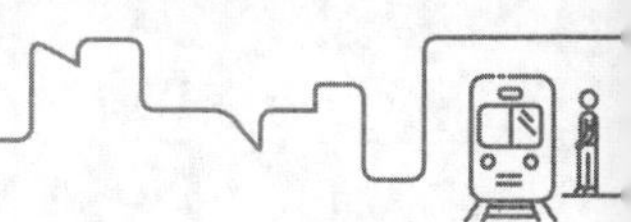

2. 借助实训基地设备（手摇道岔工具包）或道具，进行手摇道岔演练，严格按照操作流程执行，做到动作规范、语言标准。

相关知识

一、车站

在运输生产活动中，车站起着极为重要的作用。车站是线路上供列车到发、通过的分界点，某些车站还具有折返、停车检修和临时待避等功能；车站是客流集散的场所，是乘客出行乘坐列车的始发、终到及换乘地点，也是运营企业与服务对象的主要联系环节；车站还是轨道交通各工种联劳协作的生产基地。

车站的运输生产活动主要由行车作业和客运作业两部分组成。车站行车作业包括接发列车作业、列车折返作业等。车站客运作业包括售检票、组织乘客乘降和换乘作业等。

车站的分类可从不同的角度进行。就车站作业而言，主要是按运营功能分类和按是否具有站控功能分类。

1. 车站按运营功能的不同分类

① 终点站：终点站是指线路两端或列车交路两端的车站，除供乘客上下车外，通常还具有列车折返、停留或临时检修等运营功能。

② 中间站：中间站一般只供乘客上下车，是线网中数量最多的车站。有的中间站设有配线，可供列车越行；也有的中间站设有折返设备，可供列车折返。

③ 折返站：折返站是终点站与中间站中设有折返线、渡线等折返设备，可供长、短交路列车进行折返作业的车站。

④ 换乘站：换乘站设在不同线路的交会地点，除供乘客上下车外，还供乘客由一条线路的列车换乘到另一条线路的列车上去。

2. 车站按站控功能的不同分类

① 集中站：集中站是指具有站控功能的车站，集中站车站值班员根据调度命令，可监控集中站管辖线路上的列车运行、办理电话闭塞行车和执行扣车与催发车等列车运行调整措施。集中控制站通常为有道岔车站，如图 5.1 所示。

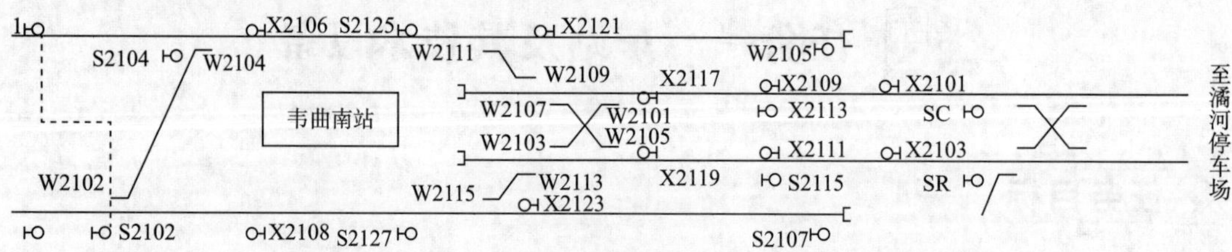

图 5.1　集中站

② 非集中站：非集中站是指不具有车站控制功能的车站。非集中站通常为无道岔车站，如图 5.2 所示。

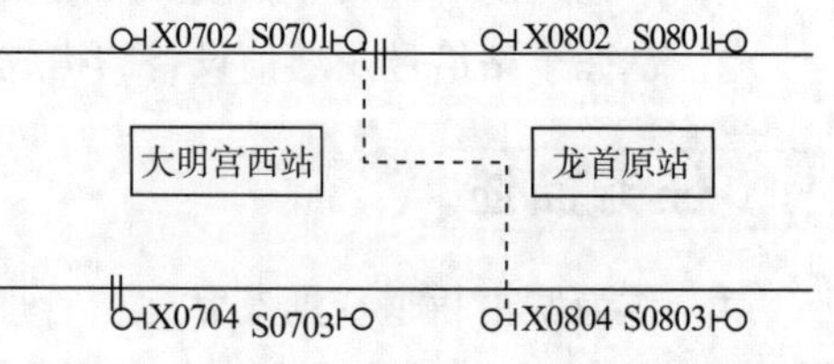

图 5.2　非集中站

二、线路

城市轨道交通线路按其在运营中的作用，分为正线、辅助线和车场线。由于运营线路为全封闭形式，数个列车在其中循环往返运行，为了便于工作人员识别方向，以上行和下行来命名线路的运行方向。

小贴士：直线型线路行车方向以自西向东、自南向北为上行，以自东向西、自北向南为下行；环形、半环形线路以外环（逆时针方向）为上行，以内环（顺时针方向）为下行。对角线方向线路应按照东西方向及南北方向线路区段所占比重，以比重较大的区段方向判定上、下行。

1. 正线

正线是贯穿所有车站、区间供车辆载客运营的线路。城市轨道交通的正线，一般按双线设计，采用右侧行车制；与其他线路相交时，一般采用立体交叉。正线行车速度高、密度大，要保证行车安全和乘座舒适，线路标准要求高，宜以 60 kg/m 以上类型钢轨铺设。

知识链接

西安地铁 2 号线正线为长轨整体道床，会展中心站折返线两组单渡线为碎石道床，渭河车辆段为碎石道床、库内为整体道床。全线线路最大坡度为 26.6‰（位于出入段线），正线最小曲线半径为 350 m，辅助线最小曲线半径为 130 m。正线及辅助线采用 60 kg/m 钢轨，车辆段线采用 50 kg/m 钢轨，试车线采用 60 kg/m 钢轨。

2. 辅助线

辅助线是为保证正线正常运营，合理调度列车，为空载列车提供折返、停放、检查、转线及出入段作业而配置的线路。辅助线速度要求低，最高运行速度一般限制在 35 km/h 以下，标准也低。

辅助线包括折返线、渡线、存车线、联络线、出入段线和安全线等。

① 折返线：是指在线路两端终点站或中间的区域站（准备开行折返列车的车站）设置的专供列车改变运行方向的线路。运营线路两端站必须设置折返线，中间站通常根据客流需要和列车交路安排设置适当数量的折返线。

② 渡线和存车线：渡线是用道岔将上行线、下行线及折返线连接起来的线路，它又分为单渡线和交叉渡线。存车线是为了故障列车能尽快退出正线运营，每隔 3 ~ 5 个车站应设置存车线，供故障列车临时存放或检修之用。

③ 联络线：是为沟通两条单独运营线路而设置的连接线，为两线列车过线服务。在整个城市轨道交通路网中，要使同种制式的线路实现列车过轨运行，这种过渡一般需要通过线与线之间的联络线来实现。联络线的位置应在路网规划中确定，先期修建的线路应根据规划要求为后建线路预留联络线的设置条件。另外，为方便车辆及大型设备的运输，有条件的地方应设置地面铁路专用线。

④ 出入段线：是连接正线与车辆段的线路，供列车出入段使用。

⑤ 安全线：是在两条线路转换处设置的起行车进路隔开作用的线路。一般在车辆段出入段线、折返线、存车线及与正线接轨的支线上根据需要设置安全线。

3. 车场线

车辆段线路包括出入段线、停车线、试车线、列检线、旋轮线、检修线、洗车线、牵出线、静调线、救援线和联络线等。

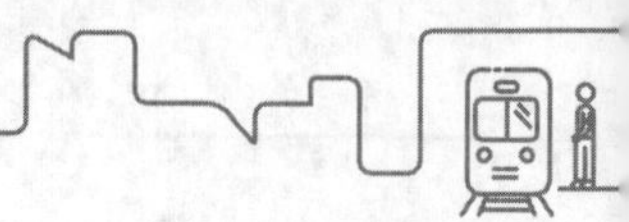

地下车站的线路通常采用“高站位、低区间”设计，如图 5.3 所示。列车在进站前上坡缓行、出站后下坡加速。这种凸形纵断面设计对行车安全、节约电能、减少加减速时间、降低乘客出入站升降高度、降低造价和缩短工期都是有利的。

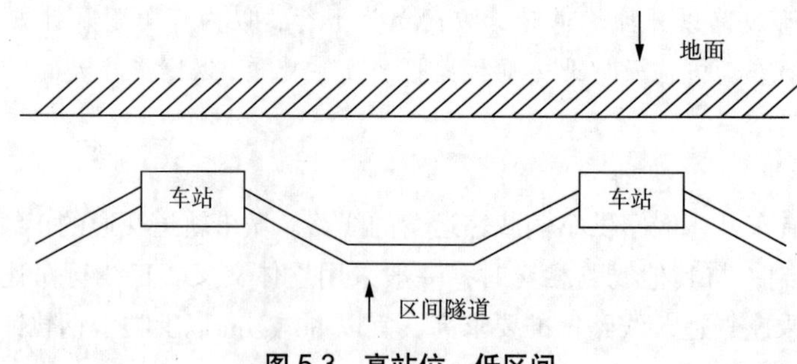

图 5.3　高站位、低区间

地下车站的线路坡度，考虑排水因素与防止列车溜逸，一般设计为 2‰。地面车站与高架车站的线路一般设置在平道上。

三、道岔

道岔是引导机车车辆从一股道转入另一股道的线路设备，是轨道系统的重要组成设备，通常在车站、车辆段和停车场大量使用，也是轨道的薄弱环节之一。

1. 道岔的组成

道岔按用途与平面形状可分为普通单开道岔、对称道岔、三开道岔、交分道岔等几种类型。最常见的是普通单开道岔，主要由转辙器、连接导轨和辙叉及护轨三大部分组成，如图 5.4 所示。

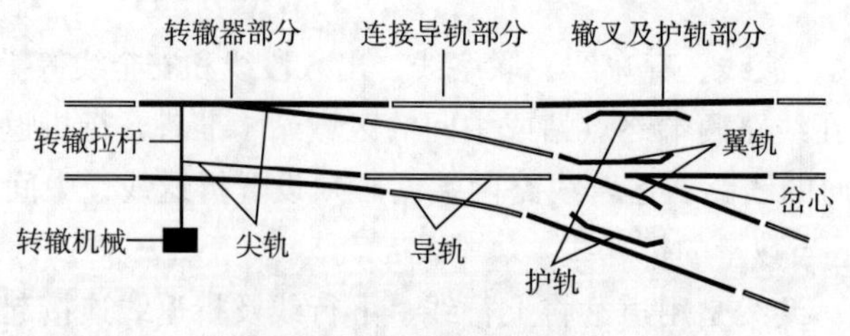

图 5.4　普通单开道岔

道岔号数以辙叉号数 N 表示，辙叉角 α 越小，辙叉号数 N 越大，列车通过道岔速度，尤其是侧向通过道岔速度也越高，见表 5.1。轨道交通正线和辅助线一般采用 9 号道岔，车辆段线路一般采用 7 号道岔。

表 5.1　道岔侧向通过速度

道岔型号	北京 10 号线速度 /（km/h）	深圳地铁 1 号线速度 /（km/h）
12 号		50
9 号	30	30
7 号	25	25

2. 道岔的使用

正常使用下采用遥控操作、电气锁闭。在故障情况下道岔采用现地手摇、人工锁闭。一般来说道岔的操作由扳道员专人负责，在没有扳道员的车站可以由站长指定可以胜任该工作的其他人员进行操作，具体操作见表 5.2。

表 5.2 道岔的操作

作业内容	车站值班员	扳道员	附注
（1）布置进路（准备工作）	布置扳道员：“准备××次×道至×道进路”	复诵“准备××次×道至×道进路”	扳道员携带道岔工具包（见图 5.5）、对讲机等工器具至现场，根据值班员的指令，确认道岔位置并向车站值班员汇报。扳道员根据车站值班员的命令，打开盖孔板，将道岔手摇至规定位置，用钩锁器锁闭，然后将进路上的所有道岔检查一遍，确认所有道岔开通位置正确
（2）听取汇报	复诵“××次×道至×道进路好”	向车站值班员汇报：“××次×道至×道进路好”	值班员再次与扳道员核对进路上所有道岔开通位置是否正确
（3）布置接车	车站值班员在收到邻站报来的列车开点后布置扳道员：“××次开过来了，×道接车”	复诵“××次开过来了，×道接车”	扳道员在接车位置，面向来车方向，显示红色停车信号接车，确认列车整列到达后，回收信号，向车站值班员汇报
（4）听取汇报	填写“行车日志”		

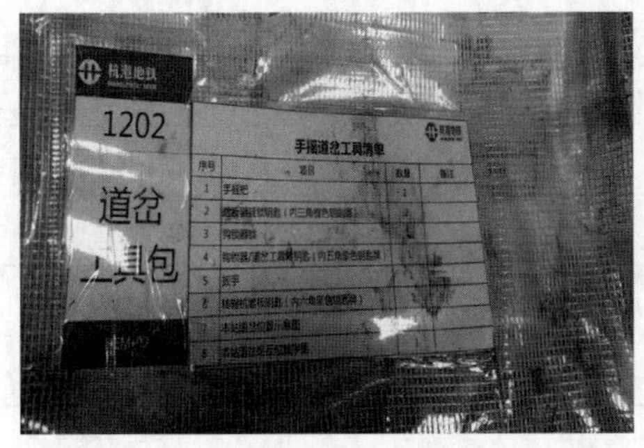

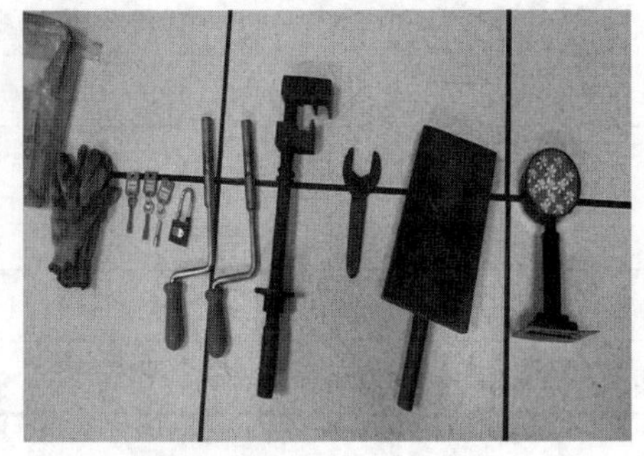

图 5.5 道岔工具包及相关工器具

3. 道岔的维护保养

1）道岔的日常维护保养规定

① 车站内道岔有车站值班员在运营结束后负责清洁保养，正常情况下每个夜班车站值班员都要对所包干的道岔（定、反位）保养一次，如遇雨雪、冰冻天气视情况及时擦拭上油，确保正常运转。

② 车站值班员擦拭道岔必须在运营结束后，经行车调度员同意，得到允许擦拭的施工信号方可进行。首先应在操纵台对将擦拭道岔进行单锁，确认所携带的对讲机与行车调度员通话正常后方可离开车控室，擦拭工作务必在行车调度员给定的时间内完成，不得影响其他施工作业，如果夜间施工、调试任务较忙，行车调度员一时难以安排时，可在巡道时间内完成，但不得影响巡道人员的正常登记与注销。

③ 道岔擦拭完毕后，车站值班员应对所擦拭道岔检测一次，确认正常后方可向行车调度员申请注销，将站控权上交，每次擦拭完毕做好记录备查，因故不能擦拭或只能擦拭某一状

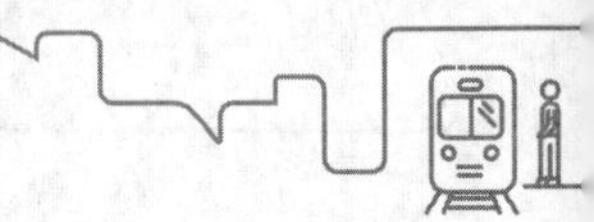

态（定位或反位），均应在登记本上注明。在日常检查保养中发现道岔有不同程度的损坏或其他异常情况时，车站值班员应立即向有关部门报修。

④ 车站要制定“道岔清扫制度”，对站内所有道岔落实包干，确保每副道岔（定位或反位）至少每周上油一次，每半月擦拭一次。道岔清扫保养及检修操作见表 5.3。

表 5.3 道岔清扫保养及检修操作

<table>
<tr><th>顺 序</th><th colspan="3">操 作 要 求</th></tr>
<tr><td>1</td><td colspan="2">联系行调</td><td>站控（放权）</td></tr>
<tr><td>2</td><td colspan="2">确认道岔</td><td>定（反）位锁闭</td></tr>
<tr><td rowspan="9">3</td><td rowspan="9">现场作业</td><td>顺序</td><td>物品（备品）</td></tr>
<tr><td>（1）垫木</td><td>木块</td></tr>
<tr><td>（2）铲油污</td><td>铲刀</td></tr>
<tr><td>（3）擦清滑床板</td><td>棉纱</td></tr>
<tr><td>（4）磨锈斑</td><td>铁砂皮</td></tr>
<tr><td>（5）擦清滑床板</td><td>棉纱</td></tr>
<tr><td>（6）涂油</td><td>机油</td></tr>
<tr><td>（7）整理清扫工具</td><td>清点物品</td></tr>
<tr><td colspan="2">（8）按《技规》规定检查道岔状态</td></tr>
<tr><td>4</td><td colspan="2">确认道岔位置</td><td>定（反）位解锁</td></tr>
<tr><td>5</td><td colspan="2">试排进路（单操）</td><td>道岔定（反）位</td></tr>
<tr><td>6</td><td colspan="2">汇报行调</td><td>遥控（收权）</td></tr>
<tr><td>要求</td><td colspan="3">道岔滑床板光亮无锈斑，面板有油</td></tr>
</table>

2）道岔日常维护保养方法（擦拭道岔）

在确认线路空闲、道岔状态良好的情况下，先用钢丝刷、铁砂皮等工具将杂物、铁锈铲除干净，再用抹布将滑床板表面清理干净，用铲刀彻底清洁；用抹布再次将滑板床清理干净；将机油用油刷均匀地涂刷在滑床板上。

道岔擦拭作业完毕后还需确认道岔滑床板板面无油污；尖轨、辙叉部分干净无油污，护轮轨槽内无杂物；道岔连接杆与道床之间留有约两指宽间隙；道岔区内无杂物、无脏污；上油不能上在尖轨、护轮轨、基本轨、翼轨及辙叉心上；确保表示器、标志灯、矮型信号机清洁、无积灰。

四、信号与通信设备

为保证行车作业安全和提高行车作业效率，车站设置信号和通信设备。

1. 信号设备

1）车站信号设备

车站信号设备主要有 ATS/LCW 集成工作站、车站联锁设备、ATP/ATO 系统地面设备、电源设备、维修终端、信号机以及发车指示器。

① ATS/LCW 集成工作站是组织指挥行车的一种专用设备。设备集中站行车人员通过集成工作站上的各种按钮可以办理进路、办理闭塞、操纵道岔、开闭信号，通过各种图形界面的显示可以监视设备及列车运行的情况；非设备集中站只能进行监视，不能控制。

正常情况下，车站值班员不需要操作集成工作站，信号系统所有的操作由系统自动完成。车站值班员在得到设备管理人员或维修人员需操作集成工作站的申请时，向行车调度员报告并征得行车调度员同意，在取得控制授权后，设备管理人员或维修人员以相应身份登录系统进行操作。集成工作站是行车组织的重要设备，在日常工作中严禁车站值班员进行与行车无关的操作。

② 车站联锁设备一般采用计算机联锁，能执行车站值班员和 ATS 系统发出的命令进行控制，是信号系统的基础层级。

③ ATP 系统地面设备包括计轴器或轨道电路、ATP 地面编码发码设备，以及与 ATS、ATO、联锁设备的接口，用于实现列车占用的检测和发送 ATP 信息，实现列车运行超速防护。

ATO 系统地面设备包括站台电缆环路，列车与地面通信设备及与 ATP、联锁设备的接口设备，以发送 ATO 命令，进行车站程序定位停车控制，实现列车最佳控制或列车自动驾驶。

④ 电源设备是车站集中联锁的供电设备。

2）信号机

正线各车站设置的信号机包括：出站信号机（含出站兼防护）、防护信号机、阻挡信号机，见项目二任务一。

3）IBP 盘及紧急停车按钮

车站控制室设置有综合应急后备盘（简称 IBP 盘），是主控系统的后备设备。IBP 盘设置在车站控制室，当中央级设备发生通信故障或在车站级设备发生人机界面故障时，作为在紧急情况下使用的设备。IBP 盘一般可控制消防水泵、环控系统、自动扶梯、信号系统、屏蔽门等设备。

非集中站的 IBP 盘的典型盘面布置如图 5.6 所示（以北苑站为例）。

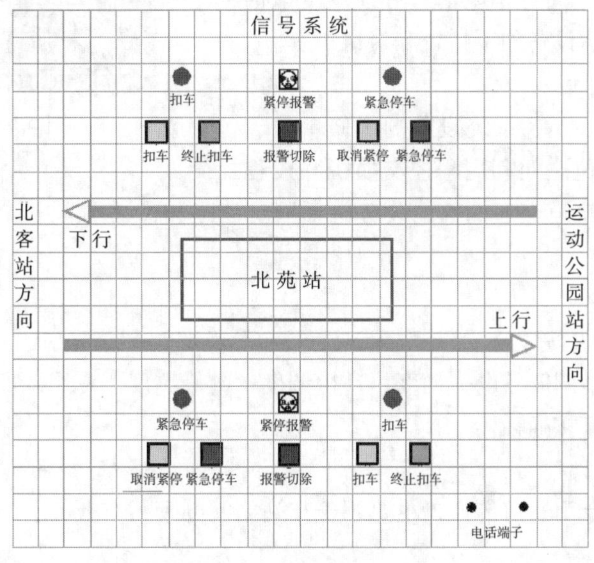

图 5.6 IBP 盘（非集中站）

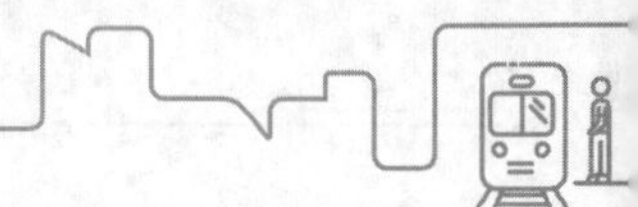

集中站的 IBP 盘，除了具备非集中站的布置，还设有每个区段的计轴复位按钮、计轴总预复零带铅封，及 ATS/LCW 切换开关，如图 5.7 所示（以北客站为例）。

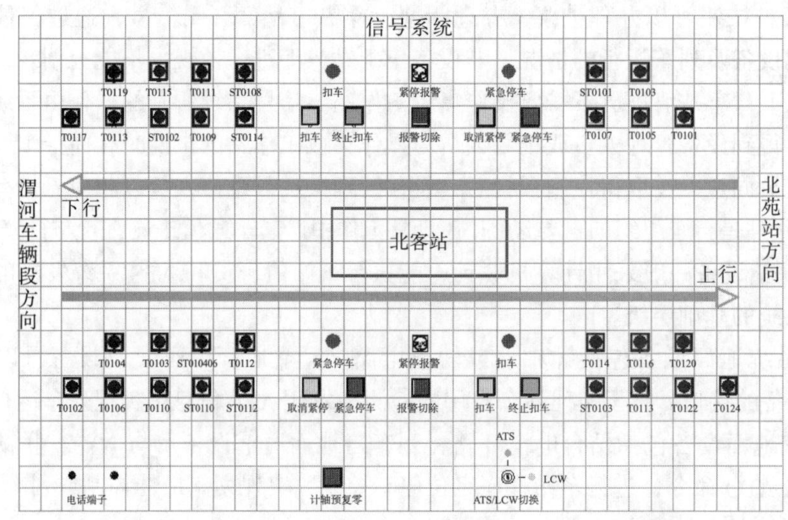

图 5.7　IBP 盘（集中站）

站台一般设置有紧急停车按钮，如图 5.8 所示，用于站台人员在突发情况下，及时扣停列车。当站台发生紧急情况时，车站站务员需用力敲碎紧急停车按钮外侧的塑料壳，并按压红色紧急停车按钮，便会将列车扣停在车站或阻止列车进入站台区域。

图 5.8　紧急停车按钮

2. 通信设备

通信设备是车站行车工作的中枢神经，通过多种设备共同作用，构建了整个车站行车组织工作的视听网。车站通信设备主要有站间行车电话、有线调度电话、区间隧道电话和无线通信设备如手持台和对讲机等。

1）公务电话网

各车站、控制中心、各系统设备的维修单位、各管理单位内部以及各单位之间利用程控交换机联成程控交换机网络，形成城市轨道交通内部的公务电话网。该网和市话网有中继接入功能，并根据需要分配有关用户。

2）专用电话网

（1）调度电话

调度电话用于行车调度、电力调度、环控调度、维修调度、专用调度所和各车站、车辆运用单位等用户之间的直接通话。

（2）站间直通电话

站间直通电话由专用通道传递，主要用于车站之间办理行车业务。

（3）轨旁电话

轨旁电话是指设置在线路轨道旁的电话，用于供有关专业人员和调度及其他有关分机联系，及时报告运行线路发生的故障及其他紧急情况。一般轨道旁隔一定距离（200 m）就设置一部轨旁电话机。

3）广播系统

对外向乘客及时通报运营信息，播放温馨提示或音乐以改善候车环境；在故障等非正常情况下通报行车、客运等安排情况；对内亦可紧急召唤检修、抢修人员和车站其他工作人员等。

4）视频监控系统

使控制中心调度管理人员、车站值班员、站务员等实时监控或事后以察看方式监控所管辖车站客流、列车出入站及旅客上下车等情况，以确保车站、乘客安全和合理进行客流组织。

任务拓展

手摇道岔

1. 手摇道岔适用范围

当道岔发生故障不能通过车站工作站（LOW 机，或称 ATS 分机）进行遥控操作时，需车站人员进入轨行区人工手摇道岔办理进路。需采用手摇道岔方式接发车的常见情况有：

① 转辙机发生故障，或发生停电、挤岔时。

② 控制台上道岔表示灯失去表示功能无法正确复示道岔位置时。

③ 控制台故障无法操纵道岔时。

④ 因停电导致道岔无法转换时。

⑤ 因道岔区有障碍物导致道岔无法转换时。

2. 手摇道岔工作标准

手摇道岔六部曲：一看、二开、三摇、四确认、五加锁、六汇报。

1）一看

（1）操作要点

① 在进入隧道进行人工排列进路、手摇道岔前，须向行车调度员申请，待行车调度员允许后方可进入隧道。

② 进入前必须在作业区域设置红闪灯进行防护，如图 5.9 所示。在进行道岔转换试验和排列进路试验时，要使用道岔按钮及道岔总定（反）位按钮对道岔进行转换试验；使用信号按钮及总取消按钮按联锁图表进行进路排列试验。

图 5.9 红闪灯

③ 到达现场后遵循“从远到近”的原则双人一起到离列车最远的道岔区段。

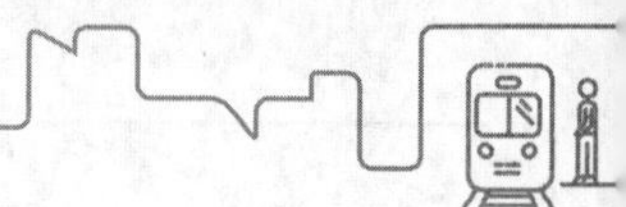

④ 双人确认该副道岔的位置是否开通到需要的方向，“是”则到进路中的下一副道岔，“否”则进行摇动道岔的操作。

（2）注意事项

手摇道岔人员赶赴现场前要穿好绝缘鞋，携带手摇道岔所需工器具（即手摇把和转辙机钥匙、信号灯、照明工具、便携式电话或手台），一般同时携带钩锁器及其锁和钥匙赶赴现场，如图 5.10 所示。

图 5.10　手摇道岔工器具

① 人工排列进路必须遵循“从远到近”的原则，从离列车最远的道岔开始。

② 确认时手指道岔尖轨处确认该副道岔开通位置，口呼道岔位置“××× 道岔开通 × 位”。

③ 双人确认位置是否需要摇动道岔。

2）二开

打开盖孔板。如果有加钩锁器，则需打开钩锁器的锁，拆下钩锁器；找到转辙机侧边的“切断电源插孔”，旋开“切断电源插孔”小盖板；将蝶形钥匙有凸出的一端向下插入“切断电源插孔”，将蝶形钥匙逆时针旋转 90° 切断电源。

找到转辙机正面（或后面）的手摇把插孔盖板，将蝶形钥匙方孔一端插入盖板，顺时针旋转蝶形钥匙，蝶形钥匙顺时针旋转 90° 后向上打开盖板。

3）三摇

摇道岔使其转向所需的位置，在听到“咔嚓”的落槽声后停止。

（1）操作要点

① 双手水平握住手摇把旋杆，水平插入转撤孔的同时左右转动手摇把杆，直到手摇把杆前端的方孔与转撤孔内的方柱套牢。

② 插入手摇把，旋转手摇把时要始终向里施力。

③ 顺时针旋转手摇把时尖轨向离开转辙机方向运动；逆时针旋转手摇把时尖轨向转辙机方向运动。

④ 不断旋转手摇把，直至听到“嗒”的一声落槽声才停止。

（2）注意事项

① 摇动的过程中，确认的人员不允许站在轨道中间。

② 摇动的过程中，除摇道岔的人员外，禁止接触道岔的任何一部分，以防止造成夹伤。

4）四确认

手指尖轨：“尖轨密贴开通 × 位”，并和另一人共同确认。

（1）操作要点

① 确认开通方向的人员在听到“嗒”的一声落槽声，和摇动道岔的人员汇报道岔摇动完

毕后开始确认工作。

② 确认尖轨密贴后大声确认“道岔开通右（左）位，尖轨密贴”。

③ 手摇道岔人员复诵“道岔开通右（左）位，尖轨密贴”。

（2）注意事项

① 在听到落槽声后确认人员检查是否有碎石等物品夹在尖轨与基本轨之间。

② 检查尖轨与基本轨之间的密贴情况，尖轨与基本轨之间的缝隙要求小于 4 mm。

③ 检查完毕后，面向尖轨手指密贴处大声确认“道岔开通右（左）位，尖轨密贴”。

④ 手摇道岔人员必须复诵确认。

5）五加锁

双人确认道岔位置开通正确后，用钩锁器锁定道岔尖轨。

（1）操作要点

① 确认人员使用钩锁器在道岔的两个连接杆之间钩锁住密贴位置（如果此位置不能加锁，则在车站选定的加锁处加锁）。

② 拧紧钩锁器后左右摇动钩锁器，若能摇动则再次拧紧，直到无法摇动则加锁。

（2）注意事项

① 钩锁的位置必须是尖轨密贴处，如图 5.11 所示。

图 5.11　钩锁器锁定

② 加锁时要确认钩锁器的梅花旋钮孔洞相互成一直线。

③ 加锁前要使用扳手旋紧钩锁器的梅花旋钮，以防止钩锁器松脱。

6）六汇报

向车控室汇报道岔开通位置正确。

（1）操作要点

确认道岔加锁完毕后，摇道岔人员使用对讲机或隧道电话向车控室报告该道岔现在开通的位置。

（2）注意事项

① 汇报时必须说清楚该道岔的标号、道岔位置和是否加锁完毕。比如“××× 道岔开通左（右）位，尖轨密贴，加锁完毕”。

② 汇报完成后，必须收拾好所有携带的物品再向下一副道岔前进。

③ 所有进路上的道岔摇动到正确位置后，人员撤离到安全位置才能向车控室汇报“进路排列完成，线路出清”，得到车控室同意后才能向列车司机打出“好了”信号。

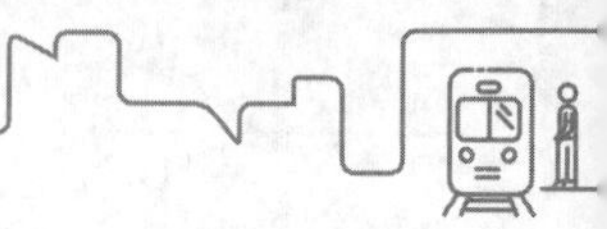

任务实施

在城市轨道交通系统中，在联锁设备发生故障或利用电话闭塞组织行车时，道岔需要现地手摇，人工锁闭。根据所学的相关知识，完成以下任务：

1. 分组讨论，小组成员轮流介绍道岔的构成、分类、型号、使用及保养要求。

2. 小组成员两人一组，携带道岔工具包（手摇把、把手、对讲机、插孔电话、钩锁器、信号灯、手电、安全防护工具等），严格按照操作流程手摇道岔。

3. 各组成员对所学知识进行汇总整理，并撰写心得体会。

任务评价

序　号	评价内容	评价标准	分　数	评分记录		
				学生自评	组间互评	教师评分
1	小组计划	任务明确、分工合理	10			
2	道岔介绍	理论知识全面	20			
3	手摇道岔、清点工具	动作规范、操作正确	30			
4	语言表达	逻辑清晰、表达清楚	20			
5	学习总结	资料全面、观点明确	20			
总　分			100			

任务二　车站行车作业

任务目标

1. 了解车站行车工作基本要求及作业制度。
2. 掌握车站接发列车作业程序。
3. 掌握列车折返模式及流程。

任务描述

1. 作为城市轨道交通车站行车作业人员，要熟悉并掌握行车工作基本要求及作业制度。

2. 在停用基本闭塞法或联锁设备故障改为电话闭塞法时，利用信号仿真系统、行车电话、信号旗或信号灯等工具，通过角色演练完成相邻两车站间的接发列车作业。

3. 通过多媒体或互联网学习列车在端点站的折返作业过程。

相关知识

一、车站行车工作基本要求

车站行车作业包括列车接发作业、列车折返作业等。车站行车作业应按照列车运行图要求，不间断地接发列车与折返列车，确保行车安全与乘客安全。对车站行车作业的基本要求是：

1. 执行命令，听从指挥

严格执行单一指挥制，车站行车作业由车站值班员统一指挥。列车在车站时，列车司机应在车站值班员指挥下进行工作。车站值班员应认真执行行车调度员的命令和上级领导的指示。

2. 遵章守纪，按图行车

认真执行行车规章制度，遵守各项劳动纪律。办理作业正确及时，严防错办和忘办，严禁违章作业。当班必须精神集中，服装整洁、佩戴标志，保证车站安全、不间断地按列车运行图接发列车。

3. 作业联系及时准确

联系各种行车事宜时，必须程序正确、用语规范、内容完整、简明清楚，严防误听、误解和臆测行事。

4. 接发列车目迎目送

接发列车严肃认真，姿势端正。认真做好看、听、闻，确保列车安全运行。

5. 行车表报填写齐全

行车表报包括各种行车凭证、行车日志和各种登记簿。行车凭证有路票、绿色许可证和调度命令等，登记簿有“调度命令登记簿”“检修施工登记簿”“交接班登记簿”等。应按规定内容、格式认真填写各种行车表报，保持表报完整、整洁。

二、行车作业制度

为加强车站行车作业组织，必须建立和健全各项行车作业制度，做到行车作业制度化、程序化、标准化。车站行车作业的制度主要有车站值班员岗位责任制、交接班制度、检修施工登记制度、道岔擦拭制度、巡视检查制度和行车事故处理制度等。

1. 车站值班员岗位责任制

车站行车作业实行单一指挥制，车站值班员是车站行车作业的组织者和指挥者。根据行车作业的需要，车站还可设置助理车站值班员，但在采用 ATC 系统时一般不设。

车站值班员的岗位职责是：执行行车调度员的命令和指示，统一指挥车站的行车作业。监视行车控制台的进路开通方向、道岔位置及信号显示，监视列车运行状态和乘客乘降情况。在实行车站控制时，按列车运行图及行车调度员下达的列车运行计划办理闭塞、排列进路、开闭信号、接发列车。填写行车凭证和其他各种行车报表，办理设备检修施工登记，组织交接班工作。

助理车站值班员的岗位职责是：接送列车、监护列车运行，交递调度命令及行车凭证，手信号发车，调车作业现场组织，进行站线巡视和协助乘客乘降组织。在不设助理车站值班员岗位时，上述职责由站台服务员等员工承担。

2. 交接班制度

车站值班员交班时，应将列车运行和设备状态，上级指示和命令及完成情况等填记在“交接班登记簿”上，并口头向接班车站值班员交代清楚。

车站值班员接班时，要了解列车运行情况，对行车设备、备品、表报进行检查后，签认接班。内、外勤车站值班员实行对口交接。

3. 检修施工登记制度

车站值班员对各项检修施工作业，应根据检修施工计划，向检修施工负责人交代有关注意

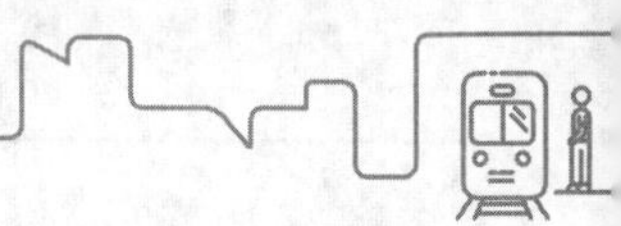

事项后，方可登记。凡影响行车作业的临时设备抢修，要再与行车调度员联系作业时间并获同意后，方可登记。检修施工作业结束后，行车设备经试验、确认技术状态良好，方可签认注销。

4. 道岔擦拭制度

道岔必须由专人负责定期擦拭。擦拭道岔，必须与行车调度员联系，办理控制权下放手续。道岔擦拭时，车站控制室要有人监护，不准随意扳动道岔。擦拭道岔人员一律穿绝缘鞋，携带防护用具。擦拭前施放木楔，无关人员不得擅自进入道岔区。如需换道岔，室内监护人员与现场擦拭人员应进行联系，说明道岔号码及定、反位，现场擦拭人员要离开岔道。道岔擦拭完毕，要认真清理现场，清点工具，撤除木楔，并检查有无妨碍列车运行及道岔转换的物品。试验道岔及确认良好后，与行车调度员办理控制权上交手续，有关按钮由信号人员加封并做记录，填写“道岔擦拭登记簿”。

5. 巡视检查制度

送电前，车站值班员应进行站线巡视，检查线路上有无影响列车运行的异物。对站内检修施工后的现场进行巡视检查，符合检修施工登记注销情况。检查行车控制台是否有异常情况。

6. 行车事故处理制度

发生行车事故，应立即采取有效措施进行处理，同时向行车调度员及有关部门报告。认真记录事故发生的时间、地点、列车车次、车号、关系人员姓名及人员伤亡和设备损坏情况。赶赴现场，查找人证与物证，并做成记录。清理现场，尽快开通线路。对责任行车事故，应认真找出原因，提出处理意见，制定防范措施。

三、接发列车工作

1. 接发列车作业的规定

① 车站原则上不进行接发列车作业，遇特殊情况须接发列车时，应严格执行接发列车作业程序。

② 在列车进站时，车站值班员及站台工作人员监视列车的运行状态，注意站台乘客动态，发现危及行车安全时立即按压紧急停车按钮或显示停车手信号。

③ 当信号控制权下放至车站时，车站须加强监控站台列车作业及 LCW 工作状态。加强与相邻集中区的沟通联系，如列车进路未能自动排列时，车站值班员须在 LCW 上及时排列列车进路；遇跨集中区的反向进路不能排列时，及时通知相邻集中区开放接车信号。

④ 列车运行图记录与车站报点。

ATS 系统能自动铺画列车运行图时，车站可不向行车调度员报点，但电客车在非折返站停站增晚 60 s 以上时，车站及列车司机要向行车调度员报告原因。

遇下列情况，行车调度员应人工铺画列车运行图，相关车站须向行车调度员报告列车在本站的到发时刻：

a．中央 ATS 服务器及 ×× 站的现地 ATS 服务器同时故障时，全线各集中站须向行车调度员报点，行车调度员需以集中站为单位铺画运行图；

b．ATS 自动铺画列车运行图功能不能实现时，全线各集中站须向行车调度员报点，行车调度员需以集中站为单位铺画运行图；

c．采用电话闭塞法组织行车时，故障集中区内的各站须向行车调度员报点，行车调度员应以车站为单位铺画运行图。

⑤ 电客车以 NRM 模式驾驶或改用进路闭塞法组织行车进行接发列车作业。

行车调度员发布电客车改用 NRM 模式驾驶或改用进路闭塞法组织行车的调度命令时，须同时向相关车站发布，车站须派人接发列车。在电客车进出站遇紧急情况时，车站人员须立即通知列车司机停车并报告行车调度员。

2. 车站联锁设备正常时列车接发

车站接发列车时需要通过联锁设备办理相应的进路，目前控制中心和车站都具备排列进路的功能。正常情况下联锁设备操作的控制权在 OCC，列车进路由计算机自动办理，在自排功能出现故障时，可由行车调度员通过中央设备远程排列进路；特殊情况下，行车调度员可将控制权下放至集中站，由车站值班员在本地排列进路。

1）控制中心办理接发列车作业

在采用自动闭塞时，区间闭塞是自动办理的，但进路排列有两种情形：

① 在行车指挥自动化时，控制中心 ATS 根据使用列车运行图及列车运行实际情况，通过车站联锁设备自动排列进路、实时控制列车接发作业。在控制中心 ATS 自动功能故障时，列车进路由行车调度员人工排列。

② 在调度集中时，由行车调度员通过进路控制终端控制管辖线路上的信号机、道岔，人工排列列车进路，办理列车接发作业。

在上述两种情况下，车站值班员通过行车控制台监视列车进路排列、信号显示，列车到发、通过情况，以及列车运行状态是否正常等。

2）车站办理接发列车作业

如果仅是控制中心 ATS 的自动排列进路功能故障，列车仍可按自动闭塞法行车，此时将控制权下放给集中站，由车站值班员在联锁工作站上排列进路，办理列车接发工作。

（1）电气集中联锁

在采用电气集中联锁设备时，列车进路办理在行车控制台上进行。

在行车控制台上按下拟建立进路的始、终端按钮，只要该进路区段无车辆占用以及无敌对进路存在，与进路有关的所有道岔机会自动转换到规定位置并锁闭，即进路排列完成。

在行车控制台的显示盘上，选出的进路从始端到终端呈现一条白色光带，防护该进路的信号机也同时开放，信号复示器显示绿灯；当列车驶入进路，防护信号机关闭，信号复示器显示红灯，白色光带随着列车运行逐段变为红色光带，表示该进路被占用；列车出清进路后，光带由红色变为灭灯状态，表示该进路已经解锁。进路解锁可以是分段解锁，也可以是一次解锁。

（2）微机联锁

在采用微机联锁设备时，列车进路办理在操作员工作站上进行。

在工作站显示器窗口的视窗上，用鼠标单击拟建立进路的始、终端要素（信号机），然后单击“排列进路”按钮，再单击“执行”按钮，计算机根据输入的操作命令，经过联锁判断，自动建立进路、开放信号。当列车驶入进路，防护信号机关闭，随着列车的运行，进路可逐段解锁。

3. 电话闭塞法行车组织

发生联锁故障且无法判断列车位置时，行车调度员第一时间要求故障区域内各次列车停车待令，由值班主任决定是否启用电话闭塞法；值班主任决定受故障影响的区段启用电话闭塞法后，行调向准备启用电话闭塞法的相关车站发布做好电话闭塞法准备的通知。

改用电话闭塞法行车，必须由行车调度员命令。由于电话闭塞法行车时无设备控制，为了防止因疏忽向占用区间发车，造成同向列车追尾，要求车站值班员在接发列车作业过程中，

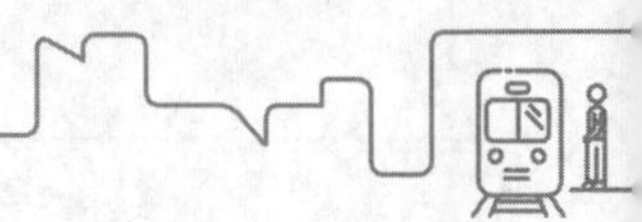

严格按照规定的作业程序和要求进行，以确保接发列车作业安全。电话闭塞法行车时，车站值班员办理接发列车作业的内容、程序与办法如下：

① 办理闭塞：发车站向接车站请求闭塞。接车站确认接车区间空闲，接车进路准备妥当后，向发车站发出承认某次列车闭塞的电话记录号码，并填写“行车日志”。

所谓进路准备妥当是指接发列车进路空闲、有关道岔位置正确和影响接发列车进路的作业已经停止。闭塞办妥后，因故不能接车或发车时，应立即发出停车手信号进行防护，并由提出一方发出电话记录号码作为闭塞取消的依据，取消闭塞应及时向行车调度员报告。

② 发出列车：发车站接到接车站承认闭塞的电话记录号码后，填写路票交给列车司机，向列车司机显示发车手信号。列车出发后，发车站向接车站和行车调度员报点，并填写“行车日志”。

③ 接入列车：接车站在列车停车位置向列车司机显示停车手信号。列车整列到达停妥后，向列车司机收取路票。

④ 闭塞解除：接车站在列车整列发出或进入折返线，以及接车进路准备妥当后，向发车站发出到达列车闭塞解除的电话记录号码。向行车调度员报点，并填写“行车日志”。

电话闭塞接发列车作业程序见表 5.4、表 5.5。

表 5.4　电话闭塞法的发车作业程序

程序	作业标准			
	值　班　员	值 班 站 长	递送路票人员	站台岗
检查准备发车进路	通知值班站长：“准备上（下）行进路”	复诵“准备上（下）行进路”		
准备发车进路	听取汇报，复诵“×× 道岔开通左 / 右位，已加锁”。在线路图上对加锁完毕的道岔进行画“圆圈”标记。整条进路办理完毕后非折返站复诵“上（下）行进路准备妥当，线路出清”。折返站复诵“上（下）行至折Ⅰ（Ⅱ）道进路准备妥当，线路出清”	将进路上的道岔开通正确位置并加锁（折返道岔只挂不锁）。每办理一副道岔向车控室汇报“×× 道岔开通左 / 右位，已加锁”。整条进路办理完毕，线路出清后，向值班员报告：非折返站“车控室，上（下）行进路准备妥当，线路出清”；折返站“车控室、上(下)行至折Ⅰ(Ⅱ)道进路准备妥当，线路出清”		确认站台是否有车，并向车控室报告
请求闭塞	根据“行车日志”、线路图确认列车运行的前方区间及前方站台线路出清、发车进路准备妥当后，与值班站长互控：“上 / 下行 ×× 次请求闭塞”	值班站长 / 值班员 2 确认发车进路准备妥当，人员、工器具已到达安全区域，“同意上 / 下行 ×× 次请求闭塞”		
	向前方站请求闭塞：“上 / 下行 ×× 次请求闭塞”			
办理闭塞	临站同意闭塞后，复诵“× 点 × 分同意 ×× 次闭塞，电话记录号码 ×××××”。填写“行车日志”。通知值班站长 / 值班员 2			
	填写路票，交与值班站长，双方核对路票无误，值班站长在路票背面签字确认后。将路票交与递送人员，并与递送人员进行核对	值班站长 / 值班员 2（折返站）确认路票无误后，在路票背面签字	收回已使用过的路票，打“×”作废；递交新路票，与列车司机进行核对；车门、站台门关闭安全后向列车司机显示发车手信号	

表 5.5 电话闭塞法的接车作业程序

程序	作业标准			
	值班员	值班站长	递送路票人员	站台岗
检查准备接车进路	通知值班站长或值班员 2:“准备上（下）行进路”	复诵“准备上（下）行进路”		
听取闭塞请求	听取汇报，复诵“×× 道岔开通左 / 右位，已钩锁”。在线路图上对加锁完毕的道岔进行标注。整条进路办理完毕后：非折返站复诵“上（下）行进路准备妥当，线路出清”；折返站复诵“上(下)行至折Ⅰ(Ⅱ)道进路准备妥当，线路出清”	将进路上的道岔开通正确位置并加锁（折返道岔只挂不锁）。每办理一副道岔向车控室汇报“×× 道岔开通左 / 右位，已钩锁”。整条进路办理完毕，线路出清后，向值班员报告：非折返站“车控室，上（下）行进路准备妥当，线路出清”；折返站“车控室、上（下）行至折Ⅰ(Ⅱ)道进路准备妥当，线路出清”		确认站台是否有车，并汇报车控室
	听取后方站发车请求，并复诵“上 / 下行 ×× 次请求闭塞”			
	通知值班站长：“×× 站上 / 下行 ×× 次请求闭塞”			
同意闭塞	通知发车站“×× 站 × 点 × 分同意上 / 下行 ×× 次闭塞，电话记录号码 ×××××”。填写“行车日志”			
接车	听取发车站发车报点并复诵“×× 次 × 点 × 分 × 秒 ×× 站出清”，填写“行车日志”，并通知值班站长			
		通过 CCTV 监控列车进站情况，列车到站停车后，通知值班员“上 / 下行列停稳”		
	复诵“上 / 下行列车停稳”，填写“行车日志”		列车到达后，收回路票，并打“×”作废	

四、列车折返作业

1. 列车折返模式

1）列车自动折返（AR）模式折返

列车自动折返（AR）模式仅在某些特定区段使用。对于站前折返，列车进入到达线站台即完成折返作业，最后由此发车；对于站后折返，列车以允许的速度从到达停车线自动驾驶进入和驶出折返线，最后进入发车股道。当列车进入折返线停车时，列车自动转换前后驾驶室的控制权，原列车的后驾驶室控制列车前进。

2）ATP 监控的人工驾驶（ATO 或 SM）模式折返

ATP 监控的人工驾驶（ATO、SM）模式折返时，对于站前折返，列车进入到达线即完成折返作业，最后由此发车；对于站后折返，列车在司机驾驶下从到达股道进入和驶出折返线，最后进入发车股道。当列车进入折返线停车时，列车自动转换前后驾驶室的控制权，原列车的后驾驶室控制列车前进。

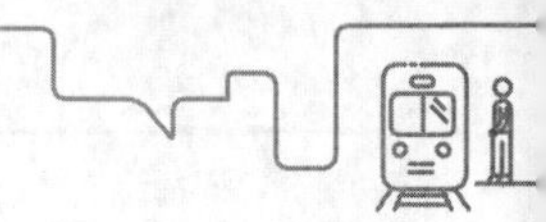

3）人工折返

在某些站的存车线及其他临时列车运行交路需要的折返线路，可按非自动转换模式折返。根据行车组织要求，可在车上配备 1 ~ 2 名列车司机。

2．折返操作程序

列车在折返站有人工折返和自动折返两种方式。

1）人工折返作业流程

该折返模式的实现条件是列车处于 ATO 驾驶模式，且折返过程中司机在列车上。

① 列车到达折返站，清客完毕，关闭车门及站台安全门。

② 司机按下 ATO 发车按钮，列车驶入折返线并自动停车。

③ 列车停稳后，司机拔出当前司机室钥匙，到另一端司机室插入钥匙，或联控换端，由在另一端司机室的司机插入钥匙，激活司机室，司机确认 ATO 模式建立，按下 ATO 发车按钮，列车驶到发车站台。

2）无人自动折返作业流程

① 列车到达终点站，上下客作业完毕，车门与站台门关闭，“自动折返按钮”指示灯闪烁，司机按压本端驾驶室“自动折返按钮”后，“自动折返按钮”指示灯转变为长亮。

② 司机将“方向手柄”和“牵引 / 制动手柄”回至零位，关闭主控钥匙。

③ 司机关闭司机室车门后，操作站台轨旁“站台无人折返 DATB 按钮”（持续时间大于 5 s），列车“站台无人折返 DATB 按钮”指示灯灭灯，列车正常启动无人驾驶模式折返。

④ 列车折返至发车站台停稳后，司机进入前端驾驶室后，打开主控钥匙，“方向手柄”向前，执行站台作业。

⑤ 作业完毕后，按照运营要求选择相应的驾驶模式和车门模式出站。

知识链接

折返作业注意事项：

① 严格遵守交接班制度，坚持“有车必有人”的原则（无人自动折返及单司机除外）。

② 进行折返作业时，不允许正司机单独进行折返作业，必须正副司机同时进行折返作业（无人自动折返和单司机除外）。

③ 转换列车驾驶端前，必须联控换端确认列车尾端司控器关钥匙后，方可激活列车头端司机室。

④ 动车前确认所有人员均在安全区域。

⑤ 列车在变更驾驶模式时，必须得到行车调度员的命令。

任务实施

在城市轨道交通系统中，当联锁设备发生故障或停用基本闭塞改为电话闭塞法行车时，需要严格按流程人工组织列车接发。根据所学的相关知识，完成以下任务：

1．分组讨论，小组成员轮流介绍正常情况及电话闭塞时车站接发列车的程序、作业标准。

2．实行电话闭塞法行车涉及的行车岗位有行车调度员、车站值班员和列车司机，组员分工，模拟相邻两个车站，利用相关工器具（对讲机若干组、行调电台、信号旗及信号灯等）

或道具按电话闭塞法流程依次组织列车接发。

3．各组成员对所学知识进行汇总整理，并撰写心得体会。

任务评价

序　号	评价内容	评价标准	分　数	评分记录		
				学生自评	组间互评	教师评分
1	小组计划	任务明确、分工合理	10			
2	接发列车流程	内容熟练、流程正确	20			
3	人工接发列车	程序正确、用语规范	30			
4	语言表达	逻辑清晰、表达清楚	20			
5	学习总结	学习资料汇总、心得体会	20			
总　分			100			

项目小结

车站是城市轨道交通运营服务的平台，按照不同要求分类方法也有所不同，通常行车工作中使用集中站与非集中站进行分类。车站行车组织工作的差别主要也是因信号设备的设置而产生。车站内设置有大量保证轨道交通安全高效运行的设备，这些设备种类繁多，专业广泛。对于行车设备的掌握，是车站开展行车组织工作的基础。

车站日常行车组织工作主要有：运营前检查工作、接发车作业、人工办理进路、信号故障下电话闭塞法组织行车工作以及列车折返作业。车站的行车组织工作是轨道交通行车组织的基础，保证安全与提高效率是行车组织工作的目标，因此，对于车站工作人员而言要严格按要求执行。

巩固与练习

一、选择题

1．以下（　　）不是按运营功能划分的车站类型。

A．终点站　　B．折返站　　C．集中站　　D．换乘站

2.（　　）是贯穿所有车站、区间供车辆载客运营的线路。

A．正线　　B．渡线　　C．检修线　　D．存车线

3．地下车站的线路通常采用（　　）设计思路。

A．高站位、低区间　　B．高站位、高区间

C．低站位、低区间　　D．低站位、高区间

4．正线和辅助线一般选用（　　）kg/m 的钢轨。

A. 43　　B. 50　　C. 60　　D. 75

5. 轨道交通正线一般采用（　　）号道岔。

A. 9　　B. 7　　C. 12　　D. 5

6. 以下关于道岔的描述错误的是（　　）。

A. 道岔辙叉角越小，辙叉号数越大　　B. 道岔辙叉角越小，列车通过速度越高

C. 辙叉号数越大，列车通过速度越高　　D. 道岔辙叉角越小，辙叉号数越小

7. 尖轨与基本轨密贴，缝隙要求小于（　　）mm。

A. 2　　B. 3　　C. 4　　D. 5

8. 关于手摇道岔六部曲工作标准的描述错误的是（　　）。

A. 到达现场后遵循“从近到远”的原则　　B. 确认道岔状态时应手指口呼

C. 确认道岔开通位置正确后，应加锁　　D. 手摇道岔应双人作业

二、简答题

1. 手摇道岔有哪六步操作？
2. 电话闭塞有哪些作业环节？
3. 列车在端点站如何办理折返作业？

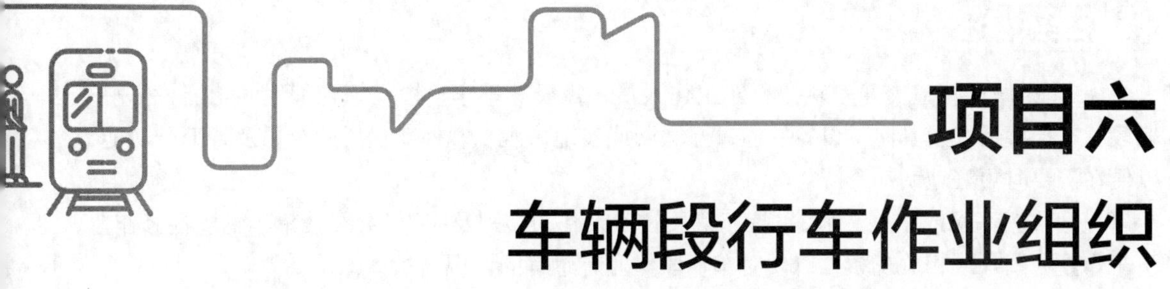

项目六 车辆段行车作业组织

项目描述

城市轨道交通的行车组织中，车辆段行车组织是一个重要的组成部分，主要包括列车进出车辆段及段内调车作业。车辆段基地具备什么功能？如何组织列车出入段？接发列车有哪些作业标准？如何办理调车作业？列车司机在车辆段如何办理出退勤手续？

为了使大家能够深入了解车辆段构成及其工作流程，本项目将从车辆段及其技术设备、列车出入段组织、车辆段调车作业、乘务工作四个方面进行介绍。

学习目标

1. 知识目标

掌握车辆段的基本任务及行车岗位设置；掌握车辆段行车指挥体系；掌握车辆段技术设备类别及用途；掌握列车运转流程及出入段的作业程序及标准；掌握车辆段调车工作的要求及标准；了解乘务制度，掌握列车司机出退勤工作标准。

2. 能力目标

能对车辆段及综合基地有更深入的认识；能对车辆段行车指挥体系及相关岗位职责有更深入的了解；能掌握车辆段内咽喉区及各种车场线的功能及分类；能描述列车运转的流程及具体作业要求；能掌握车辆段正确及非正常情况下的接发列车作业标准；能掌握调车作业相关规定及安全防护等要求；能区分不同乘务制度的优缺点；能熟悉掌握列车司机出退勤的工作流程和具体作业标准。

3. 素质目标

认识到车辆段行车工作的重要性，树立遵章守纪、严肃认真的工作作风，从细节养成安全操作的意识，全面加强作业中的安全防护，确保车辆段人员、设备及作业安全、顺畅。

任务一　车辆段及其技术设备

任务目标

1. 了解车辆段及综合基地的构成。
2. 掌握车辆段行车指挥体系及各岗位职责。
3. 掌握车辆段技术设备的类型及用途。

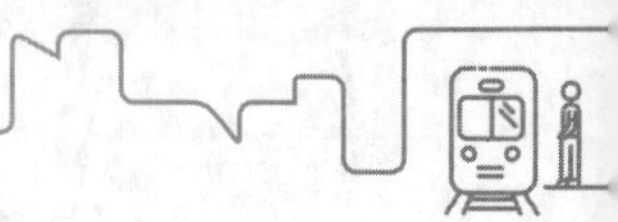

任务描述

1. 作为城市轨道交通车辆段行车工作人员，需要熟悉车辆段及综合基地的功能，了解车辆段行车指挥系统及其岗位设置。通过互联网或实地参观，掌握车辆段的布局及各部分功能，以便在需要时更好地调动资源。

2. 通过互联网或相关文献，掌握车辆段技术设备的类别及应用，分组搜集车辆段检修作业、洗车作业的图片或相关视频，以便对车辆段作业有感官的认识。

相关知识

一、车辆段及综合基地

车辆段及综合基地包括车辆段、综合维修中心、材料总库、培训中心和必要的生活设施，是保证轨道交通系统中各项设备处于良好状态、确保行车安全的场所。

1. 车辆段

1）车辆段功能

城市轨道交通车辆段主要担负着一条或几条线路城市轨道交通车辆的停放、检查、维修、清洁整备等任务。有的车辆段还负责列车司机的组织管理、出乘、换班等业务工作，并相应配备乘务值班室等设施，如图 6.1 所示。

图 6.1　车辆段布局图

车辆段根据功能可分为检修车辆段（简称车辆段）和运用停车场（简称停车场）。根据城市轨道交通线路的情况，有时可以另外设置仅用于停车和日常检查维修作业的停车场。独立设置的停车场隶属于相关车辆段，规模较小。

车辆段的主要功能如下：

① 列车的停放、调车编组、日常检查、一般故障处理和清扫洗刷、定期消毒。

② 车辆修理，包括月修、定修、架修与临修。

③ 车辆的技术改造或厂修。

④ 段内通用设施及车辆维修设备的维护管理。

⑤ 列车司机组织管理、出乘计划编制、备乘换班的业务工作。

停车场的主要功能如下：

① 列车的停放、调车编组、日常检查、一般故障处理和清扫。

② 车辆的修理，包括月修与临修。

③ 附设工区管理列车司机出乘、备乘轮班等。

2）车辆段运作

车辆段控制中心（DCC）是车辆段内行车组织、机车车辆（含电客车车辆）及行车设备设施的检修/施工作业、调试作业和车辆清洁的管理中心。DCC 设有车辆段调度、信号楼值班员等岗位，其指挥层次如图 6.2 所示。

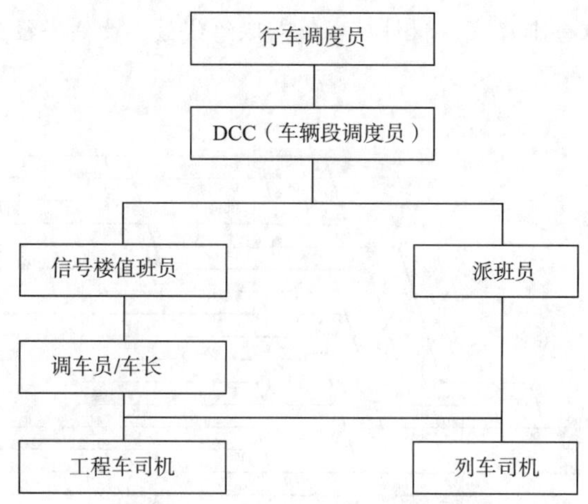

图 6.2 DCC 指挥层次示意图

（1）车辆检修调度员

在车辆段 DCC 当值，负责组织车辆的检查、维修工作及故障处理的管理和调度工作。

（2）车辆段调度员

在车辆段 DCC 当值，负责与 DCC 检修调度交接检修及运用电客车；负责车辆段辖区内行车组织、涉及行车的施工/检修作业组织、调车作业计划的安排等。

（3）信号楼值班员

车辆段信号楼微机联锁设备控制室一般设置两名信号楼值班员，一名负责操作微机设备，排列进路、开放信号，实现微机联锁设备的用途及功能；另一名负责办理接发列车、接收车辆段调度的调车作业计划及与外界联系沟通等作业，并指挥、监督前台值班员作业。

（4）派班员

负责安排乘务员的出/退勤作业；负责编制电客车交路表和乘务员排班表；制订和组织实施乘务员的派班计划，遇突发事件根据列车交路及时调配好乘务员的派班；协助乘务主任管理乘务员日常事务，检查落实各项管理制度和作业安全规定。

（5）调车员

车辆段调车作业时，负责机车车辆移动的现场指挥者，由工程车司机（或副司机）担任。

（6）车长

工程车开行时，由两名司机担任。一名负责驾驶列车，另一名担任车长，负责指挥列车运行及检查监视车辆装载货物是否安全，推进运行时负责引导瞭望。

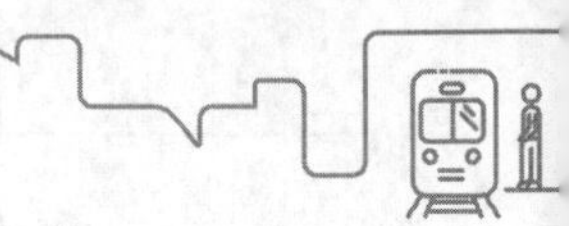

知识链接

西安地铁2号线渭河车辆段位于铁路北客站的东北方向，渭河车辆段入段XR信号机—北客站S0102信号机之间的线路为转换轨Ⅰ道；渭河车辆段出段XC信号机—北客站S0104信号机之间的线路为转换轨Ⅱ道，如图6.3所示。车辆段内线路按作业目的及功能可分为：运用线，包括停车线、周检线、月检线、洗车线、试车线、牵出线、联络线等；检修线，包括定修线、临修线、静调线、不落轮旋修线、架修线、大修线、吹扫除尘线、油漆线等；其他线，包括装卸线、联合车库线、材料库线等。联络线最小曲线半径为150 m，采用50 kg/m钢轨。

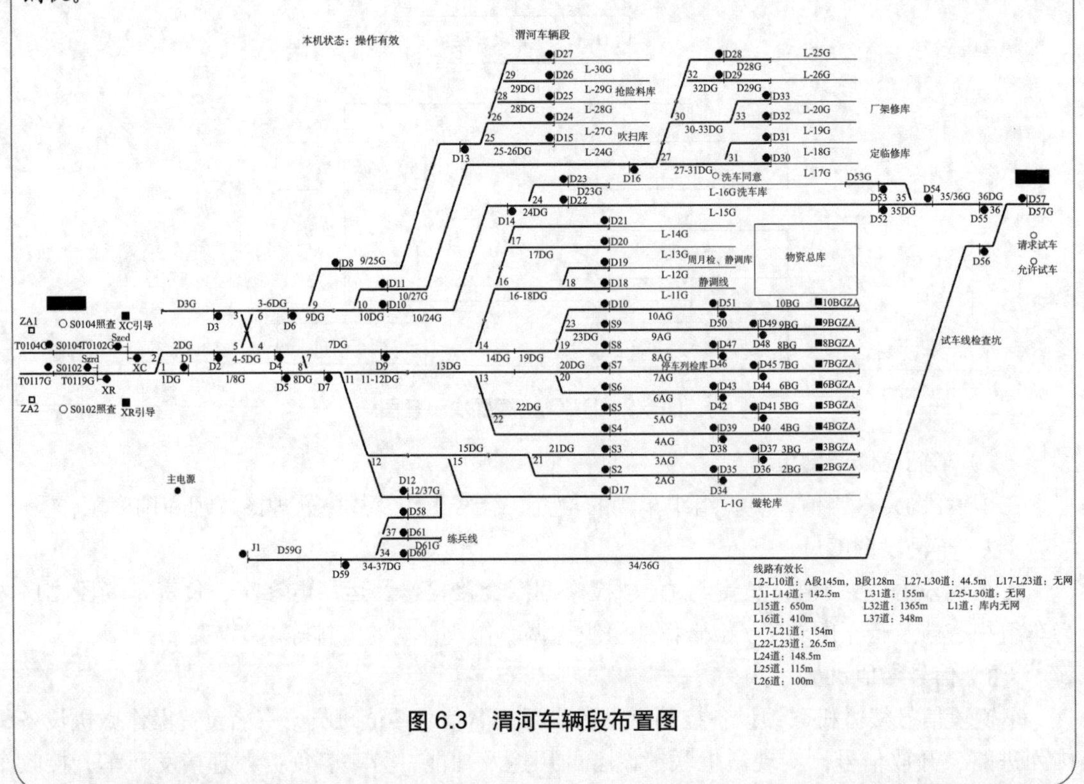

图6.3　渭河车辆段布置图

2. 综合维修中心

综合维修中心（简称“维修中心”）是指城市轨道交通系统中各种设备和设施的维修管理单位。它的业务范围较广，涉及轨道交通线路、路基、轨道、桥梁、涵洞、隧道和房屋建筑等设施的维护、保养，以及供电、通信、信号、机电设备和自动化设备的维修保养和故障修理工作。

1）基本功能

综合维修中心是轨道交通系统的重要组成部分之一，一般应具有以下基本功能：

① 承担全线轨道、道岔、隧道、路基等建筑及设备的日常维护和定期检修任务；

② 承担全线车站建筑、站内装饰、导向标志、出入口设施、风亭等的日常维护和定期检修任务；

③ 承担全线各种变电所、接触网、供电线路及设备的运营管理、日常维护和定期检修任务；

④ 承担全线各种机电系统及设备，包括环控系统、给排水系统、电梯及自动扶梯等设备的运营管理、日常维护和定期检修任务；

⑤ 承担全线通信、信号系统的运营管理、日常维护和定期检修任务；

⑥ 承担全线车站设备监控系统（BAS）、防灾报警系统（FAS）、电力监控系统（SCADA）等的日常维护和定期检修工作。

2）设置原则

① 综合维修中心可分别设立供变电、接触网、通信、信号、机电、工务、建筑等专业车间和流动维修班组，任务量不大时可设综合性维修车间和流动班组。

② 各车间规模应根据各项设备种类、规格、数量和确定的修理周期等进行计算，并结合检修工艺要求及总体要求确定。

③ 正线区间及车站的各项设备的维护、检测、试验，均以现场作业为主、回送综合基地检修为辅的方式进行，设备的大、中修除外。

④ 使用效率较低的设备，如接触网检测车、接触网放线车等特种车辆，应考虑多条线共用；部分仪器、仪表可考虑与车辆段内其他车间设备共用。

⑤ 综合维修中心根据各专业任务量可分别或集中设置生产调度室和技术室等行政办公设施。生产车间按作业性质分为机电车间、修建车间、工务车间、通号车间和接触网工区等，还应设置与检修配套的配电间，压缩空气管道等辅助设施。

3）车间组成

① 机电车间：由供电工段和机电工段两部分组成。

供电工段承担轨道交通供电系统的牵引变电所、降压变电所、电力监控设备、供电电缆等的日常巡检、保养和维护工作；包括电器工班、继电器工班、远动工班、仪表计量工班、蓄电池工班、电缆工班。

机电工段负责全线机电设备，如环控系统、自动售检票系统、给排水系统、动力照明系统、电梯及自动扶梯、屏蔽门、车站监控设备的日常巡检、保养和维护工作；包括电机工班、环控工班、电梯工班、给水工班、屏蔽门工班、自控工班、自动售检票工班等。

② 修建车间：由建筑工段和桥隧工段组成。

建筑工段承担全线房屋建筑、车站建筑、站内外装饰、室内外上下水、出入口、风亭和其他地面设施的日常巡检、保养和维护工作；需要配备木工班、电工班、水暖班、建筑工班等。

桥隧工段承担全线高架桥、隧道的日常巡检、维护和堵漏工作；由隧道巡检工班和清扫工班组成。

③ 工务车间：承担线路的轨道、道岔及其设备的日常巡检、探伤和养护工作；根据工作量大小，由若干个养路工班组成。

④ 接触网工区：负责接触网或接触轨的日常维护、检修和事故抢险；需要配备轨道牵引车、接触网检测车、架放线车等，可存放于特种车库。

⑤ 通号车间：负责全线所有的通信信号系统和设备的运行维护、故障处理的工作。

3. 材料总库

材料总库担负着轨道交通系统材料、配件、设备和机具，以及劳保用品等的采购、存放、发放和管理工作，为轨道交通工程各系统的建设、运营和维修所需材料、机电设备和配件等

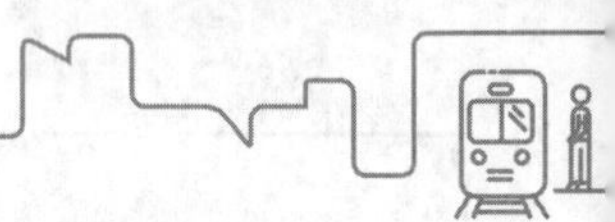

提供储存和供应服务，并负责材料的采购、保管和发放工作。材料总库在工程建设期间可用于工程材料、设备临时存放。

材料总库由机电库、特殊配件库、材料库、易燃品库、卸料线、堆场等组成。存放量小时，也可将机电库、特殊配件库、材料库合并布置，形成综合材料库，有条件时可采用自动化立体仓库。易燃品库用于存放氧气、乙炔、氢气、油脂、化学物品等，应单独设置并分成隔间。材料库的布置宜邻近卸料线和材料堆场。

4. 培训中心

培训中心负责组织和管理车辆段及综合基地职工的技术教育以及培训。城市轨道交通系统网络一般宜共用一个培训中心。中心内应设有教室、设备室、教职员工办公室以及配套设施。培训中心应以城市快速轨道交通线网规划为依据，进行合理规划，根据功能和任务确定建设规模。

二、车辆段技术设备

车辆段技术设备由站场、检修车库、调车机、信号、通信等组成。

1. 站场

站场由咽喉区与线路两部分组成。

1）咽喉区

车辆段咽喉区是指连接车库与正线的部分，由出入段线与道岔组成。咽喉区应有若干平行进路，具备一定的通过能力，如图 6.4 所示。

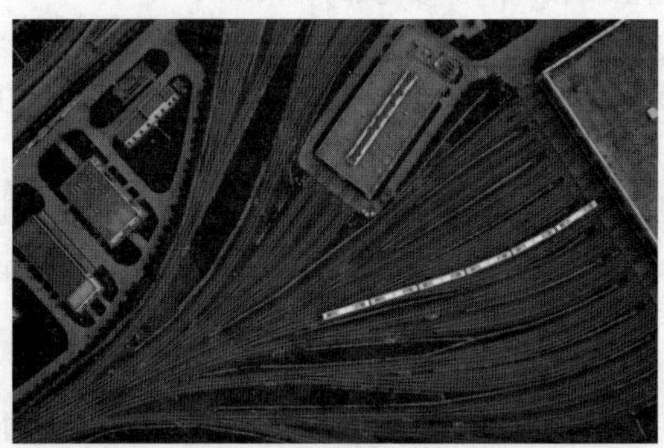

图 6.4　车辆段咽喉区

2）线路

车辆段线路包括出入段线、停车线、列检线、旋轮线、检修线、洗车线、牵出线、试车线、静调线、救援线和联络线等。线路的配置应满足各种生产功能的要求，避免列车或车辆在段内的迂回走行或相互干扰。

① 出入段线：连接正线与车辆段的线路。尽端式车辆段采用双线，贯通式车辆段可在两端各设置一条单线。出入段线与正线的接轨有平交和立交两种方式。

② 停车线：用于停放列车的线路。为减少占地和道岔数量，一般每条线按停放两列车设计。为能进行列检作业，部分停车线设有检修坑道，如图 6.5 所示。

③ 列检线：用于车辆日常检查的线路，设有柱式检查坑，如图 6.6 所示。列检线数一般按运用列车数的 30% 进行配置。

图 6.5 停车线

图 6.6 列检线

④ 旋轮线：在轮对磨耗不符合使用要求时，可对轮对踏面进行旋修的线路，如图 6.7 所示。

图 6.7 不落轮旋修线

⑤ 检修线：用于车辆定期检修的线路，包括定修线、架修线和临修线等，设有检修坑，并根据检修作业需要配置车顶作业平台、架车机和起重机等设备。

⑥ 洗车线：用于车辆清洗作业的线路，一般安装自动洗车机，列车以低于 5 km/h 的速度通过洗车设备即可完成车体清洗，如图 6.8 所示。

图 6.8 洗车线

小贴士：完整的洗车程序包括 7 个工位：预湿、预冷（热）工位，头、尾部刷洗工位，车体侧面初刷洗工位，侧面次刷洗工位，初冲洗工位，侧面精刷洗工位，终冲洗工位。冲洗水应考虑回收利用。

⑦ 牵出线：用于车辆段内调车作业的线路，根据车库的位置，牵出线通常设置 1 ~ 2 条。

⑧ 试车线：用于车辆定修、架修后动态调试的线路。试车线一般设在段内靠近检修库

一侧。试车线的有效长度应满足按远期列车最高速度和紧急制动进行调试的要求。

⑨ 静调线：用于新车停放及静态调试的线路。

⑩ 救援线：用于停放救援列车的线路，一般设置在咽喉区附近。

⑪ 联络线：与铁路接轨的线路，用于车辆、设备等的调运。

2. 检修车库

为了实现车辆检修工艺要求，根据车辆段所承担的任务范围，段内宜配套建设大架修库、定临修库、静调库、吹扫库、喷漆库、部件检修试验间以及相应的线路和试车线等。

1）大架修库

大架修库负责车辆大修、架修作业中的架车、部件解体、解钩、车体修整（铝合金模块化车体）、部件组装、落车等检修作业。

大架修作业中，车体与走行部分解的常用方法有两种，即架车体与吊车体。吊车体方式中，库内设置专门的解体组装线，由大吨位桥式起重机配套库线上的检查地沟实现走行部与车体间的分解与移位。通过库内设置地下同步架车机（见图 6.9）完成走行部与车体的分解，通过室内移车台将车体移位。大架修库的主要结构尺寸包括车库的跨度、长度和高度。

图 6.9　架车机

2）定临修库

一般将定修作业与临修作业合库布置，形成定临修库。定修作业量较小时，也可将静调与定、临修合库设置。

3）喷漆库

喷漆库宜独立布置或设于联合检修库的边侧。库内设置静电喷漆设备和机械通风设备，各种电器及照明设备应满足防爆要求。

4）转向架轮轴检修间

转向架轮轴检修间承担转向架、轮对、轴承轴箱、减振器、齿轮箱的分解、清洗、检测、修理和组装作业，其设置位置应方便车间与检修库和电机间的联系。

5）电机电器检修间

电机电器检修间承担牵引电机、空压机电机、通风机电机、牵引逆变器、辅助逆变器、辅助控制箱、制动电阻箱、列车司机控制器、高速断路器的检修和性能试验工作。

6）制动（空压机）检修间

制动（空压机）检修间承担车辆制动系统和空压机检修任务，应设制动机、分配阀和空气压缩机检修、清洗、测试和性能试验设备，以及空气制动系统各阀件、风缸等的检修、试验设备。

车库的规模，既与保有的客车数有关，也与车辆检修制度及检修修程有关。采用“状态修”

与“在线修”等现代车辆维修理念和维修技术，有助于压缩检修车库的建设规模。

知识链接

我国在20世纪90年代初期开始轨道交通建设时，由于车辆大部分采用进口，对相应的检修制度、检修工艺以及专用设备的要求了解不多，又受制于融资条件，配套进口了大量设备，如不落轮镟轮车床、车体外皮清洗机、室内移车台、架车机、电机试验设备等，购置费占到设备总投资的70 %以上。现在，有关企业、科研单位投入了大量人力、物力对上述设备进行研发，很多产品已趋于成熟，目前我国的车辆段设备国产化率已达到90%，甚至更高。

3. 调车机

调车机是调车作业的动力，车辆段通常采用内燃机车或蓄电池工程车作为调车机。

4. 信号

车辆段信号不同于正线信号系统，可分为继电联锁和计算机联锁。继电联锁应用最广的是6502继电集中联锁设备，目前国内小部分建造较早的车辆段尚在使用；新建地铁车辆段多使用计算机联锁。

车辆段联锁设备主要功能：

① 办理列车进出车辆段、调车转线作业、引导进路锁闭接车或引导总锁闭接车等。可实现单独操纵道岔和单独锁闭道岔，总取消、总人工解锁进路，信号机及道岔封锁和清封锁，破封检查等功能。

② 向被占用线路上排列列车进路时，信号机不能开放。

③ 监督是否挤岔，并于挤岔的同时，使防护该进路的信号机自动关闭。被挤道岔未恢复前，有关信号机不能开放。

④ 在显示屏上能监视线路与道岔区段是否被占用，进路开通及锁闭，复示地面信号机的显示状态。

⑤ 当道岔第一连接杆处的尖轨与基本轨间有4 mm及其以上间隙时，不能锁闭或开放信号机。

⑥ 车辆段与正线方向第一个车站设有出入车辆段照查电路，并将轨道条件复示至车辆段信号楼，当向转换轨排列出车辆段列车进路时需检查车站未往出入车辆段线排列进路、轨道电路空闲及虚拟信号开放条件。

知识链接

西安地铁2号线车辆段信号系统由北京国铁铁信通科技发展有限公司生产的DS6-K5B计算机联锁系统、TJWX-2006-HH微机监测系统、DSG2电源系统组成。该技术较为成熟，已应用于我国多条地铁线路中。

5. 通信

车辆段通信系统包括电话、无线电通信和有线广播、无线调车系统。

① 车辆段电话包括程控交换机电话（公务电话）、调度电话、站内及轨旁电话。信号楼和车辆检修库设有调度电话分机，其具有录音功能，可实现信号楼值班员、派班员、车辆段调度员与行车调度员的直接通话。

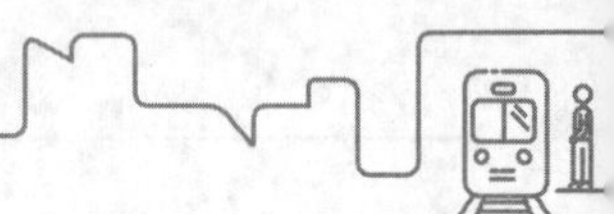

② 车辆段广播系统分为派班室广播站和手动广播器，可向运用库（即车辆段各生产、管理、维修车间）区域进行广播。

③ 无线调车系统属于调车通信系统，除有对讲功能外，还具备信号显示和辅助语音提示功能。无线调车设备由机车控制器、调车员（车长）手控机、连接员手控机（以下简称“手机”）、调车区长台四部分组成。机车控制器具有信号显示和辅助语音功能，配属调车司机专用。调车员手机具有对讲、控制信号显示功能（调车员或车长使用）。连接员手机具有对讲和紧急停车功能（车辆段调度员及参与调车作业人员使用）。调车区长台为无线调车设备主要部分，具有通信发射、接收及对讲功能（固定安装于信号楼控制室），由信号楼值班员控制使用。

三、其他设备设施

1. 牵引供电设备

车辆段变电所分牵引降压混合变电所、跟随式降压变电所、跟随式集中冷站降压变电所。车辆段接触网由牵引降压混合电所供电，段内动力、室内外照明、出入段线动力照明用电由牵引降压混合变电所低压部分和跟随式降压变电所供电。

车辆段内负荷分级：通信、信号、变电所用电、清水离心泵、试车线信号房动力为一级负荷；与车辆运用直接有关的动力为二级负荷；车辆一般检修动力、各类通风设备为三级负荷。

2. FAS 设备

车辆段信号楼、运用库、检修库、材料总库和维修中心楼分别设置火灾报警控制盘，负责对各自保护范围进行火灾探测和报警控制。每套设备的外围设备有烟感、温感探测器和手拉报警器等，能独立完成火灾的监测及各种消防设备的监控。

运用库、检修库装设光式烟感探测器和部分点式烟感探测器进行火灾探测，两侧安装消防栓和配置手提式干粉灭火器；设备房和办公室设有烟感探测器；运用库、检修库、工程车库等四周墙壁每隔 30 m 设有地址码手动报警器。

3. 运营管理用房

根据运营管理模式的要求，多数运营单位在段内设有相应的办公室，包括乘务队办公室、信号楼值班室、乘务员备乘休息室、内燃机工程轨道车司机休息用房等。段内还应有设备维修车间，负责段内的动力设施及通用设备维修。

4. 其他设施

机关办公楼与其他服务设施，如培训场地、消防设施、食堂、会议厅以及供处理火灾等紧急事务的专用通道等。

任务实施

在城市轨道交通系统中，车辆段相当于保证列车正常运营的后勤保障部门，由于车辆段规模较大，一般都设计成综合基地。根据所学的相关知识，完成以下任务：

1. 分组讨论，小组成员轮流介绍车辆段综合基地的构成及各部门职能。
2. 搜集车辆段技术设备相关的图片或视频，制作 PPT 进行成果展示，讲解及互动讨论。
3. 角色演练，掌握车辆段行车作业人员之间的关系及各岗位职责。
4. 各组成员对所学知识进行汇总整理，并撰写心得体会。

任务评价

序号	评价内容	评价标准	分数	评分记录		
				学生自评	组间互评	教师评分
1	小组计划	任务明确、分工合理	10			
2	PPT 展示	图片、资料是否全面	20			
3	角色演练	协作良好、职责明确	30			
4	语言表达	逻辑清晰、表达清楚	20			
5	学习总结	资料全面、观点明确	20			
总分			100			

任务二 列车出入段组织

任务目标

1．掌握列车运转流程。

2．掌握不同情况下列车出入段的作业程序及标准。

任务描述

1．作为城市轨道交通列车司机，如何按要求完成列车出入段作业，保证列车按运行图正点运行？小组讨论列车司机出乘的工作要点，总结分析各环节的注意事项。

2．作为车辆段信号楼值班员，在联锁设备故障无法通过微机联锁设备排列列车出入段进路，需要改为电话闭塞法行车时，分组进行角色演练（车辆段邻站车站值班员、信号楼值班员、接发车人员、引导员、列车司机），组织列车出入段。

相关知识

一、列车运转流程

列车运转流程指的是每日列车的运用过程，包括四个环节，即列车出车、列车正线运行、列车收车及列车场内检修及整备作业，如图 6.10 所示。

每日运营开始前，从车辆段发出的列车经由转换轨进入正线按“运营时刻表”投入运营；每日运营结束后，从转换轨接回车辆段，夜间停运存放于车辆段进行相应的检修保养，以保证次日正常运行。这些作业由车辆运用部门各个岗位协同配合共同来完成。

1. 列车出车

列车出车工作流程分为制订发车计划、出乘作业及发车作业三部分，从制订发车计划开始到列车发出结束，如图 6.11 所示。

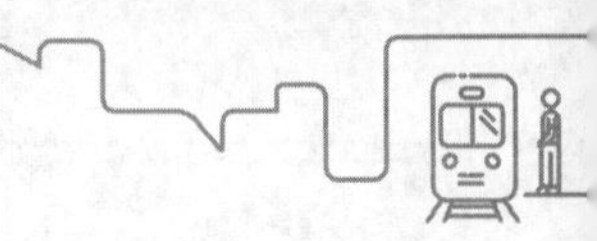

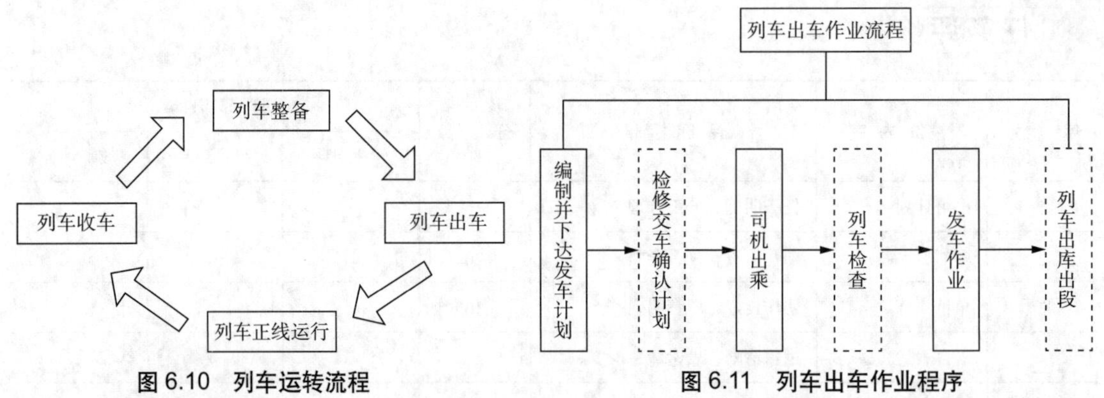

图 6.10　列车运转流程　　图 6.11　列车出车作业程序

1）编制发车计划

发车计划由车辆段调度员根据使用列车运行图、运营检修用车安排、车场线路存车情况等编制，内容包括列车车次、待发股道、运用车编号等。编制发车计划时，应注意避免交叉发车和保证列车出库顺序无误。发车计划编制完毕后，除应将计划下达给信号楼值班员外，车辆段调度员还应将计划中列车车次、车号、有无备车、备车车号上报给行车调度员。

2）司机出乘

列车司机应在充分休息的情况下出勤，按规定时间、地点办理出勤手续，领取相应物品。在办理出勤手续时，司机应查看行车告示牌上的行车命令、指示及安全注意事项，了解列车出库股道，并认真回答车辆段调度员的提问，听取车辆段调度员传达的有关事项。

办妥出勤手续后，司机应对安排值乘的列车以突出重点、兼顾一般的原则进行出车前检查，检查合格后方能发车。检查时发现车辆故障不能担负列车任务时，应及时上报车辆段调度员并按其指示执行。车辆段调度员应立即通知检修部门检修故障列车，及时调整司机值乘列车的出车次序，并向信号楼值班员传达变更出车计划。

备用司机应与值乘司机同时出勤，完成备用列车检车程序后，备用司机应在车上待命。在发车工作结束后，方可回到司机休息室待命。

3）列车出库与出段

列车起动前应确认信号开放与库门开启正常，并注意平交道是否有人员、车辆穿越。在规定的出库时间已到而出库信号仍未开放时，司机应主动询问信号楼值班员，联系不上时可通过车辆段调度员询问。

正常情况下，列车经由出段线出段。列车出段凭防护信号机的显示，在出段线的有码区按人工 ATP 方式（SM）运行，在出段线的无码区按限速人工驾驶方式（RM）运行。在设备故障（咽喉道岔、道岔区轨道电路、牵引供电）或检修施工（车场线路、信联闭设备、接触网）时，列车可以由入段线出段，但应得到行车调度员准许。信号楼值班员在办理列车发车作业时，应确认区间空闲（出、入段线视为区间），停止影响发车进路的调车作业。

2. 列车正线运行

列车正线运行主要由列车司机来完成，主要工作内容包括正线运行中的信息流转、正线交接班作业。

1）正线中信息流转

① 正线列车或其他行车设备发生故障时，列车司机应及时报告行车调度员故障车次、故

障时间、故障现象以及处理结果。

② 行车调度员将故障车次 / 车号、故障情况及其他相关信息通报维修部门。

③ 列车司机除汇报行车调度员有关故障信息外，还应将故障信息在报单上记录备案。

④ 对于运营中列车因故障而导致下线的情况，行车调度员应及时通知车辆段调度员。

2）正线交接班有关规定

列车司机在正线交接班时应提前 20 min 到达有关地点出勤，出勤方式按部门制定的相应规定执行。

列车司机在途中交接班时必须向接班人员说明列车的运行技术状态及有关行车注意事项，并填写在司机报单上，内容包括制动性能、故障情况、线路情况、当前有效调度命令及执行情况，以及其他必须交接的情况。

3. 列车收车

列车收车作业包括列车入段与入库、库内作业两部分。

1）列车入段与入库

正常情况下，列车由入库线入段。列车入段凭证为防护信号机的显示，在入库线的有码区按人工 ATP 方式（SM）运行，在入库线的无码区按限速人工驾驶方式（RM）运行。在设备故障或检修施工作业时，列车可以从出库线入段，但应取得行车调度员的准许。信号楼值班员在办理接车作业时，应确认接车线路空闲并停止影响接车进路的调车作业。

2）库内作业

列车进入车库停稳后，列车司机应对列车进行检查，在确认列车无异常后携带列车钥匙、司机报单及其他相关物品办理退勤手续，然后向乘务组长汇报当日工作情况，并听取次日工作安排与注意事项。

在发现列车技术状态不良时，列车司机应向车辆段调度员报告并做好记录。在发生列车晚点、掉线、清客、行车事故与救援时，车辆段调度员须组织当事人及有关人员填写情况报告并立即报有关部门处理。

4. 列车整备作业

列车整备作业分列车清洗、列车检修和车辆验收三部分。

① 列车清洗：列车清洗包括内部清扫、清洁和车身清洗。列车清洗工作根据清洗计划进行。清洗时的动车按调车作业办理。

② 列车检修：列车回库停稳后，车辆段调度员应及时与检修部门办理车辆交接，检修部门按计划进行检修作业。

③ 车辆验收：检修完毕的车辆应及时与信号楼值班室办理移交给手续，信号楼值班室须派专人对车辆技术状态进行检查，验收，确认车辆符合正线运行的要求。

二、接发列车流程

1. 接发列车基本要求

① 车辆段内运作，应认真贯彻安全生产的方针，坚持高度集中、统一指挥的原则，与行车有关部门应主动配合、紧密联系、协同动作，确保及时提供技术状态良好、数量足够的列车投入服务。

② 车辆段行车工作由车辆段调度集中领导、统一指挥，信号楼值班员负责办理接发列车、排列列车进路和调车作业进路控制事项，行车人员及相关岗位应严格执行有关规定。

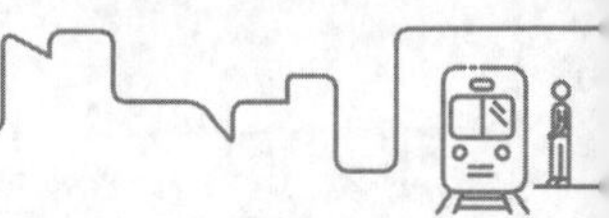

③ 编入列车的机车车辆应技术状态良好，投入运用的电客车应经车辆检修调度签认方可投入使用。

④ 车辆段内作业应以接发列车为优先，其他作业不能影响列车出入车辆段。

小贴士： 基地接车前 10 min 停止调车作业，不迟于列车到达前 4 min 开放接车信号。基地发车前 10 min 停止调车作业，不迟于列车发车前 2 min 开放发车信号。基地在列车运行图规定的接发列车以外时间，运转值班员可以确定场内的调车作业；但与行车调度员布置的临时接发列车命令有抵触时，以接发列车作业为主，必须先进行调车作业时，应得到行车调度员的批准同意。

⑤ 接发列车应灵活运用股道，做到不间断接车，正点发车，减少转线作业，备用车应停放在运用库，升起弓，随时准备出车辆段。

⑥ 出段线和入段线均可以作为列车出、入车辆段用。信号楼值班员严格按照“运营时刻表”要求组织电客车出入车辆段，开行工程车和临时加开列车以行车调度员命令为准。行车调度员发令未明确出入车辆段经路时，车辆段调度员需与行车调度员落实清楚列车从入段线或出段线出入车辆段，并及时通知信号楼值班员和出段列车司机。

⑦ 需要使用检修股道停放机车车辆或进行其他作业时，应得到车辆检修调度同意并做好相关安全防护措施。

⑧ 车辆段正线咽喉、洗车线、调车牵出线、试车线、试车联络线、走行线不得停放机车车辆。

⑨ 车辆段内正常调车作业原则上不得占用上下行正线咽喉。特殊情况需占用时，必须与行调联系确认无列车回车辆段并经其同意后方可办理。作业中必须严格控制调车作业速度，不得超过 15 km/h。

⑩ 车辆段内行车及调车作业必须严格遵守各项限制速度，任何机车、车辆在段内线路运行最高速度不得超过 25 km/h（试车线除外）。在试车线运行接近车挡时，必须严格控制速度。

2. 接发列车作业程序

1）车辆段联锁设备正常时接发列车

正线、辅助线及转换轨隶属于行车调度员管理，车辆段线隶属于车辆段调度员管理。列车按“运营时刻表”出段时，列车司机凭地面信号显示，采用 RM 模式驾驶，运行至转换轨一度停车，与行车调度员联系后转换驾驶模式，凭车载信号或地面信号进入正线。此时，对列车的掌控由车辆段调度员转变为 OCC 行车调度员。以某车辆段为例：

① 联锁设备正常时接车作业程序及标准见表 6.1。

表 6.1　联锁设备正常时接车作业程序及标准

项　目	作业程序		说　明
	后台信号楼值班员	前台信号楼值班员	
一、听取发车预告	1. 听取相邻正线车站开车预告并复诵“×× 次预告”		正线 CBTC 信号系统和车辆段信号系统正常时，此项可以不用进行
	2. 确认入车辆段线空线以及车辆段调度布置的电客车接车计划，征得车辆段调度员的同意，确定该列车接入 × 道，填写“行车日志”，并通知操作员	1. 填写占线簿	

续表

项　目	作 业 程 序		说　明
	后台信号楼值班员	前台信号楼值班员	
二、准备接车进路开放信号	3．听取相邻正线车站开车报点并复诵“×× 次 ×× 分开”	2．复诵“×× 次 ×× 分开”	
	4．填写“行车日志”		
	5．指示操作员开放信号“×× 次出（入）段线往 × 道停车，开放信号”，听取复诵无误后命令“执行”	3．复诵“×× 次出（入）段线往 × 道停车，开放信号”，听到“执行”后操作	
三、接车	6．监视显示屏复检、确认信号正确。回答“入段线或者出段线往 × 道接车信号好”	4．开放进车辆段信号时，手指、口呼，“进车辆段”，点压始端信号机按钮;“× 道”，点压进路终端信号机按钮。确认光带、信号显示正确后，报告“转换轨 I 或 II 道往 × 道接车信号好”	
		5．监视列车进车辆段情况	
	7．回答“好”	6．通过控制显示屏确认列车整列进入接车线后，口呼“×× 次在 ×× 道停稳，做好防溜”	
四、列车到达	8．向发车站发出“×× 次 × 分到”		
	9．填写“行车日志”		
	10．通知车辆段调度员列车到达，向行车调度员报点		电客车正常入车辆段，向行车调度员报点可简化

② 联锁设备正常时发车作业程序及标准见表 6.2。

表 6.2　联锁设备正常时发车作业程序及标准

项　目	作 业 程 序		说　明
	后台信号楼值班员	前台信号楼值班员	
一、发车预告	1．根据“运营时刻表”“施工行车通告”行车调度员、车辆段调度员命令，确认出段线空线。向接车站预告“×× 次预告”，并听取复诵		正线 CBTC 信号系统和车辆段信号系统正常时，此项可以不用进行
	2．填写“行车日志”		
二、准备发车进路开放出厂信号	3．指示操作员“×× 次 × 道往转换轨 I 或 II 道发车，开放信号”，听取复诵无误后命令“执行”	1．复诵“×× 次 × 道往转换轨 I 或 II 道发车，开放信号”，听到“执行”后操作	前后台值班员都应核对时刻表或调度命令内容，确认列车出厂的方向再排列进路
	4．通过显示屏确认信号正确，回答“× 道往转换轨 I 或 II 道发车信号好”	2．开放出车辆段信号时，手指、口呼“× 道”，点压始端信号机按钮；“出车辆段”，按压进路终端信号机按钮，确认光带、信号正确后，报告:“× 道往转换轨 I 或 II 道发车信号好”	

续表

项　目	作业程序		说　明
	后台信号楼值班员	前台信号楼值班员	
三、指示发车	5. 通知列车司机“×× 次 × 道往转换轨Ⅰ或Ⅱ道信号好，开车”		
	6. 确认列车起动，通知接车站“×× 次 × 分开”		
	7. 填写“行车日志”	3. 监视列车出厂情况	
	8. 回答“好”	4. 通过控制显示屏确认列车整列出车辆段，口呼“×× 次出车辆段”。注销占线簿	
四、报点	9. 向行车调度员报点		电客车正常出车辆段，向行调报点可简化
	10. 复诵接车站报点“×× 次 × 分到”		
	11. 填写“行车日志”		

2）车辆段联锁设备故障时接发列车

当车辆段信号设备故障、联锁失效、与之相邻的正线车站信号设备不能投入使用、正线与车辆段信号接口故障时，导致正线信号或车辆段微机联锁不能监控到出入段线列车占用情况，为保证列车上线运营或回段需要，一般采用电话闭塞法组织行车来保证不间断运营。以某地铁车辆段为例：

① 联锁设备故障时接车作业程序及标准见表 6.3。

表 6.3　联锁设备故障时接车作业程序及标准

项　目	作业程序			说　明
	后台信号楼值班员	接车人员	引导员	
一、听取邻站闭塞预告	1. 听取相邻正线车站请求闭塞“×× 次闭塞”			应向相邻正线车站或行车调度员确认列车回厂的方向
	2. 根据“行车日志”，各种行车表示牌确认出入车辆段线空闲			
	3. 根据“列车时刻表”“施工行车通告”和临时调度指示，核对车次、时刻			
二、承认闭塞	4. 发出电话记录“闭塞号 × 号，×× 分同意 ×× 次闭塞”			
	5. 听取复诵无误，填写“行车日志”			
	6. 在微机上设置占用出入车辆段线信息			

续表

项目	作业程序			说明
	后台信号楼值班员	接车人员	引导员	
三、准备接车进路	7．通知车辆段调度，确定接车线			
	8．布置接车人员检查线路"×× 次从出（入）段线进车辆段，检查 × 道"	1．复诵"×× 次从出(入)段线进车辆段，检查 × 道"。填写占线簿		
	9．听取汇报后，回答"× 道空闲"	2．现场检查，确认接车线，进路空闲后向值班员汇报"× 道空闲"		
	10．布置接车人员"×× 次从出（入）段线进厂 × 道停车，准备进路"，并听取复诵无误后命令"执行"	3．复诵"×× 次从出(入)段线进厂 × 道停车，准备进路"，听到命令"执行"后，现场准备进路		
		4．准备进路，确认进路正确，对向道岔已加锁后，站在进路一端手指口呼"出(入)段线往 × 道开通"		准备进路时，通过对讲机与信号楼核对道岔位置、尖轨密贴情况
	11．听取汇报后回答"好"	5．向值班员报告"× 道接车进路好"		
	12．指示引导员"检查出(入)段往 × 道接车进路"，并听取复诵无误后命令"执行"		1．复诵"检查出(入)段往 × 道接车进路"，现场确认	
			2．按准备接车进路程序再次确认进路正确	
	13．听取汇报后回答"好"		3．向值班员报告"出（入）段往 × 道接车进路确认好"	
四、引导接车	14．听取发车站开车通知，复诵"×× 次 × 分开"			
	15．填写"行车日志"			
	16．指示引导人员"×× 次 × 分开过来，引导接车"		4．复诵"×× 次 × 分开过来，引导接车"	
	17．通知接车人员"×× 次开过来，× 道接车"	6．复诵"×× 次开过来，× 道接车"		
		7．再次确认接车线路空闲。站在规定地点立岗接车	5．站在规定地点显示引导手信号	
五、列车到达开通区间	18．接到"×× 次到达"，回答"好"。向发车站发出"到达号 ×，×× 次 × 分到"	8．列车进入停车线后，向值班员汇报"×× 次到达"		
	19. 填写"行车日志"	9．列车停妥，向列车司机收回路票，并打"×"作废		
	20．在微机上取消列车占用信息	10．交回路票给车辆段调度员保管		
	21．填写占线簿	11．将道岔解锁		
	22．向行车调度员报点			

说明：接车人员、引导员由调车人员、信号楼值班员、车辆段调度员担任。

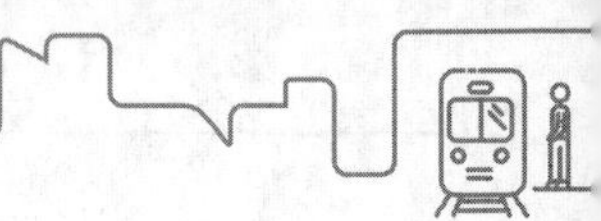

② 联锁设备故障时发车作业程序及标准见表 6.4。

表 6.4 联锁设备故障时发车作业程序及标准

项目	作业程序		说明
	后台信号楼值班员	发车人员	
一、预告闭塞	1. 根据“行车日志”，各种行车表示牌确认出入车辆段线空闲。按行车调度员命令或“运营时刻表”“施工行车通告”确认开行车次		
	2. 向接车站请求闭塞“×× 次闭塞”		
	3. 填写“行车日志”		
二、准备发车进路	4. 向发车人员布置“×× 次 × 道往出（入）段线发车,准备进路”，并听取复诵无误后命令“执行”	1. 复诵“×× 次 × 道往出（入）段线发车，准备进路”，听到“执行”命令后现场作业	前后台值班员都应核对时刻表或调度命令内容，确认列车出厂的方向再排列进路
		2. 准备进路，确认进路正确，对向道岔已加锁后，站在进路一端手指口呼“× 道往出(入)段线开通”	准备进路时，通过对讲机与信号楼核对道岔位置，尖轨是否密贴，是否是对向道岔，是否需要现场加锁
	5. 听取汇报后回答“好”	3. 向值班员报告“× 道往出(入)段线发车进路好”	
	6. 再次指示发车人员“确认 × 道往出（入）段线发车进路”	4. 复诵“确认 × 道往出（入）段线发车进路”	
	7. 听取汇报后回答“好”	5. 按准备进路程序再次确认正确后，向值班员报告“× 道往出（入）段线发车进路确认好”	
三、办理路票	8. 听取接车站承认闭塞的电话记录号码，复诵“×× 号 × 分同意 ×× 次闭塞”		
	9. 填写“行车日志”，在微机上设置出入车辆段线占用信息		
四、填发路票	10. 通知发车人员，填写路票，与发车人员核对路票，确认无误	6. 填写路票并核对无误	
五、发车	11. 指示发车“×× 次 × 道发车”	7. 复诵“×× 次 × 道发车”	
	12. 列车鸣笛，向接车站报告“×× 次 × 分开”。填写“行车日志”	8. 向列车司机交递路票，显示发车（发车指示）信号	列车司机应通过电台与信号楼值班员核对路票内容是否完全正确，值班员应做好监督
	13. 听取汇报后回答“好”。向行车调度员报点，在微机上取消该车底号	9. 立岗监视列车出车辆段并报告“×× 次出车辆段”	
六、开通区间		10. 将道岔解锁	
	14. 听取邻站列车到达通知，复诵“×× 号 ×× 次 × 分到”		
	15. 填写“行车日志”		

说明：发车人员由调车人员、车辆段调度员或信号楼值班员担任。

任务实施

城市轨道交通车辆段（停车场）出入段线是连接车辆段与正线的线路，它是列车从车辆段（停车场）进入正线或由正线驶回车辆段、场的运行线路，也是夜间沿线设备维修作业以及各种检修车辆和机具、材料进出以及事故时救援列车的运行径路。根据所学的相关知识，完成以下任务：

1．分组讨论，组员轮流讲解列车出入段的各个环节及注意事项。

2．在车辆段联锁设备故障利用电话闭塞组织列车接发时，进行角色（车辆段邻站车站值班员、信号楼值班员、接发车人员、引导员、列车司机）演练，掌握车辆段接发列车作业程序及标准。

3．各组成员对所学知识进行汇总整理，并撰写心得体会。

任务评价

序　号	评价内容	评价标准	分　数	评分记录		
				学生自评	组间互评	教师评分
1	小组计划	任务明确、分工合理	10			
2	列车运转流程	作业环节齐全、描述正确、注意事项明确	30			
3	接发列车演练	程序规范、用语标准、协作良好、职责明确	30			
4	语言表达	逻辑清晰、表达清楚	10			
5	学习总结	资料全面、观点明确	20			
总　分			100			

任务三　车辆段调车作业

任务目标

1．掌握调车作业的概念及相关要求。

2．掌握调车作业计划的编制、传达及变更。

3．熟悉调车工作的有关规定。

任务描述

1．作为车辆段调车员，应根据调车作业计划准确指挥现场调车作业，确保调车作业安全。分组讨论调车作业过程中的相关作业要求，总结各环节的注意事项。

2．调车作业的依据是调车作业通知单，分组进行角色演练（车辆段调度员、信号楼值班员、调车员、调车司机），明确调车作业过程中各岗位职责，掌握调车作业计划的编制、传达、变更。

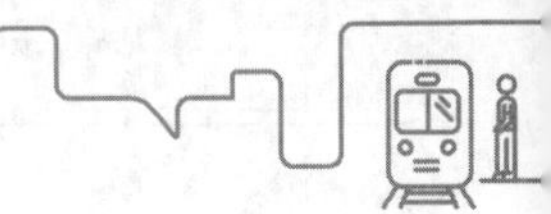

相关知识

一、调车作业

调车作业是指除列车在正线运行，车站（车辆段）列车到发以外的机车车辆有目的的移动。车辆段调车的作业频率较高，如电客车转线洗车、转线试车调试、工程车段内作业等。

1. 调车工作指挥原则

1）统一领导原则

统一领导就是在同一基地或车站内，在同一时间只能由基地车辆段调度员或车站值班员统一领导全场的调车工作；与调车区域相关联的其他作业均应按基地车辆段调度员（正线车站按车站值班员）的领导进行。

2）单一指挥原则

单一指挥就是在同一时间内，一台机车或一组车列的调车作业计划的执行、作业方法的拟定和布置，以及车辆的行动指挥只能由一人负责指挥。

2. 调车指挥系统

车辆段调车工作由车辆段调度员统一领导，调车作业人员应按作业标准和调车作业计划单执行。

① 车辆段调度员应根据机车车辆、线路、设备检修计划和现场作业情况，合理、科学、正确地编制调车作业计划，组织调车人员安全、及时地完成调车任务。

② 调车作业由调车员单一指挥。调车员根据调车作业计划单，正确、及时地显示信号，指挥调车机运行，并注意行车安全。

③ 调车司机应根据调车员的信号准确、平稳地操纵机车，时刻注意确认信号，不间断进行瞭望，正确、及时地执行信号显示要求，负责调车作业安全。

④ 信号楼值班员根据调车作业计划单和现场作业情况、机车车辆停放股道，正确、及时地排列调车进路、开放调车信号，做到随时监控机车车辆运行。

知识链接

调车作业是参加调车作业的相关人员如调车司机、调车员、信号楼值班员等之间的相互配合、相互协作的过程，因此无论是车辆的动车、信号确认、进路确认及注意事项都必须在作业前明确。

信号楼值班员必须按规定正确、及时地安排调车进路，并且监视运转情况；调车员必须看清计划，确认安全状态后，才准显示信号，不得盲目指挥、盲目显示信号；调车司机必须要确认信号，瞭望四周情况后才能启动机车。

3. 调车作业基本要求

① 调车作业必须按照调车作业计划以及调车信号机或调车信号的显示要求进行，没有信号不准动车，信号不清立即停车；

② 特殊情况使用无线电对讲机联络进行调车作业时，调车司机与调车人员必须保持联络畅通，联络中断时应及时采取停车措施，停止调车作业；

③ 调车作业时，调车人员必须正确及时地显示信号，调车司机要认真确认信号并且鸣笛

回示。

4. 调车作业应确认的基本内容

① 线路情况、停留车位置情况；

② 道岔开通情况、信号显示情况；

③ 车下障碍物与异物情况；

④ 检修线以及所进入线路作业情况及进出库房大门情况；

⑤ 连挂的车辆情况；

⑥ 走行速度情况、道口四周情况；

⑦ 参加调车作业的人员情况等。

5. 终止作业条件

① 在调车作业中，调车人员显示的信号得不到调车司机回示或认为速度过快以及其他异常情况必须立即显示停车信号；

② 调车司机在无法瞭望信号、信号中断、联络中断或者认为有异常情况时必须立刻停车；

③ 信号楼值班员发现调车作业人员或作业过程有违反安全规定时应立即采取措施，命令调车作业终止；

④ 车辆段或车站管理人员发现有危及调车作业安全、设备安全、人身安全的情况时应立刻通知有关人员停止调车作业。

二、调车作业计划

调车作业都是通过调车作业计划来实现的，所以对于调车作业来说调车作业计划是进行调车作业的凭证与根据。

调车作业计划是指调车工作的有关领导人（车辆段调度员或车站值班员）向调车作业人员以书面形式下达或口头布置的调车作业通知，内容包括：起止时间，担当列车（机车）作业顺序，股道号、摘挂辆数（编组车号或车位），安全注意事项等。

1. 编制调车作业计划资料来源

① 车辆部检修调度提供的车辆检修计划及签认的临时维修计划。

② 开行工程车计划。

③ 材料总库车辆装卸情况。

④ 维修工程部生产调度提报的设备检修配合计划。

⑤ 维修工程部、承建商动车计划。

⑥ 车辆部设备车间扣修计划和工程车故障报修单。

⑦ 需要动车的其他情况。

2. 调车作业计划的编制、传达

1）计划编制

① 调车作业中地点比较分散，涉及作业部门较多，钩数不易记忆，环境因素对作业影响较大，所以一般规定调车作业钩数在三钩以上时应由行车管理的有关部门制订调车作业计划；

② 调车作业计划的制订或编制应由车辆段调度员或车站值班员根据生产部门提出的要求，根据运行实际状况正确、合理、及时地制订；

③ 制订调车作业计划时应充分考虑各方面的因素与条件，力求在确保行车安全的前提下，

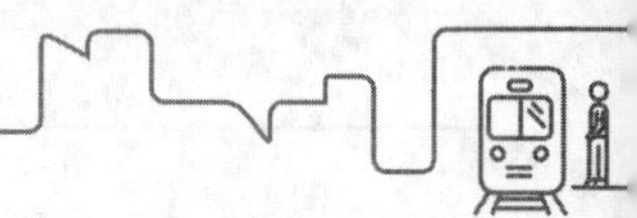

提高调车作业效率，以最少的作业钩数，最短的调车行程，完成相应的调车工作任务。

2）计划传达

① 调车领导人（车辆段调度员或车站值班员）在编完调车作业计划后，应向信号楼值班员、调车长等参加作业的人员传达清楚，参加调车作业的有关人员在接受调车计划时必须复诵、核对正确无误后执行。

② 为了正确、及时地完成调车作业任务和要求，调车指挥人（调车长）在向参加作业的其他人员传达调车计划时，应预想作业安全事项，进行具体作业方法、注意事项等情况的部署，并与调车长核对复诵计划。在调车作业开始之前，必须使参加调车作业的人员都做到心中有数，避免误听、误传而引起作业重复，以及其他不良后果产生。

3. 调车作业计划的变更

变更作业计划主要是指变更作业股道、摘挂辆数与车辆号、作业方法及取送作业或转线的区域或线路。

① 调车作业中必须严格按照调车作业计划所规定的内容与要求进行，不准擅自改变作业内容与计划。

② 如因运行状况以及生产实际需要必须变更调车作业计划时，应该停止进行中的作业。

③ 由车辆段调度员或车站值班员将变更后的计划向调车人员及信号楼值班员重新布置，传达清楚，并且进行核对和复诵，确认无误后，方可继续作业。

④ 变更计划不超过三钩时可以以口头方式传达，超过三钩时应重新编制书面调车作业计划，原计划取消执行。

⑤ 为了贯彻集中统一指挥的原则，调车作业中调车长在作业过程中认为必须变更原计划时，应及时向有关行车、调车领导人反应，由调车领导人重新编制书面计划后执行。书面调车作业通知单如图 6.12 所示。

调车作业通知单

第________号　　　　　　________月________日　　第________班

自________点________分起至________点________分止

顺　序	股　道	摘 – 或挂 +	车　数	备　注
1				
2				
3				
4				
5				
6				
7				
8				
9				
10				
注意事项：				

调车负责人姓名：________________

图 6.12　调车作业通知单

三、调车作业过程有关规定

1. 调车作业前的准备工作

① 调车作业前，调车员应充分做好安全预想，核对调车作业计划、现场存车情况、机车车辆状态，确认调车电台（无线对讲机）状态良好，认真检查参与调车作业人员准备情况（是否按规定着装、佩戴防护用品；是否理解、清楚作业计划及安全措施），并对作业人员进行分工。

② 对线路进行检查，确认进路、车辆底下和上部无障碍物。

③ 对车辆进行检查，内容包括车辆防溜措施情况、是否进行技术作业、是否有侵限物搭靠、装载加固是否良好、是否插有防护红牌（红灯）。

2. 调车进路确认

在调车作业中经常会遇到牵引车辆运行和推进车辆运行的情况，由于调车进路变化较多，车辆存放处所不同，连挂与牵出的地点各异，所以这两种情况在调车作业时常常交替进行。为了分清调车作业中对进路以及周围情况确认的责任，更安全有效地展开调车作业，通常对牵引与推进运行的瞭望以及确认要求作以下规定：

① 列车正向运行、单机运行或牵引车辆运行时，前方进路的确认由调车司机负责。司机在运行时要不中断瞭望，对发生的异常情况，如线路限界情况、信号显示状态、人员行走、道口安全、调车路径是否正确等，司机要果断采取处置措施。

② 推进车辆运行时，前方进路的确认由最前方调车员（或调车长）负责，调车长应不中断瞭望，及时正确地与司机联系或显示信号，如调车指挥人所在位置确认前方进路有困难，可指派参加调车作业的其他人员（调车员或连接员）确认、瞭望，并将情况正确、规范地传达给调车指挥人，由调车指挥人与司机联络。在一般情况下调车指挥人应站立在易于瞭望进路，又能使司机能够看清其信号显示的位置。

③ 在调车作业中，调车作业人员必须按调车信号的显示要求进行，如果运行中遇调车信号机灯光显示不明或熄灭，手信号灯光忽明忽暗或中断，无线电对调机联系中断，信号没有得到回示等，都应视为停车信号而采取措施，使机车（列车）停止作业。

④ 如果车站或车辆段信号机故障，应由调车人员即刻通知信号楼值班员，必要时应通知车辆段调度员或车站值班员组织检修。调车人员必须等信号机恢复显示或者由有关行车人员到场通知调车司机或显示允许通过该信号机的信号后，方可按照有关规定和制度越过该架信号机。

3. 调车作业进路的变更与终止

在实际调车作业中，由于线路情况变化以及实际工作的需要，必须取消调车作业进路时，进路控制和信号操纵人员必须遵守以下规则：

① 进路控制和信号操纵人员确认列车或车辆尚未启动，通知调车司机与调车员后，并得到回复；

② 如果列车、车辆已经开始运行，必须立即通知调车司机和调车长，并且确认列车或车辆已经停止运行；

③ 如果必须使列车或车辆运行时，确认列车或车辆已经按规定进入规定位置停车；

④ 在执行以上三点基本规则之一后，进路控制和信号操纵人员才能够关闭信号机取消原先调车进路；

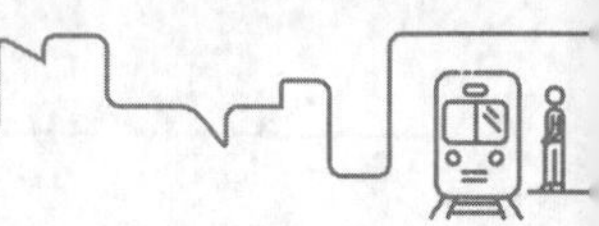

⑤ 进行变更进路的排列，开放变更后的调车作业信号时参加调车作业的调车司机和调车员在得到信号楼或有关信号操纵人员的通知后，应立即遵照执行，不得盲目动车或强行启动进入信号机内方，防止由于进路变更而使列车或车辆冒进红灯或者由于道岔转换而造成挤岔或脱轨事故。

4. 调车速度限制

调车作业中，被调动车辆自动制动机可能没有全部加入整列系统中，造成制动力较小，列车运行方向正向、逆向交互进行，有时瞭望不便；调车线路一般情况下其标准、等级以及道岔型号都低于运营正线，存在设备结构限制；当推进运行时，需中转信号，在时间上有延误或需增加中转时间；调车作业时，线路周围情况相对较复杂等。某地铁车辆段调车速度限制见表6.5。

表 6.5 某地铁车辆段调车速度限制表

序号	项　目	速度 /（km/h）	说　明
1	空线牵引运行	25	
2	空线推进运行	25	
3	调动装载超限货物的车辆时	10	
4	调动载有乘客的车辆时	15	
5	在尽头线调车时	10	遇特殊情况，必须近于 10 m 安全线时，速度不超过 3 km/h
6	在维修线调车时	10	
7	在库内线路调车时	5	
8	货物线上对位时	5	
9	接近被连挂车辆三、二、一车时	8、5、3	
10	接近被连挂车辆时	3	
11	洗车线上走行	3	

四、其他安全规定

1. 调车作业防溜及车辆停放规定

① 牵出线、洗车线、走行线、试车线、咽喉道岔区禁止停放机车车辆，其他线路存放车辆时，应经车辆段调度同意方可占用。机车车辆应停在线路两端信号机内方，并做好防溜措施。对于没有设置信号机的线路，应停放在该线路的警冲标内方。

② 工程机车车辆、轨道车应在上车顶扶梯处揭挂“高压电，禁止攀爬”标志牌。

③ 平板车及机车停放在线路上不再调动时，应连挂在一起，并须拧紧两端手闸，必要时放置铁鞋。因装卸设备需要不能连挂在一起时，应分组做好防溜，中间车组拧紧手闸，两端放置铁鞋。

④ 电客车在运用库股道停留时，应施加停车制动。电客车车辆在定、临修线上停留时，应连挂在一起，两端放置铁鞋防溜。因维修需要不能连挂在一起时，应分组做好防溜，停放

车辆两端放置铁鞋。

⑤ 调车作业时，摘车时应先做好防溜（电客车应恢复气制动和停车制动，工程车拧紧手闸，必要时放置铁鞋），然后再摘车；连挂时，挂妥后再撤除防溜措施。

⑥ 撤除防溜措施后，铁鞋应及时放归原位。

⑦ 铁鞋使用情况及存放地点、铁鞋数量应在交接班时交接清楚。

2. 遇下列情况禁止调车作业

① 设备或障碍物侵入线路设备限界时，禁止调车作业；

② 禁止提活钩、溜放调车作业；

③ 电客车转向架液压减振器被拆除且空气弹簧无气时，禁止调车作业；

④ 禁止两组车组或列车同时在同一条股道上相对移动；

⑤ 机车车辆制动系统故障影响到行车安全时，禁止调车作业；

⑥ 有维修人员正在机车车辆上作业影响行车或机车车辆两端车钩处挂有“禁止动车”警示牌时，禁止调车作业；

⑦ 机车车辆底部悬挂装置脱落时，禁止调车作业；

⑧ 电客车停放股道接触网挂有接地线时，禁止调车作业；

⑨ 货物装载、加固不符合规定时，禁止调车作业；

⑩ 其他情况影响到调车作业安全时，禁止调车作业。

任务实施

调车工作是车辆段的重要工作之一，及时、正确地进行调车，完成电客车的转线、转场等作业，保证电客车按运行图规定的时刻出发，从而保证正常运营。根据所学的相关知识，完成以下任务：

1．分组讨论，组员轮流讲解调车作业过程中的相关作业要求，总结各环节的注意事项。

2．编制一份调车作业通知单，进行角色演练（车辆段调度员、信号楼值班员、调车员、调车司机），完成调车作业计划的传达、变更等，明确各岗位之间的相互协作及任务要求。

3．以小组为单位，学习调车作业安全及注意事项，讲解并讨论。

4．各组成员对所学知识进行汇总整理，并撰写心得体会。

任务评价

序号	评价内容	评价标准	分数	评分记录		
				学生自评	组间互评	教师评分
1	小组计划	任务明确、分工合理	10			
2	调车作业有关规定	内容齐全、表述正确	20			
3	调车作业通知单	项目齐全、填写正确、注意事项明确	30			
4	语言表达	逻辑清晰、表达清楚	20			
5	学习总结	资料全面、观点明确	20			
总分			100			

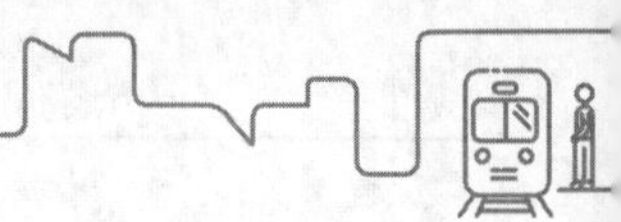

任务四　乘务工作

任务目标

1．了解乘务制度概念及乘务制度。

2．掌握车辆段列车司机出退勤作业流程。

任务描述

1．作为乘务工作人员，应掌握乘务工作制度及要求。分组讨论包乘制和轮乘制的优缺点及适用情况。

2．模拟列车司机角色，完成整个出退勤工作。

相关知识

一、乘务工作概述

乘务员是轨道交通行车关键工种。列车在区间运行时，乘务员负责列车安全与乘务安全。因此，必须加强乘务管理，合理选择乘务方式，优化配备乘务员，努力提高乘务管理水平。在城市轨道交通系统中，乘务组主要指列车司机及副司机。

1．乘务制度概念

乘务制度是列车司机值勤的一种工作制度，它表示列车司机对运行列车值乘的方式。目前城市轨道交通乘务方式中通常使用的乘务制度有包乘制和轮乘制。

2．乘务方式

1）包乘制

包乘制是指由多名列车司机组成固定的乘务组来完成值乘任务，包乘包管。

一般在短交路、小编组列车中采用包乘制乘务制度，排班实行五班三运转较多。实行包乘制的列车，每台列车设司机长 1 人。乘务组在司机长的领导下，负责所在包乘列车的运用、安全、保养、节约、整备、验收、保管、交接等工作，以保证质量，较好地完成运输生产任务。

采用包乘制，便于列车司机掌握车辆性能、状态，有利于增强列车司机对车辆保养的责任心。但与轮乘制相比，采用包乘制时，司机劳动生产率较低；对车辆运用计划的编制要求较高；另外，夜班司机下班不便。

包乘制的特点：

① 列车司机能够比较全面地掌握值乘列车（车辆）的性能、熟悉列车（车辆）情况，紧急状况发生时也能更有效地进行处理；

② 包乘制中的双人值乘制度能有效地降低列车司机连续劳动的时间，提升驾驶过程中的安全性；

③ 有利于管理、监督；

④ 有利于列车维护、保养；

⑤ 由于定人包车，对提高列车（车辆）的技术状况有一定的好处；

⑥ 投用列车台数较多，列车（车辆）使用相对不均匀、不平衡；

⑦ 需配备的列车司机人数较多。

2）轮乘制

轮乘制是指不固定值乘司机，根据线路区段或劳动时间的不同来轮流值乘。

轮乘制排班实行四班二运转较多。列车不由某一固定的乘务组驾驶，而是将所有列车司机统一组织，集中使用，通常采用歇人不歇车的管理体制，大大提高了列车的运用效率。

采用轮乘制，有利于合理安排司机作息时间，以较少的司机完成乘客输送任务，但司机对车辆性能、状态的熟悉度和对车辆保养的责任心，可能不如包乘制，为此需要通过建立制度、加强教育，明确司机的职责，提高车辆保养质量。目前，大多数轨道交通线路采用轮乘制，这里面既有提高劳动生产率的考虑，也有车辆可靠性不断提高的因素。

轮乘制的特点：

① 节省参与运行的司机数，其配量可减少到最低程度，有较高的工作和管理效率；

② 列车工作不受乘务组的影响，加速了列车周转，缩短了列车停留时间，提高了列车运用效率和列车司机的劳动生产率，可经济合理地使用列车台数，降低车辆使用成本，提高经济效益；

③ 由于许多司机组轮流使用列车，对司机的技术素质要求较高；

④ 为保证列车安全运行，司机要适应列车性能；

⑤ 按照歇人不歇车的管理体制，不利于列车保养维护。

二、乘务作业管理

列车司机在驾驶列车时，必须确认各类行车信号，严格按照信号指示驾驶列车，同时必须坐姿正确，目视正前方，遇到危及行车安全的状况时应及时采取有效的应对措施，尽量避免人员及财产的损失。

1. 列车在驶入正线前

列车在驶入正线前，司机必须对列车进行一次出乘检车作业，行车作业流程为：出勤→列车检查→静、动态调试→出库驾驶→出停车场驾驶→正线驾驶。

1）出勤

列车司机作为服务于一线的员工，必须树立良好的个人形象，规范着装不仅代表企业形象，而且也是岗位识别的重要标志。

① 列车司机根据“出勤计划时刻表”，提前到信号楼值班室出勤。出勤时，应穿着指定的司机工作服，并佩戴好工号牌或其他规定的相应标志，携带电动列车钥匙、驾驶证、司机报单及相关工具。

② 列车司机出车前应充分休息，上班前八小时禁止饮酒。

③ 列车司机应认真听取和阅读当日运行注意事项和通知，并进行心理测试，有必要时需做好记录。

④ 列车司机应了解发车车次、车号及停放股道。

知识链接

列车司机出勤具体流程为：签到，领取轮值表，测试钥匙，阅读相关安全指引及通告，了解和抄阅有关行车命令、指示和安全注意事项，检查司机包，领取出车纸。签到领取轮值表时，认真回答车辆段调度员的提问，听取车辆段调度员传达的有关事项，向当值人员报告内容，报告格式为：×× 组、××、担当 ××××× 任务，出库时间 ××××、申请出勤。经值班人员检查确认后方可上岗，领取有关行车用品（钥匙、时刻表、相关单据及其他行车用品）。

列车司机上车所带物品包括司机包、钥匙、手持电台、轮值表、出车纸、列车运行状态记录单、手信号灯、手电等，禁止携带与工作无关的物品；出发前登车查车，按时发车。

2）列车检查

列车司机在列车出库前，必须做好检查工作，这是确保列车安全载客运营的前提。地铁列车司机与铁路机车司机的工作性质较为相似，地铁列车司机出车前同样也要对列车的车体、转向架、轮对、闸瓦、客室中的各类设施、照明及驾驶室中各类开关等进行细致的检查，目的也是保证列车的安全运营，如图 6.13 所示。

图 6.13 驾驶室各类开关检查

3）静、动态调试

列车静、动态调试是指列车在受电的条件下，列车司机对列车的一些相关设备设施进行测试，确保满足列车上线运营的要求。

① 静态调试简单来说就是在列车静止并且受电的情况下，对列车的一些辅助设施进行测试，来确保列车操作性能符合要求，并且为乘客提供一个舒适的乘车环境。

② 动态调试中包含了牵引和制动性能的测试，确认列车能全部缓解从而能正常起动，通过对列车常用制动及快速制动的测试，确保列车能够在有效的安全制动距离内停车，从而绝对保证列车的安全性能。

对列车进行检车及静、动态调试的目的在于确认列车是否具备了上线载客运营的基本条件，符合安全行车的要求。

4）出库驾驶

① 电动列车司机必须掌握该列车出库时间，保证按照规定正点出库。

② 电动列车司机在起动列车前必须确认出库调车信号开放、驾驶台上无禁动牌及列车周围安全情况与状态。

③ 列车在车库内行驶时限速 5 km/h。列车司机应加强瞭望，注意行人及其他车辆的动态，必要时应采取紧急停车措施。

④ 电动列车出库时，列车司机应使列车头部越过车库大门时一度停车并确认出库大门开启并销牢，无行人及其他车辆穿越。

5）出停车场驾驶

① 列车司机在停车场内驾驶途中，应确认信号开放正确，道岔进路排列正确，发现异常情况时，应立即采取紧急停车措施，并与信号楼联系。列车在停车场内的行车限速一般为 20 km/h。

② 需出停车场的列车，列车司机必须在出场信号机前一度停车，根据出场信号显示的开通信号，驶出停车场，在规定地点停车后，将驾驶模式转换为正线驾驶模式。

2. 列车在退出运营后

列车结束正线运行后的作业流程为：退出正线运行→进停车场驾驶→进库驾驶→列车检查及收车→退勤。

1）进停车场驾驶

① 列车司机应在规定地点停车，将驾驶模式转换为停车场驾驶模式，在确认入场信号机及进路开放正确后方可起动列车；

② 在驶入停车场过程中列车司机应加强瞭望，确认调车信号机及进路开放正确，一般限速为 20 km/h，列车在停车库前平交道处，应一度停车。

2）进库驾驶

① 列车在驶入车库前，列车司机应先确认车库库门开启良好，门销插好，库内无人或异物侵入线路；

② 列车进车库时的行车限速一般为 5 km/h，在接近停车位置时，列车司机应控制好速度，直至停车点停车。

3）列车检查及收车

① 列车驶入车库停车后，列车司机应巡视客室内部，发现乘客及不明物品时，应报告车辆段调度员；

② 列车司机离开列车前，应做好相关行车及列车走行公里数的记录，并根据车辆段调度员命令收车。

4）退勤

① 在停车场内退勤的列车司机，应到信号楼值班室退勤；

② 在正线上退勤的列车司机，应到规定地点退勤；

③ 列车司机在退勤前，应与车辆段调度员或接班列车司机做好移交手续，移交内容包括：电动列车钥匙、司机报单、所交接列车的技术状况及当日列车运行情况等。

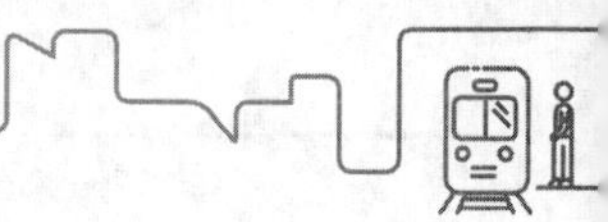

任务实施

车辆段和停车场是供列车夜间停放的地点，是早上列车发车和晚上列车完成运输任务后停靠的地点，同时也是列车司机办理出退勤的地方。每天早上运营开始前，列车司机将按规定流程在车辆段办理好出勤手续，驾驶列车投入一天的运营中；晚上停运后列车回段，办理好相应的退勤手续，并听取次日工作安排。根据所学的相关知识，完成以下任务：

1. 分组讨论，组员轮流讲解乘务工作的优缺点及适用情况。

2. 模拟列车司机出退勤、出入段工作，进行角色演练（车辆段调度员、派班员、信号楼值班员、列车司机），办理出勤手续、进行出乘检查、启动列车出库出段等，明确各岗位之间的相互协作及任务要求。

3. 各组成员对所学知识进行汇总整理，并撰写心得体会。

任务评价

序　号	评价内容	评价标准	分　数	评分记录		
				学生自评	组间互评	教师评分
1	小组计划	任务明确、分工合理	10			
2	乘务制度	特点及适用情况表述正确	20			
3	列车司机出退勤	流程正确、注意事项明确	30			
4	语言表达	逻辑清晰、表达清楚	20			
5	学习总结	资料全面、观点明确	20			
总　分			100			

项目小结

车辆段是车辆停放、检查、整备、运用和修理的管理中心所在地。若运行线路较长，为了有利于运营和分担车辆的检查清洗工作量，可在线路的另一端设停车场，负责部分车辆的停放、运用、检查和整备工作。若技术经济比较合理，也可以两条或两条以上线路共设一个车辆段。城市轨道交通除车辆保养基地以外，尚有综合维修中心、材料总库和职工技术培训中心等基地，有条件时，尽量将它们与车辆段规划在一起。

本项目重点介绍了车辆段及综合基地的构成及其技术设备，列车出入段的一般流程和接发列车作业程序，车辆段调车工作的要求及调车计划的编制、下达，以及乘务人员在车辆段如何办理出退勤工作等。通过本项目的学习，学生对车辆段的行车组织工作应有更深入的认识。

巩固与练习

一、单选题

1. 在车辆段DCC当值，（　　）负责与DCC检修调度交接检修及运用电客车，负责车辆段辖区内行车组织、涉及行车的施工/检修作业组织、调车作业计划的安排等。

A. 车辆段调度员　　B. 派班员

C. 调车员　　D. 车长

2. （　　）是连接正线与车辆段的线路。

A. 列检线　　B. 停车线　　C. 出入段线　　D. 检修线

3. 空线牵引运行时速度为（　　）km/h。

A. 25　　B. 10　　C. 15　　D. 8

4. 承担线路的轨道、道岔及其设备的日常巡检、探伤和养护工作的是（　　）。

A. 修建车间　　B. 机电车间　　C. 通号车间　　D. 工务车间

5. 正常情况下，列车由入库线回段，列车入段凭证为防护信号机的显示，在入库线的有码区按（　　）方式运行。

A. ATO　　B. SM

C. ATS　　D. RM

二、判断题

1. 牵出线是用于车辆段内调车作业的线路，根据车库的位置，牵出线通常设置1～2条。（　　）

A. 正确　　B. 错误

2. 列车司机出乘可以不休息连轴工作出勤，按规定时间、地点办理出勤手续，领取相应物品。（　　）

A. 正确　　B. 错误

3. 一般在短交路、小编组列车中采用轮乘制乘务制度，排班实行五班三运转较多。（　　）

A. 正确　　B. 错误

4. 车辆段技术设备由站场、检修车库、调车机、信号、通信等组成。（　　）

A. 正确　　B. 错误

5. 调车作业计划是进行调车作业的凭证与根据。（　　）

A. 正确　　B. 错误

6. 变更计划不超过三钩时可以以口头方式传达，超过三钩时应重新编制书面调车作业计划。（　　）

A. 正确　　B. 错误

7. 列车结束正线运行后的作业流程为：退出正线运行→进停车场驾驶→进库驾驶→列车检查及收车→退勤。（　　）

A. 正确　　B. 错误

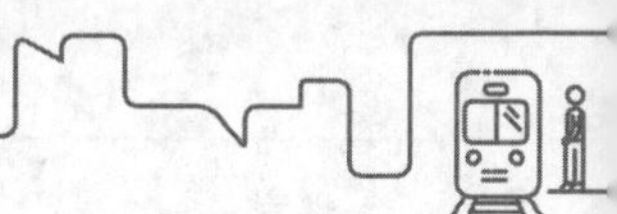

8. 列车司机在退勤前，应与值班站长做好移交手续，移交内容包括：司机报单、所交接列车的技术状况及当日列车运行情况。（　　）

A. 正确　　B. 错误

三、简答题

1. 车辆段的主要功能有什么？
2. 列车出场工作流程包括哪几个部分？简述其作业流程。
3. 调车作业应确认的基本内容有哪些？
4. 遇到哪些情况禁止调车作业？
5. 包乘制、轮乘制各有什么特点？
6. 如何做好调车防溜工作？
7. 哪些情况下禁止调车作业？

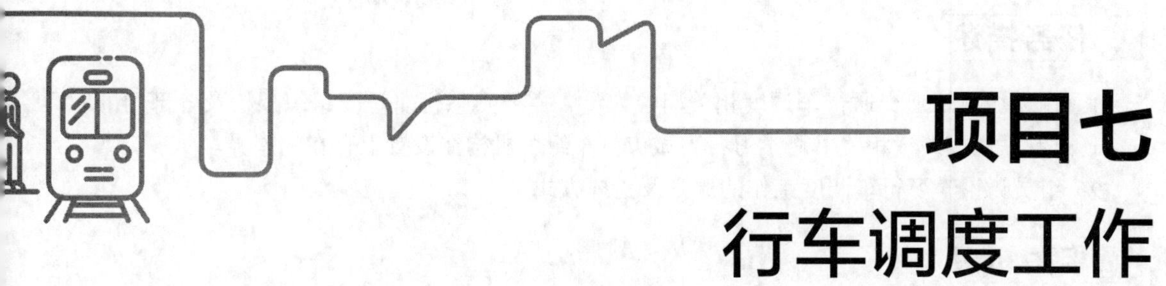

项目七 行车调度工作

项目描述

行车调度指挥工作是行车组织工作的主体，在城市轨道交通运营企业中，行车调度直接代表运营分公司经理指挥运营工作。行车指挥体系是怎样构成的？行车调度的职责是什么？调度命令如何分类又该怎么填写？行调日常的工作流程是怎样的？

为了使大家能够深入地了解和掌握行车调度相关工作，本项目将从行车指挥系统、行车调度相关岗位及技术设备、调度命令及行调日常工作组织四个方面来介绍。

学习目标

1. 知识目标

了解行车调度组织架构、行车组织工作基本原则、行车调度指挥方式；掌握行车调度相关岗位及职责，熟悉行车调度相关设备；掌握调度命令的分类、编制及传达，了解调度命令的发布情况及内容；了解行车调度日常工作的主要流程及考核指标。

2. 能力目标

能对行车组织架构有较深入的认识；能掌握行车组织机构的功能及设置；能掌握行车调度相关岗位职责及行车设备的应用；能根据不同情况使用调度命令，掌握调度命令的相关填写要求；能明确行车调度工作的主要流程及考核指标。

3. 素质目标

认识到行车调度工作的重要性，树立良好的职业道德、严肃认真的工作作风，树立全局意识，贯穿集中领导、统一指挥的思想。

任务一 行车指挥系统

任务目标

1. 了解行车调度组织架构及其功能。
2. 掌握行车调度指挥体系的组成及行车指挥工作基本原则。
3. 了解行车调度指挥方式。

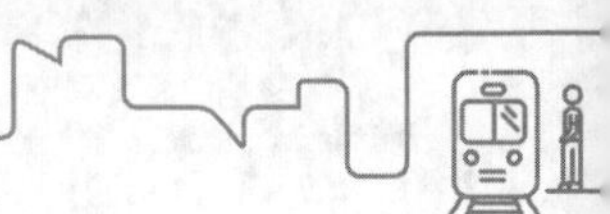

任务描述

1．作为城市轨道交通行车调度相关岗位人员，需要熟悉行车调度组织架构及各部门的职责，通过互联网或阅读相关书籍学习各大城市行车组织机构在设置上存在的差异。

2．组员讨论学习行车调度工作的原则及指挥方式。

相关知识

一、行车调度组织架构

城市轨道交通控制中心是城市轨道交通日常运输组织的指挥中枢，城市轨道交通运营组织工作，以安全运送乘客、满足设备维护的需要，按列车运行图的要求，实现安全、准点、舒适、快捷的运营服务为宗旨。各单位、各部门必须在集中领导、统一指挥的原则下，紧密配合、协调动作，确保行车和乘客安全，完成各项工作任务。

各大城市轨道交通线路已趋于网络化运营，所以城市轨道交通调度控制中心一般分为两个层次：中央运营协调与应急指挥中心（COCC）和线路运营控制中心（OCC），如图 7.1 所示。

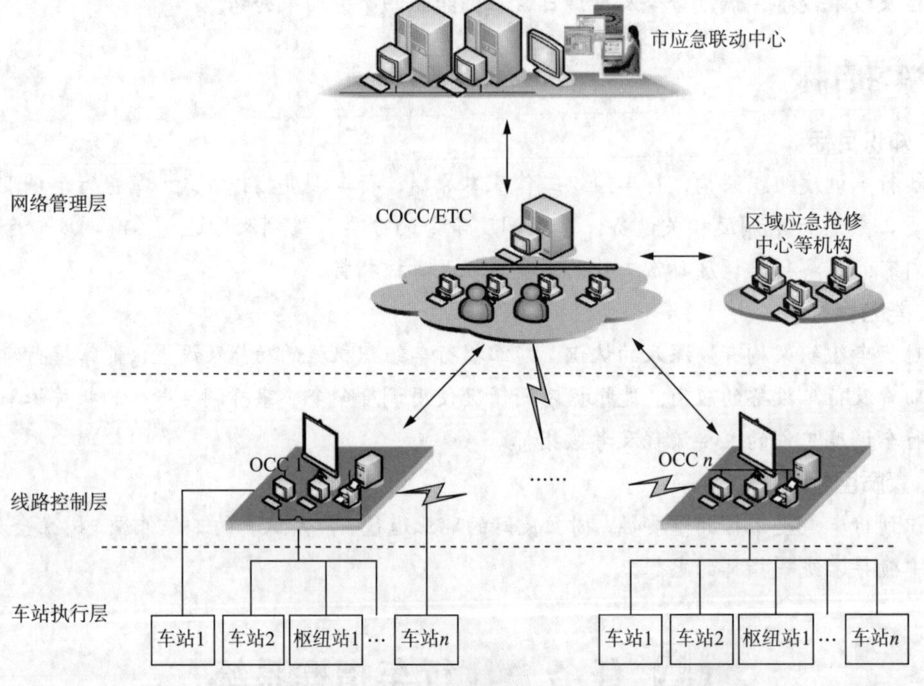

图 7.1　城市轨道交通控制中心层次

1. 中央运营协调与应急指挥中心（COCC）

一般情况下城市轨道交通的线路是分线组织行车的，但是单一设置线路运营控制中心（OCC）将导致各条线路之间的信息传递不畅，单条线路采取的调度措施往往不适应整个轨道交通网络客流需求。在向网络化运营发展的进程中，有些城市就成立了中央运营协调与应急指挥中心（COCC），集成多条线路，对城市轨道交通所有线路进行协调统筹。

COCC 负责对全线所有列车运行、客运组织、车站运作、电力供应、防灾报警、信息收发

图 7.2 某地铁 COCC

等地铁运营全程进行监控和指挥，被称为地铁的“中枢神经”和“最强大脑”，如图 7.2 所示。

COCC 负责协调整个运营网络中的各条线路运营控制中心和相关部门，对路网的运营状态、设备运行情况进行实时监控。在发生突然事件时，根据影响程度及时发布预警指令，控制影响范围，降低不利影响，根据公司信息传递的相关规定，做好内外部信息的传递工作。特别是发生影响两条及以上线路的紧急情况时，实现运营资源的统筹、协调和联动，提升应急突发事件的处置能力。

COCC 的基本任务包括：

① 管辖范围为试运营及运营载客的线路、车站、出入口、通道、停车场、车辆段等的列车服务、客流变化、设施设备运转状态的处置与协调。

② 实时监督运营状态，监督日常行车组织、客运组织、设备状态等各类生产活动。

③ 协调运营生产，协调企业内部各单位和部门之间、各运营线路之间的日常运营生产，实时诱导路网客流。

④ 收集反映路网运营生产情况的基础数据，汇总每日路网运营生产情况。

⑤ 对外发布运营实时信息与信息控制。

⑥ 指挥与协调社会影响较大的突发事件。

知识链接

对于线网运营调度机构的设立，各地铁公司略有差别。如广州地铁、成都地铁设立有 COCC 控制中心，而北京地铁成立了城市轨道交通调度指挥中心（TCC）对城市轨道交通线路进行协调统筹。

以北京为例，城市轨道交通网络运营管理的机构框架如图 7.3 所示。其中每条线路对应一个列车调度指挥中心（以下简称 OCC），构成一线一中心的行车指挥体系。

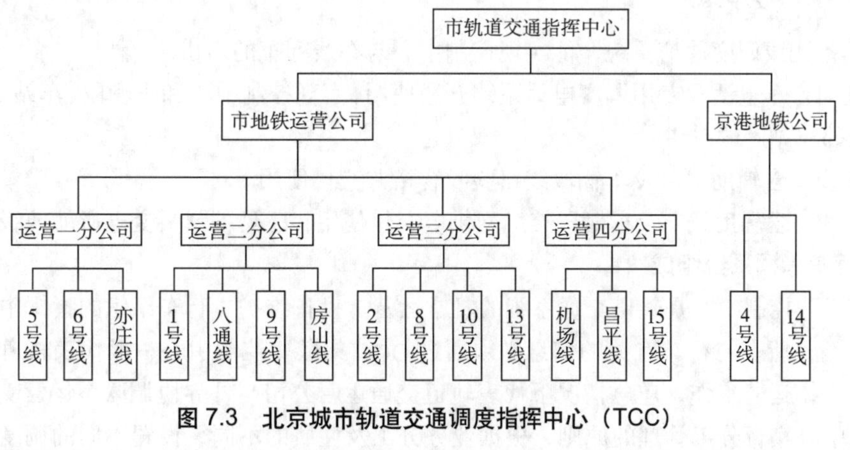

图 7.3 北京城市轨道交通调度指挥中心（TCC）

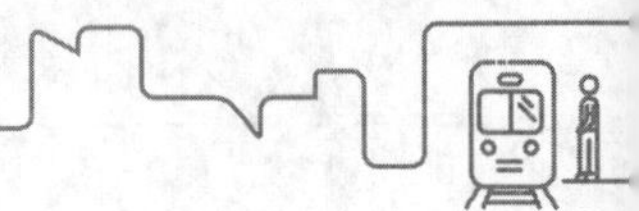

2. 线路运营控制中心（OCC）

OCC 是城市轨道交通系统的运营生产指挥部门，负责所管辖线路的运营调度和突发事件处理，是城市轨道交通日常运营工作的指挥中枢。OCC 负责组织列车按图运行，在列车秩序紊乱时及时采取列车调整措施，恢复正常列车运行秩序。

OCC 的基本任务包括：

① 组织制定行车、电力、环控调度规程，参与运营技术管理、行车组织等规程及突发事件预案，并组织实施。

② 组织、控制有关行车人员按运行图行车，遇到列车晚点和突发事件时，及时采取调整措施，迅速恢复列车正常运行。

③ 密切注意客流动态，并按规定负责下达和通知自动售检票系统有关单位实行相关运营方案。

④ 负责行车、设备事故及突发事件的救援抢修的调度指挥，采取有效措施防止事故扩大，尽快恢复正常运行，按事故报告程序及时做好上报和下达工作。

⑤ 负责编制和组织实施正线的施工、调试列车的作业计划。

⑥ 建立、健全生产运营、调度指挥等各项原始记录、统计和分析表，并按规定向上级主管部门上报。

⑦ 维护调度纪律，督查各基层单位执行行车调度员命令和有关规章制度的情况，发现问题立即采取相应措施。

二、行车指挥系统

城市轨道交通系统是一个复杂的、技术密集型的公共交通系统，线路的行车指挥调度工作由运营调度控制中心实施，贯彻高度集中、统一指挥、逐级负责的原则，各单位、各部门必须紧密配合，协同动作。下面以某条线路为例，介绍行车指挥工作的基本要求、系统组成、基本任务和基本原则。

1. 行车指挥工作基本要求

① 各行车岗位具备足够数量符合资格的人员。

② 制定符合现实条件的行车组织办法及安全保障制度。

③ 正线（含辅助线）及车辆段线路联锁功能实现，特殊情况下，如联锁功能未实现时，应采取足够的安全措施。

④ 具备无线调度通信系统，能实现控制中心与在线列车的对讲。

⑤ 站间行车电话及专用调度电话系统开通使用，实现控制中心和车辆段、车站之间的对讲，以及各相邻车站间的对讲。

⑥ 正线（含辅助线）及车辆段线路验收合格并交付使用。

⑦ 正线（含辅助线）及车辆段接触网供电交付使用，已具备牵引变电所就地级控制功能。

2. 行车指挥系统组成

线路运营控制中心是轨道交通系统的日常运营、设备维护、行车组织的指挥中心和运营信息收发中心，所有与行车有关的信息必须通过 OCC 集散。控制中心一般代表轨道交通运营公司总经理指挥运营工作，应急情况下代表轨道交通运营公司与外界协调联系运营支援工作。

控制中心实行分工管理的原则，根据业务分工及性质的不同，设置不同的调度工种，分别为行车调度员、电力调度员、环控调度员、维修调度员等专业调度人员，OCC 各调度员由值班主任协调统一指挥。在处理突发事件、事故时，各调度员有责任向值班主任提供本岗位的协助处理方案，并及时报告相关信息。目前，各城市轨道交通调度生产组织机构不尽相同，岗位设置略有差别，某些城市线路的运营控制中心还设置车辆检修岗位和列车指导司机岗位，能够在列车故障时，给予行车调度员一定的支持。

运营控制中心 OCC、车站和车辆段是行车指挥系统的三大组成部分，轨道交通企业运营指挥一般分为两个指挥层级，二级服从一级指挥，如图 7.4 所示。

一级指挥为：行车调度员、电力调度员、环控调度员和维修调度员。有些轨道交通企业不设置维修调度员，还有一些轨道交通企业设置客运调度员。二级指挥为：车站值班站长、车辆段调度员、检修调度员。各级指挥要根据各自职责任务独立开展工作，并服从 OCC 值班主任总体协调和指挥。

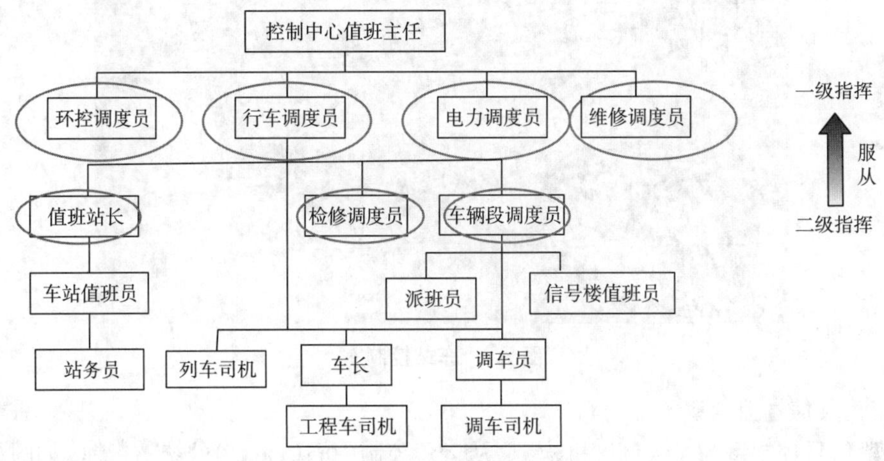

图 7.4 行车指挥执行层次示意图

1）运营控制中心（OCC）

运营控制中心（OCC）各调度员由值班主任统一指挥，如图 7.5 所示。在处理各类突发事件、事故时，各调度员有责任向值班主任提供本岗位的处理方案，并及时报告相关信息。

图 7.5 控制中心 OCC

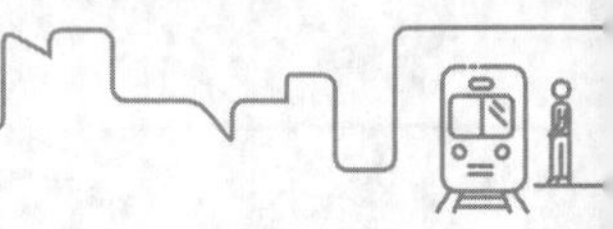

城市轨道交通的行车工作由行车调度员统一指挥；城市轨道交通供电设备运作由电力调度员统一指挥；环控和防灾报警设备由环控调度员统一指挥；客流监控和信息收发由客运调度员统一指挥；维修调度员主要负责管理范围内的故障（事故）信息接收、传递、反馈和处理的组织、协调及统计分析工作。

2）车站控制室

车站控制室为二级调度机构，如图 7.6 所示。车站行车组织工作由车站值班站长统一负责，车站值班员协助。车站值班站长必须服从行车调度员的统一指挥，执行行车调度员命令。正线发生行车设备故障时，车站值班站长（车站值班员）应及时报告行车调度员，由行车调度员通知各相关专业调度 / 值班人员组织抢修。

图 7.6　车站控制室

3）车辆段信号控制室

车辆段信号控制室为二级调度机构，服从运营控制中心（OCC）的统一指挥，如图 7.7 所示。车辆段信号控制室与出入段线连接的车站通过进路照查电路，共同组织与监控列车进出车辆段。车辆段信号控制室设有微机联锁设备，集中控制车辆段范围内的进路、道岔和信号机，隶属车辆段调度员管理。客车上的员工由列车司机负责指挥，工程列车上的员工由车长负责指挥。

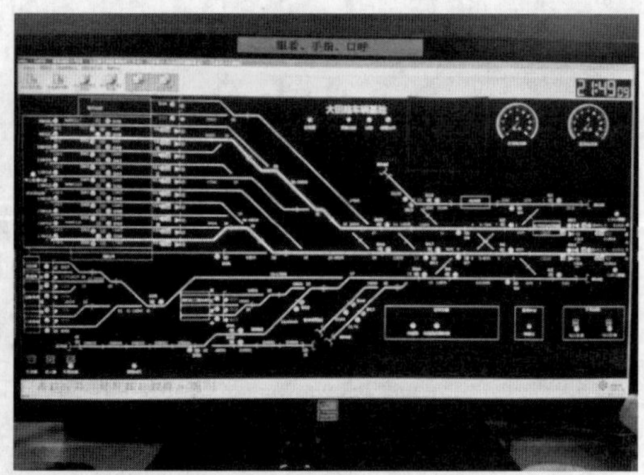

图 7.7　车辆段信号控制室

3. 行车指挥工作的基本任务

① 组织指挥各部门、各工种严格按照列车运行图进行各自工作。

② 监控列车运行，确保运行顺畅，提供安全、准点和优质的运营服务。

③ 科学合理地组织客流，经济合理地使用车辆及其他运输设备。

④ 及时、准确地处理行车过程中出现的异常情况，避免行车事故的发生，如发生行车事故，除按规定程序上报，还要采取措施及时有效地进行处理，防止事故升级。

⑤ 组织、实施正线、辅助线范围内的行车设备检修以及各种施工、工程车的开行。

4. 行车指挥工作的基本原则

① “运营时刻表”（列车运行图）是行车组织工作的基础，凡与列车运行有关的各部门都必须根据“运营时刻表”的规定组织本部门的工作。

② 随着城市轨道交通线路的逐步建设，不同时段其设备（主要是信号设备）条件不同，提供的行车能力也不同，所以行车调度工作需结合不同时段能提供的载客列车数和预测客流，通过计算确定最合适的行车间隔，编制相应的“运营时刻表”。

③ 城市轨道交通每条运营线路均采用双线单方向的运行方式，运营客车在两端终点站之间循环运行；特殊情况下可以采用全部或分段单线双方向运行，但运行距离不可过长。

④ 进入正线运行的所有列车、动车必须赋予车次。

⑤ 客车在运行中列车司机应在前端驾驶，一般客车正线最高运行速度为 80 km/h；后端驾驶室推进时最高速度为 10 km/h，推进运行时在前端驾驶室要有列车司机或列车引导员（有特殊规定的除外）监控客车运行；工程车正线最高运行速度牵引时为 45 km/h，推进时最高速度为 35 km/h。

⑥ 行车时间以北京时间为准，从零时起计算，实行 24 h 制。行车日期划分以零时为界，零时以前办妥的行车手续，零时以后仍视为有效。

⑦ 调度电话（含有线、无线调度电话，车载台等）用于生产工作联系，须使用行车标准用语。行车标准用语应使用普通话，要求内容简明、术语标准、语速适中，不得随意简化，数字发音标准见表 7.1。

表 7.1 数字发音标准

1	2	3	4	5	6	7	8	9	0
yao	liang	san	si	wu	liu	guai	ba	jiu	dong
幺	两	三	四	五	六	拐	八	九	洞

⑧ 行车有关人员必须服从行车调度员的指挥，执行行调命令，行车调度员应严格按“运营时刻表”指挥行车；指挥列车运行的命令和口头指示，只能由行车调度员发布。

三、行车调度组织方式

由于城市轨道交通运行控制设备正逐步向自动化、远程化、计算机化发展，行车调度工作也逐步由人工控制方式向电子调度集中和行车指挥自动化控制系统发展。

1. 行车指挥自动化

行车指挥自动化控制系统是目前城市轨道交通采用的主要列车运行方式。它是利用计算机技术对列车实行自动指挥和自动运行监护，并利用列车自动防护（ATP）系统保护列车运行安全。

在正常情况下，系统能够根据列车运行图自动排列车站的接发车进路。列车运行一般采用 ATO 系统模式，必要时转换人工控制，列车占用区间的凭证为列车收到的速度码。列车自动防护（ATP）系统为列车运行安全提供保证，使前后列车保持必要的间隔。

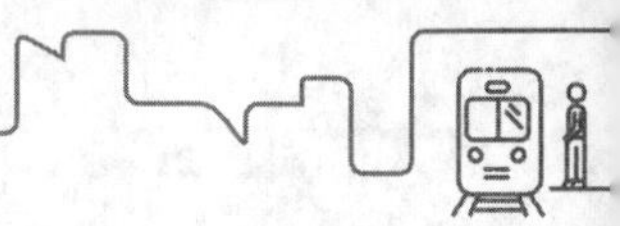

2. 调度集中

调度集中指挥系统由控制中心的调度集中总机、进路控制终端、显示盘和列车运行记录仪、闭塞设备、调度集中分机和数据传输设备以及联锁设备等组成。由行车调度员人工排列列车进路，组织挥列车运行。

控制中心行车调度员利用集中设备，对车站上列车的到、发、通过、折返等作业进行远程控制和调整。行车调度员是唯一的行车指挥者和操作者，车站一般不参与行车指挥工作，只是对有关作业进行监督。必要时，由调度集中控制改为车站控制，即将列车运行进路排列权限下放给车站，由车站值班员操作。

3. 人工调度指挥

人工调度指挥系统由控制中心（OCC）的调度监督设备、显示盘、闭塞设备、车站终端和数据传输设备以及联锁设备等组成。人工调度指挥系统只起监督作用，不具备直接控制功能。主要由行车调度员通过调度电话向车站值班员直接发布指令，由车站值班员排列接发列车进路，通过与车站值班员的联系，调度员掌握列车到达、出发信息，下达列车运行调整的调度命令。行车调度员通过无线调度电话呼叫列车驾驶员，发布调度指令，指挥列车运行。列车运行图由行车调度员手工绘制。这种方式通常在线路开通初期、设施设备尚未到位等特殊情况下才使用。

任务实施

在城市轨道交通系统中，运营控制中心OCC相当于整个城市轨道交通系统的指挥中枢，所有与行车有关的作业都要通过所在线路OCC及行车调度员的指挥来实现。根据所学的相关知识，完成以下任务：

1. 分组讨论，小组成员轮流介绍各地行车调度机构的设置并说出差异。
2. 角色演练，掌握各部门（OCC、车站、车辆段）工作职责，了解行车作业人员之间的关联。
3. 各组成员对所学知识进行汇总整理，并撰写心得体会。

任务评价

序号	评价内容	评价标准	分数	评分记录		
				学生自评	组间互评	教师评分
1	小组计划	任务明确、分工合理	10			
2	行车组织架构介绍	文献、资料是否全面	20			
3	角色演练	协作良好、职责明确	30			
4	语言表达	逻辑清晰、表达清楚	20			
5	学习总结	资料全面、观点明确	20			
总分			100			

任务二 行车调度相关岗位及技术设备

任务目标

1. 掌握行车调度相关岗位及其职责。

2. 熟悉行车调度相关技术设备。

任务描述

1. 作为一名行车调度人员，要根据自己的岗位职责独立展开工作，并与其他行车关键岗位密切配合。分组讨论行车调度应该具备的基本素质和岗位职责。

2. 作为控制中心调度人员，在发生紧急情况需要人工干预时，需要操作有关行车设备，分组讨论运营控制中心有哪些必要的行车设备，如何分类、如何使用。

相关知识

一、行车调度相关岗位及其职责

行车调度直接相关岗位包括运营控制中心的行车调度员、电力调度员、环控调度员、车辆段调度员和信号楼值班员、车站值班员等。

1. 行车调度员的基本职责

行车调度员是列车运行的组织者和指挥者，其基本职责有：

① 组织指挥各部门、各工种严格按照列车运行图的规定和要求行车。

② 组织列车到发和途中运行，监控列车行车和设备运转状况。

③ 根据客流变化，及时调整列车开行计划。

④ 列车晚点、运行秩序紊乱时，通过自动或人工列车运行调整，尽快恢复按图行车。

⑤ 发生行车事故时，按照规定立即向上级和有关部门报告，迅速采取救援措施，最大限度地减少人员伤亡、降低事故损失、防止事故升级，及时恢复列车的正常运行。

⑥ 安排各种检修施工作业，组织施工列车开行。

知识链接

行车调度员应具备的基本素质：

① 具有运输专业相应的学历，具有运输专业实践工作经验，并经过调度专业知识的学习，熟悉《调度工作规则》《行车工作规则》以及所在公司的各项运输类规章，并取得调度员上岗资格证。

② 熟悉人、车、天、地、电、设备、规章等各种和运营相关的情况。

③ 熟悉司机、车站值班员等与列车运行有关的作业人员情况，如工作经历、业务水平、性格特点等，充分调动有关人员的工作积极性。

④ 身体健康，无色盲、色弱、高血压、心脏病、传染病、肠胃系统等疾病。

⑤ 熟悉车辆技术状态、使用性能和特点等情况。

⑥ 掌握气候变化、节假日、重大活动等因素对客流增减及对列车运行影响的一般规律。

⑦ 熟悉与行车有关的各种技术设备，如线路平纵断面、信号、联锁、闭塞设备、车站折返设备、调度集中设备和通信广播设备等。

⑧ 应具有高度的责任心，爱岗敬业；应能承受较强的心理压力，具有良好的心理素质；应具有较强的语言表达、人际沟通能力和应急决策能力。

2. 电力调度员的基本职责

电力调度员是负责地铁供电系统运行、检修和事故处理的指挥工作的人员，其基本职责：

① 监督指挥供电系统的运行和操作，审批供电设备的检修作业，正确迅速而果断地指挥供电设备的故障处理。

② 充分发挥地铁供电设备能力，满足各类设备的用电需求。

③ 监督整个地铁供电系统安全运行和连续供电。

④ 根据地铁供电系统实际情况，按供电模式要求监督整个系统在最经济方式下运行。

3. 环控调度员的基本职责

环控调度员负责地铁环控系统的调度和管理工作，监督环境监控 BAS（Building Automation System）系统、火灾报警 FAS（Fire Alarm System）系统及气体灭火系统的运行，其基本职责：

① 通过 BAS、FAS 系统中央级工作站监控车站机电设备，主要为各车站通风、空调、隧道通风设备和装置、气体灭火系统等系统设备，以及扶梯、照明、给排水等设施。

② 负责监控全线车站环控系统按设定时间运行，确保车站环境温度及空气质量达标。

③ 负责监视全线车站的火灾报警情况，确保火灾报警及时被确认。

④ 负责监视全线车站环控设备、防灾报警设备、BAS 系统、FAS 系统、气体灭火系统，以及电扶梯、照明、给排水等设施的运行状态，发现故障及时通报设备维修调度，由设备维修调度通知相关维修部门进行维修。

⑤ 负责指挥 BAS 系统、FAS 系统、气体灭火系统及机电设施的故障处理及维修施工。

⑥ 负责在火灾、大客流、列车阻塞等紧急情况下的环控系统的指挥及监控工作，确保相关设备在紧急情况下能够正常运行，协助抢修救灾工作。

⑦ 负责在中央级失控时指挥车站设备值班员进行车站级控制。

⑧ 负责在地铁发生火灾时向市公安局 110 指挥中心报告火灾情况，请求消防队支援。

⑨ 负责随时了解和掌握所管辖设备的运行情况，负责定期、定时收集设备运行数据及信息，记录及跟踪设备故障。

4. 车辆段调度员的基本职责

① 组织和指挥车场内行车运营秩序，是车场内发生突发事件的临时指挥者，指挥车场内电客车、工程车的调车作业。

② 按照列车运行图 / 运营时刻表、轨行区周施工及行车计划通告、车辆检修需求，制定车场收车计划表、车场发车计划表，合理安排列车出入车场。

③ 掌握车场内列车和车辆的停留状况，根据工作需求，及时地编制下达调车作业单，监督检查调车计划的实施。

④ 安排车场范围所有计划内和临时性的施工作业。

⑤ 指挥信号楼值班员合理安排车场内行车作业，布置并监控信号楼值班员的作业。

⑥ 组织试车线和车场线路上的调试工作。

⑦ 指挥工程车司机、调车司机配合各施工部门工作。

5. 信号楼值班员的基本职责

① 在车辆段调度员的指挥下，负责列车和车辆的出入车场进路和调车进路排列。

② 通过无线调度台向调车司机、工程车司机、施工负责人下达命令和通知。

③ 监控电客车、工程车在试车线上的调试和试验工作。

④ 监视信号显示和列车出入车场运行状况，发现异常时向车辆段调度员报告，并做好记录。

⑤ 严格按计划收发列车，与行车调度员沟通、确认列车出入车场安排，及时向车辆段调度员报告收发列车情况。

6. 车站值班员的基本职责

① 在值班站长的领导下，负责车站行车组织工作，按有关规定操作和监控行车设备。

② 负责值守车站控制室，监控车控室内各项设备、设施状态，发现故障及异常情况及时按有关程序处理。

③ 负责运营生产信息的上传下达，及时处理外部信息和报出本站信息。

④ 操作、监控信号设备运行（未设置专职信号设备操作员、监控员的车站）。

⑤ 信号设备停用时负责办理人工组织行车手续。

⑥ 对当班施工管理工作负责，在线路施工和工程列车开行时安排安全防护，负责车站施工作业登记、施工安全监控和施工负责人管理等工作。

⑦ 协助值班站长进行人员工作安排及管理。

⑧ 做好车站内对乘客的应急广播。

二、行车调度相关技术设备

城市轨道交通都设有运营控制中心（或称调度中心），该中心应有以下设备：调度监督、调度集中、行车指挥自动化、列车运行图自动铺画、传真、通信记录设备、无线列调系统及调度命令无线传输设备。同时在中心应备有相关的行车调度规章制度汇编，配备调度指挥使用的有关调度命令格式、电报、列车运行图，管辖线路各站平面示意图、接触网供电系统及信号、联锁、闭塞设备的有关资料。

1. 中央运营协调与应急指挥中心（COCC）的运营生产监督设备

① 显示大屏：中央运营协调与应急指挥中心（COCC）设备的核心系统，主要显示各种信息、全网线路示意图、AFC 全网客流情况等图像。

② ATDS（智能公共交通调度系统）: 显示界面由若干显示器组成，实时获取各条线路列车运行信息，对各线路的 ATS 进行监督，但不控制。

③ SCADA（电力监控系统）：显示界面由若干显示器组成，具有遥信功能，不具备遥测功能；包含一次接线图相关的所有位置信号；可定制画面；不包含事故信号告警。

④ CCTV（视频监控系统）：可查看各线路运营控制中心调度选择的画面，供调度员了解车站站厅、站厅的客流和列车到发等情况。

⑤ COCC 调度电话：供 COCC 调度员选呼各线路 OCC 调度员、轨道交通公安指挥室、

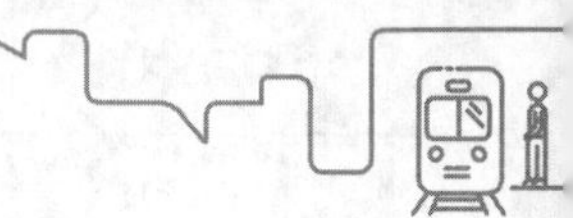

各运营单位。

⑥ 公务电话：供 COCC 调度员与内部各单位、生产部门进行业务联络。

⑦ TOS 自动分析系统：对路网在线列车与站间区间的实时延误、在线列车与站间区间客流饱和度实时跟踪。

知识链接

上海地铁网络三色状态运营信息系统（简称 TOS 系统）则是 COCC 三色状态分析和发布业务的主要支撑平台。该系统通过“红、黄、绿”三色状态生动地向公众转递当前交通质量状况，因此系统缩写命名为 TOS（三色运营状态 TRI-Color Operating Status 的简称）。在地铁正常运营时，TOS 系统通过三色图文向公众提供实时的轨道拥堵信息，帮助乘客选择设计最优的出行路径。而当地铁发生停运等问题时，根据预先设定的紧急预案，TOS 系统将发布疏导信息，避免造成客流大量积压导致交通瘫痪，起到疏散诱导作用。

2．运营控制中心（OCC）行车调度相关设备

1）综合显示屏

城市轨道交通控制中心一般装有行车、供电、环控中央监控终端设备，各模拟屏能够显示现场（车站、车辆段）设备的使用和占用情况，包括列车运行状态、供电系统情况和车站环控设备工作情况，如图 7.8 所示。

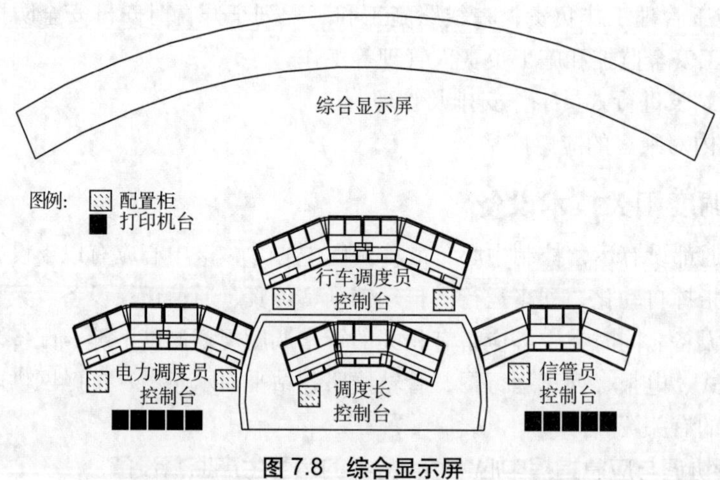

图 7.8　综合显示屏

综合显示屏主要显示有关行车的信息，包括轨道电路、线路、信号平面布置各站及区间线路布置、列车车次及其运行状态。

某轨道交通线路的控制中心一般由四个调度班组人员轮值，实行四班两运转制度。每班组设置 1 名值班主任（或称调度长）、2 名行车调度员、1 名环控调度员、1 名电力调度员、1 名维修调度员。

2）中央级 ATS 工作站

在运营控制中心（OCC）内，综合显示屏可供所有人员监察，而各类工作台的设备按各种专业功能不同而分别设置。控制中心的工作台分别设置了列车自动控制系统、自动售检票终端监控系统、通信系统、电力监控、防灾报警等操作设备，供有关人员操控及监察日常客运作业及处理故障和事故使用。

行车调度员配备若干监视终端和一个操作盘，通过监视器可以监视各车站的情况，可对各车站的站台、站厅进行图像监视，并可对监视图像进行切换，同时也可使用移动摄像机进行监控，并对监视的对象进行录像。

两名行车调度员各配备一台功能相同的中央级 ATS 工作站，每台 ATS 工作站配备三台液晶显示器（LCD），实现对正线全线列车的监视和控制。当中央级 ATS 失效时，由行车调度员授权车站车站值班员在车站级 ATS 上排列行车进路，组织列车运行。当中央级 ATS 恢复后，行车调度员收回 ATS 控制权。

3）通信设备

控制中心的通信设备主要有调度电话、无线调度电话、中央广播设备等。

（1）调度电话

调度电话是为列车运行、电力供应、维修施工、发布命令等提供指挥手段的专用通信工具，包括调度直通电话、公务电话等。

调度直通电话：控制中心设置有防灾调度、行车调度及电力调度直通电话。调度直通电话具有单呼、组呼、全呼、紧急呼叫和录音等功能；各工作台设置有数字话机（ISDN），可实现与其他部门的通信，并具有会议电话功能，以及来电显示、呼叫转移等业务。

知识链接

调度电话已固定各车站的号码，可进行单呼、组呼和全呼，具体操作如下：

① 单个呼叫：直接按固定车站号码键即可接通，也可通过拨号按键呼叫，呼叫前先拿起话筒或按免提键；

② 组呼：可以选固定组，按相关固定键。

自由选组：可以自由地选定需要通话的车站。操作方法是，先按“会议”键，然后按“固定电话键”选择需要加入会议的车站。

③ 全呼：按全呼键，可以接通全部车站调度电话分机。

④ 切换：用分机 1 在与一组车站进行通话时，如果需要再和另外的一组车站通话可以按切换键，将通话切换到分机 2，切换后无须再按其他键即可使用免提进行通话。

⑤ 呼入：当有电话呼入时，该站固定按键上方的红色指示灯会闪亮，按一下该键即可接听，接听时无须断开其他通话，自动保持通话连接。

（2）无线调度电话：包括无线调度台和手持台。

无线调度台：值班调度主管工作台及行车调度员工作台均需设置无线调度台（互为备用），可对列车司机、站场无线工作人员实施无线通信。该设备应具有组呼，紧急呼叫，私密呼叫及对列车进行广播等功能。

手持台：控制中心配备多部手持台用于无线调度台故障时的备用设备，分为车站台、维修台与电力调度台等。在日常交接班时需保持手持台处于良好状态。

（3）中央广播设备

值班调度主管、行车调度及电力调度工作台分别设置广播控制台，可对各车站、停车场、

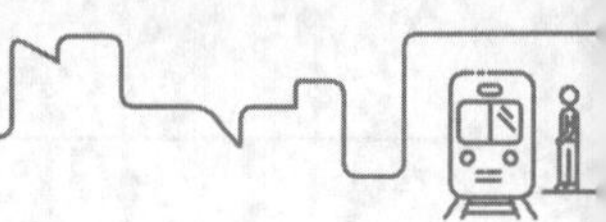

车辆段等相关单位进行广播，具有人工和自动广播两种模式，并可指定区域广播。

任务实施

在城市轨道交通系统中，运营控制中心 OCC 有多个调度工种及多种行车设备。根据所学的相关知识，完成以下任务：

1．分组讨论，小组成员轮流介绍控制中心的相关调度岗位及其工作职责。模拟列车区间火灾事故，进行角色演练（主任调度员、行车调度员、电力调度员、环控调度员），并明确各工种之间的相互关系。

2．分组讨论学习控制中心各类行车设备，描述其功能及应用。

3．各组成员对所学知识进行汇总整理，并撰写心得体会。

任务评价

序　号	评价内容	评价标准	分　数	评分记录		
				学生自评	组间互评	教师评分
1	小组计划	任务明确、分工合理	10			
2	角色演练	协作良好、职责明确	30			
3	行车调度相关设备介绍	功能及应用表述正确	20			
4	语言表达	逻辑清晰、表达清楚	20			
5	学习总结	资料全面、观点明确	20			
总　分			100			

任务三　调度命令

任务目标

1．掌握调度命令的定义及分类。

2．掌握调度命令的发布要求及原则。

3．了解调度命令的发布情况及命令内容。

任务描述

1．作为一名行车调度员，在遇到突发情况需要立即采取紧急措施时，需要下达调度命令，有关行车人员必须严格执行。分组讨论调度命令的分类及发布情况。

2．在遇到特殊情况需要下达调度命令时，为了规范发令一般对常见的调度命令格式及用语进行了统一，小组成员互相练习，掌握口头命令的下达及书面命令的填写。

相关知识

一、调度命令的分类

调度命令是行车调度员在调度指挥工作中对行车有关人员发出的要求其完成某些行动的指令，见表 7.2。

表 7.2 调度命令

______年______月______日______时______分

受令处所		命令号码	行调姓名（代码）
命令内容			

车站值班员 / 车辆段调度员 / 派班室： 行车专用章：

注：规格 110 mm × 160 mm。

调度命令按命令形式分为口头命令和书面命令。口头命令与书面命令虽然形式不同，但具有同样的严肃性，均须做到规范发令、严格执行。

1. 口头命令

一般是对单个受令对象（一般为列车司机）直接发布的短期性指令。在无线录音设备正常状态时，行车调度员发布的行车调度命令均以口头命令下达，包含的内容有命令号、受令人处所、受令人、受令内容、发布日期及时间、发令人姓名及复诵人姓名。

2. 书面命令

一般至少有两个受令对象，以书面形式发布的有较长时效的指令，发至列车司机的书面命令由车站值班员或车辆段调度员送达列车司机。书面调度命令必须填写“调度命令登记簿”，见表 7.3。

表 7.3 调度命令登记簿

______年 编号：

月日	命令				复诵人姓名（代码）	接受命令人姓名（代码）	调度姓名（代号）	备注
	发令时间	命令号码	受令及抄知处所	内容				

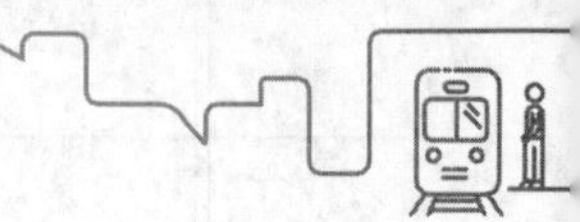

续表

月日	命令				复诵人姓名（代码）	接受命令人姓名（代码）	调度姓名（代号）	备注
	发令时间	命令号码	受令及抄知处所	内容				

二、调度命令的发布要求

① 调度命令分类及命令号码使用按《行车组织规则》规定执行。

② 发布调度命令前，行车调度员应详细了解现场情况，听取有关人员意见，严禁臆测发令。

③ 发布书面命令时，应先拟后发，并填写书面“调度命令登记簿”，经另一行车调度员和值班主任确认后方可发布。发布口头命令时，应确保受令人明白调度意图。

④ 调度工作用语，必须使用普通话，吐字清晰，语速适中。

⑤ 行车调度员发令完毕后以行调代码作为结束语。

⑥ 行车调度员发布命令时，在车辆段（停车场）由车辆段调度员负责传达，在正线（辅助线）由车站值班员负责传达。传达给列车司机或其他有关人员的书面命令应盖有行车专用章。

⑦ 同时向多个受令处所发布调度命令时，行车调度员应指定其中一人复诵，其他人核对，确保无误。收发书面调度命令时，应填记书面“调度命令登记簿”，并记明收发人员姓名及时间。

⑧ 发布调度命令，应使用具备录音功能的通信设备。若使用计算机、传真机发布调度命令时，命令接受人员确认无误后应及时反馈回执。

⑨ 命令中空缺的内容应正确填写，做到不随意涂改。如调度命令内容与固定格式中虚体字内容相吻合时，应及时描实，不需要的虚体字内容用横线划掉。

⑩ 下达命令时，命令号每天由 1 ~ 100 顺序循环使用，每个循环不得漏号、跳号、重号使用，发令日期、发令时间按实际发令时间填写，并如实记录在“调度命令登记簿”上，不能随意涂改。如有涂改，应由发布命令的调度员盖章确认，发布调度命令后，应及时将调度命令按照顺序号装订成册，做到不遗漏、不颠倒顺序。

⑪ 在日常执行中如无法及时把调度命令交付列车司机，应适时完成补交手续。

⑫ 过线的命令由所涉及线路的行车调度员共同拟定命令内容，由发车线行车调度员编写命令；经值班主任确认后使用值班主任命令号码由各线路行调向本线相关单位发布。

三、调度命令的发布情况

1. **书面命令**（特殊情况下可先用口头命令，事后补发书面）

① 线路限速或取消线路限速；

② 封锁及开通线路；

③ 封闭车站及解除封闭；

④ 开行工程列车；

⑤ 行车调度认为有必要记录的其他命令。

2. 口头命令

① 临时加开或停开列车；

② 客车退行；

③ 停站客车临时变通过；

④ 列车中途清客；

⑤ 变更列车进路；

⑥ 按电话闭塞组织行车及取消电话闭塞；

⑦ 列车救援。

四、调度命令的编制与传达

1. 调度命令号码的编制

调度命令号码的编制应按不同工种分别编号，行车调度命令号码按日循环，其他工种调度命令号码按月循环。调度命令日期的划分以 0:00 为界。各级调度命令的保存期限一般为 1 年。

知识链接

以某地铁公司为例，调度命令号码编号如下：

① 值班主任：101 ~ 199。

② 行车调度：201 ~ 299。

③ 信号楼调度：301 ~ 399。

④ 电力调度：

变电所倒闸命令：401 ~ 499。

接触网倒闸命令：501 ~ 599。

施工作业令：601 ~ 699。

⑤ 环控调度：701 ~ 799。

2. 调度命令内容

为了使行车调度命令发布规范化、用语标准化，调度命令内容更加准确、简练、清晰完整，从而提高工作效率，确保安全生产，各轨道交通企业均对常用的行车调度命令格式和用语进行统一，目的是强化发布调度命令的标准化作业，保证行车安全。

1）书面命令的标准格式及内容编制

调度命令内容包括发令人、受令单位、受令人、命令要求等。书写调度命令应简明扼要、用语规范，常见的书面命令样板如下：

（1）采用站间电话联系法行车命令

受令者：<u>××</u>站至<u>××</u>站，<u>××</u>站并交<u>××</u>驾驶员。

内容：“因______站联锁设备故障，自<u>发令</u>时起，______站至______站______行线正线采用站间电话联系法组织行车。”

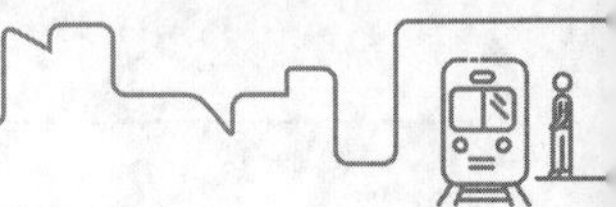

（2）区间下人命令

受令者：××站并交××驾驶员。

内容：“自______时起，准______单位人员______，凭令登______次列车，在______站______至______站______行区间抢修施工。”

（3）救援命令

受令者：××站至××站，××站并交××驾驶员、××驾驶员。

内容：“自______时起，准______站______行故障列车清客，同时，______次在______站清客后开救______次至______站（站外）与故障车连挂（牵引／推进）运行至______站（回段／折返线）。”

（4）限速命令

受令者：××站至××站，车辆段派班室，××站（车辆段派班室）并交××驾驶员。

内容：“自______时起，至______时止，______站至______站______行线列车限速______公里／小时运行。”

（5）取消限速命令

受令者：××站至××站，车辆段派班室。

内容：“自______时起，取消______站至______站______行线列车限速______公里／小时，恢复正常速度运行。”

（6）封锁区间命令

受令者：××站，××站并交××驾驶员。

内容：“自______时起，至______时止，段（站）发______次至______站（站外或折返线），______站（站外或折返线）至______站（站外或折返线）封闭，准______次凭令进入封锁区间。______次至______站（站外或折返线）后，封锁区间自行解除。”

（7）加开施工列车命令

受令者：车场信号楼、派班室、××站至××站，车场派班室（站）并交××驾驶员。

内容：“因______单位施工需要，准（车场）______站至______站上／行正线加开______次，返程______站至______站（车场）开______次；______次由车场（______站）时分开；______次凭地面信号显示行车；______次到______站上／下行站台待令。”

2）口头命令的标准格式及内容编制

（1）列车清客

内容：“命令号______，准______站（至______站）上／下行______次______号车，______站清客。”

（2）载客通过

内容：“命令号______，准______站（至______站）上／下行______次______号车，______站（至______站）上／下行载客通过。”

（3）列车退行

内容：“命令号______，准______站（至______站）上／下行______次______号车，退行至______处／站（上下客）。”

3. 调度命令的传达

调度员采用计算机发布调度命令时，必须严格遵守“一拟、二审核（按规定需监控人审核的）、三签（按规定需领导、值班主任签发的）、四发布、五确认签收”的发布程序。受令人必须认真核对命令内容并及时签收。采用电话发布调度命令时，必须严格遵守“一拟、二审核（按规定需监控人审核的）、三签（按规定需领导、值班主任签发的）、四发布、五复诵核对、六下达命令号码和时间”的发布程序。

行车调度员发布调度命令时，在车辆段由派班员负责传达，在正线由车站值班站长（车站值班员）负责传达，传达给列车司机或其他有关人员的书面命令应盖有车站（车辆段）行车专用章。

行车调度员在发布调度命令时，须指定受令人员中一人复诵，认真核对受令人员的复诵内容，发现错误及时更正。受令人员在接收命令时如有遗漏或不清之处，应及时向发令行车调度员提出核对、更正。如调度命令需要转交时，须根据命令内容所涉及的单位或人员，及时转交调度命令。

任务实施

在城市轨道交通系统运营中，遇到突发情况行调会按规定下达调度命令，有关人员接到命令后要严格执行，以保证行车安全。根据所学的相关知识，完成以下任务：

1．分组讨论，小组成员轮流介绍调度命令的分类、特点、发布情况。

2．组员之间进行角色演练（行车调度员、列车司机），掌握口头命令下达；拟定两种情况，每人填写 2 份书面调度命令，掌握书面命令的有关填写要求。

3．各组成员对所学知识进行汇总整理，并撰写心得体会。

任务评价

序　号	评价内容	评价标准	分　数	评分记录		
				学生自评	组间互评	教师评分
1	小组计划	任务明确、分工合理	10			
2	调度命令填写	内容正确，书写规范	20			
3	角色演练	协作良好、职责明确	30			
4	语言表达	逻辑清晰、表达清楚	20			
5	学习总结	资料全面、观点明确	20			
总　分			100			

任务四　行调日常工作组织

任务目标

1．了解行调日常工作流程。

2．了解行调工作考核指标。

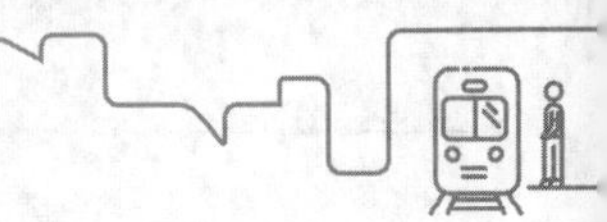

任务描述

行车调度员代表公司最高领导组织指挥行车工作，是地铁运营企业一切行车工作的组织者和指挥者，具有单一的指挥权，肩负着完成领导交代的任务、按图行车、处置突发事件以及组织人员在线路施工的重要职责。作为一名行车调度员，应明确其日常工作流程并掌握行调考核标准。

相关知识

一、行调日常工作流程

以某地铁公司为例，介绍行车调度员日常主要工作流程：

1. 运营前的准备工作

① 根据地铁“施工情况控制表”检查当晚的所有维修施工及调试作业是否完毕，并已销点、线路出清。

② 与车站及车辆段核对当日“运营时刻表”以及钟表时间，并与车辆段派班室确认车辆段列车司机准备情况。

③ 运行开始前 30 min，各车站按规定须做完运行前的检查。检查后一切正常时，向行车调度员报告：本站影响行车的施工已结束，线路出清，具备运营条件。如检查发现异常或影响行车的情况时，需及时向行调汇报。

④ 运行开始前 20 min，维调向行车调度员报告：全线线路、轨道、接触网巡检完毕，线路、人员已出清，具备行车条件。如设备影响行车时，需及时告知行车调度员。

⑤ 检查接触网是否带电。

行车调度员确认地铁“施工情况控制表”有关停电作业施工已销点、线路出清、地线拆除。行车调度员、值班主任与电力调度员共同确认接触网送电情况。同时行车调度员需确认“送电通知”已向车站 / 车辆段发布。

⑥ 试验进路和道岔。

A．行车调度员确认施工结束、线路出清后，通知车站进行试验进路、道岔的工作，车站将检查结果报给行调。

B．若试验期间发现异常，行车调度员应及时通知维调派人进行抢修；无法修复时，应立即与值班主任协商，采取应急措施，维持运营，降低影响范围。

⑦ 检查中央调度监控设备。

确认中央监控设备的各种元素显示正确无误，确认各种故障报警信息，同时根据“运营时刻表”执行说明的要求，及时装载和执行相应“运营时刻表”。

2. 列车出入段组织

1）列车出段安排

正线送电后，行车调度员要向车辆段调度、车辆段信号楼及各站发布正线送电通知，由信号楼通知出勤的所有列车司机正线已经送电的信息。列车出车辆段前行调自己或通知车站在相关设备上将有关出段不需转动的道岔单独锁定在进路位置，并把相关信号机的自排 / 追踪功能关闭，防止错误排列进路。列车出车辆段时，行车调度员与列车司机要试验无线电话的通话效果，确认车次号和车底号是否正确。

2）正线运行

行车调度员严格按照“运营时刻表”指挥行车，按时组织运营客车从车辆段进入正线，到达指定位置。开行首班车时，严禁早点开出，要求列车司机加强瞭望，注意线路情况。

3）组织列车回段

行车调度员根据“运营时刻表”，组织尾班车正点运行，尾班车禁止早点开出。列车运营结束后，回车辆段前行车调度员在 HMI（信号系统 ATS 的人机接口）或通知车站在车站工作站上将有关回段不需转动的道岔单独锁定在进路位置，并把相关信号机的自排 / 追踪功能关闭，防止错误排列进路，同时检查车辆段内列车回车辆段的线路是否出清，接触网是否已送电。

3. 运营中的监督

① 当列车发生早点时，行车调度员可用口头调度命令进行扣车，或适当延长客车的停站时分，使列车在后续车站正点开出。

② 扣车的方式及相关规定。

行车调度员需扣车时，可直接通知列车司机待令或通过车站通知列车司机扣车；在设备上扣车或通知车站在设备上扣车。行车调度员通知列车司机扣车，待令应使用无线调度电话，若遇到无线调度电话故障时可使用手持台，必要时，可以使用紧急呼叫功能；无线调度电话紧急呼叫时，列车司机必须迅速接听。行车调度员直接通知列车司机执行扣车时，列车司机还必须同时通知车站。

③ 当列车发生晚点时，行车调度员通过相关车站和列车司机了解晚点原因，要求前方站组织好乘客上、下车，并及时通报晚点信息。对于发生延误的列车，行车调度员在不影响列车运行的情况下应先向列车司机了解初步原因，并要求列车司机到达终点站后主动联系行车调度员汇报详细处理情况。在确保安全的前提下，行车调度员可以根据实际情况，采用到达列车替开后续列车、备用车上线替开晚点列车、变更列车折返进路、变更列车目的地运行等各种灵活的列车调整方法进行运营调整。

小贴士：轨道交通企业统计电客车晚点，是根据列车运行到达终点站时，比照“运营时刻表”单程每列晚点时间，判定是否属于晚点列车。一般晚点时间是根据具体线路的开通运营情况、行车间隔等各种因素设定的，各轨道交通企业有所不同。

④ 遇列车故障无法维持运营时，行车调度员组织列车退出服务，在有备用车时，安排备用车上线调整。若以上方法均无法实现按运行图组织行车时，行车调度员则组织相关列车抽线调整。

⑤ 运营时间内客车出入车辆段组织。

列车从出 / 入段线将列车接入正线时，行车调度员必须先组织其他有影响客车扣停，确认进路排列成功后，及时通知列车司机启动车。

运营时间内需组织客车入车辆段时，原则上从入段线回车辆段。正常情况下，行车调度员在组织列车入段前 40 min 应先通知车辆段调度列车回段进路、车次和车底号。

4. 运营结束后的相关工作

1）工程车开行组织规定

工程车的开行依据是按照施工行车通告（见图 7.9）或日补充计划、临时补修计划的规定和要求执行，发布工程车开行的调度命令。临时的特殊情况按行车调度员命令执行。

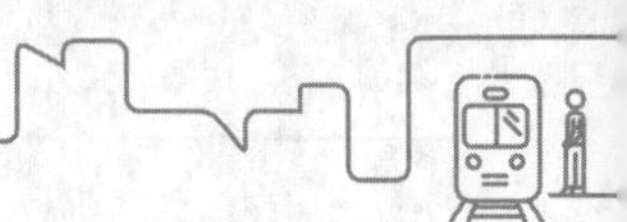

作业日期	作业代码	作业部门（单位）	作业时间	作业名称	作业区域	接触网供电安排	配合部门	申报人	防护措施	备注
2018-11-16	1A1-16-001	乘务一车间	（次日）00:40~（次日）03:30	正线列车司机学员电客车驾驶培训	木渎站 - 钟南街站上下行线入段线，出段线，木渎交叉渡线，苏州乐园折返线Ⅱ道，苏州乐园折返线Ⅰ道，广济南路停车线，乐桥单渡线，东环路单渡线，星海广场停车线，星湖街单渡线，钟南街单渡线	A1~A8，B1~B8，C1~C4带电；	检修一车间：提供符合正线运行的电客车2辆；广济路调度所：行调配合列车司机按正线运营方式组织列车运行。	李晓峰 电话： ×××	施工负责人现场监控	主站：木渎站
2018-11-16	1A2-16-001	轨道巡检工班	23:50~（次日）00:30	正线人工巡检 - 双日检	钟南街站上下行线钟南街存车线Ⅱ道，钟南街存车线Ⅰ道，钟南街折返线Ⅱ道，钟南街折返线Ⅰ道	无要求		马杰 电话： ×××	作业人员穿荧光衣，穿劳保鞋，戴安全帽	主站：钟南街站。需请车站配合开启区间照明
2018-11-16	1A3-16-001	供电机电中心供电一车间高压委外	（次日）00:25~（次日）04:30	35 kV Ⅱ段 GIS 开关柜（含母联 103 柜）二次设备、2# 动力变、400 V Ⅱ段开关柜中修及试验	塔园路站降压变电所、苏州乐园站降压变电所、滨河路站牵引降压混合变电所	无要求	机电一车间：需机电一车间低压专业配合	安国强 电话： ×××	作业人员穿劳保鞋，戴安全帽，与带电设备保持足够的安全距离	主站：塔园路站。1. 本次作业会造成塔园路站低压一类负荷短时切换，部分二、三类负荷停电；滨河路站低压一类负荷短时切换，部分二、三类负荷短时停电；2. 作业完毕需重启通信管理机备机

图 7.9　施工行车通告

非运营时间，行车调度员负责工程车进路监控，与工程车司机、车长的联系及与各站（含车辆段信号楼）布置、落实工程车开行的有关事宜；负责与相关车站办理施工请点登记、审批和销点工作。工程车开车前发布好相关的书面调度命令。

行车调度员在同意工程车开车前，必须在“施工情况控制表”上确认工程车运行的前方进路无施工作业，并确认工程车运行的前方进路已准备好。在工程车出车辆段前，工程车司机要与行车调度员试验无线电话的性能；工程车在运行中行车调度员要加强与司机和车长的联系，掌握工程车运行计划，确认进路。行车调度员组织工程车正线运行时，应尽量避免分段行车；当前方施工作业未按时结束或因特殊情况须组织工程车分段运行时，行车调度员通知（或经车站通知）工程车司机允许运行的起、止站，司机必须复诵。行车调度员需向司机发布书面调度命令，当使用无线电话联系不到司机时，需提前通知车站接发工程车并传达调度命令。

2）调试列车开行组织规定

开行调试列车的前提条件是在列车结束服务后的时间进行或在不开行列车的线路上进行，开行调试列车的线路已出清。

行车调度员根据《施工行车通告》安排或“运营时刻表”执行说明组织调试列车上正线运行。调试列车临时变更调试计划时，需值班主任批准。行车调度员根据行车设备施工检修管理的相关要求，设置相应的防护，及时向相关岗位发布列车上正线调试的调度命令，并负责排列调试列车的运行进路。

二、行车调度工作考核指标

1. 列车运行图的兑现率

列车运行图的兑现率体现了基本运行图的完成情况。计算公式如下：

$$兑现率=\frac{实际开行列车数}{计划开行列车数}\times 100\% \quad (7.1)$$

式中 计划开行列车数——当日运行图计划开行列车总数（含空车）；

实际开行列车数——当日实际开行的计划列车数（不包含加开列车），实际开行列数＝计划开行列车数－运休列车数；

运休列车数——由于各种原因（客车、天气等），取消的计划列车数（包含计划空车）。

$$总开行列车=实际开行列车数+加开列车数 \quad (7.2)$$

式中 加开列车数——全天在计划开行列车数的基础上增开的列车数，包括空车和载客车。

2. 列车正点率

列车正点率是指一定时期内正点运行的列车与全部开行列车数之比。计算公式如下：

$$列车正点率=\frac{正点运行列车数}{全部开行列车数}\times 100\% \quad (7.3)$$

列车正点率包括列车始发正点率和列车到达正点率，列车正点统计的规定如下：

① 凡按列车运行图规定的车次、时间正点始发、正点运行的列车统计为正点列车数，早点或晚点不超过系统规定时间的按正点列车统计；临时加开的列车按正点统计。

② 由于客流的变化，行车调度员采取临时措施，抽调或加开部分列车时，调整后的运行时间，一律按正点统计。

③ 列车运行时刻的确定。

A．到达时刻：以列车在站台规定位置停稳，不再移动为准。

B．出发时刻：以列车在车站（或存车场、车库）启动时刻为准。

C．通过时刻：以列车前部机车通过车站规定位置为准。

3. 平均满载率指标

平均满载率是指在单位时间内，车辆载客能力的平均利用效率。计算公式如下：

$$平均满载率=\frac{日均客运量\times 平均运距}{输送能力\times 线路长度}\times 100\% \quad (7.4)$$

4. 清客统计

当运营列车发生清客时，需要在车站或区间将车上的旅客清除至站台，该列车按清客统计。

5. 载客通过（放站）

由于运输的需要，载客列车在运行过程中要某一站或某些站不停车通过，该列车放站统计。

6. 责任事故率

责任事故率是指在单位距离内，发生责任事故的比率。计算公式如下：

$$责任事故率=\frac{责任事故次数}{列车走行公里}\times 100\% \quad (7.5)$$

任务实施

控制中心按分工管理原则设置了多个调度工种，但在日常行车指挥过程中，是以行车调度为核心，其他专业调度配合。根据所学的相关知识，完成以下任务：

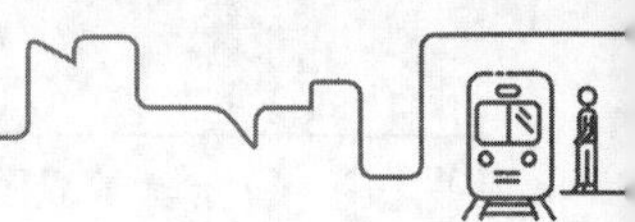

1．分组讨论，小组成员介绍行调日常工作流程及注意事项。

2．分组讨论学习行调工作考核指标。

3．各组成员对所学知识进行汇总整理，并撰写心得体会。

任务评价

序　号	评价内容	评价标准	分　数	评分记录		
				学生自评	组间互评	教师评分
1	小组计划	任务明确、分工合理	10			
2	行调工作流程	流程清楚、表述正确	30			
3	行调考核指标	计算无误	20			
4	语言表达	逻辑清晰、表达清楚	20			
5	学习总结	资料全面、观点明确	20			
总　分			100			

项目小结

行车调度工作是保证城市轨道交通安全运行的关键举措，是轨道交通安全运行的保障。行车调度是轨道交通运营的核心工种，代表运营公司领导组织指挥日常运营工作，担负着确保运营安全、高效、有序的重要责任。

本项目从行车调度组织机构入手，分别介绍了COCC和OCC的基本功能及任务要求、行车调度工作的基本原则、行车调度组织方式、行车相关岗位及职责、调度命令的分类及发布要求、行调的日常工作等，通过本项目的学习，学生对行车调度工作有了全面的了解和更深入的认识。

巩固与练习

一、单选题

1．（　　）负责协调整个运营网络中的各条线路运营控制中心和相关部门，对路网的运营状态、设备运行情况进行实时监控。

A．COCC　　B．OCC

C．站控室　　D．车场控制室

2．环控和防灾报警设备由（　　）统一指挥。

A．行车调度员　　B．客运调度员

C．环控调度员　　D．电力调度员

3．车站控制室为（　　）调度机构。

A. 一级　　B. 二级　　C. 三级　　D. 四级

4. 车站行车组织工作由车站当班（　　）统一负责，车站值班员协助。

A. 行车调度员　　B. 中心站长　　C. 值班站长　　D. 站务员

5. 车场信号控制室设有微机联锁设备，集中控制车辆段范围内的进路、道岔和信号机，隶属（　　）管理。

A. 行车调度员　　B. 客运调度员

C. 环控调度员　　D. 车场调度员

6. 行车有关人员必须服从（　　）的指挥，执行命令。

A. 行车调度员　　B. 值班站长

C. 车站值班员　　D. 车场调度员

7. 调度命令是指（　　）在调度指挥过程中对行车有关人员发出的要求，并强制其配合完成的指令。

A. 行车调度员　　B. 值班站长

C. 车站值班员　　D. 主任调度员

8. 发布口头命令的常用范围不包括（　　）。

A. 临时加开或停开列车　　B. 封锁开通线路

C. 停站列车临时变通过　　D. 改变列车驾驶模式

二、多选题

1. 某一条线路的行车指挥系统由（　　）三大组成部分。

A. COCC　　B. OCC　　C. 车站　　D. 车辆段

2. 运营控制中心（OCC）行车调度相关设备有（　　）。

A. 综合显示屏　　B. 中央级 ATS 工作站

C. 通信设备　　D. LOW 工作站

3. 行车调度组织方式有（　　）。

A. 行车指挥自动化　　B. 调度集中

C. 人工调度　　D. 电话调度

三、判断题

1. 大城市的轨道交通调度控制中心一般分为两个层次：中央运营协调与应急指挥中心（COCC）和线路运营控制中心（OCC）。（　　）

A. 正确　　B. 错误

2. 一级指挥为：行车调度员、电力调度员、环控调度员、客运调度员和维修调度员等。（　　）

A. 正确　　B. 错误

3. 运营时刻表（列车运行图）是行车组织工作的基础，凡与列车运行有关的各部门都必须根据运营时刻表的规定组织本部门的工作。（　　）

A. 正确　　B. 错误

4. 城市轨道交通每条运营线路均采用单线双方向的运行方式，运营客车在两端终点站之间循环运行。（　　）

A. 正确　　B. 错误

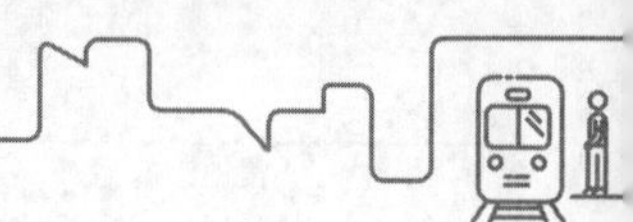

5. 客车在运行中列车司机应在前端驾驶，一般客车正线最高运行速度为 80 km/h。(　　)

A. 正确　　B. 错误

6. 当联锁区内线路上某段计轴出现故障需要复位时，由行车调度员授权车站车站值班员在计轴复位盘上按下某段计轴的复位按钮进行复位。(　　)

A. 正确　　B. 错误

7. 口头命令：一般至少有两个受令对象。有时还需送达驾驶员，较长时间影响行车的命令一般为书面命令。(　　)

A. 正确　　B. 错误

四、简答题

1. 城市轨道交通调度机构工作岗位是如何设置的？主要职责有哪些？
2. 行车调度工作的基本任务是什么？
3. 行车调度的控制方式有哪几种？
4. 调度命令发布有何要求？
5. 调度命令在哪些情况下发布？
6. 常用的列车运行调整方法有哪些？
7. 行车调度工作考核指标主要有哪些？

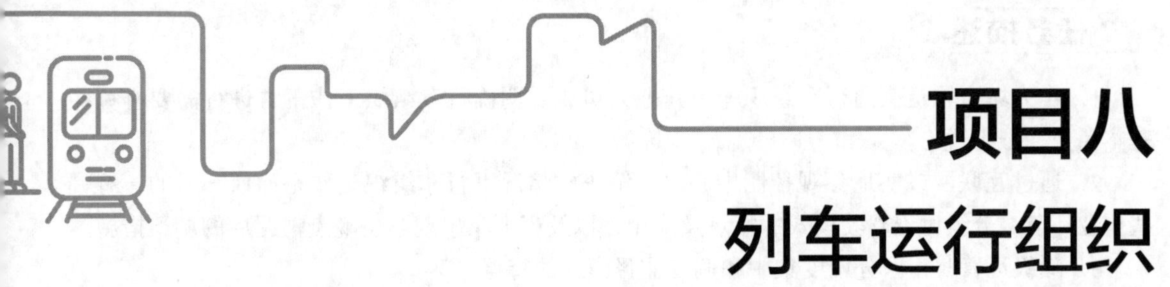

项目八 列车运行组织

项目描述

在信号设备系统正常的情况下，控制中心、车站、列车能按照信号系统所提供的功能、运行条件、列车运行模式按运行计划组织列车运行。一旦发生设备故障、列车故障等情况，则会导致列车晚点、运行秩序紊乱，如何处理尽快恢复列车“按图行车”？

本项目将从正常情况下的行车组织和非正常情况的行车组织两个方面进行介绍。

学习目标

1. 知识目标

了解列车自动控制系统 ATC 的组成及原理；掌握行车指挥自动化时的列车运行组织；掌握各种驾驶模式的特点及应用，掌握列车运行调整方法；掌握 ATC 设备及联锁设备故障时的处理流程；掌握特殊情况下的行车组织；掌握救援列车的开行原则。

2. 能力目标

能掌握 ATC 三个子系统的功能及相互关系；能掌握列车运行组织环节；能根据不同情况选择合适的驾驶模式；能根据列车偏离运行图的情况提出运行调整措施；能掌握调度集中及调度监督时的列车运行组织；能根据 ATC 三个子系统的不同故障提出运营组织措施；能根据联锁设备的故障情况给出应对措施；能组织特殊情况下的行车；能组织实施救援列车的开行工作。

3. 素质目标

认识到列车运行组织工作的重要性，树立有备无患的风险意识，培养学生应对设备故障、突发情况的处理能力，保证日常行车组织工作顺利进行，实现“按图行车”。

任务一　正常情况下的行车组织

任务目标

1．掌握 ATC 的构成及各系统功能。

2．掌握行车指挥自动化时的列车运行调整。

3．掌握调度集中时的列车运行组织。

4．了解调度监督下的半自动运行控制。

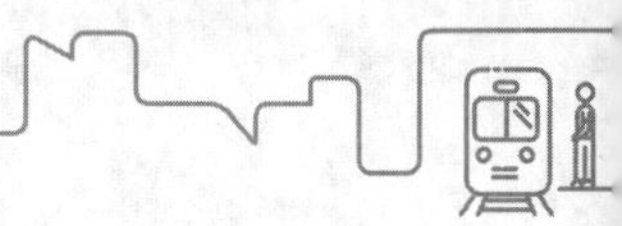

任务描述

1．作为城市轨道交通行车组织相关作业人员，要明确行车组织工作正常进行需要有哪些基本条件，分组讨论。

2．通过互联网或实地参观控制中心，了解正常情况下行车组织工作是如何开展的，有哪些作业环节。分组讨论驾驶模式的特点及应用，以及当列车出现早、晚点情况后的调整措施。

3．降级运营时，区分调度集中和调度监督模式的特点。

相关知识

一、正常情况下的行车组织基本条件

列车运行组织经历了人工控制方式、调度集中、行车指挥自动化三个阶段，其中行车指挥自动化不需要调度员太多人工操作，仅需进行监控即可，其余两种均需调度人工介入进行行车指挥工作。城市轨道交通运行控制设备正逐步向自动化、远程化、计算机化发展，现代地铁的行车组织控制方式多以行车指挥自动化为主，本次任务将重点介绍行车指挥自动化的列车运行组织。

行车指挥自动化是利用电子计算机控制调度集中设备，指挥列车运行的一种自动远程遥控设备，其中列车自动控制系统 ATC 是实现该模式的基础。

列车自动控制系统（ATC）的构成是列车自动运行全过程的控制系统，它由列车自动监控系统（ATS）、列车自动防护系统（ATP）以及列车自动运行系统（ATO）三个子系统组成，ATP、ATO、ATS 三个子系统既相互独立又相互联系，组成完整的 ATC 系统，确保列车安全、快速、高效和有序地运行，如图 8.1 所示。

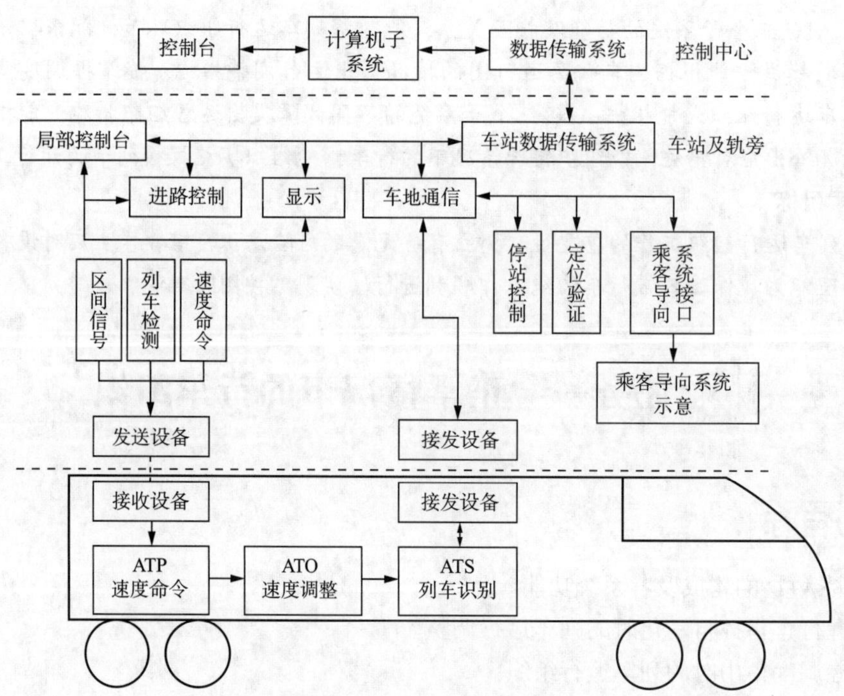

图 8.1　ATC 系统结构示意图

1. 列车自动监控系统（Automatic Train Supervision，ATS）

ATS 的主要功能是监督列车状态、产生列车时刻表，自动调整列车运行时刻和保证列车按时刻表正点运行，生成运行报告和统计报告，向乘客导向系统提供信息等。

ATS 可自动或由人工控制进路，进行行车调度指挥，并向行车调度员和外部系统提供信息。ATS 的主要功能由位于控制中心（OCC）内的设备实现。

2. 列车自动防护系统（Automatic Train Protection，ATP）

ATP 的主要作用是根据故障导向安全原则，通过 ATP 系统和地面 ATP 系统间的信息传输，来实现列车间安全距离的监控、速度控制、列车的超速防护、安全开关门的监督和进路的安全监控等功能，确保列车和乘客的安全。

ATP 系统的功能是对列车运行进行超速防护，对与安全相关的设备实时监控，实现列车位置检测，保证列车间的安全距离，保证列车在安全速度下运行，完成信号显示、故障报警、降级提示、列车参数和线路的输入，通过与 ATS、ATO 及车辆系统接口，并进行信息交换。

3. 列车自动运行系统（Automatic Train Operation，ATO）

ATO 主要通过车载 ATO 功能完成系统站间自动运行、列车速度调节和进站定点停车，并接受控制中心（OCC）的运行调度命令，实现列车的运行自动调整。

ATO 系统是控制列车自动运行和车站自动停车的设备。ATO 系统主要用于实现“地对车控制”，即用地面信息实现对列车驱动、制动的控制，包括列车自动折返，根据控制中心指令自动完成对列车的起动、牵引、惰行和制动，送出车门和屏蔽门同步开关信号，使列车按最佳工况正点、安全、平稳地运行。

行车指挥自动化时，自动闭塞为基本闭塞法，其主要功能有：

① 由基本列车运行图或计划列车运行图生成使用列车运行图；

② 自动或人工控制管辖范围内各车站的发车表示器、道岔以及排列列车进路；

③ 跟踪正线列车运行，显示各车站发车表示器开闭、进路占有和列车车次、列车运行状态等；

④ 自动或人工进行列车运行调整；

⑤ 自动绘制实际列车运行图和生成运营统计报告。

二、行车指挥自动化时的列车运行组织

行车调度组织工作是指在运营时间内采用基本列车运行控制方式和基本行车闭塞法情况下的列车运行组织，包括运营前的准备工作、列车出入段、列车正线运行、列车正线运行调整等作业环节。

1. 运营前的准备工作

在行车指挥自动化情况下，由电子计算机通过调度集中设备实现当日使用列车运行图、列车进路自动排列和列车运行自动调整，指挥列车运行。控制中心 ATS 通常储存数个基本列车运行图，经过加开或停运列车等修改后的基本列车运行图称为计划列车运行图。使用列车运行图是当日列车运行的计划，由基本列车运行图或计划列车运行图生成。

行车调度员通过显示盘与工作站显示器，准确掌握线路上列车运行和分布情况、区间和站内线路的占用情况，以及发车表示器的显示状态和道岔开通位置等。行车调度员也可应用人工功能，通过工作站终端键盘输入各种控制命令，控制管辖线路上的发车表示器、道岔及排

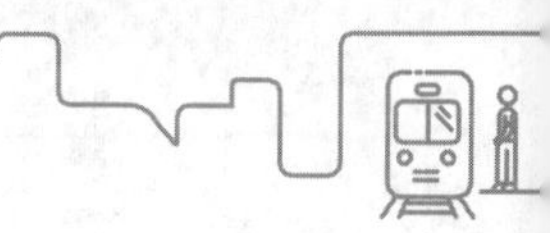

列列车进路，进行列车运行调整。

在行车指挥自动化情况下，列车占用区间的行车凭证为列车收到的速度码，凭发车表示器显示的稳定白色灯光发车，如发车表示器故障无显示，凭行车调度员的命令发车。追踪运行列车间的安全间隔由 ATP 子系统自动实现。

2. 列车出入段

车辆段内的列车驾驶模式采用限制人工驾驶 (RM) 模式。所有设备正常的情况下，列车按照设计的模式运行。因车辆段没有安装轨旁 ATP 设备，且联锁设备为 6502 电气集中联锁或微机联锁，与 ATP 设备没有接口关系，列车在车辆段范围内只能用 RM 模式运行，车载 ATP 提供 25 km/h 的超速防护。

列车出入段的程序如下：

① 列车整备完毕且列车状态符合正线服务后，报告信号楼值班员列车整备完毕。

② 确认出厂信号开放，按该列车出车厂时刻以 RM 模式驾驶列车出库，整列离开库门前限速 5 km/h。库大门前、平交道口应一度停车，确认线路状况良好后动车。

③ 列车运行到转换轨一度停车，待显示屏收到速度码，“ATO”灯亮后，列车司机确认进入进路防护信号开放，以 ATO/SM 模式运行至车站。

3. 列车正线运行

列车是指在正线上拥有车次号且正常运行、按规定辆数编组、有明显列车标志的车组，用车次来进行标识。不同的城市、不同的线路、不同的车型车辆的驾驶模式略有区别，城市轨道交通车辆的驾驶模式有 ATO 模式（列车自动驾驶模式）、SM 模式（受监控的人工驾驶模式）、RM 模式（受限制的人工驾驶模式）、URM 模式（不受限制的人工驾驶模式）、AR（列车自动折返模式）五种模式。

在正线运行时 ATO 模式和 SM 模式均为正常运营模式，RM 和 URM 模式均为非正常的运营模式，驾驶模式选择器如图 8.2 所示。

图 8.2 驾驶模式选择器

1）列车自动驾驶模式（ATO 模式，或称 AM 模式）

ATO 模式是最优先级的驾驶模式。该模式下，列车的启动、加速、惰行、制动、精确停车、开关门及折返等所有运行指令由车载信号设备控制发出，通过信号系统与列车网络通信提供给列车牵引/制动系统及门控系统，不需要列车司机操作。ATO 在 ATP 的监督下根据给定的速度曲线控制列车的运行，并在超过最大允许速度时实施紧急制动。进入 ATO 驾驶模式后，若系统设备正常，没有人工干预，此驾驶模式维持不变。

客室开门方式可通过驾驶员台上的“门模式”开关进行选择，可选择“自动开 / 关门”“自动开门 / 人工关门”“人工开 / 关门”三种模式。列车在站台规定位置停稳时，门允许灯亮，此时开关门指令有效。站停时间结束时，车门、站台屏蔽门自动或人工关闭，列车司机按压 ATO 启动按钮，列车离站。列车正线的运行一般采用此驾驶模式，遇紧急情况或需要时随时可以人工干预。

2）受监控人工驾驶模式（SM 模式，或称 ATPM，还有的称 CM 模式）

SM 模式是次优先级的驾驶模式。该模式下，列车的速度、监控、运行及制动等所有运行指令在车载信号设备限制下由列车司机人工操作。ATP 根据给定的速度曲线连续监督列车的运行，并在超过最大允许速度时实施紧急制动。

开关车门由驾驶员人工控制，列车在站台规定位置停稳时，门允许灯亮，此时开关门指令有效。驾驶培训时或当 ATO 设备故障但 ATP 设备良好时采用该驾驶模式。

3）限制人工驾驶模式（RM 模式，或称 SR 模式）

RM 模式是较低级的驾驶模式。该模式下，列车的速度、监控、运行及制动由列车司机操作，车载信号设备仅对列车特定速度（25 km/h）进行超速防护。车载信号设备在列车超速（大于 25 km/h）时实施紧急制动。开关车门由列车司机人工控制，进行列车车门及屏蔽门的开关作业。列车在车辆段的运行或正线联锁、轨道电路或轨旁 ATP 设备或者 ATP 列车天线故障、列车紧急制动后均采用此驾驶模式。此模式下，列车不响应车站控制室或站台紧急停车按钮触发的紧急停车制动指令。

4）非限制人工驾驶模式（URM 模式，或称 NRM 模式，还有的称 IS 模式或 BY 模式）

URM 模式又称车载信号设备切除模式，是故障级驾驶模式。该模式下，列车的速度、监控、运行及制动完全由列车司机操作，没有 ATP 超速防护。列车司机根据信号机的显示和行车调度员的命令驾驶列车。只有在 ATP 故障时或车辆部分设备检修测试时使用该模式，属于故障级驾驶模式。有的线路采用该模式，最高运行速度达 80 km/h，后退时最高速度达 10 km/h。不同车型，这两个速度参数也可能不同。

5）自动折返驾驶模式（AR 模式，或称 STBY 模式，还有的称 SH 模式）

在设有自动折返功能的折返站常采用此模式。自动控制列车折返，列车司机可以不在列车上以及不加干预进行折返作业，列车司机仅负责检查自动折返前乘客下车完毕，车门关好，然后才选择此模式。

知识链接

不同线路车辆驾驶模式不尽相同，称呼也不同，见表 8.1，不同驾驶模式下客车运行速度也是有不同的限制的。

表 8.1 不同线路车辆驾驶模式

驾 驶 模 式	列车自动驾驶	ATP 监督下的人工驾驶	限制人工驾驶	非限制人工驾驶	自动折返驾驶
北京 8 号线、10 号线和房山线	AM	SM	RM	EUM	无
北京 4 号线	ATO	ATPM	RM	NRM	STBY
南京 1 号线	ATO	SM	RM	URM	
重庆 3 号线	ATO	SM	SR	IS	车辆段调车（SH）模式

以国内某城市的地铁信号系统为例，各驾驶模式的使用特性和适用范围见表 8.2；各驾驶模式下运行限制速度见表 8.3。

表 8.2 各驾驶模式的使用特性和适用范围

驾驶模式	使用特性	适用范围
列车全自动驾驶模式 AM	列车自动驾驶，列车司机负责监控列车、ATO 及 ATP 系统的运行情况，特殊情况下人工进行干预	地铁列车在正线时正常的运行方式，适用于移动闭塞信号（CBTC）系统
有 ATP 防护的人工驾驶模式 ATPM	列车由列车司机通过车载信号的显示进行人工驾驶，列车的速度受到 ATP 系统的监督，有超速防护功能；当列车超过车载信号所允许的最大速度时，列车会产生紧急制动	地铁列车的 ATO 系统故障时（车载和轨旁 ATP 设备状态正常）的运行方式，适用于移动闭塞信号（CBTC）系统
点式列车驾驶模式 iATP	列车由列车司机通过车载信号的显示进行人工驾驶，列车的速度受到 ATP 系统的监督，有超速防护功能；当列车超过车载信号所允许的最大速度时，列车会产生紧急制动	列车通过获取信号机处的动态应答器的信息，得到移动授权及相关速度信息，适用于点式 ATP 信号系统，此时无 ATO 系统，但车载和轨旁 ATP 设备状态正常
限制人工驾驶模式 RM	列车由列车司机驾驶，且列车的最高驾驶速度不得超过 25 km/h，由列车司机负责列车的安全驾驶；当列车速度超过 25 km/h 时，列车会产生紧急制动	列车在车辆段及转换轨时的正常驾驶模式；列车在正线时车载或轨旁 ATP 故障时的降级驾驶模式
非限制人工驾驶模式 NRM	切除列车的 ATP 防护后的驾驶模式，列车没有限制速度，车载信号系统不能监督列车运行，完全由列车司机负责列车的安全驾驶和运行	列车在正线时车载或轨旁 ATP、联锁系统故障时的应急驾驶模式
自动折返模式 ATB	列车的折返功能由列车的车载信号系统自动完成，列车司机不需要进行人工操作	地铁列车在正线时正常的折返作业运行方式，适用于移动闭塞信号系统

表 8.3 各驾驶模式下运行限制速度

序号	项目	运行限制速度 /（km/h）					说明
		ATO	ATPM	RM		NRM	
				RMF	RMR		
1	正线运行	设定速度	比照推荐速度，低 5 km/h	25	5	45	RM、NRM 模式在瞭望信号机困难区段限速 20 km/h。非运营期间，NRM 模式调试时，如方案已列明安全措施，且线路技术条件允许，可另行确定调试列车运行速度
2	通过车站	设定速度	比照推荐速度，低 5 km/h	25	5	45	列车头部进入车站至尾部离开车站的速度
3	进站停车	设定速度	比照推荐速度，低 5 km/h	25	5	35	电客车头部进入车站的速度；NRM 模式进入终点站或封锁区域的两端站限速 30 km/h
4	推进	—	—	—	5	10	
5	退行（换端/原端）	—	—	25	5	45/10	
6	引导信号	—	—	25	5	25	
7	电客车进入终点站	设定速度	35	25	5	30	
8	厂内运行	—	—	25	5	25	停车库内、试车线限速参照车厂运作手册执行
9	在辅助线上运行	设定速度	25	25	5	25	经过渡线、存车线、折返线

4. 列车正线运行调整

列车运行调整分为自动列车运行调整和人工列车运行调整。

1）自动列车运行调整

自动列车运行调整是行车指挥自动化的重要功能。在执行自动列车运行调整功能时，ATS系统根据使用列车运行图对早、晚点时间在一定范围内的图定列车自动进行列车运行调整。

自动列车运行调整通过控制列车的停站时间和列车的运行等级来实现。列车运行等级的自动降低或升高可实现列车运行速度的自动控制。列车运行等级见表8.4。

表8.4 列车运行等级

列车运行等级	列 车 速 度	运 行 调 整
等级1	ATS限速=ATP限速	ATS限速 ±2 km/h范围内调整
等级2	ATS限速=ATP限速	经惰行标志线圈后： 列车≥30 km/h，惰性保持； 列车≤30 km/h，提速至30km/h
等级3	ATP限速≠20 km/h、30 km/h	ATS限速=75%的ATP限速
等级4	ATP限速	ATS限速=65%的ATP限速

针对列车运行偏离列车运行图的各种可能，ATS系统设置了太早、很早、早点和太晚、很晚、晚点，以及最大、最小停站时间参数，参见表8.5所示某城市地铁ATS系统上述各参数的现行取值。系统计算列车实际到站时间与列车图定到站时间的差值，并将此差值与上述参数进行比较，根据比较结果确定列车运行调整方法。

表8.5 差值参数

参 数	取值/s	参 数	取值/s
太早	90	太晚	90
很早	60	很晚	60
早点	10	晚点	10
最大停站时间	60	最小停站时间	20

① 在早于太早和晚于太晚时，系统不能进行自动列车运行调整。

② 在早点与晚点之间时，系统不进行列车运行调整。

③ 在太早与很早之间时，列车降低一个运行等级，调整列车停站时间。

④ 在很早与早点之间时，列车运行等级不变，调整列车停站时间，停站时间改为图定停站时间加上早点时间，但调整后的列车停站时间不大于列车最大停站时间。

⑤ 在晚点与很晚之间时，列车运行等级不变，调整列车停站时间，停站时间改为图定停站时间减去晚点时间，但调整后的列车停站时间不小于列车最小停站时间。

⑥ 在很晚与太晚之间时，列车升高一个运行等级，调整列车停站时间。

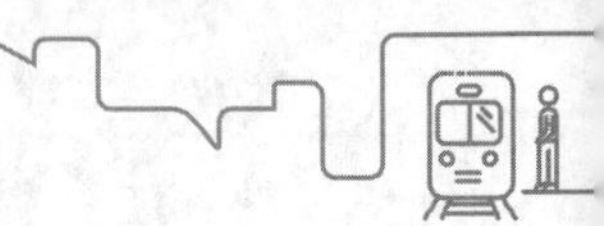

知识链接

自动列车运行调整方法：按时刻表调整及按运行间隔调整。

① 按时刻表调整能够自动控制列车运行，将列车与时刻表（预先设定）之间的偏差降至最低，如果列车运行时分落后于时刻表，列车就会发出报警，系统进行自动调整，这是通常的正线列车运行模式。

② 按运行间隔调整能自动管理列车运行，平衡正线上列车到达各个车站的时间间隔，这是线路故障或应急时的后备运行模式。

2）人工列车运行调整

凡列车早点早于太早、晚点晚于太晚或列车运行秩序较紊乱时，控制中心 ATS 可执行人工功能，由行车调度员进行人工列车运行调整。

在列车早点早于太早和晚点晚于太晚时，可在不退出自动功能的情况下执行人工功能进行列车运行调整，此时，人工功能优先于自动功能。但执行人工功能时设定的列车停站时间和列车运行等级仅对经过指定车站的指定列车一次有效。当指定列车经过指定车站后，系统将自动恢复对经过该站的后续列车进行自动列车运行调整。

在列车运行秩序较紊乱时，应退出自动功能，进行人工列车运行调整，待列车运行基本恢复正常后，再进入列车运行调整的自动功能。人工列车运行调整的主要方法有：

（1）列车跳站停车

列车跳站停车分为列车载客跳站停车和列车空驶跳站停车两种。

列车载客跳站停车应严格掌握，客流较大的车站原则上不应组织列车跳停通过，仅在由于车辆或其他设备故障、发生事故，车站因乘客滞留造成拥挤等原因引起列车运行秩序紊乱，以及特殊需要时，方准列车载客跳停通过。安排列车跳站停车应考虑越站乘客是否有返回乘坐的列车，末班列车不办理列车载客跳停通过。

为了缓解客流压力或因列车晚点影响后续列车运行时，准许始发列车空驶跳停，但不宜连续两个空驶列车跳停。组织列车跳站停车时，行车调度员要加强预见性和计划性，提前下达命令。列车司机和车站有关人员应对乘客做好宣传解释工作，车站应维持秩序，组织好乘客乘降，保证乘客安全。

列车跳站停车的设置可由行车调度员在工作站上进行，也可由行车调度员命令列车司机在当次列车上进行，前者称为中央设置，后者称为列车设置。中央设置对允许跳停车站有所限制，并且不能设置一列车在两个车站连续跳停。列车设置对允许跳停车站没有限制，并且具有连续设置跳停功能。

在行车组织上，为保证一定的服务水平和行车安全，规定：

① 一般情况下不采取列车跳站停车措施；

② 图定首、末班客运列车不办理列车跳站停车；

③ 同一车站不允许连续两列车跳停通过；

④ 除特殊情形外，客流较大车站不准列车跳停通过。

（2）扣车

当一条线路的列车由于车辆及其他设备故障或某种原因不能正常运行，造成换乘站站台上乘客拥挤时，行车调度员应采取扣车措施，即将另一条线路的上下行列车扣在换乘站附近的各个车站，以缓和换乘站的压力。扣车时间一般应控制在 10 min 内，如果堵塞线路的列车在短时间内不能恢复正常运行，可组织扣下的列车在换乘站通过。同时，行车调度员应发布畅通线路各站停售跨线票的命令。

行车调度员实施扣车应在列车到达指定站台停稳，并在发车表示器闪光前完成。如多列车分别在各站进行扣车时，行车调度员应及时命令列车司机在指定车站扣车。实施扣车后，如要终止列车停站，行车调度员应进行催发车。

（3）设置列车运行等级

除系统自动调整列车运行等级外，行车调度员还可人工设置列车运行等级，即由初始设定的运行等级 2 改设为其他运行等级。列车运行等级的设置可由行车调度员在工作站上进行，也可由行车调度员命令列车司机在当次列车上进行。行车调度员设置只对指定列车一次有效。

（4）组织列车减速运行并适当增加停站时间

为了保证故障列车或车站有充分的处理时间，减小故障点的行车压力，使行车间隔均匀，应该对相关列车进行限速并增加停站时间，控制运营节奏。

（5）调整运营线路上运用车数量，组织列车停运、下线

对有故障并影响服务的列车，行调要组织停运或下线，使该列车退出服务。该方式主要在始发站、终点站使用，对中途运行的客车也可组织列车清客，进中间站存车线或回车厂等。尽量保证一个站间区间只有一列载客列车占用，将载客列车到站扣停，减少列车区间停车和等待现象。

（6）组织列车小交路运行

当某一线路造成拥堵时，由于列车无法及时在终点站折返，势必会引起另一线路的运用列车数量减少，甚至在相当长的时间内某些车站及区段无列车通过，造成乘客滞留车站人数增加。为了减少这种影响，最有效的一种方法就是组织列车小交路运行，即组织拥堵线路的列车在中间站清客后，经渡线折返到另一线路运行。

（7）组织列车反向运行

当一个方向列车密度较大，而另一方向列车密度较小时，为恢复地铁运营服务，可利用有岔站的渡线，将列车转到密度较小的线路上反方向运行；当一方向由于列车故障救援等因素可能造成较大间隔时，也可利用渡线将列车转到另一线路上反方向运行，以缩小列车间隔，均衡运行。

（8）加开备用车

当出现列车晚点、客流异常、列车故障、开行专列等情况时，可以使用加开备用车的调整方法。备用车可以从自备车停车线或车库进入正线投入运营，从而提高运能，解决运输瓶颈。该方法可以有效地解决短时运力紧张的局面。

（9）组织列车站前折返

在突发应急情况下，为了缩短折返时间，可以采用站前折返方式。这种方式有利于缩短列车走行距离，但列车折返会占用区间线路，影响后续列车闭塞，同时导致上、下车客流会合，需要车站及列车司机做好乘客引导工作。

（10）组织旅客换线乘车

在环形线情况下，当一条线路运行秩序紊乱时，要尽力维持另一条线路列车的正常运行，

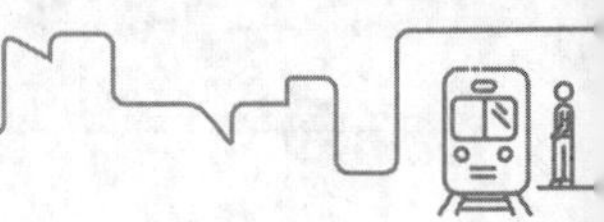

并通知各站组织乘客乘坐畅通线路方向的列车。

（11）停运列车

由于故障区段列车运行速度低、办理作业时间长，而 ATC 正常区段列车运行速度高、行车作业时间短，势必造成列车堵塞的情况。通过减少线上列车数量(即抽线)的方法实现均衡运输，这样既便于调度指挥，又方便客流组织。

行车调度员对列车运行调整方法的选择，取决于列车运行的具体情况。而在实际工作中，往往又可以结合几种列车运行调整方法加以运用。

5. 列车折返作业

列车折返的调车进路由行车调度员人工排列或中央 ATS 自动排列。折返作业主要是到达列车司机与折返列车司机进行交接，并组织列车进行折返。列车在折返站有人工折返和自动折返两种方式，具体流程见项目五任务二。

三、调度集中控制下的列车运行组织

调度集中是指挥列车运行的一种远程遥控设备。在调度集中时，自动闭塞为基本闭塞法。调度集中系统由调度集中总机、进路控制终端、显示盘与显示器、描绘仪、打印机和电气集中联锁设备等构成。

在调度集中情况下，由行车调度员通过进路控制终端控制管辖线路上的信号机、道岔，直接排列列车进路，办理列车接发作业。

1. 调度集中设备功能

调度集中控制下的列车运行组织是在行车调度员的统一指挥下，采用自动闭塞技术，利用调度集中的行车设备对列车进行直接指挥运行的方式。此时调度集中设备能实现如下功能：

① 远程控制各车站信号机、道岔和进路安排。

② 远程监督列车运行状态、信号机状态、道岔以及区间占用情况等。

③ 可自动或人工绘制实际列车运行图。

④ 远程指挥组织进行列车运行调整。

2. 调度集中时的列车运行组织

在调度集中情况下，由行车调度员人工排列列车进路，指挥列车运行以及进行列车运行调整。行车调度员通过进路控制终端键盘输入各种控制命令，控制管辖线路上的信号机、道岔以及排列列车进路；通过显示盘与显示器，准确掌握线路上列车运行和分布情况、区间和站内线路的占用情况，以及信号机的显示状态和道岔开通位置等。

调度集中时，列车进入区间的行车凭证为出站信号机的绿灯显示。如出站信号机故障，凭行车调度员的命令发车。追踪运行列车间的安全间隔由自动闭塞设备实现。

3. 调度集中时的列车运行调整

为了实现按图行车，行车调度员要努力组织列车正点运行，而组织列车正点始发又是列车正点运行的基础。对始发列车，行车调度员应在列车出段、列车折返交路和客流情况等各方面进行具体掌握和组织，以确保正点始发。

在始发站列车正点始发的情况下，由于途中运缓、作业延误或设备故障等原因，难免出现列车运行晚点的情况。此时，行车调度员应根据列车运行的实际情况，按恢复正点和行车安全兼顾的原则，根据规定的列车等级进行运行调整，尽可能在最短时间内使晚点列车恢复正点运行。

列车的等级依次为：专运列车、客运列车、调试列车、空驶列车和其他列车。在抢险救灾情况下，优先放行救援列车。对同一等级的客运列车，可根据列车的接续车次和载客人数等情况进行运行调整。列车运行调整的主要方法有：

① 始发站提前或推迟发出列车。

② 根据车辆的技术状态、列车司机驾驶水平和线路允许速度，组织列车加速运行、恢复正点。

③ 组织车站快速作业，压缩列车停站时间。

④ 组织列车跳站停车。

⑤ 变更列车运行交路，组织列车在具备条件的中间站折返。

⑥ 组织列车反方向运行。

⑦ 扣车。

⑧ 调整列车运行时间间隔。

4. 列车折返作业

调度集中时，列车折返的调车进路由行车调度员人工排列。在车站有数条折返线或渡线，即有不同的折返调车进路的情况下，应在列车折返作业办法中规定优先采用的列车折返模式，明确列车折返优先经由的折返线或渡线。在办理列车折返作业时，如折返列车尚未起动，需临时变更列车折返模式，可在通知折返列车司机后，变更列车折返调车进路。

四、调度监督下的半自动运行控制

城市轨道交通系统由于装备了列车自动控制系统 ATC，ATC 系统的 ATS 子系统能根据列车运行图自动排列进路、开放信号。当中央 ATS 系统故障时，可通过微机联锁区域操作员工作站（简称 LOW 工作站）办理接发列车作业。车站控制是指调度监督和改用电话闭塞法时两种情况。

1. 调度监督设备功能

调度监督是一种行车调度员能监督现场设备和列车运行状态，但不能直接进行控制的远程监控设备。轨道交通系统采用调度监督组织指挥列车运行，通常是新线在信号系统尚未安装的情况下投入运营时采用的过渡期调度指挥方式。为了实现调度监督，除控制中心的显示盘等设备外，需在车站安装出站信号机等临时信联闭设备。在调度监督时，双区间闭塞为基本闭塞法。双区间闭塞法即以两个站间区间为一个闭塞分区，如上海地铁采用的行车闭塞法有：自动闭塞法、半自动闭塞法、双区间闭塞法。

调度监督的主要功能有：

① 显示各车站出站信号机开闭、区间闭塞、列车运行状态，以及到站列车车次等；

② 储存和打印列车运行时刻和出站信号机开放时刻等运行资料。

2. 调度监督时的行车组织

在调度监督情况下，由车站值班员排列列车进路、开闭出站信号，行车调度员通过显示盘，监督线路上各车站信号机开闭显示、区间闭塞情况和列车运行状态，组织指挥列车运行。

双区间闭塞法行车时，列车占用区间的凭证为出站信号机的绿灯显示，凭助理车站值班员手信号发车。追踪运行列车间的安全间隔按双区间要求，由双区间闭塞设备实现。

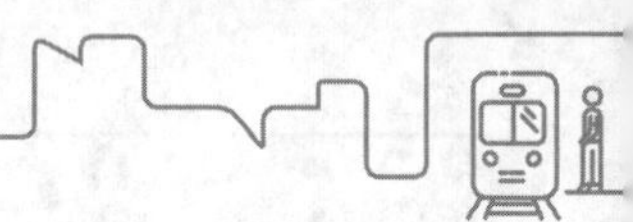

在按双区间闭塞法行车时，列车正线运行限速 60 km/h。列车接近车站时，列车司机应加强对接近车站的瞭望，控制进站速度，遇有险情立即制动停车。列车进入通过式车站的限速为 40 km/h，列车进入尽头式车站的限速为 30 km/h。

3. 接发列车作业

在调度监督情况下，行车调度员只能监督现场设备和列车运行状态，不能直接控制现场列车运行，因此调控权下放，由车站值班员运用车站信联闭设备办理接发列车作业。

车站值班员办理接发列车作业必须按规定的程序和要求进行。车站接发列车作业的内容与程序如图 8.3 所示，具体标准见项目五任务二。

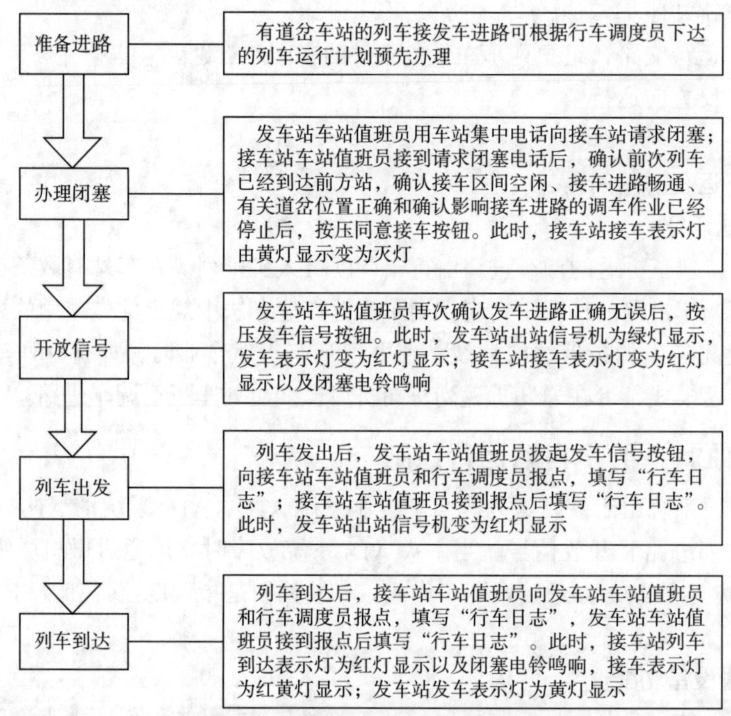

图 8.3 接发列车作业的内容与程序

4. 列车运行调整

在列车晚点或列车运行秩序紊乱时，行车调度员应及时进行列车运行调整，尽快恢复按图行车。列车运行调整方法可参见调度集中时的列车运行组织，此处不再赘述。应该强调，在调度监督时，载客列车一般不安排跳站停车，如因特殊情况需要跳站停车，应经公司主管领导同意，由行车调度员发布调度命令执行。在调度监督过程中，如发现车站值班员或列车司机有违章作业情况，行车调度员应及时下令纠正，确保行车安全。

任务实施

正常情况下的行车组织是指信号系统正常，控制中心、车站、列车等能按照信号显示的要求组织列车运行。根据所学的相关知识，完成以下任务：

1. 分组讨论，组员轮流介绍 ATC、ATS、ATP、ATO 等系统的功能、特征、相互关系。
2. 模拟不同运行场景及故障，让组员进行驾驶模式选择，并说出该模式特征。

3. 模拟不同运营状况，如早晚点、列车故障、大客流等，让组员提出适当的运行调整措施，并具体说明该措施的可行性。

4. 各组成员对所学知识进行汇总整理，并撰写心得体会。

任务评价

序号	评 价 内 容	评 价 标 准	分数	评 分 记 录		
				学生自评	组间互评	教师评分
1	小组计划	任务明确、分工合理	10			
2	ATC 各系统介绍	表述正确、各子系统关系明确	10			
3	驾驶模式	应对不同情况，驾驶模式选择正确无误	30			
4	运行调整措施	根据不同情况，运行调整措施选择合理、得当	30			
5	学习总结	资料全面、观点明确	20			
总　分			100			

任务二　非正常情况下的行车组织

任务目标

1. 掌握 ATC 设备故障时的行车组织。
2. 掌握联锁设备故障时的行车组织。
3. 掌握特殊情况下的行车组织。
4. 掌握救援列车开行。

任务描述

1. 作为城市轨道交通行车组织相关作业人员，当信号控制设备故障时，应能快速识别故障，采用不同的应对措施先维持运营，直至恢复正常情况。分组讨论当 ATS、ATP 故障时，联锁设备死机或轨道电路红光带时，其影响范围及应对方法。

2. 组员针对恶劣天气、水害、接触网悬挂异物、接触网停电时等特殊情况，分析其对运营的影响，提出自己的观点。

3. 当列车故障被迫停在区间无法动车，或因为区间大火被迫停车后无法接着运行，为排除线路故障，迅速恢复运行，分组讨论救援工作如何实施。

相关知识

一、ATC 设备故障时的行车组织

城市轨道交通信号 ATC 系统是一套列车运行自动控制系统，它是城市轨道交通指挥调度

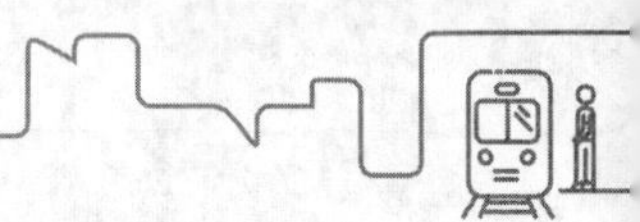

实现自动化、现代化和信息化的基础，主要包括三个子系统：列车运行自动监控系统 ATS、列车运行自动防护系统 ATP 和列车自动运行系统 ATO。如果其中一个系统发生故障，将影响地铁的正常运行，因此需要及时处理。轨道交通系统采用的信号设备不同，处理的具体规定也不同，但其基本原理是相同的，下面以某地铁公司为例，介绍信号设备故障时的行车组织方法。

1. ATS 故障时的行车组织

ATS 系统的主要功能是监督和控制列车运行，ATS 系统按列车运行图来指挥列车运行，控制发车时刻，办理列车进路，收集和记录列车的运行信息，追踪列车的位置、车次，然后绘制出实际列车运行图，在控制中心实时显示该列车的信息和线路情况。

ATS 故障时的处理流程：

① 当 ATS 系统运行出现故障时（如 ATS 工作站无显示），控制中心行车调度员应通过专用调度电话授权给联锁车站车站值班员，转换列车运行控制模式，实行临时性的站控，通知相关车站通过 LOW（联锁控制工作站）监控列车运行状态，发现问题及时上报控制中心行车调度员。

② 联锁站车站值班员确认 LOW 工作站上的 RTU(Remote Terminal Unit，远程终端单元)降级模式是否激活。

小贴士：当 LOW 工作站上的 RTU 降级模式激活时，保持原状态；当 LOW 工作站上的 RTU 降级模式未激活时，各 LOW 工作站应在确认列车进站停稳后人工在 LOW 上取消运营停车点；当列车折返或出、入车辆段时，联锁区的 RTU 降级模式未激活时，应在 LOW 工作站上设置相关列车进路。

③ 当 ATS 系统设备故障时，行车调度员应通知列车司机在 PTI(Position Train Identification，列车身份识别系统)显示屏终端上输入当时车次号，到转换驾驶台换向运行时，输入新的列车识别号（即目的地码和车次号），直至行车调度员通知停止输入为止。

④ 报点车站向行车调度员报告各次列车的到、发点及停站时分，至行车调度员收回控制权时止。

⑤ 行车调度员通过人工铺画列车运行图，掌握全线列车运行情况及列车具体位置，至 ATS 设备恢复正常，收回控制权时止。

⑥ 当车站在 LOW 工作站上取消不了运营停车点时，应立即报告行车调度员，由行车调度员通知列车司机，用 RM 模式驾驶列车出站，直至转换为 ATO 模式。

当车站取消运营停车点而列车目标速度仍为零，且超过 30 s 时，列车司机应及时报告行车调度员，由行车调度员指示列车司机开车。ATO 驾驶恢复正常时，应向行车调度员报告。

⑦ 当 ATS 的自动排列进路或联锁系统（CIS）的追踪进路不能自动排列时，应由人工介入，在 MMI（人机界面）上或在 LOW 工作站上人工排列进路。

2. ATP 故障时的行车组织

ATP 系统是列车运行安全的重要保障，它是由地面设备和车载设备共同组成的。列车通过地面 ATP 装置接收并操作该区域的目标速度，确保在不超过目标速度的条件下进行运行，从而保证列车间的安全距离。ATP 是监督安全门与列车车门的打开和关闭的平台，保证乘客乘降安全，确保操作安全。

ATP 故障时的处理流程：

① 列车在区间运行发生紧急制动，若列车司机明确发生紧急制动原因时，在确认前方列车进路安全的情况下，首先转换RM驾驶模式（限速25 km/h运行）驾驶运行，再向行车调度员报告；当RM模式运行未能在规定的范围内恢复ATP监控下的人工驾驶模式或ATO模式时，应继续以RM模式运行到前方车站。

若不明白列车发生紧急制动的原因，列车司机应立即向行车调度员报告，按行车调度员指示要求执行。

② 当ATP轨旁设备发生故障时，行车调度员通知有关列车司机以RM模式驾驶运行。出清故障区段经过两个轨道电路还未恢复ATO模式时，列车司机报告行车调度员，行车调度员指示列车司机以RM模式驾驶至前方车站或终点站。

当ATP轨旁设备发生故障影响范围较大时，由控制中心值班主任决定该区段是否采用URM（非限制性的人工驾驶模式）模式驾驶或自动站间闭塞模式。

③ 当ATP车载设备故障时，行车调度员命令列车司机以URM模式驾驶列车至前方终点站（根据情况可在中间有存车线的车站退出运行）退出服务。列车URM运行时，行车调度员应通知车站上的监控员协助列车司机瞭望、监控速度表，提醒列车司机控制速度，必要时立即按压紧急停车按钮。当列车在区间无法添乘监控员时可限速40 km/h运行至前方站，监控员添乘后按URM模式规定速度运行。

④ 行车调度员应随时注意ATP车载设备故障的列车运行情况，严格控制确保列车间的最小行车间隔在一站两区间以上。

⑤ 列车在运行中因道岔显示故障造成紧急停车（停在岔区）时，车站报告行车调度员、维修调度员，行车调度员通知列车司机限速15km/h离开岔区后，及时安排人员带钩锁器到现场将道岔锁定。

⑥ 列车在站台收不到ATP码时，列车司机报告行车调度员，在得到行车调度员同意后方可使用RM模式动车。

3. ATO故障时的行车组织

ATO系统的重要功能是对列车在站间运行的控制，定位控制停车站，控制车门和站台安全门开启。

ATO故障时的处理流程：

① 列车ATO故障时，列车司机立即报行车调度员，经行车调度员同意后，切换RM模式（ATP监控下的人工驾驶模式）运行；

② 若有备用车，行车调度员则安排ATO故障列车运行至终点站退出运营服务，备用车替换运行。

二、车站联锁设备故障时的行车组织

1. 联锁工作站死机（显示正常，但不能操作）

① 报告行车调度员和信号维修人员。

② 车站值班员对联锁主机电源进行复位，同时行车调度员接收该联锁区的控制权，在MMI上监控。

③ 如复位故障不能恢复，且MMI不能监控，报行车调度员，行车调度员通知相关信号人员组织抢修。

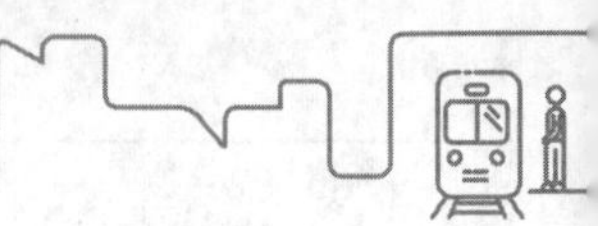

2. 联锁工作站全部灰显

① 报告行车调度员和信号维修人员。

② 行车调度员接收该联锁区的控制权，在 MMI 上监控。

③ 如果 MMI 不能监控，报行车调度员，行车调度员通知相关信号人员组织抢修。

3. 道岔区段出现红光带造成进路排不出时的处理

① 车站值班员应立即上报行车调度员、信号维修部门、值班站长，而且要登记在“施工维修作业登记簿”上。

② 行车调度员授权给站控室后车站值班员应该使用其他的进路，保证正常的接车发车。

③ 若是必须利用这条进路时，车站值班员能够利用单操道岔的方式，将道岔切换到所需的位置和单锁，确认线路空闲及安全的条件下，开放引导信号接车或者发车。如果单操不能转换道岔位置，需要派遣相关人员到现场去手摇道岔准备进路，按非正常办法接发列车。

④ 值班站长接到故障报告之后在车站控制室把关，协助车站值班员做好行车组织工作。

⑤ 信号维修人员检修完成和登记在“施工维修作业登记簿”上，工作人员确认进路恢复正常并且签字确认后，告知行车调度员，设备恢复正常，可以使用。

4. 道岔发生故障时的处理

当道岔发生危害危及行车安全时：

① 车站值班员应该立刻报告行车调度员，防止列车驶过道岔，如果有列车在线路上，车站值班员应指派车站人员保护现场，以防止列车通过道岔，通知有关人员维修并且登记在“施工维修作业登记簿”上。

② 车站值班员应报告值班站长，值班站长在车站控制室把关监督组织。

③ 相关人员在维修完成后在“施工维修作业登记簿”上签字确认后，车站值班员尝试排进路或单操道岔试验后，才可以告知行车调度员，ATS 设备恢复正常可以使用。

④ 恢复使用前，车站值班员应利用其他进路确保正常发车。

5. 道岔区段轨道电路故障（红光带），开放引导信号接车

① 车站值班员报告行车调度员，通知信号区维修人员，在“施工维修作业登记簿”上进行登记。

② 车站值班员或值班站长指派有关人员抵达现场确认进路是否空闲，有无影响列车行车的安全情况。

③ 准备接车进路，开放引导信号。

④ 值班员确定引导信号已经开放之后，用手持台呼叫列车司机“某信号机引导信号已经开放”或使用引导手信号引导列车进站。

⑤ 司机接收到“某信号机引导信号已经开放”并重复，确定引导信号已开放后，按照规定速度运行，驶过信号机，并随时准备停车。

⑥ 值班员确认列车整列到达后解锁接车进路。

6. 道岔防护信号机不能正常显示时的处理

① 如果主灯丝断丝报警，通过一个中央调度终端确认进路已被正确对齐，和列车司机确认列车信号显示正常，这就说明现场的信号灯故障。

② 如果列车司机或者是车站工作人员告知信号机出现不正确的显示，但不是主要灯断丝报警，应立即通过一个中央调度终端进行进路是否正确排列的确认；与车站进行确认是否有

关报警出现；与列车司机确认列车车载信号显示是否正常。如果列车车载信号和进路排列全部正常，则为现场信号机故障。

③ 通知维修人员，再进一步检查。如果维修人员需要下轨行区进行检查时，行调要根据当时在线列车的情况决定是否授权。

④ 需要和即将通过联锁区的列车司机取得联系，通知其信号机显示故障，当列车到达该联锁区时和列车司机确认车载信号是否正常，而且要通知列车司机注意道岔位置；如果位置正常的车载信号和道岔开关位置正确，则列车司机应依照指示依靠车载信号让列车驶过该联锁区。

7. 进路道岔区段道岔失去表示，开放引导信号接车

① 值班员报告行调，在“施工维修作业登记簿”内登记。

② 值班人员要指派有关工作人员抵达现场确认进路是否空闲，有没有影响行车安全的情况，检查并且确认故障区道岔位置是否正确。

③ 准备接车进路开放引导信号。

④ 车站值班员在确认引导信号已开放后，用手持台呼叫列车司机“某信号机引导信号已实现开放”。

⑤ 列车司机在收到“某信号机引导信号已经开放好”后，要复诵一遍，确认引导信号已实现开放后，根据规定的速度运行列车，驶过信号机并且要做好随时停车的准备。

⑥ 车站值班员需要确认列车整列到达接车线股道停止后，解锁接车进路（使用引导总锁闭按钮，道岔就复位）。

三、特殊情况下的行车组织

1. 列车退行

列车因故在站间停车需要退行回车站时，列车司机必须报告行调，在得到行车调度员的命令并换端后方可退行（牵引退行），行车调度员应及时通知有关车站。行车调度员在确认后方相邻区间没有列车占用，并将后续列车扣停在后方站后，方可同意列车退行。

列车退行进入车站时，车站接车人员应于进站站台端墙处显示引导信号，列车在进站站台端墙外必须一度停车，确认引导信号正确方可进站。退行列车到达车站后，列车司机应及时向行车调度员报告，同时根据行车调度员的命令处理。

当 ATS 设备可以正常使用时，由行车调度员确认列车后方区间（相对原运行方向）无其他列车占用，并关闭相关联锁站所影响进路的起始信号机的自排或追踪功能，通知车站和列车司机列车退行的安排。当 ATS 设备不能正常使用时，由行车调度员确认列车后方区间（相对原运行方向）无其他列车占用，并指令相关联锁站关闭所影响进路的起始信号机的自排或追踪功能，通知车站和列车司机列车退行的安排。

2. 列车反方向运行

列车运行进路分为上、下行方向运行，如违反常规运行方向的称为反方向运行。正常情况下，运行线路上的列车均按正方向运行，但在应急特殊情况下，可适当组织列车反方向运行。列车反方向运行的行车组织因设备不同有以下两种情况：

① 在具有反向 ATP 的计轴区段：列车反向运行前必须得到行车调度员的命令；列车以 ATP 防护模式下的驾驶模式运行，行车凭证为列车收到的推荐速度；如遇 ATP 轨旁设备故障时，行车调度员通知列车司机以 RM 模式运行。

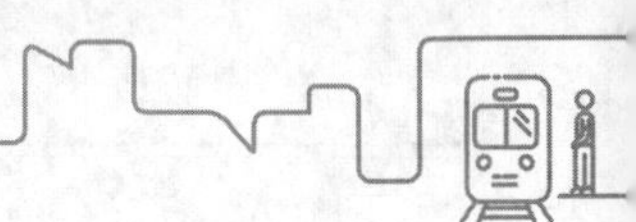

② 在不具有反向 ATP 的计轴区段：除降级运营时组织单线双方向运行或开行救援列车外，载客列车原则上不能反方向运行。特殊情况下，可将行车控制权下放，改用电话闭塞法行车，车站办理相关的行车业务，列车占用区间的凭证为允许反方向运行的路票。

知识链接

列车反方向运行与列车退行的不同点：

① 定义不同。列车反方向运行是指在双线区间，列车的运行方向与线路规定的使用方向相反；列车退行是指使列车运行方向与列车原运行方向相反的列车。

② 运行区间不同。列车反方向运行是由车站运行至车站；列车退行是由区间运行至车站（或由车站运行至区间）。

③ 闭塞方式不同。列车反方向运行按电话闭塞法办理行车；列车退行不办理任何闭塞手续。

④ 列车进入区间的行车凭证不同。列车反方向运行进入区间的行车凭证为路票及发车手信号；列车退行的凭证为行车调度员发布的调度命令。

⑤ 运行速度不同。一般列车反方向运行速度为 35 km/h；一般列车退行的速度为 15 km/h。

3. 列车推进运行

列车推进运行是指在列车尾部驾驶室操纵列车运行或救援列车在前端驾驶室推送被救援客车运行。列车推进运行应严格按照规定进行：

① 列车推进运行，必须得到行车调度员的调度命令，应有引导员在列车头部引导。

② 因天气影响，难以辨认信号时，禁止列车推进运行。

③ 在30‰及以上的下坡道推进运行时，禁止在该坡道上停车作业，并注意列车的运行安全。

4. 扣车规定

① 当行车调度员需要扣停列车时，在人机界面 MMI 上操作，并通知列车司机和车站或通知车站操作。

② 当车站需要扣车时，由车站值班站长（值班员）在信号单元控制台上操作，并及时通知列车司机及行车调度员扣车，紧急情况按紧急停车按钮。

③ 扣车原则上是“谁扣谁放”，只有在 ATS 故障时，对原 MMI 扣停的列车，经行车调度员授权后由相关车站放行。

④ 如取消扣车作业时，行车调度员或车站值班员应确认列车已停稳后方可操作。

5. 恶劣天气时的行车组织

列车运行时遇到雾、暴风、雨、雪、沙尘天气，瞭望困难时，列车司机应及时将情况报告行车调度员或车站值班员，必要时开启前照明灯与标志灯，适时鸣笛，适当降低速度。当看不清信号、道岔时，要停车确认，严禁臆测行车。列车进站时要控制速度，确保对标停车。运行中严禁盲目抢点、臆测行车。

运行中按规定适时鸣示音响信号，加强瞭望，确认信号。遇有显示停车信号时，要果断停车，及时与行车调度员或车站值班员取得联系，按其指示行车。因天气原因当能见度低于 5 m 时，原则上应停止运行。

恶劣天气行车组织流程：

① 在恶劣天气条件下的行车组织原则，以确保行车安全为原则，采取降低运行速度、严

格控制一个站间区间只准同方向一列车占用的办法组织行车。

② 当遭遇恶劣气候影响运营时，车站（高架及地面）应做到：

A．各岗位要按照分工加强对各自负责区域的检查和巡视，发现危及运营安全情况时，立即向控制中心（OCC）行车调度员、设修调度员汇报。

B．车站值班站长要立即赶赴现场了解情况，并组织人员、物资进行先期处理。

③ 遇恶劣气候影响列车司机瞭望或危及运营安全时，列车司机立即向行车调度员汇报。特殊地段（出入基地、进站、曲间弯道）操纵列车，应采取减速运行、加强瞭望等安全措施，确保列车运营正常。

④ 控制中心（OCC）根据气象预报的预警信息，立即向运营公司领导和有关部门、中心通报，当大雾、暴风、雨、雪、严寒等恶劣天气来临时，提供不同等级的预警、预报。

⑤ 控制中心（OCC）根据各类天气的影响程度和相应级别向运营公司领导报告，经同意后指挥机构和现场处置机构自然成立。

⑥ 控制中心对现场恶劣气候条件下的防范措施进行检查、指导，及时向车站发布运营信息。

⑦ 控制中心执行指挥机构指令，对不具备安全运营条件的车站下达关闭命令，启动公交接驳方案。

⑧ 控制中心组织具备运行条件的区段维持运营。

6. 水害时的行车组织

① 列车在区间遇水害，列车司机要根据水害情况立即停车，查明情况，如走行轨露出水面、接触轨供电正常时，列车司机可减速到随时可以停车的速度通过水害区段，并及时将情况报告行车调度员或车站值班员。

② 暴风雨天气或汛期，列车在运行途中突遇水害危及行车安全时，列车司机应立即采取减速措施或停车。

③ 如需立即退行时，按有关规定办理，与行车调度员或车站值班员联系，得到准许后以不超过 15 km/h 的速度将列车退至安全地带后，按行车调度员的指示办理。需要防护时，应根据有关规定进行防护。

④ 因水害造成路基塌陷、滑坡等危及行车安全时，应立即停车，将情况报告行车调度员或车站值班员，按其指示办理。

7. 接触网挂有异物

① 发现接触网挂有异物时列车司机应立即停车。地面线路或高架线路上如发现接触网挂有异物需处理时，需报告行车调度员，在得到行车调度员许可后方能下车用绝缘杆拨除异物。

② 车头越过接触网悬挂异物时或异物较难清除时，列车司机可汇报行车调度员，经行车调度员同意用切单弓绕过接触网悬挂物的方式继续运行，接触网异物可由后续列车处理。

③ 列车司机发现邻线线路接触网挂有异物时，应及时报告行车调度员，并说明具体位置。

8. 接触网停电

列车在站停车发生接触网停电时，列车司机需及时向行车调度员或车站值班员报告，打开车门，并向乘客广播；如停电无法短时间恢复，列车司机可根据调度命令进行清客并收车。

列车在区间发生接触网停电时，列车司机应尽量将列车惰行至车站。如无法牵引迫停区间时，列车司机应及时与行车调度员或车站值班员联系，并用客室广播安抚乘客；如接触网供电无法及时恢复，且客室内乘客较多时，列车司机可根据调度命令进行疏散；接触网恢复供电后，

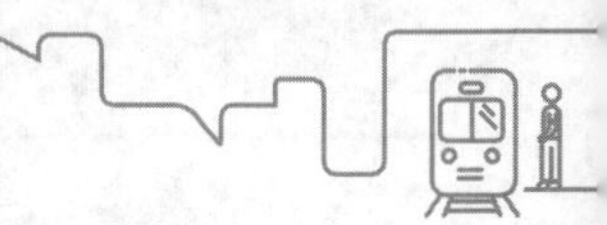

列车司机应及时启动列车，并确认列车状况，如车况满足运营条件，立即恢复运营。

四、救援列车开行

列车在正线发生故障需救援时，列车司机应及时向行车调度员汇报，行车调度员应积极组织救援工作。

1. 救援列车的请求与派遣

① 列车的故障在规定时间内未能排除，且不能动车时，列车司机及时报告行车调度员，由控制中心值班主任确定处理办法。当决定救援时，列车司机做好救援的防护连挂工作。

② 正线发生列车故障需救援时，行车调度员及时通知相关换乘点的列车司机，事后应通报派班员。需车辆段出车时应及时通知信号楼，由信号楼负责车辆段内的组织安排。

③ 请求救援列车需要疏散乘客时，行车调度员发出口头命令通知列车司机和有关车站，要做好乘客疏散及救援工作。列车司机除引导乘客下车外，还必须做好客车的防护及协助救援工作。

2. 救援列车的开行

① 行车调度员决定救援或接到列车司机的救援请求后，向有关车站、列车司机（检调、运转派班员）发布开行救援列车的命令，及时组织备用车上线。采用无 ATP 保护的列车救援或因挤岔、脱轨、线路故障等可能会影响后续列车行车安全的原因救援时，必须发布封锁线路的命令。

② 已申请救援的列车严禁动车，列车司机应做好防护及救援准备工作。

③ 原则上救援列车空车前往救援。救援列车司机接到救援命令，清客广播两次后，可关闭客室照明，2 min 内未能清客完毕，带客前往救援。列车到达存车线车辆段前，安排车站、公安配合再次清客。

④ 救援列车应距被救援车 20 m 外停车，以 5 km/h 速度接近故障车 3 m 处一度停车，听候救援负责人（被救援列车司机）的指挥连挂，如图 8.4 所示。故障车在连挂之前可继续排除故障，但不能动车，如故障排除则报告行车调度员解除救援。

图 8.4　救援连挂

⑤ 向封锁线路发出救援列车时，不办理行车闭塞手续，以行车调度员命令作为进入该封锁线路的许可。

⑥ 在未接到开通封锁线路的调度命令前，不得将救援列车以外的其他列车开往该线路。

3. 救援方式

救援列车与故障列车连挂后，可采用推进或正线牵引的方式将故障列车送到就近存车线退出服务。正线列车救援时，首先遵循正向救援的准则，以确保其他正线列车正常运行秩序。

1）推进运行

救援列车推进故障列车运行时，列车司机需在救援列车前端驾驶室（运行方向）驾驶，故障列车前端驾驶室需有列车司机或列车引导员进行引导，运行限速 25 km/h；救援列车司机可使用 URM 人工驾驶模式以不高于指定速度驾驶列车，在途中必须依据故障列车司机指示驾驶，如果在规定时间（如 5 s）内得不到故障列车司机指示，救援列车司机必须停车。

2）正向牵引

救援列车牵引故障列车运行时，列车司机需在救援列车前端驾驶室驾驶，运行限速 40 km/h。救援列车司机可使用 RM 驾驶模式以不高于指定速度驾驶列车。

4. 救援列车开行实例

2017 年 3 月 5 日，D18 组列车司机李某某担当 1203 次运营任务，列车在 C 站至 D 站间运行时至百米标 100 m 处出现无牵引无制动现象，使用紧急按钮停车，重新建立模式后故障消失；继续运行至百米标 300 m 处再次出现无牵引无制动现象，使用紧急按钮停车，以致多名乘客摔倒，最终在下行线 15 km+300 m 处被迫停车；列车司机检查各仪表显示并进行故障排查，与行车调度员联系说明情况，得到许可后进行 EUM 位试验，故障仍不消失，向行车调度员申请救援，利用在线运行的 3 125 次担任救援，将故障列车送回车辆段。现场情况及列车位置如图 8.5 所示。

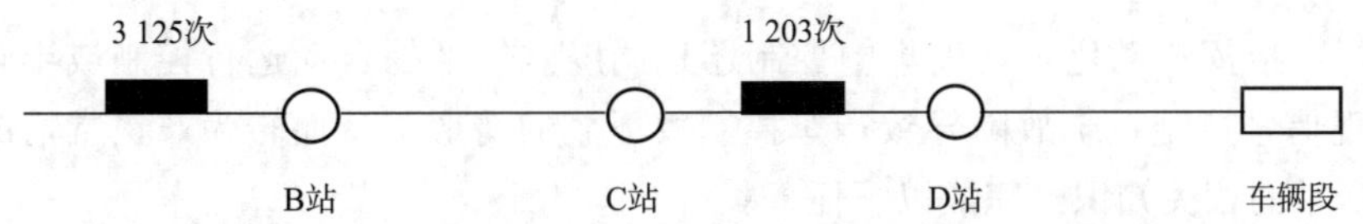

图 8.5 各站及故障列车、救援列车、车辆段所在位置

① 行车调度员接到 1 203 次列车司机的救援请求后，应向 B 站、C 站、D 站及车辆段发布开行救援列车的命令，调度命令格式见表 8.6。

表 8.6 开行救援列车的命令

受令处所	B-D 站、车辆段信号楼，B 站交 3 125 次列车司机	日期	命令号码	调度员姓名	发令时间
		2017.3.5	201	李 ××	15:25
命令内容	1. 因 1203 次在 C 站至 D 站间下行线 15 km+300 m 处故障请求救援，准许 B 站至 D 站间下行线加开 601 次列车到 C 站至 D 站间下行线 15 km+300 m 处担任救援工作，连挂 1 203 次后，推送至车辆段； 2. 601 次由 3 125 次担任，在 B 站清客后担任救援； 3. 注意防护信号和安全； 4. 3 125 次运行到 C 站下行站待命				

② 待 3 125 次运行至 B 站清客完毕后，以规定驾驶模式运行至 C 站，等待接收进入事故封锁线路进行救援的命令。封锁命令格式见表 8.7。

表 8.7 封锁线路命令

受令处所	C 站、D 站、C 站交 601 次列车司机	日期	命令号码	调度员姓名	发令时间
		2017.3.5	202	李 ××	15:35
命令内容	自接令时起，C 站至 D 站间下行正线线路封锁。 准许 601 次进入封锁线路进行救援工作				

③ C 站与 D 站不需办理行车闭塞手续，在确认发车进路准备妥当后，将封锁命令交与列车司机作为进入封锁线路的行车凭证。

④ 601 次须在距被救援列车 1 203 次规定距离外停车，然后按照救援指挥人或 1 203 次列车司机的指挥进行连挂作业。

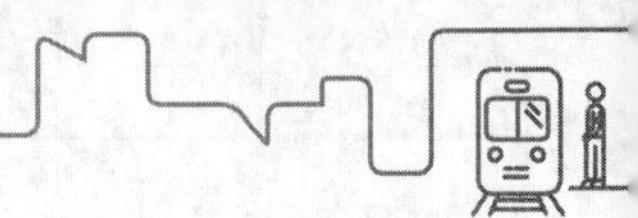

⑤ 确认 601 次救援列车与 1 203 次故障列车连挂妥当后，以规定驾驶模式将故障列车推送至车辆段。

⑥ 事故处理完毕后，行车调度员下达 C 站至 D 站间下行正线线路开通的命令，恢复正常行车。开通命令格式见表 8.8。

表 8.8 封锁开通命令

受令处所	C 站、D 站	日期	命令号码	调度员姓名	发令时间
		2017.3.5	203	李 ××	15:50
命令内容	自接令时起，C 站至 D 站间下行正线线路开通				

任务实施

无论是行车指挥自动化、调度集中控制还是调度监督下的自动运行控制或半自动运行控制，均会出现信号控制系统故障导致行车控制权下放的情形，从而转为非正常情况下的行车组织。根据所学的相关知识，完成以下任务：

1．分组讨论，组员轮流介绍 ATS、ATP、ATO 等系统故障后的处理办法。

2．模拟不同运行场景，组员依次介绍退行、扣车、反向运行、推进、恶劣天气等特殊情况下的影响及应对措施。

3．根据给定的现场运行资料（详见“巩固与练习”实作题），当列车故障被迫停在区间后，小组成员商讨并拟定救援方案。

4．各组成员对所学知识进行汇总整理，并撰写心得体会。

任务评价

序　号	评价内容	评价标准	分　数	评分记录		
				学生自评	组间互评	教师评分
1	小组计划	任务明确、分工合理	10			
2	ATC 各系统故障处理	思路明确、方法得当	20			
3	特殊情况行车	方法正确、处理得当	20			
4	救援列车开行	逻辑清楚、方法正确、方案可行	30			
5	学习总结	资料全面、观点明确	20			
总　分			100			

项目小结

列车运行组织工作涉及列车自动控制系统 ATC、联锁设备，控制中心、车站及列车都按照信号显示要求、运行条件、运行图等组织列车正常运行，以保证安全正点。但是在运行过程中难免会出现设备故障、列车延误等情况。

本项目从列车自动控制系统 ATC 入手，对行车指挥自动化的运行组织进行了重点介绍，对正线运行驾驶模式、列车运行调整方法进行了分析，同时介绍了调度集中、调度监督下的列车运行组织；另外对非正常情况下如 ATC 设备故障、联锁设备故障的运行组织进行了分析，并重点介绍了退行、反向运行、推进、救援列车开行等特殊情况的列车运行组织。通过本项目的学习，学生对列车运行组织中遇到的各种情况有了更深入的认识，并提高了其应对突发问题的能力。

巩固与练习

一、单选题

1. 列车自动控制系统的简称是（　　）。

A. ATO　　B. ATC　　C. ATP　　D. ATS

2. 负责监督列车状态、产生时刻表的是（　　）子系统。

A. ATC　　B. ATO　　C. ATS　　D. ATP

3. 列车在车辆段运行应该采用（　　）模式。

A. ATO　　B. RM　　C. URM　　D. AR

4. 在行车指挥自动化的情况下，列车占用区间的行车凭证为（　　）。

A. 信号灯绿灯　　B. 列车收到的速度码

C. 调度命令　　D. 路票

5. ATO 子系统故障应该采用（　　）模式。

A. ATO　　B. SM　　C. URM　　D. AR

6. 列车在车辆段范围内只能采用受限制的人工驾驶模式，车载 ATP 提供限速（　　）的超速防护。

A. 15 km/h　　B. 20 km/h　　C. 25 km/h　　D. 30 km/h

7. 最优先级的驾驶模式是（　　）。

A. ATO 模式　　B. SM 模式　　C. RM 模式　　D. URM 模式

8. （　　）下，列车司机必须根据显示屏显示的推荐速度驾驶列车。

A. ATO 模式　　B. SM 模式　　C. AR 模式　　D. URM 模式

9. 一般在车辆段运行时，或联锁、轨道电路、ATP 轨旁设备出现故障时，以及列车紧急制动以后采用（　　）。

A. ATO 模式　　B. ATP 模式　　C. RM 模式　　D. AR 模式

10. 车载 ATP 设备故障或联锁故障后采用降级的行车组织办法（如电话闭塞法）时使用（　　）驾驶模式。

A. ATO　　B. SM　　C. RM　　D. URM

11. 扣车后的放行原则是（　　）。

A. 行车调度员放行　　B. 谁扣谁放

C. 车站值班员放行　　D. 车站放行

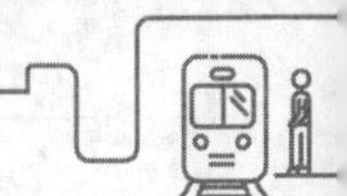

二、简答题

1. 简述列车出入段流程。
2. 列车运行调整有哪些方法？
3. ATP 故障如何组织行车？
4. 列车反向运行如何组织？
5. 扣车操作有哪些要求？

三、实作题

2019 年 7 月 1 日早高峰时段，某市地铁公司 2 号线 1104 次列车在 D 站至 E 站间运行时，列车走走停停，还多次紧急停车，以致多名乘客摔倒，最终在上行线 11 km+500 m 处被迫停车，列车司机报告行调后，进行简单故障处理后仍不能恢复，请求救援。现场情况如图 1 所示，后续列车 1002 次即将到达 C 站，前行列车 1206 次正从 F 站开往 G 站，沿线各站中 F 站具备存车线。

整个救援工作该如何实施？

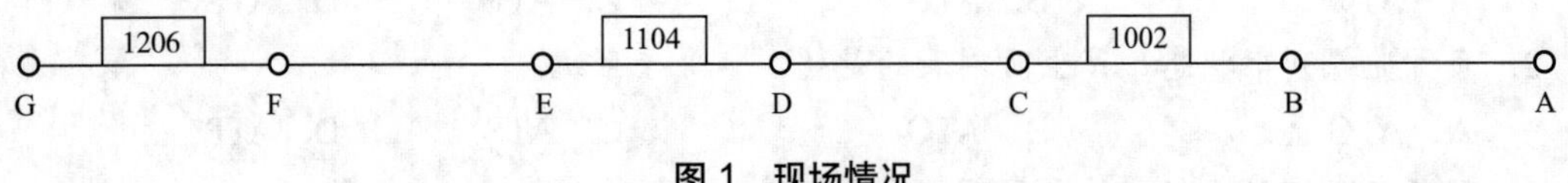

图 1　现场情况

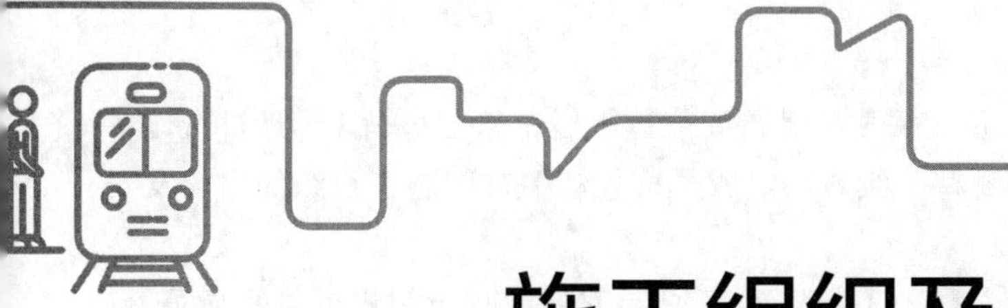

项目九 施工组织及工程列车开行

项目描述

城市轨道交通设备设施的检修保养及施工作业大多是利用运营结束的非运营时间进行的，并且必须于运营开始前的规定时间内结束，故夜间施工是城市轨道交通系统生产活动的重要组成部分。通过合理的施工计划安排，既能保证作业人员按照计划完成设备的维修更换，又能保证次日运营生产正常进行，所以施工管理必须有严格的规定。施工计划有什么分类？施工组织是怎样的流程？工程车有哪些类别？工程车的开行又有什么要求？

为了使大家掌握轨道交通施工中的相关作业要求及安全防护，本项目将从施工作业程序及工程列车开行两方面进行介绍。

学习目标

1. 知识目标

掌握施工计划的分类及应用；掌握施工计划管理及施工组织管理；了解工程车的类别及用途；掌握工程车开行的有关规定及流程。

2. 能力目标

能够区分不同类型的施工作业组织，熟悉施工作业的申报、审批流程；能办理施工作业请销点的手续，并能掌握现场安全防护的方法；能区分工程车的类别及用途；能掌握工程列车开行的组织方法。

3. 素质目标

认识到夜间检修施工及工程列车开行对于行车工作的重要性，树立全局意识及严肃认真的工作作风，培养学生按计划严格执行的职业习惯，确保晚间施工、检修正常进行以保证次日运营安全、顺畅。

任务一　施工作业程序

任务目标

1. 掌握施工计划的分类及应用。
2. 掌握施工计划的申报及审批。
3. 掌握请销点作业流程及异地销点有关规定。
4. 掌握施工作业安全防护。

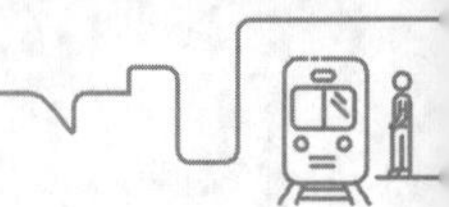

任务描述

1. 作为城市轨道交通行车工作人员，需要熟悉夜间停运之后车站、车辆段等地进行设备设施检修保养、施工组织等需要办理哪些手续。小组成员搜集相关夜间施工组织的内容及安全注意事项，分组讨论。

2. 施工作业是根据施工计划及最终下发的《施工行车通告》执行的，分组进行角色演练（行车调度员、车站值班员、车辆段调度员、信号楼值班员、施工负责人），模拟车站及车辆段施工作业，按要求办理请销点手续。

相关知识

一、施工计划的分类

为了便于施工计划的管理，施工计划通常按作业地点、性质和时间进行分类。

1. 按施工作业地点和性质分类

① 在正线、辅助线施工或影响正线、辅助线行车的施工计划；

② 在车辆段的施工或影响车辆段行车的施工计划；

③ 在车站、变电所、控制中心范围内影响客运和服务的施工计划。

知识链接

国内各地铁公司根据公司管理模式在以上分类的基础上又进行了细分，如某地铁公司施工计划按施工作业地点和性质的分类方法为:

① 影响正线、辅助线行车的施工为 A 类，其中开行工程列车、电客车的施工为 A1 类，不开行工程列车、电客车的施工为 A2 类，车站、主变电所、控制中心（以下称 OCC）范围内影响行车设备设施的作业为 A3 类。

② 在车辆段的施工为 B 类，其中开行电客车、工程列车的施工（不含车辆部电客车、工程列车的检修作业）为 B1 类，不开行电客车、工程列车但在车辆段线路限界、影响接触网停电、在车辆段线路限界外 3 m 内搭建相关设施及影响车辆段行车的施工为 B2 类，车辆段内除 B1、B2 以外其他影响行车设备设施的施工为 B3 类。B3 类施工主要包括供电、通信、信号、机电等与行车有关设备的检修或影响与行车有关设备的作业。

其他施工：按部门职责明确施工管理，在车辆段内绿化、道路整改、围墙护栏施工由综合部负责管理，房建及附属设备由设施部负责；检修线、洗车线库内车辆工艺设备检修由车辆部负责。以上施工作业时不需要申报施工计划和施工登记，由设备专业归属部门进行管理，属地部门配合。

③ 在车站、主变电所、OCC 范围内不影响行车的施工为 C 类，其中大面积影响客运、消防设备正常使用，需动用 220 V 以上电力及其需动火的作业（含外单位进入变电所、通信设备房、信号设备房、环控电控室、照明配电室、蓄电池室、水泵房、其他气体灭火保护房内作业）为 C1 类，其他局部影响客运，但经采取措施影响不大且动用简单设备设施（如动用 220V 及以下的电力、钻孔等，不违反安全规定）的施工为 C2 类。

2. 按计划时间分类

施工计划按时间通常有两种类型：

1）月计划、周计划、日补充计划和临时补修计划

① 月计划：是指以一月为周期编制的计划，属于设备正常修程内和开车调试的作业应纳入月计划。月计划应结合地铁运营单位月度设备检修计划编制。

② 周计划：是指以一周为周期编制的计划，因设备检修需要，对在月计划里未列入的进行补充或月计划中需调整变更的作业计划为周计划。

③ 日补充计划：是指提前一天申报的计划，对在月计划和周计划里未列入的进行补充或月计划、周计划中需调整变更的作业计划，称为日补充计划。

④ 临时补修计划：运营时间因设备实施临时故障，对设备进行抢修后，须在当天停运后继续设备维修的作业计划为临时补修计划。

该分类的优点：一是以月计划为大的周期，将较大的作业和设备设施修程内的作业纳入月计划集中管理，减少了日常时间内计划的频繁申报；二是行车人员和与计划有关的其他人员通过月计划有足够的时间进行安全预想。

缺点：月计划申报周期比较长，通常月计划占用了轨行区的资源，临时有重要作业安排困难，且计划兑现率低。

本分类适用于地铁运营稳定、计划执行性较强的单位。

2）周计划、日补充计划、临时补修计划

① 周计划：以周一至周日为周期编制的计划。

② 日补充计划：对未列入周计划的作业进行补充或周计划中需调整变更的计划。

③ 临时补修计划：运营时间内对设备进行临时抢修后，须在当天运营结束后继续对设备进行维修作业的计划。

该分类方法的优点：计划安排周期较短，相对可安排各项重大作业，计划兑现率高。

缺点：计划周期短，工作量大，且会造成行车人员和客运人员预想不足的缺点。

本分类适用于地铁运营单位运营接管初期或设备运行欠稳定期，且计划变化较大的情况。

根据国内各城市地铁运营单位的经验，地铁运营单位接管初期因设备设施安装、调试、整改等变化较大，一般按周计划、日补充计划和临时补修计划执行。地铁运营稳定后采用月计划、周计划、日补充计划和临时补修计划较好。

二、施工计划管理流程

为了规范施工计划的申报、审批、下发和跟踪，需专门制定施工计划管理流程的规定，该规定必须明确各时间节点，便于在作业前完成施工作业可执行计划。施工计划管理的基本流程图如图 9.1 所示。

月、周施工作业计划的安排应在确保安全的前提下，考虑均衡安排，避免集中作业；处理好列车的开行时间和密度、施工封锁等几方面的关系，避免抢时、争点现象；为方便施工单位作业，月、周施工作业计划内各项作业应注明施工日期、作业起止时间、作业内容、作业区域、安全事项及其他应说明的问题（列车编组、行车计划、配合部门及详细配合要求、联系电话等）；经济、合理地使用机车车辆，避免浪费资源。

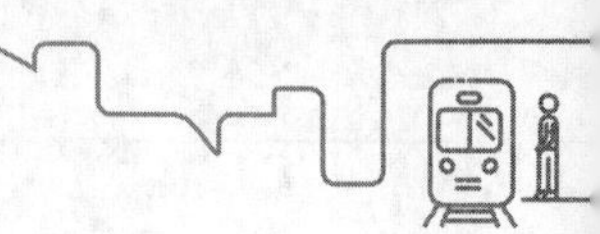

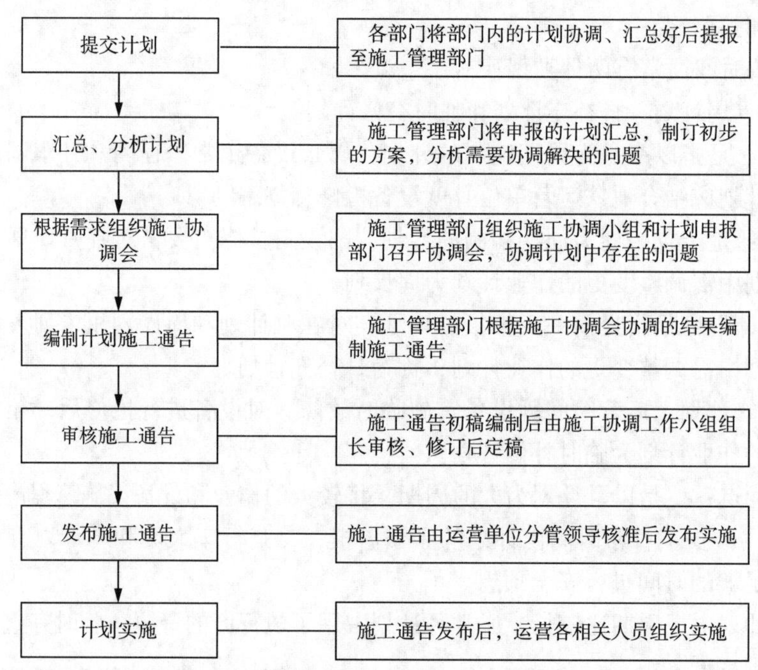

图 9.1　施工计划管理基本流程图

以某地铁公司为例，介绍其施工计划申报、审批流程：

1. 施工计划申报程序

月计划规定：车辆部应于每月 8 日（含 8 日）前将下月工程车、轨道车、平板车的扣修计划发各生产部门。施工部门、单位提报月计划时，应于工作开始前一个月的 12 日（含 12 日）前将开车施工计划提交调度部生产管理室，调度部生产管理室收到各部门开车施工计划后在 2 个工作日内协调确定并下达。各部门根据开车施工计划情况填写非开车作业计划，将填写好的“月 / 周施工计划申报表”（见附录 B）于工作开始前一个月的 18 日（含 18 日）前向调度部生产管理室提交。月计划中对于影响范围及设备和安全上有特殊要求和规定的，应在备注栏注明。

周计划规定：施工单位、部门需提报周计划时，应于工作开始前一周的星期二 16:00 以前，向调度部生产管理室提交“月 / 周施工计划申报表”。周计划中对于影响范围及设备和安全上有特殊要求和规定的，应在备注栏注明。

日补充计划规定：日补充计划应于工作开始前一天的 11:00 以前，各施工部门收集、调整、汇总后向调度部生产管理室申报。其中节假日（含周六、日）及节假日后上班的第一天的日补充计划统一在节假日前一天申报。车辆段的日补充计划应于工作开始前一天的 15:00 以前申报至车辆段调度处。

临时补修计划规定：临时补修计划由各作业部门相关负责室根据当日设备故障处理情况统一向调度部生产管理室（或 OCC 维修调度员）提出申请（其中周一至周五正常上班时间向生产管理室申请，其他时间直接向 OCC 维修调度员申请），其他非故障处理的作业不得申请临时补修计划（运营分公司安排的临时任务除外）。车辆段临时补修计划提报至车辆段调度处。

2. 施工计划的审批、编制、下发

1）月计划

① 原则上在每月 23 日前（遇节假日顺延）由调度部根据月计划提报的情况，组织内部申

报部门及相关施工单位人员参加的施工协调会议，审核计划。

② 审核月计划时，对于安全上有特殊要求和规定的，在施工协调会议上提出讨论确定，必要时相关安全或专业技术人员应参加会议。

③ 月计划中应明确说明施工作业起止时间、地点，如有变更，见《施工进场作业令》（见附录 D）；

④ 由调度部生产管理室根据月计划审核会议的结果，编制《施工行车通告》，于每月最后 1 个工作日前（含最后 1 个工作日）发布。

⑤ 发布办法：运营分公司内各部由调度部生产管理室以电子版发放，运营分公司以外单位由配合提报施工计划的部门提供给施工单位。

⑥ 发布范围：客运部、调度部、设施部、车辆部、技术安全部、票务部、物资部等及其他有施工作业的外单位。

2）周计划

① 周三上午 9:00 由调度部生产管理室根据提报计划的情况，组织相关部门，在月计划的基础上审核计划。

② 周计划中应明确说明施工作业起止时间、地点。

③ 由调度部生产管理室在《施工行车通告》的基础上编制《施工行车通告补充说明》，于每周五 15:00 前发布。

④ 遇节假日，适当提前申报，具体按调度部生产管理室通知。

⑤ 遇周计划编制时间与月计划编制时间重叠时，下月最近一周的周计划一并纳入月计划。

⑥ 周计划申报的日作业项目不得超过本部门在月计划内提报的该日作业项目的 20%。

3）日补充计划

① 调度部生产管理室在接到日补充计划的申报，汇编后于 12:00 前（特殊情况除外）发 OCC 按专业审核，OCC 应将日补充计划审核情况于 15:00 前（特殊情况除外）返回调度部生产管理室，调度部生产管理室再将审批后的日补充计划返回各申报的部门。其中节假日（含周六、日）及节假日后上班的第一天的日补充计划统一在节假日前一天办理计划申请、审批手续。车辆段日补充计划，由车辆段调度审核后于 16:00 前（特殊情况除外）返回各申报的部门。

② 日补充计划要在月计划、周计划的基础上进行安排，以提高月计划、周计划的兑现率。日补充计划申报的作业项目不得超过本部门在月计划和周计划内提报的该日作业项目的 10%。

③ 日补充计划中在备注栏应明确说明施工作业请销点的时间、地点及施工负责人。

④ 日补充计划原则上不安排工程车及调试列车作业，特殊情况（如抢修、运营分公司要求的及不影响月计划和周计划安排的计划）除外。

4）临时补修计划

① 工作日工作时间，调度部生产管理室接报临时补修计划后，根据实际情况进行调整安排，并报 OCC 按专业审核，OCC 审核后，调度部生产管理室将审批的临时补修计划返回相关部门，同时通知相关部门取消或调整相关作业计划的情况。车辆段调度接报临时补修计划后及时审核下达。

② 工作日工作时间以外的时间，OCC 维修调度员接报临时补修计划后，根据实际情况进行调整安排，并报 OCC 其他各调度按专业审核，值班主任最终审批，维修调度员将审批的临

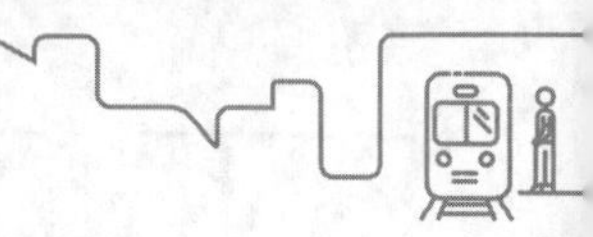

时补修计划返回相关部门，同时通知相关部门取消或调整相关作业计划的情况。

③ 临时补修计划应及时优先安排，不受月计划、周计划和日补充计划限制。

3. 计划执行

施工计划编制好应该以公司文件的形式下发给相关部门执行，执行计划应包含详细的内容。

三、施工组织管理

1. 进场施工管理规定

为了方便管理，规定进入地铁运营单位管辖范围内的施工必须持有施工凭证（施工进场作业令）。施工凭证需与计划一一对应，即：一条计划一个凭证，凭证应包含与下发施工计划一致的内容。同时也应考虑作业凭证含有相关安全提示和方便操作的指导办法，且具备较强的可执行性。

2. 施工时间规定

1）进场施工开始时间的规定

正线轨行区的作业或影响正线行车设备设施的作业必须待运营结束，且最后一班运营车离开作业区域，方可开始作业。开车作业在不影响运营的情况下可以提前将作业车组织到相应区域待令，待施工作业条件满足后，组织到作业区域开始作业；车辆段、车站及控制中心不影响正线行车和客运的作业可安排在白天运营时间段内进行。

2）施工结束离场时间的规定

正线轨行区的作业施工结束时间必须在运营开始前结束，并需要预留一定的时间让行车和设备操作人员做运营前的检查，一般情况应于首列车开出时间的 30 min 前结束并销点；车辆段、车站及控制中心不影响正线行车和客运的作业可根据检修的效果结束并销点。

3. 施工组织

1）施工负责人

为了方便管理和负责作业的安全实施，每项作业必须指定专人担当施工负责人。施工负责人的职责是：负责作业人员/设备的管理；办理请销点手续；作业过程的组织指挥和安全管理等。施工负责人的任职条件：必须熟知运营单位的行车规定和施工的相关规定；熟悉该项作业的性质、内容、方法、步骤、要求等；具备该项作业相关的安全知识和技能；经过专业培训考试合格并发证。

2）施工人员进出站规定

① 为了不延误施工作业时间，能在施工条件满足后及时作业，规定施工负责人持施工凭证在规定施工开始时间前到达车站或相关作业地点，按规定程序办理施工作业手续，一般要求提前 30 min 到达。

② 遇特殊情况施工人员需在收车后到达车站的，施工负责人须提前与车站预约，说明原因并确定进站时间和出入口，车站做好记录。车站根据预约时间、地点放行。

3）请点规定

请点是指施工人员到达作业地点后，需经过管辖单位确认准许的过程。施工负责人必须在规定时间内、在规定的作业地点现场管理单位登记请点，正线作业或影响正线行车的作业必须经行车调度同意后并告知相关人员施工承认号，方可进入施工；车站或车辆段作业不影响正线行车的由管辖单位值班人员批准作业，施工负责人得到施工承认号之后组织施工人员进行施工。

4）销点规定

销点是指作业结束后，设备恢复正常状态，需经管辖单位验证允许离开的过程。施工结束后，施工负责人负责作业区域的人员，工器具、物料、垃圾出清线路，动用的设备设施恢复正常行车状态，安装的设备稳固，施工负责人在规定的地点登记销点，按规定经调度员或相关值班人员确认后批准销点，并通知相关人员放行。

5）有关配合作业的基本要求

在地铁施工有很多作业需要相关专业配合，为了规范配合的秩序，必须制定严格的配合规定。如下面是某地铁关于配合的规定：

① 需配合的作业，作业前主动与配合单位联系，说明配合相关事宜。

② 配合单位必须严格按要求进行配合。

③ 需其他单位配合的作业，作业单位必须按规定的时间办理手续，无特殊情况，超过 30 min 的，视作该项作业取消，配合单位有权拒绝配合。

④ 需其他单位配合作业的施工，在进行相关作业时，应加强与配合单位联系，并做好安全防护工作。

知识链接

施工组织必须掌握请销点程序，以下是某地铁的请销点规定：

1. 请点规定

① 属于 A 类的作业，施工负责人在作业令规定施工开始时间前 30 min 到车站登记请点，当施工条件达到后由车站向行车调度员请点，行车调度员批准后，车站值班员传达允许施工的命令。

② 属于 A 类的作业，但需由多个车站进入施工的作业项目，施工负责人除到主站按上述①办理外，还需核实辅站情况。辅站施工责任人在作业令规定施工开始时间前 15 min 到达辅站办理登记手续，辅站值班员向主站值班员核实施工事项并请点。主站接到行车调度员允许施工的命令后，传达给施工负责人及辅站，辅站值班员允许施工责任人开始该作业点的施工。

③ 属于 B 类的作业，施工负责人到车辆段调度员处请点，经车辆段调度员同意，便可施工（车场内进行影响正线行车的作业应经行车调度员批准）。

④ 属于 C 类的作业，经批准，施工负责人到车站登记请点。

⑤ 如遇作业区域同时包含正线和车场线路时，施工部门到车辆段调度员处请点，车辆段调度员在审核批准该项施工作业后，还须向行车调度员请点，征得同意后，方可允许施工部门开始施工。

⑥ 如遇作业区域包括几条线部分线路时，施工部门均须向各条线的行车调度员请点，经批准后，方可允许施工部门开始施工。

⑦ 有外单位作业时，由指定的施工主办部门或主配合部门人员协助办理请点后，方可开始作业。

2. 销点规定

① A 类作业，施工作业请点地点仅一个站的，施工负责人在施工区域出清完毕后，报车站，由车站向行车调度员销点。

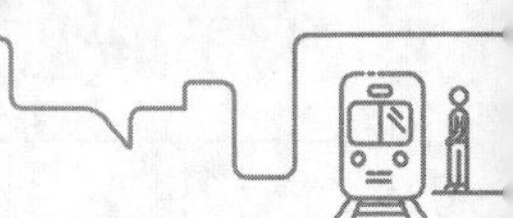

② B、C 类作业施工完毕后，施工负责人负责施工区域的出清后到车站或车场销点。

③ 当多站销点时，辅站施工责任人负责本段线路出清并报施工负责人后，在辅站销点；辅站值班员向主站值班员销点；施工负责人负责该项作业区域全部出清后，方可报主站值班员销点，主站值班员向行车调度员销点。

④ 需异地销点的施工作业，施工负责人（责任人）应在登记时注明异地销点的地点、人数。登记进入施工的车站要及时通知异地销点的车站值班员。

⑤ 当施工作业只有一组人员进行作业，需异地销点的，销点的时间不得超过行车调度员批准的时间，作业结束后，施工负责人向销点站登记销点，销点站经与施工负责人核对销点的施工内容、施工人数、地点全部无误后，记录施工负责人有效证件、姓名、作业令号码、作业人数等，并向请点站核对无误后，准予销点；销点站负责向行车调度员报告销点。

⑥ 当施工作业有多组人员进行，需异地销点的，销点的时间不得超过行车调度员批准的时间，作业结束后，施工责任人负责本段线路出清并报施工负责人，在辅站销点，辅站值班员向在主站登记的销点站销点；施工负责人负责该项作业区域全部出清后统一向在主站登记的销点站登记销点，销点站经与施工负责人核对销点的施工内容、施工人数、地点全部无误后，记录施工负责人有效证件、姓名、作业令号码、作业人数等，并向请点站核对无误后，准予销点，销点站并负责向行车调度员报告销点。

四、施工防护与安全规定

1. 施工防护

① 接触网停电检修或需接触网停电挂地线时，必须由具备接触网挂地线资质的人员负责在该作业地段两端挂接地线。

② 站内线路施工时，由施工负责人在车站两端头轨道中央设置红闪灯防护。

③ 在站间线路施工时，除施工部门在距作业地点两端不少于 20 m 处设置红闪灯防护外（距车站设置的红闪灯不足 20 m 的以车站设置为主，施工部门可不设置），车站还负责在该施工地段两端车站的端墙门对应的轨道中央设置红闪灯防护。施工前，由请点车站设置红闪灯，并通知作业区另一端车站值班员放置红闪灯防护。施工结束后，车站撤除红闪灯，并通知作业区另一端车站值班员撤除红闪灯。如遇施工作业区域跨越站内站间时，施工区域两端车站的防护信号应放在相关端墙门对应的轨道中央。

④ 在折返线、存车线、联络线、安全线上施工时，由作业人员在作业区域可能来车方向处放置红闪灯防护，若施工作业区域包括出入段线，在出入段线一端的红闪灯防护由作业人员放置。

⑤ 车站值班员安排人员到站台检查相关端墙处红闪灯是否按规定摆放，并监督红闪灯状态是否良好，并对设置的红闪灯是否按规定摆放、状态是否良好进行不定期检查。

⑥ 施工作业时除严格执行以上规定及相关安全防护规定外，还应按施工部门的有关施工操作程序的防护规定执行。

⑦ 凡在运营时间内进行作业的，必须做好防护措施，确保地铁乘客的安全，最大限度地减少对乘客的影响。

2. 施工安全

① 人、工程车在同一区域作业时，由施工负责人与车长根据现场情况协调。

A. 按施工前进方向，列车在前，人员在后，原则上不得颠倒或列车运行前后皆有作业。

B. 非随车施工人员与列车应有 50 m 以上的安全间隔距离，原则上列车不得后退，如需后退时，须施工负责人和车长协商后才能动车，确保人身安全。

C. 作业人员应在自己现场作业区来车方向设置红闪灯防护。

② 开行工程车、调试列车的有关防护。

A. 组织工程车运行时，在工程车运行的到达站前方，必须保证至少有一个站间区间空闲。

B. 在开行工程车进行作业的封锁作业区域前后方，必须保证至少有一个站台区或站间区间空闲。

C. 在开行高速调试列车的封锁作业区域前后方，必须保证至少有一个站间区间空闲。

③ 外单位施工由主办部门或主配合部门负责安全管理、安全监督。

④ 各施工单位、部门在申报施工计划时应严格按照单位通用安全规定中的相关规定，结合施工作业过程中的实际情况，提出安全防护要求和配合要求。在施工作业过程中，施工单位、部门应严格遵守以上安全规定和《施工进场作业令》中的要求。

任务实施

2021 年 3 月 27 日某线路运营结束后可以开始占用正线进行施工作业，A 类施工负责人王某于 23:40 分到达地铁 C 站站控室办理施工作业手续。根据所学的相关知识，完成以下任务：

1. 分组讨论施工组织管理中施工时间、请销点、异地销点等的相关作业流程及注意事项。

2. 分组进行角色演练（行车调度员、车站值班员、施工负责人），按要求完成车站请销点的作业流程。

3. 小组成员探讨车辆段施工组织流程，说出与车站施工办理手续的异同。

4. 各组成员对所学知识进行汇总整理，并撰写心得体会。

任务评价

序　号	评价内容	评价标准	分　数	评分记录		
				学生自评	组间互评	教师评分
1	小组计划	任务明确、分工合理	10			
2	车站请销点	流程正确、职责明确、协作良好	30			
3	车辆段请销点	流程正确、职责明确、协作良好	30			
4	语言表达	逻辑清晰、表达清楚	10			
5	学习总结	资料全面、观点明确	20			
总　分			100			

任务二　工程列车开行

任务目标

1．了解工程车的类型。

2．掌握工程车开行的有关规定。

3．了解工程车开行的流程。

任务描述

1．作为城市轨道交通行车组织相关岗位人员，当线路施工时需要加开工程列车，需要了解工程车的类别及用途。小组成员搜集工程列车的相关资料，分组讨论。

2．当线路施工时需要加开工程列车，为确保各施工作业安全，需要严格按照工程列车开行有关规定进行。作为行车调度员在指挥工程列车开行时有哪些安全注意事项，车站和车辆段如何组织，分组进行讨论。

相关知识

一、工程列车

工程列车是指进入正线运行的用于配合施工作业的列车。一般在《行车组织规则》中会对工程列车的车次号范围做专门的规定。凡是上正线运行的工程列车，必须被赋予相应的车次号。

工程车是一个统称，包含多种车型：轨道车、蓄电池工程车、钢轨打磨车、隧道清洗车、接触网架线车、接触网放线车、轨道起重车、平车、检测车等，负责车辆段内调车、救援，正线运输和设备检测等多项作业，承担着保障车辆段正常运转的任务。

1. 轨道车

轨道车是一种用于铁道设备维修、大修、基建作业中使用的内燃机车。在施工作业过程中可用来牵引装载物料或设备的平车，日常情况下可在段场内（特殊情况下也可在正线）用于牵引或推送无动力的电动客车，如图 9.2 所示。

图 9.2　轨道车

2. 蓄电池工程车

传统的地铁工程维护作业大都以内燃工程车作为牵引动力，内燃工程车以柴油为燃料，在隧道内作业时会产生大量的废气，影响作业人员的身心健康，同时也对隧道的电气设备造成损害。电力蓄电池工程车以清洁能源作为动力，将替代传统内燃工程车，广泛用于段内调车、线路维护、救援牵引等作业，如图 9.3 所示。

3. 钢轨打磨车

钢轨打磨车是用于打磨轨道轨头表面不均匀部位的专业轨道维修车辆，它通常由一辆动力车和若干辆打磨作业车组成，多个磨头可同时作业，可通过列车控制系统，采取多种模式对轨道病害实施快速打磨，如图 9.4 所示。

图 9.3 蓄电池工程车

图 9.4 钢轨打磨车

4. 隧道清洗车

隧道清洗车是集高压清洗、机械清扫、真空收集等功能于一体的高效自动化的地铁清洗装备，可有效清除附着在隧洞内壁和设备设施上的粉尘，降低设备的故障率，延长设备使用寿命，消除安全隐患，提高地铁运营的安全可靠性，如图 9.5 所示。

图 9.5 隧道清洗机

5. 接触网架线车

接触网架线车用于电气化接触网的架线、维修、更换等工作，也可用作牵引车，满足接触网各种施工需要，如图 9.6 所示。

6. 接触网放线车

接触网放线车用于接触网导线和承力索的架设，也可用于电气化改造或接触网大修作业时接触网导线和承力索的架设，如图 9.7 所示。

图 9.6　接触网架线车

图 9.7　接触网放线车

7. 轨道起重车

轨道起重车由自带动力的车体、驾驶室、液压伸缩吊臂及支腿组成，可用于线路施工、维修时的起重、装卸、牵引作业和接触网立杆架线作业，并可与其他车辆联挂组成抢修专列，如图 9.8 所示。

8. 平车

平车主要用于装运大型机械、钢轨等施工物料和设备，如图 9.9 所示。

图 9.8　轨道起重车

图 9.9　轨道车牵引平车

二、工程车的开行

1. 开行依据

① 按《施工行车通告》或日补充计划或临时补修计划的规定和要求执行，发布工程车开行的调度命令。

② 临时的特殊情况按行车调度员命令执行。

2. 工程车开行指挥的规定

① 非运营时间，行车调度员负责工程车进路监控，与工程车司机、车长的联络及与各站布置、落实工程车开行的有关事宜。

② 负责与相关车站办理施工请点登记、审批和销点工作；工程车开车前发布好相关的书面调度命令。

③ 行车调度员在同意工程车开车前，必须在“线路施工作业登记表”上确认工程车运行的前方进路无施工作业，并在 OCC 联锁工作站上确认工程车运行的前方进路已准备好。

④ 工程车司机在出车前，应仔细检查轨道平板车和内燃机车的连挂情况，连挂达不到规定要求，工程车不允许开行。

⑤ 在工程车出车辆段前，工程车司机要与行车调度员试验无线电的性能；工程车在运行中行车调度员要加强与司机和车长的联系，掌握工程车运行计划，确认进路。

⑥ 行车调度员组织工程车正线运行时，应尽量避免分段行车；当前方施工作业未按时结束或因特殊情况须组织工程车分段运行时，应提前一个站扣停工程车，并使用调度电话，通知工程车司机允许运行的起、止站，受令人必须要原话复诵。

3. 遇到以下情况时行车调度员提前通知车站接发工程车

① 向司机发布书面调度命令。

② 当行车调度员使用无线电联系不到工程车司机时，须通过车站拦停工程车询问情况。

③ 临时需要拦停工程车。

4. 工程车进出正线的规定

① 工程车必须在本线路最后一列电客车之后运行，并保持数个站间区间的间隔（一般情况下 4 个站间距），以保证运行安全。

② 工程车必须在正线第一列客车运营前 60 min 出清正线。

③ 工程车在车站始发或停车后再开时，司机要确认地面信号或按行车调度员的命令行车。

④ 车站原则上不用接发列车，工程车在运行中，司机、车长通过电台加强与车站联系，掌握运行计划，确认运行进路。开行超长、超限、集重货物的工程列车时，车站必须派人在站台监督列车运行，发现危及安全时应及时显示停车信号并报告行车调度员。

⑤ 工程车到达指定的施工作业区域后，行车调度员应根据施工计划及时发布书面命令封锁该作业区，并布置有关防护措施。待施工结束后，再开通有关线路，安排工程车回车辆段。

⑥ 工程车编挂有平车时，因施工或装卸货物的需要，可以在中途站甩下作业，但要做好安全防护及防溜安全措施，返回时要挂走。平车在区间原则上不准甩下作业。工程车在有坡度的线路上施工停靠时，不得进行分解、连挂等一系列作业。

⑦ 工程车司机应随时注意出车前、行车过程中的车辆运行状态，发现问题及时上报控制中心行车调度员。

⑧ 工程车载有工具、物品和空载运行时，都不得侵入行车限界。工程车载有工具、物品时，应安放稳固，必须有防范工程车在行驶过程中工具和物品滑落的安全措施。工程车在区间装卸工具、物品时，施工负责人应指挥工程车停于指定的规定位置，不得主观随意停放，要确保工具、物品装卸的安全。

⑨ 工程车在线路上行驶时，工程车司机应注意瞭望前方线路情况，防止有施工工具、材料、物品和施工人员突然侵入行车限界，并注意前方道岔开行方向是否正确。工程车在线路行驶过程中，要平稳地走行，不得急停急动。

⑩ 内燃机车在连挂轨道平车时，轨道平车不允许载人。工程车在运行过程中，车上人员应按相关的规定要求站好，不得妨碍司机的瞭望视野。

⑪ 工程车在线路上临时停放时，必须放置防滑、防溜装置，车辆两端要放置警示标志。

⑫ 遇有线路、道岔等行车设备检修完工后，按规程规定使用工程车配合试运转作业时，要有施工负责人和专业工程技术人员在现场负责技术问题，由施工负责人指挥工程车运行。

⑬ 工程车司机必须掌握好工程车运行速度，按规定速度操作运行。

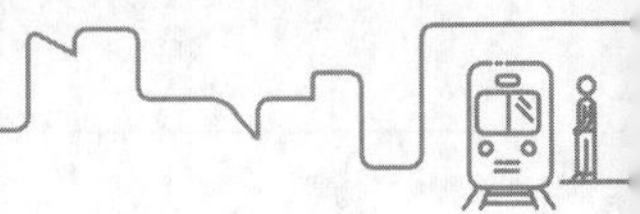

三、工程列车开行的规定及限制速度

① 工程列车必须配备 2 名司机及 1 名车长。工程列车可以牵引运行，也可推进运行，各站按正常列车办理。

② 工程列车中车辆编挂条件按有关规定，由车长负责检查。工程列车出场前车辆段调度员应向行车调度员上报编组情况，包括机车车辆组成编组顺序、列车总长度（按米往上取整），原则上所有出场工程列车编组的长度不得超过 140 m，特殊情况需要超长运行时必须提前 2 天报有关单位审批（列车总长度超长 140 m 的工程列车定义为超长列车）。

③ 工程列车开行时，挂有装载货物高度超过轨面 3 800 mm 的车辆时，正线及辅助线的接触网必须停电，车场范围内的接触网是否停电由施工申报单位在《施工进场作业令》中明确。

④ 工程列车出车场时，应在出场信号机前一度停车，用车载无线电台或 800m 无线便携台与行车调度员核实运行有关事项，确认信号机开放正确后方可动车。工程列车运行过程中，行车调度员应将前方进路状态及时通知工程车司机。

⑤ 工程列车在正线运行时，凭地面信号行车。工程列车与前方列车间须保证有两站两区间的安全距离。在区间或非集中站作业后折返时，凭调度命令行车。

⑥ 工程列车在车站始发或停车后再开时，司机要确认地面信号或按行车调度员的命令行车。

⑦ 车站原则上不用接发工程列车，但开行装载有超长货物、超限货物、集重货物的工程列车时，车站须派员工在站台尾端墙监督运行，发现危及行车安全时，应及时显示紧急停车信号并报告行车调度员；工程列车在运行中，司机、车长应通过车载无线电台或 800 m 无线便携台加强与行车调度员联系，确认运行进路。

⑧ 工程列车在施工区域内凭封锁的调度命令及施工负责人动车指令行车。封锁区域内单一路径上的道岔在施工前必须由行车调度员全部单独锁定，涉及多条行车路径时须先按单一路径组织施工，即先将单一行车路径上的所有途经道岔开通所需位置后进行单独锁定，施工负责人得到行车调度员本路径上道岔锁定好的通知后，方可指挥列车司机动车进行施工。

⑨ 工程列车编挂平车时，原则上不准安排在正线进行甩挂作业，但因施工或装卸货物的特殊需要，可安排在正线甩下作业，在施工计划中要制定足够的安全防护及防溜安全措施，返回时要挂走。

⑩ 工程列车运行时列车司机须掌握好运行速度，工程列车运行限制速度见表 9.1。

表 9.1　工程列车运行限制速度

项　目	机　型	速度 / (km/h)		说　明
		推　荐	牵　引	
正线运行	GCY300	30	60	工程车通过车站时需限速 55 km/h，侧向通过道岔时不得超过道岔侧向允许通过速度
车厂运行	GCY450	15	25	—

⑪ 工程列车的驾驶、操作按《车厂列车司机手册》执行。

四、工程列车的开行流程

工程列车的开行流程如下：

① 运营结束后，调试列车开行完毕，行车调度员申请办理接触网停电；

② 行车调度员根据工程列车的开行计划，向段场信号楼、与段场接轨的集中站做工程列车发车的预告；

③ 信号楼值班员按照列车开行计划，与接轨站值班员电话办理列车出段的闭塞手续；

④ 车站值班员办理自转换轨至正线的进路，信号楼值班员办理段场内的工程列车出段进路；

⑤ 列车出段场；

⑥ 工程列车进入正线后，在规定的限速下，按照有关信号显示运行至施工区域；

⑦ 行车调度员指挥列车运行，并向施工区域负责人通知列车运行的情况；

⑧ 施工作业完成，施工负责人办理施工作业注销手续，工程列车申请回段；

⑨ 行车调度员通知段场及有关车站办理列车回段作业；

⑩ 列车回段；

⑪ 运营开始前，行车调度员与段场及有关车站确认工程列车回段的情况。

任务实施

某日夜间施工，根据施工计划要求需要开行工程列车配合作业，作为行车调度员该如何组织？根据所学的相关知识，完成以下任务：

1．分组讨论工程列车开行的有关规定及注意事项。

2．角色演练（行车调度员、信号楼值班员、工程车司机、车长等），组织工程列车出段进入正线，施工作业结束后，组织工程列车回段。

3．各组成员对所学知识进行汇总整理，并撰写心得体会。

任务评价

序　号	评价内容	评价标准	分　数	评分记录		
				学生自评	组间互评	教师评分
1	小组计划	任务明确、分工合理	10			
2	工程列车出段	流程正确、职责明确、协作良好	30			
3	工程列车回段	流程正确、职责明确、协作良好	30			
4	语言表达	逻辑清晰、表达清楚	10			
5	学习总结	资料全面、观点明确	20			
总　分			100			

项目小结

城市轨道交通运营组织由运营和非运营两大部分构成：白天营业期间负责列车运行组织及运营调整；晚上停运后负责检修施工及加开工程列车，以保证次日设备设施正常运作。所以，检修施工及工程列车开行也是组织安全行车的前提，即在有限的空间内完成对各项设备设施

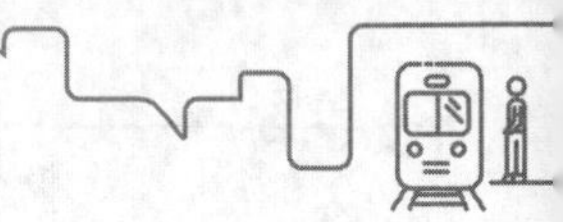

的检修、保养，设备设施的调试。

本项目重点介绍了施工作业分类、施工计划的申报及审批、施工组织管理、施工安全及防护，另外对工程车的分类及用途、工程车的开行要求及有关规定做了详细介绍。通过本项目的学习，学生对施工作业及工程车的开行有了更深入的认识。

巩固与练习

一、单选题

1. 施工计划审批完成后，以正式的（　　）文件下发到各部门。

A. 周计划　　B. 施工申报　　C. 施工行车通告　　D. 施工登记

2. （　　）核对周计划中当日正线施工作业项目。

A. OCC 控制主任　　B. 行车调度员　　C. 车站值班员　　D. 值班站长

3. 外单位的施工作业人员进出车站须提前与车站车站值班员联系，于关站前（　　）min 凭《施工进场作业令》和施工作业证进站，车站根据规定的地点、时间，查验手续后开门放行。

A. 10　　B. 15　　C. 20　　D. 30

4. 正线施工，车站值班员核对完施工登记信息报（　　）批准。

A. 车辆段调度员　　B. 行车调度员　　C. 车站值班员　　D. 值班站长

5. 车辆段施工，车场值班员核对完施工登记信息报（　　）批准。

A. 车辆段调度员　　B. 行车调度员　　C. 车站值班员　　D. 值班站长

6. （　　）是一种用于铁道设备维修、大修、基建作业中使用的内燃机车。

A. 轨道车　　B. 钢轨打磨车　　C. 接触网架线车　　D. 平车

7. 施工作业过程中如要进行动火作业，必须按照公司相关规定办理，严禁在无（　　）的情况下进行动火作业。

A. 施工计划　　B. 施工作业令

C. 动火令　　D. 项目领导的承诺

8. 站间正线线路在两站之间作业需要开行工程列车时，由行调指定的（　　）负责掌握施工情况，监督施工安全。

A. 工程车司机　　B. 车长

C. 车站值班员　　D. 施工负责人

9. 下列不属于工程车的是（　　）。

A. 轨道车　　B. 钢轨打磨车　　C. 接触网架线车　　D. 电客车

二、简答题

1. 进场施工时有何规定？

2. 什么是施工负责人？其职责是什么？

3. 简述施工请、销点的规定。

4. 如何做好施工安全防护？

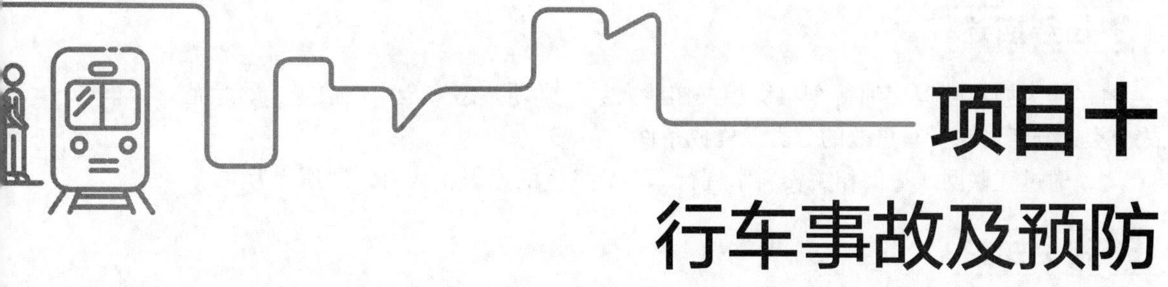

项目十

行车事故及预防

项目描述

城市轨道交通一般都处于地下或高架桥的半封闭或有限空间内，具有封闭性、局限性、人员和设备高度集中的特点，一旦发生突发事件，人员疏散和救援都非常困难，处置不当将产生巨大的生命和财产损失，对社会经济和人民生活造成重大影响，因此，一定要把“安全第一，预防为主”放在首位。事故有哪些分类？发生事故后又该如何处理？

本项目将从行车事故分类及风险识别、行车事故处理原则及流程、行车事故应急预案及事故预防三个方面进行介绍。

学习目标

1. 知识目标

掌握行车事故的分类、构成条件及风险识别；熟悉行车事故处理原则；了解应急机构的构成及职责，掌握事故处理流程；掌握应急预案的等级、预案体系及预案管理；掌握火灾时的应急处理流程。

2. 能力目标

能根据事故构成条件判断事故等级并进行风险识别；能掌握行车事故处理原则及处理流程；能掌握应急预案的体系及管理；能掌握火灾时的应急处理流程。

3. 素质目标

认识到行车事故的危害性，树立学生“安全第一、预防为主”的思想，培养学生沟通和协作能力，要求学生熟悉安全生产法规，始终把安全放在首位，保证人民生命安全和国家财产安全。

任务一　行车事故分类及风险识别

任务目标

1. 掌握行车事故的分类及构成条件。
2. 了解行车事故发生的原因。

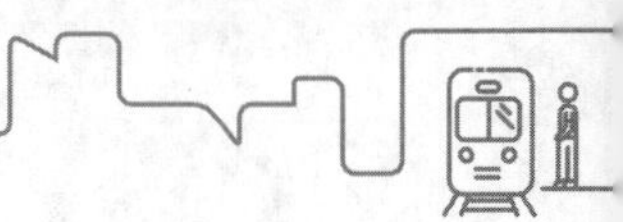

任务描述

1. 作为城市轨道交通行车组织相关作业人员，必须熟悉安全生产法规、熟悉企业行车事故分类，分组讨论行车事故的分类及构成条件。

2. 通过互联网或查阅相关资料掌握行车事故发生的原因，从而做到预防为主。

相关知识

一、行车事故的类别

凡在行车工作中，因违反规章制度、违反劳动纪律或因技术设备不良及其他原因造成人员伤亡、设备损坏，影响正常行车或危及行车安全的，均构成行车事故。我国各城市地铁在设备、规章上并没有完全统一，所以我国城市轨道交通系统没有统一的行车事故分类标准。现以某城市轨道交通企业为例进行说明。

按照事故损失及对运营造成的影响和危害程度，生产安全事故分为特别重大事故、重大事故、较大事故、一般事故和事故苗头（A ~ D类）。

1. 特别重大事故（Ⅰ级）

运营事故造成下列后果之一的为特别重大事故：

① 死亡 30 人以上；

② 重伤 100 人以上 (包括急性工业中毒，下同)；

③ 直接经济损失在 1 亿元及其以上。

2. 重大事故（Ⅱ级）

运营事故造成下列后果之一的为重大事故：

① 死亡 10 人以上 30 人以下；

② 重伤 50 人以上 100 人以下；

③ 直接经济损失 5 000 万元以上 1 亿元以下；

④ 连续中断行车 24 h 以上。

3. 较大事故（Ⅲ级）

运营事故造成下列后果之一的为较大事故：

① 死亡 3 人以上 10 人以下；

② 重伤 10 人以上 50 人以下；

③ 直接经济损失 1 000 万元以上 5 000 万元以下；

④ 连续中断行车 6 h 以上 24 h 以下。

4. 一般事故（Ⅳ级）

运营事故造成下列后果之一的为一般事故：

① 造成 3 人以下死亡；

② 重伤 3 人以上 10 人以下；

③ 直接经济损失 50 万元以上 1 000 万元以下；

④ 连续中断行车 2 h 以上 6 h 以下。

5. A 类事故苗头

在运营生产中，发生下列情况或造成下列后果之一的为 A 类事故苗头：

① 2 人重伤，或者 10 人以上轻伤；

② 直接经济损失 30 万元以上 50 万元以下；

③ 连续中断行车 100 min 以上 120 min 以下；

④ 正线列车冲突、脱轨或分离；

⑤ 机车车辆溜逸并进入正线车站或区间；

⑥ 正线列车擅自改变列车运行方向行车；

⑦ 正线列车制动系统失灵；

⑧ 正线车站未准备好进路接入、发出列车；

⑨ 向正线车站占用线、占用区段错发出或错接入列车；

⑩ 其他严重影响生产安全、造成不良影响的行为，经安委会决定列入本项。

6. B 类事故苗头

在运营生产中，发生下列情况或造成下列后果之一的为 B 类事故苗头：

① 1 人重伤，或者 3 人以上 10 人以下轻伤；

② 直接经济损失 20 万元以上 30 万元以下；

③ 连续中断行车 80 min 以上 100 min 以下；

④ 客运列车错开车门、运行途中开门、车未停稳开门，造成人员伤害；

⑤ 客运列车夹人开车或将人关在车门与屏蔽门（或安全门）之间开车，造成人员伤害；

⑥ 接触网错送电、漏停电；

⑦ 正线车辆、设备、机房、办公用房、车站、地铁管辖商铺发生火灾，未能及时自救扑灭，对正常运营秩序造成影响；

⑧ 在正线人工组织行车时，未办或错办行车手续发出列车；

⑨ 列车未拿或错拿行车凭证发出列车；

⑩ 正线列车冒进信号；

⑪ 正线列车挤岔；

⑫ 点式或联锁级别下正线信号升级显示；

⑬ 其他严重影响生产安全、造成不良影响的行为，经安委会决定列入本项。

7. C 类事故苗头

在运营生产中，发生下列情况或造成下列后果之一的为 C 类事故苗头：

① 2 人轻伤且均达到轻伤 A 级；

② 直接经济损失人民币 10 万元以上 20 万元以下；

③ 连续中断行车 60 min 以上 80 min 以下；

④ 调车冲突；

⑤ 调车脱轨；

⑥ 机车车辆溜逸，但未进入正线车站或区间；

⑦ 设备、设施超限，或车辆超限、车辆部件脱落，或装载货物超限、货物装载不良开车，导致设备设施损坏；

⑧ 车辆段内机车、车辆与其他车辆或设备发生碰撞；

⑨ 主变电所全所供电中断 120 min 以上；

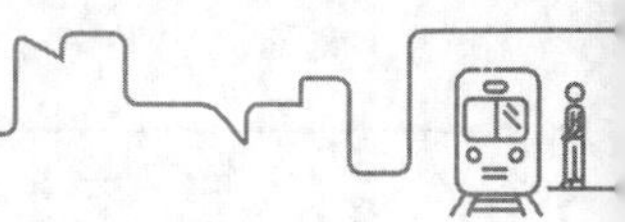

⑩ 正线单个车站全部照明熄灭 60 min 以上；

⑪ 错挂、漏挂、错撤、忘撤接地线；

⑫ 因错发操作命令或人员误操作，造成断路器跳闸或接触网误停电，影响运营服务；

⑬ 单条线路通信主干网中断通信 60 min 及以上；

⑭ 单条线路行车指挥通信有线或无线系统中断通信 60 min 及以上；

⑮ 单个车站全部自动售票机中断售票 120 min 以上或全线 60 min 以上；

⑯ 变电所保护拒动；

⑰ 正线接触网断线或断杆；

⑱ 其他严重影响生产安全、造成不良影响的行为，经安委会决定列入本项。

8. D 类事故苗头

在运营生产中，发生下列情况或造成下列后果之一的为 D 类事故苗头：

① 1 人轻伤且达到轻伤 A 级，或者 2 人轻伤且均达到轻伤 B 级；

② 直接经济损失 1 万元以上 10 万元以下；

③ 连续中断行车 30 min 以上 60 min 以下；

④ 客运列车车门故障无法关闭，未采取安全措施动车；

⑤ 客运列车车门夹人走车，未造成人员伤害；

⑥ 设备、设施超限，车辆超限、装载货物超限、车辆部件脱落或货物装载不良开车；

⑦ 设备、设施、备品脱落或掉下站台、隧道，造成停车；

⑧ 未办理请点手续，进入正线或辅助线轨行区的（检修股道车辆部自身作业除外）；

⑨ 单个车站正常照明全部熄灭 60 min 以上；

⑩ 单个车站照明全部熄灭 30 min 以上；

⑪ 关键系统数据记录在规定存储时间内丢失；

⑫ 错发、错传、漏发、漏传调度命令，耽误列车运行；

⑬ 员工违反劳动纪律导致客运列车运行延误 5 min 以上；

⑭ 未撤除防溜措施动车；

⑮ 单个车站环控系统（包含隧道通风或空调制冷系统、大小系统）故障连续停机 24 h 以上；

⑯ 未验电即挂地线；

⑰ 人为原因，造成自动消防设施误喷；

⑱ FAS 系统不能正常报警或气体灭火系统不能正常启动；

⑲ 防灾报警系统故障，不具备监控功能时，未及时通知相关单位采取相应措施或相关单位接到通知后未及时采取有效措施；

⑳ 单条线路行车指挥的无线通信系统或有线通信系统中断 30 min 以上 60 min 以下；

㉑ 正线给水主管、消防主管爆裂；

㉒ 供电系统操作中发生漏送电、错停电；

㉓ 全线中断自动售票 30 min 以上或单个车站中断自动售票 60 min 以上；

㉔ 单个车站进闸机或出闸机全部故障 30 min 以上；

㉕ 运营线路积水漫过轨面；

㉖ 线路发生钢轨折断或胀轨跑道，影响行车；

㉗ 因设施设备故障导致运营列车限速 24 h 以上；

㉘ 无特种作业操作证操作相关设备或违章操作特种设备造成影响；

㉙ 电客车误进供电分区；

㉚ 正线车辆、车站、设备、生产用房、办公用房发生起火冒烟险情；

㉛ 轨行区内应撤除的设施、设备、物料、标志未及时撤除，影响行车；

㉜ 擅自切除客运列车车载信号保护动车；

㉝ 设施设备故障导致客运列车运行延误 30 min 以上或导致采用人工方式组织行车 90 min 以上；

㉞ 其他严重影响生产安全、造成不良影响的行为，经安委会决定列入本项。

根据以上定性的事故，还可以按事故类别分为行车事故、客运事故、自然灾害引起的事故等。

1. 行车事故

凡在地铁运营工作中，造成人员伤亡、设备损坏、中断行车、危及运营安全及经济损失等情况的，均构成行车事故。

2. 客运事故

凡是在车站的站厅（指收费区内）、站台上、客运列车车厢内发生的危及乘客人身安全的事件，均属于客运事故。客运事故主要有列车车门、屏蔽门、自动扶梯、列车停站时站台边缘与列车间的间隙、列车进出站等造成的客伤。

3. 自然灾害引起的事故

由自然因素引进的事故与灾害，如水害、风害、雷击或地震等。对此，城市轨道交通在建设时应有良好的预防监测措施。在遭遇此类事件时，及时统一指挥组织乘客疏散转移，组织现场抢救。

二、风险识别

依据“人、机、环、管”四大要素，从基础设施、技术设备、作业环境、安全制度、安全管理组织体系、责任落实、劳动纪律、现场管理、事故调查处理和追究等方面进行，并定期更新；各部门要定期开展从部门到班组的逐级隐患排查，落实隐患问题治理。

事故发生原因有人员因素、设备因素、环境因素、管理因素等，如图 10.1 所示。

1. 人员因素

人是地铁安全运营的控制因素，特别是行车关键岗位安全意识淡薄、违章指挥和违章作业，可能引起列车相撞、列车脱轨等重大事故。人员因素包括乘客因素和工作人员因素。

1）乘客因素

不遵守乘车守则、人为故意破坏、无应急技能或应急技能低。

2）工作人员因素

缺乏安全意识、缺乏对“三品”的识别

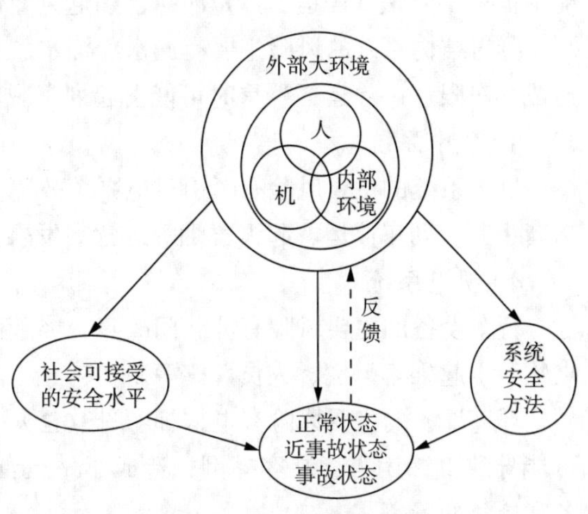

图 10.1 发生事故的因素

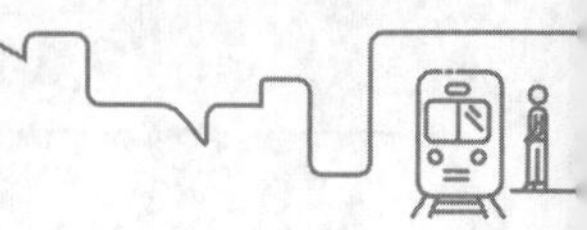

能力、自身处置各类突发事件的能力。

知识链接

公路、铁路、民航等运输企业，对查危工作都非常重视，地铁的查危工作也是非常重要的。由于目前地铁员工没有执法权，虽然轨道交通管理办法中规定地铁员工可以检查乘客的行包，但遇到乘客拒绝接受检查，处理起来就会很困难，此时可以以乘客物品超过规定携带范围为由，一边拖延时间，一边通知公安协助。

危险品分类：

第一类：爆炸或易爆物品，如雷管、手榴弹、炸药、烟花、鞭炮、导火线等；

第二类：压缩气体和液化气体，如石油液化气瓶、天然气瓶和其他各种压缩气瓶等；

第三类：易燃液体，如汽油、煤油、柴油、油漆、酒精、香蕉水等；

第四类：易燃固体、自燃物品和遇湿易燃物品，如硫磺、黄磷、白磷、过氧化钠、碳化钙（电石）、钠、钾等；

第五类：强氧化剂，如浓硝酸、浓硫酸、浓盐酸、王水等；

第六类：毒害品和感染性物品，如氯化汞、氰化钾、三氧化二砷（砒霜）、尼古丁、石棉、各类农药等；

第七类：放射性物品，如镭、钋、铀等；

第八类：腐蚀品，如醋酸、磷酸、氨水等；

第九类：其他可能影响乘客人身安全的物品。

2. 设备因素

1）车辆系统

车辆系统的风险主要有机械部位故障、电气系统故障、制动系统故障、车门系统故障等，可能造成列车火灾、列车脱轨、列车相撞等事故，引发乘客拥挤踩踏等次生事故。

2）工建系统

工建系统的风险主要有钢轨折断、胀轨跑道、钢轨损伤、道岔尖轨损伤、道床病害等，可能造成列车限速、停运，严重时可能引起列车脱轨等事故。

隧道结构系统的风险主要有漏水、涌水、涌沙、塌方、结构意外打穿、衬砌腐蚀等，可能造成列车限速、停运，严重时可能引起列车脱轨等事故。

3）供电系统

供电系统的主要风险有牵引供电系统故障、动力供电系统故障、接触网故障等，可能导致运营中断、列车停运、起火冒烟等运营突发事件，引发乘客拥挤踩踏等次生事故。

4）机电系统

行车设备的主要风险有屏蔽门故障，屏蔽门无法打开、关闭，造成列车晚点，屏蔽门夹人夹物，引起乘客恐慌、人员踩踏等。

环境设备的主要风险有电扶梯（图 10.2）、通风系统、动力照明系统、给排水系统故障等，可能导致直梯困人、乘客摔倒；造成车站运营期间相关环控设备无法正常运行，影响运营服务和应急处置等。

防灾系统的主要风险有 FAS、BAS 应急情况下拒动、误动，影响应急情况下的使用和车站运营服务等。

5）通信信号系统

通信信号系统的风险主要有 ATP 故障、道岔故障、信号联锁故障、调度指挥通信系统中断等，可能造成运行指挥失控、运营秩序混乱、列车相撞、群死群伤、突发大客流等突发事件。

6）自动售检票系统

自动售检票系统的风险主要有自动售检票中央计算机系统故障、车站计算机系统故障、站级设备故障等，可能造成线路或车站大量自动售检票设备停用、乘客拥堵、收益损失等。

3. 环境因素

环境方面的风险主要有恶劣天气、自然灾害，可能导致设备故障及停机、设备设施损坏或运营中断等。

1）公共卫生环境

公共卫生环境的主要风险是地铁空间相对封闭、狭小，人群密集，且来源广、流动性大，当突发公共卫生事件时，病毒、细菌的传播速度快，不易控制。

2）社会环境

社会环境方面的主要风险是乘客的不安全行为、侵入运营区域、威胁控制区安全、人为破坏和恐怖袭击等，可能导致运营设备损坏、运营中断及人员伤亡等。

3）地铁保护区内的外部施工

地铁保护区内违规施工可能对地铁结构及设施设备造成破坏；暴雨等自然灾害造成外部工程施工项目基坑坍塌、雨水倒灌（图 10.3），从而影响地铁设施、设备安全使用等。

图 10.2 电扶梯事故

图 10.3 雨水倒灌

4. 管理因素

管理方面的主要风险是管理者不作为和管理不到位，规章制度不健全、不落实、不执行等，可能对人员、设备、设施等方面造成影响，发生安全事故。

管理因素主要包括安全管理办法、安全管理法制、检测与维修、安全教育与培训（事前）、安全组织。管理不善的情况比较普遍，但是其影响范围极其深广，且不易辨识和控制。

任务实施

城市轨道交通系统的正常运行涉及多部门多工种，一旦有任何疏忽都可能导致行车事故。

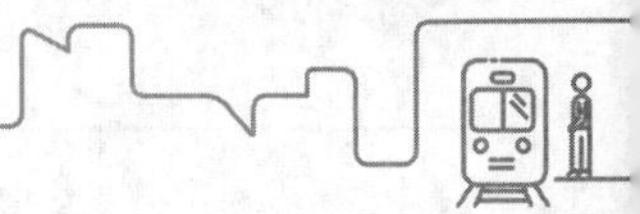

根据所学的相关知识，完成以下任务：

1．分组讨论行车事故的类别、构成条件，并能根据事故划分等级。

2．小组成员通过互联网搜集近年来地铁发生的事故，并做成PPT以供大家学习。

3．各组成员对所学知识进行汇总整理，并撰写心得体会。

任务评价

序号	评价内容	评价标准	分数	评分记录		
				学生自评	组间互评	教师评分
1	小组计划	任务明确、分工合理	10			
2	行车事故	分类及风险识别明确	20			
3	资料收集	资料、数据是否全面	30			
4	PPT展示	PPT制作效果	20			
5	学习总结	资料全面、观点明确	20			
总分			100			

任务二　行车事故处理原则及流程

任务目标

1．熟悉行车事故处理原则。

2．了解应急机构的构成及职责。

3．掌握事故处理流程。

任务描述

1．作为城市轨道交通行车组织相关作业人员，必须掌握行车事故处理原则，掌握应急机构的构成及职责。

2．掌握行车事故一般处理流程及各环节注意事项。

相关知识

一、行车事故处理原则

① 为贯彻“安全第一，预防为主”的安全生产方针和保证运营安全，地铁企业应把安全工作当作首要任务来抓，加强安全管理和安全思想教育，强化职工安全意识，严肃劳动纪律和作业纪律，教育职工自觉执行各项规章制度。做好员工技术培训，提高技术业务水平。加强安全检查，及时消除各类隐患。搞好设备维修保养，提高设备质量。深入开展安全正点、优质服务的竞赛活动，确保地铁安全运营。

② 发生事故时，保障生命安全放在第一位，应积极采取措施，迅速抢救，以“先通后复”的原则，尽快恢复运营，尽量减少损失。事故发生后，要以事实为依据，以有关法规、规章为准绳，按照“四不放过”的原则处理事故，查明原因，分清责任，吸取教训，制定措施，防止同类事故再次发生。

③ 对事故要定性准确，对事故责任者以责论处。对事故责任者，应根据事故性质和情节分别予以批评教育、经济处罚、行政处分直至追究法律责任。

④ 对事故分析处理拖延、推脱责任、姑息纵容、隐瞒不报或不如实反映事故情况者，应予以严肃批评教育或纪律处分。

二、应急机构及职责

应急机构的组成及职责，以某地铁公司为例进行介绍：

1. 应急机构

为了保证运营突发事件应急救援的快速、高效、有序，公司成立应急救援指挥部，下设技术专家组、控制中心工作组、应急工作组、抢险救援组，在应急救援指挥部的统一指挥下开展应急处置工作，应急工作组下设协调联络、保卫警戒、媒体应对、物资保障、事故调查及善后处理 6 个小组，抢险救援组下设站务、乘务 2 支专业处置队和供电、工建、信号、通信、车辆、机电 6 支专业抢险队，如图 10.4 所示。

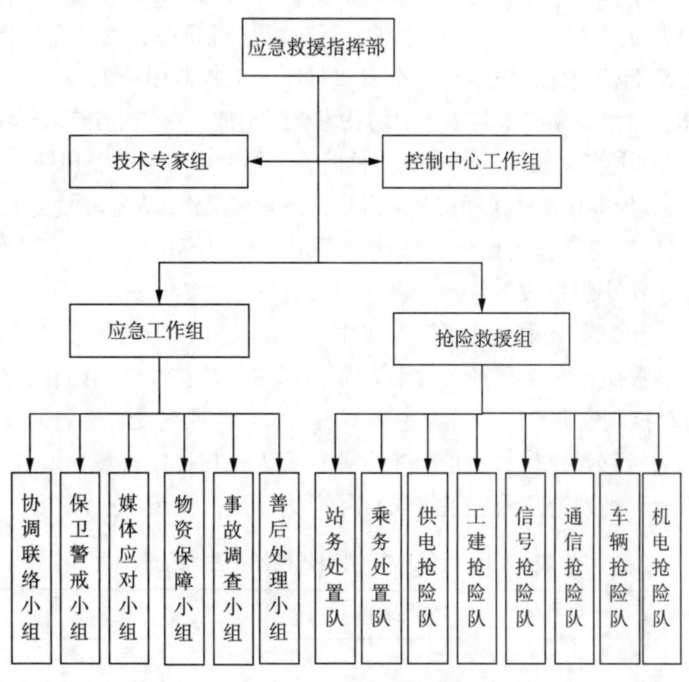

图 10.4　应急抢险组织机构图

2. 应急机构的组成及职责

1）应急救援指挥部的组成

① 指挥长：公司党委书记、总经理。

② 副指挥长：公司其他领导班子成员。

③ 成员：总经理助理、副总工程师及各部门负责人。

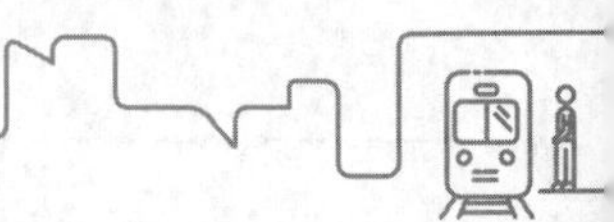

2）应急救援指挥部的职责

全面负责运营突发事件应急救援指挥和抢险组织工作，制定应急救援方案，下达应急救援命令；根据事态发展，扩大响应，请求启动上层应急预案。

3）应急救援指挥部成员的职责

① 指挥长：发生运营突发事件时，立即赶赴控制中心或车辆段行车控制室，指派公司分管领导到达现场指挥救援，必要时前往现场指挥救援。总体负责指挥运营突发事件的应急处置工作，确定现场抢险救援工作方案，布置与现场抢险救援有关的工作；批准启动和终止应急响应；当运营突发事件的处置已经超出公司能力范围时，按照程序请求上级部门进行支援。

② 副指挥长：参与现场抢险救援工作方案的制定，按照分管工作协助指挥长开展抢险救援工作。其中，抢险主专业的分管副总经理总体负责现场抢险救援工作；分管安全技术副总经理负责协调联络、保卫警戒、媒体应对、物资保障、事故调查及善后处理等工作，并为应急救援提供技术支持。

③ 成员：发生运营突发事件后，协助指挥长及副指挥长开展抢险救援工作。

4）各工作组的组成及职责

① 控制中心工作组：控制中心工作组由控制中心当值调度、值班主任及行车调度部相关人员组成，其职责是按照应急救援指挥部统一安排，主要负责信息的接收、传递，与上级有关部门的联系与沟通；负责各抢险救援组及应急工作组的调度、协调，进行非正常情况下的行车组织；根据现场情况启动相关应急预案，下达或执行指挥长的指令。组长由分管调度副总经理或行车调度部部长担任，发生运营突发事件时，在控制中心值守。

② 技术专家组：技术专家组由各专业部门技术骨干组成，组长由分管安全技术副总经理或总经理助理、副总工程师担任，发生运营突发事件时，在控制中心或事发现场，参与现场抢险救援工作方案的制定，协助指挥长及副指挥长开展现场抢险救援工作，为抢险救援工作提供技术支持。

③ 应急工作组：应急工作组由协调联络、保卫警戒、媒体应对、物资保障、事故调查及善后处理 6 个应急工作小组组成。

④ 抢险救援组：由站务、乘务处置队和供电、工建、信号、通信、车辆、机电抢险队组成。先期处置时，抢险救援组组长为属地单位负责人，车站为站长或值班站长，列车在区间为列车司机，车辆段为行车控制室调度，主所为主所值班人员，负责突发事件先期处置的组织与指挥。专业人员到达现场后转移指挥权，由抢险主专业负责人担任事发现场抢险救援组组长。

根据事件（故障）类型抢险救援组组长自然产生原则，见表 10.1。

表 10.1　抢险救援组组长自然产生原则表

序　号	事件（故障）	抢险主专业
1	供电系统（含弓网）故障等	供电专业
2	轨道故障、隧道结构故障等	工建专业
3	道岔故障、挤岔、信号系统故障等	信号专业
4	列车脱轨、冲突、分离和车辆大部件脱落等	车辆专业
5	车站水害、火灾、反恐、治安事件等	客运专业
6	区间水害、电梯故障等	机电专业

三、事故处理流程

事故的处理流程如图 10.5 所示。

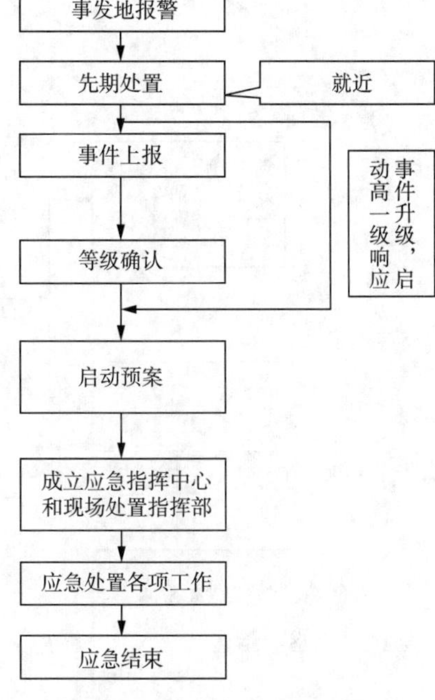

图 10.5 事件应急处理流程图

1. 事发地报告

1）突发事件信息通报的原则

① 迅速准确、简单明了、逐级上报的原则。

② 公司内部及协作单位并举的原则。

③ 控制中心负责信息的收集和传递。突发事件在区间发生时，由列车司机立即报告行调。在车站或基地发生时，由车站值班站长或信号楼调度员立即报告行调。

④ 发生人员伤亡、火灾、爆炸、毒气袭击等事故，需要报告 119 火警、120 急救中心或地铁公安分局时，由现场负责人或目击者在第一时间内直接报告；如果无法直接报告，则应以尽快报告的原则，向就近的车站或控制中心（信号楼调度员）或上级报告，再报告 119 火警、120 急救中心或地铁公安分局。

2）突发事件信息通报的内容

运营线发生运营事故后应立即向控制中心报告，报告事项包括：

① 报告人姓名、职务和单位（部门、车间、室）；

② 事件发生类别、时间（时、分）、地点；

③ 事件发生概况、原因（若能初步判断）及影响运营程度；

④ 人员伤亡情况、设施设备损坏情况；

⑤ 已采取的措施；

⑥ 任何需要的援助（包括救援、救护、支援）；

⑦ 其他必须说明的内容及要求。

3）事故报告流程（图 10.6）

① 发生运营突发事件后，相关车站值班员（车辆段行车控制室调度）或发现人第一时间向控制中心报告，控制中心值班主任接到报告后须于 10 min 内向分管安全领导（工作时间）或当日值班领导（非工作时间）、分管业务领导报告，按领导指示进行应急处置工作，视情况将信息通报综合部、党群工作部、资源开发部、安全技术部、相关部门调度及公安地铁分局指挥中心，督促各部门做好应急处置工作。

② 发生运营突发事件后，事发部门 20 min 内须向控制中心进行电话初报，30 min 内向控制中心报送文字信息。

③ 控制中心接到上级有关部门发布的各类突发事件信息后，值班主任应立即向分管安全领导、当日值班领导、分管业务领导汇报，及时向有关部门传达。

④ 各部门发现运营突发情况或接到外部突发事件信息时，根据其可能影响运营的程度，依据各自职责分工，分析其发生、发展趋势和危害程度，及时向控制中心提出应急处置建议；调动部门的应急抢险人员及设备，启动相关专项预案和现场处置方案；及时向控制中心反馈现场处置情况。

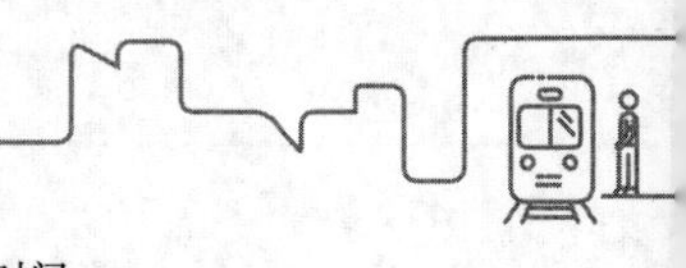

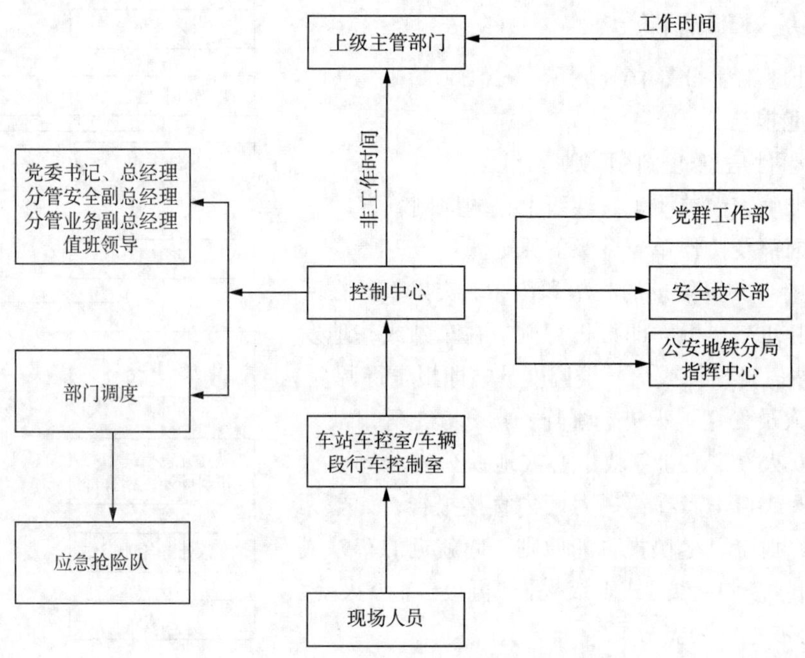

图 10.6　事故报告流程

2. 应急响应

发生运营突发事件时，按照响应流程处置，如图 10.7 所示。

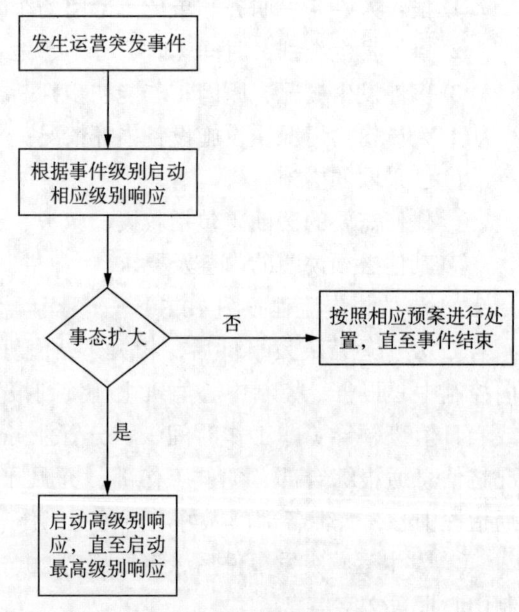

图 10.7　响应流程

按照运营突发事件级别，响应程序由低到高分为Ⅳ、Ⅲ、Ⅱ和Ⅰ级。

1）Ⅳ级突发事件应急响应

相关车站或部门启动相应的现场处置方案。事发相关部门须安排副主任及以上人员赶赴现场，公司其他各级人员做好增援准备，接到支援命令时，须立即赶赴指定位置参与抢险救援工作。

2）Ⅲ级突发事件应急响应

在Ⅳ级突发事件应急响应的基础上，公司启动综合应急预案及相关专项应急预案，应急处置尚在公司的能力范围之内；值班领导赶赴现场，指定人员或自行担任抢险救援组组长，负责现场指挥、决策处置方式、协调现场应急处置力量等工作。

事发相关部门副部长及以上人员赶赴现场，其他各级人员按照就近原则，到达事件影响车站，配合车站做好客流疏导等。事发相关部门分管领导及副总工程师赶赴现场，督促、指导现场处置。

3）Ⅱ级突发事件应急响应

在Ⅲ级突发事件应急响应的基础上，公司党委书记、总经理赶赴控制中心或事发现场，督促、指导现场处置。公司其他领导班子成员及副总工程师到岗响应，视情况赶赴现场、控制中心等，组织分管部门全力做好应急处置工作。

4）Ⅰ级突发事件应急响应

在Ⅱ级突发事件应急响应的基础上，公司上级主管部门启动上级预案，扩大响应；公司党委书记、总经理赶赴控制中心或事发现场；公司应急机构全力配合上级主管部门做好应急处置工作。

3. 先期处置

1）现场人员的先期处置

发生突发情况，现场工作人员应立即向控制中心或车站车站值班员报告，在保证自身安全的情况下，对现场情况进行查看和确认，视情况报 119、120；并可利用现有设施对突发事件进行先期处置，防止事件扩大，现场有乘客时，应采取措施，稳定乘客情绪、维持秩序，尽力保证乘客安全。

2）列车司机的先期处置

发现异常情况后，立即采取措施，并向控制中心报告，按行调指令执行现场处置方案。

3）车站的先期处置

车站车站值班员在接到现场人员报告或发现综合监控系统的报警信息后，应立即向行调和值班站长报告。中心站站长、副站长或值班站长担任先期现场应急处置的指挥，总体负责现场抢险救援和应急处置工作，组织本站人员启动现场处置方案，进行疏散乘客、扑灭初期火灾等先期处置，组织驻站工班等力量参与救援，并及时地向控制中心报告现场情况；根据事件性质和影响范围，报请驻站公安、119、120 参与救援；车站根据现场情况向行调申请限流、车站只出不进、越站、关站等措施。

4）控制中心的先期处置

控制中心相关专业调度在接到现场（车站）报告或发现综合监控系统的报警信息后，应迅速判明突发事件影响并向值班主任报告；值班主任宣布启动控制中心应急处置程序，组织各调度及时优化行车组织等，同时按照规定向公司领导和相关部门报告，并建议启动相关预案；根据事件性质、伤亡人数状况和影响范围，通报地铁公安分局指挥中心、公交公司参与救援。

4. 事件上报

① 当发生运营突发事件时，党群工作部审核接报信息，经请示公司总经理或党委书记同意，20 min 内向上级主管部门报告；八小时工作日外及节假日，控制中心审核接报信息，经请示值班领导同意，20 min 内向上级主管部门报告。信息上报分为初报、续报、终报三个环节。

② 初报须在事发后 20 min 内完成，采用电话快报形式，可以“先报事后报情”。

③ 续报采用书面形式，首次续报须在 45 min 内完成；续报需在初报的基础上，及时、准确、全面报告运营突发事件应急处置情况。

④ 上级主管部门对运营突发事件有批示时，党群工作部或控制中心值班主任要及时将批示信息向相关领导进行汇报，并按照批示要求按时做好跟踪和续报、终报工作。续报、终报采用书面形式。

5. 等级确认

根据可能造成的危害程度、波及范围、影响大小、人员伤亡及财产损失等情况，确定事件等级。事件等级由高到低划分为Ⅰ级、Ⅱ级、Ⅲ级和Ⅳ级四个级别。

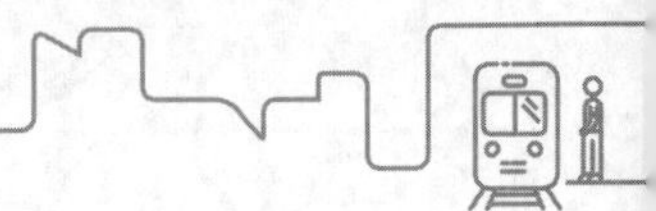

6. **应急救援**

1）应急救援指挥部

① 发生Ⅲ级及以上运营突发事件时，应急救援指挥部自然成立，指挥部相关成员按照岗位职责分工，立即赶赴各自岗位开展相关工作；

② 根据控制中心工作组汇报的现场情况及技术专家组会商研判的建议，确定应急救援方案，并立即下达执行；

③ 根据事态发展，决定扩大响应，请求上级主管部门启动上层预案。

2）抢险救援组

① 站务、乘务处置队根据抢险救援组下达的应急救援方案，做好乘客疏散，全力保障乘客安全，协调驻站公安、组织车站工作人员进行客流控制或实施警戒；

② 具备基本抢修条件后，各专业抢险队尽快勘察现场情况，按照“先通后复”的原则，提出本专业的抢险方案，按照抢险救援组组长的指令，对受损的设施设备进行检查修复。

3）控制中心工作组

控制中心各调度根据运营突发事件应急救援的需要，做好行车组织和设施设备抢修组织等相关工作。

4）现场抢险作业纪律

① 抢险救援组要严格按照应急救援指挥部下达的应急救援方案开展抢险工作；若现场情况发生变化，需要变更方案时，必须上报应急救援指挥部，批准后方可变更。

② 各专业抢险队要服从抢险救援组组长的指挥，协调动作，相互配合，禁止擅自盲目行动，造成事故扩大或发生衍生事故。各专业抢险救援作业由各专业抢险队队长负责具体实施，其他人员不得向抢险作业人员下达命令。

③ 各专业抢险队除了要服从抢险救援组组长的指挥外，抢险作业必须得到相关调度的批准，严禁简化作业程序。抢险作业中发生危及人身或车辆、设备安全的紧急情况时，作业人员应立即停止作业，采取有效防护措施，并迅速通报抢险队队长，抢险队队长要立即上报抢险救援组组长。

④ 现场抢险作业完毕，各专业抢险队须清理现场，清点人数，撤除所有器材、物品、设备，撤出现场，销除相关作业命令后向抢险救援组组长报告。

7. **应急结束**

地铁运营突发事件应急处置工作基本完成，次生、衍生灾害隐患和事件危害基本消除，应急工作即告结束。

① Ⅳ级运营突发事件应急处置工作由控制中心值班主任宣布结束。

② Ⅲ级运营突发事件应急处置工作由值班领导宣布结束。

③ Ⅱ级运营突发事件应急处置工作由公司党委书记或总经理宣布结束。

④ Ⅰ级及以上运营突发事件的应急处置工作由上级指挥部门宣布结束。

8. **后期处置**

1）事故调查

① 发生运营突发事件后，各相关部门在做好应急救援工作的同时，要注意保护事故现场，及时留存相关的证据（系统数据、台账记录、视频记录等）。

② 发生Ⅳ级运营突发事件时，相关责任部门要立即成立调查小组，查明事件原因及责任者，

提出处理建议，制定防范措施，于3日内将事件分析报告上报安全技术部。

③ 发生Ⅲ、Ⅱ级运营突发事件后，公司立即组成以总经理或分管安全副总经理为组长，安全技术部成员、综合部及有关部门负责人为组员的调查处理小组迅速赶赴现场，组织开展调查取证工作。

④ 发生Ⅰ级运营突发事件，由上级机构参与调查和处理时，安全技术部负责配合，按照上级机构的调查程序进行，无上级机构参与调查和处理时，参照Ⅲ、Ⅱ级运营突发事件的程序进行。

2）恢复运营

① 各专业抢险队对故障区域的运营设施设备状态进行检查，确认具备运营条件后，各抢险队队长向抢险救援组组长报告；事故调查小组对事故现场勘验、提取证据完毕，向应急工作组组长报告。

② 抢险救援组组长、应急工作组组长接到各专业抢险队队长、事故调查小组组长的报告后，分别向应急救援指挥部指挥长报告。

③ 应急救援指挥部指挥长根据抢险救援组组长和应急工作组组长报告的情况，决定或请示上级领导后下达恢复运营的指令，由控制中心通知各相关车站恢复运营。

3）保险理赔

① 事件发生后，事发部门负责对现场情况进行拍照或录像等取证工作，留存相关证据，并向保险公司报案、向善后处理小组报告。

② 应急救援工作结束后，善后处理小组负责收集保险事件相关证据资料，协助保险公司进行现场查勘、定损，根据保险事件的损失及修复情况，向保险公司递交理赔申请及证据资料，并负责后续理赔相关工作。

4）总结评估

① 运营突发事件处置完毕后，各部门要对应急救援过程认真总结评估，查找应急救援处置过程中存在的问题和不足，提出整改措施。

② 安全技术部负责组织对应急救援工作进行整体评估总结，查找信息传递、协调指挥、保卫警戒、事故调查等方面存在的问题，制定整改措施，并对相关部门和人员提出考核意见，适时组织相关部门对公司应急预案进行修订，同时组织查找运营设施设备运行和抢修中存在的技术缺陷或问题，提出整改措施，并适时组织相关部门对相关技术规章和抢修作业流程进行优化和完善。

③ 物资部从应急物资保障，综合部、党群工作部、财务部从人员协调联络、善后处置、信息发布和保险理赔等方面查找存在的问题，制定整改措施，完善相关规章。

④ 各生产部门主要从专业设施设备抢修过程入手，查找抢修过程中存在的问题，制定整改措施，对相关规章和现场处置方案进行完善。

⑤ 各部门对问题的处理，规章和预案中非原则性的问题，先以临时通知规范，待后续修订时统一纳入；对执行中存在的问题要提出要求，加以整改。

任务实施

在发生行车事故时，该如何响应、处理？根据所学的相关知识，完成以下任务：

1．分组讨论，由组员介绍行车事故处理的原则。

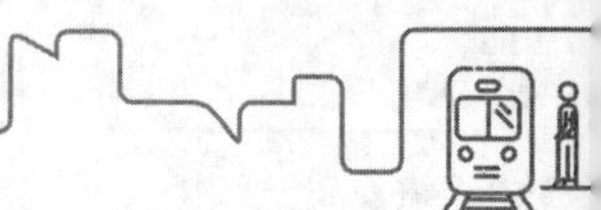

2. 模拟列车区间脱轨事故，进行角色演练（技术专家组、控制中心工作组、应急工作组、抢险救援组），按流程处理事故。

3. 各组成员对所学知识进行汇总整理，并撰写心得体会。

任务评价

序 号	评价内容	评价标准	分 数	评分记录		
				学生自评	组间互评	教师评分
1	小组计划	任务明确、分工合理	10			
2	行车事故处理	描述正确、注意事项明确	30			
3	应急演练	流程正确、协作良好、职责明确	30			
4	语言表达	逻辑清晰、表达清楚	10			
5	学习总结	资料全面、观点明确	20			
总 分			100			

任务三　行车事故应急预案及事故预防

任务目标

1. 掌握应急预案的等级及预案体系。
2. 了解行车事故预防。
3. 掌握火灾时的应急处理流程。

任务描述

1. 作为城市轨道交通行车组织相关作业人员，要明确当发生事故后，采取何种应急预案应对，分组讨论应急预案的等级、管理、日常演练等。

2. 分组讨论行车事故预防的途径、措施。

相关知识

一、应急预案

针对可能的重大事故（件）或灾害，为保证迅速、有序、有效地开展应急与救援行动、降低事故损失而预先制定的有关计划或方案，是在辨识和评价潜在的重大危险、事故类型、发生的可能性、发生过程、事故后果及影响严重程度的基础上，对应急机构与职责、人员、技术、装备、设施（备）、物资、救援行动及其指挥与协调等方面预先做出的具体安排。

1. 应急预案等级

一般说来，应急预案有两个等级。

① 一般较轻微的地铁事故，依靠事故涉及部门的内部力量或是整个地铁公司的力量能够解决的，由地铁自身制定专业的部门级或公司级的应急预案。

② 对于重大的地铁事故，单纯依靠地铁公司的力量无法处置。这就需要制定由地铁现场应急预案和现场外政府（主要是消防、公安、医疗等部门）应急预案组成的市政级的联合预案。

2. 应急预案体系

根据组织机构和管理特点，公司应急预案体系主要由综合应急预案、专项应急预案和现场处置方案构成。

1）综合应急预案

综合应急预案作为公司应急预案体系的总纲，从总体上阐述突发事件的应急工作职责，主要包括运营单位内部的应急组织机构及职责、应急预案体系、运营突发事件等级划分及风险描述、预警及信息报告、应急响应、信息发布、新闻报道、事后处理与奖惩、保障措施、应急培训和演练等内容。综合应急预案由安全技术部牵头编制及管理。

2）专项应急预案

专项应急预案是综合应急预案的细化，主要针对某一类型或某几种类型运营突发事件，或者针对重要风险而制定的应急方案。专项应急预案由安全技术部负责管理，各相关部门按照分工牵头编制，涉及部门做好配合。

3）现场处置方案

现场处置方案是运营单位根据运营突发事件类型，针对可能发生运营突发事件的具体位置、场所和岗位所制定的应急处置措施。现场处置方案应由相关部门牵头编制，涉及专业做好配合。

3. 应急预案管理

1）预案培训

① 公司、各部门、车间、班组分级制订应急预案培训计划，定期组织相关人员开展应急预案和应急知识培训。

② 公司每年对应急骨干人员开展一次综合应急预案及应急知识的培训；各生产部门每季度对应急骨干人员开展一次应急知识的培训或训练；各班组（车站）将应急预案培训纳入月度安全培训。

③ 各级应急队伍的日常训练应做好记录，包括文字记录和影像记录，并归档保存，保存时间不少于 3 年。

2）预案演练

① 公司、各部门、车间、班组要按照公司相关规定，制订各层级年度应急演练计划，定期组织开展应急演练，以达到检验预案、锻炼队伍、磨合机制、宣传教育和完善准备的目的。

② 公司级应急预案演练每半年至少组织一次，主要针对公司综合应急预案和专项应急预案；部门级应急预案演练每季度至少组织一次，主要针对专项应急预案和现场处置方案；车间级应急预案演练每月至少组织 1 次，主要针对专项应急预案和现场处置方案；班组级应急预案演练原则上每月不少于 2 次，要覆盖班组全体员工，其中实战演练不少于一次，主要针对现场处置方案；现场处置方案演练应纳入日常工作常态化开展，每个班组应将有关的现场处置方案每年至少全部演练一次。

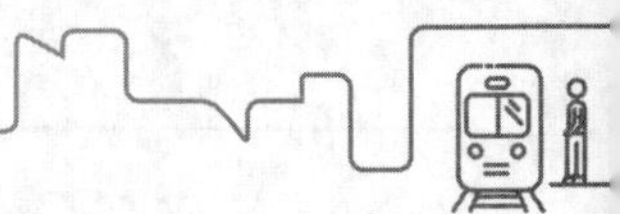

③ 各级应急演练应遵循“符合规定、结合实际、注重提高、安全有序”的原则，按照计划准备、组织实施、评估总结三个阶段进行。

3）预案修订

① 安全技术部根据公司年度开展各项应急演练的评估报告、突发事件应急处置报告，每年组织召开一次专题会议，对公司综合预案和专项应急预案的适应性和可操作性进行评估，提出修订的意见或建议。

② 本预案原则上每3年至少进行一次全面评估。预案修订情况应有记录并归档，并按照报备程序重新备案。

③ 有下列情形之一的，应当及时修订应急预案：

A．依据的法律、法规、规章、标准及上位预案中的有关规定发生重大变化的；

B．应急指挥机构及其职责发生调整的；

C．安全生产面临的风险发生重大变化的；

D．重要应急资源发生重大变化的；

E．在应急演练和事故应急救援中发现需要修订预案的重大问题的；

F．编制单位认为应当修订的其他情况。

4）预案备案

综合应急预案和专项应急预案应在生效20个工作日内由安全技术部上报政府主管部门备案，现场处置方案应在生效5个工作日内由编制部门向安全技术部备案。

二、行车事故预防

① 建立完善安全规章，安全生产有章可循。

完善安全规章制度是抓好运营安全工作的保障。规章制度是管理工作的基础，建立科学的、完善的、全面的安全生产管理制度，使安全生产有章可循，是非常重要的。在地铁开通运营前狠抓安全规章制度的建设，用规章制度约束员工的工作行为，为员工提供安全生产指引。在严格执行国家、省、市各项安全法律法规的同时，建立健全《安全生产管理办法》《安全奖惩办法》《行车组织规章》等制度和各类操作规程，涵盖公司的各个专业、运营生产环节，使各专业的安全生产管理都有章可循，促进公司的安全生产工作向规范化、制度化迈进。

目前，国内许多地铁都开展了ISO 9001质量体系和OHSMS 18000职业健康安全管理体系认证工作，国家也出台了《地铁运营安全评价标准》，它们都为规范运营安全生产工作提供了依据和标准，应不遗余力地宣传贯彻。

② 建立三级安全网络，落实安全生产责任制。

坚持“安全第一，预防为主”的工作方针，全面贯彻《安全生产法》，强化制度化、规范化、科学化的安全管理。坚持管生产必须管安全、安全生产各级主要负责人亲自抓的原则，有效发挥“纵管到底、横管到边、专管成线、群管成网”的安全管理网络作用，形成安全工作一级抓一级、一级保一级、一级监督一级的网络化安全监督管理体系；狠抓安全生产责任制的落实，上自总经理，下至基层员工，逐级签订安全生产目标责任状和社会综合治理目标责任状，将安全生产目标纳入考核内容，明确各层级的安全职责和安全生产目标，有效落实安全生产责任，形成安全生产、人人有责的良好氛围。

③ 建立安全检查制度，预防运营事故发生。

加强监督检查机制是抓好运营安全工作的关键。安全检查是对安全工作实施有效管理的一项重要内容。学习运用“破窗理论”抓隐患，抓漏洞，漏洞不补必酿大祸。建立班组每周一查、中心每旬一查、专业管理系统每月一查、公司每季一查的制度，采取定期检查与不定期抽查相结合、综合检查与专项抽查相结合的形式，坚持安全检查以自查自纠为重点，自下而上，查找不足。严抓隐患整改，按照“五个落实”，即任务落实、人员落实、经费落实、质量落实、时间落实，按期整改完成；在做好安全检查工作的同时，逐步建立安全隐患管理机制，将安全检查和隐患管理统一起来，并落实到工作制度中，形成健全的检查网络，实施有效监控。

④ 建立安全培训制度，营造安全文化氛围。

提高员工安全意识和技能是抓好运营安全工作的基础。认真开展安全生产知识培训教育工作，组织各单位负责人和安全生产管理人员参加《安全生产法》培训，取得安全生产资格证；对新进员工实行三级（公司级、中心级、岗位级）安全教育；除国家规定的特殊工种外，规定内部特种作业项目，如LOW操作、列车司机证等；制定特种作业人员安全管理办法和特种作业人员培训持证上岗制度；利用安全宣传月、“11·9”消防日等活动，在车站、列车等宣传阵地，向市民派发安全实用手册，不断提高员工和市民的安全意识。通过广泛开展各类安全生产培训教育活动，有效地提高干部职工的安全文化素质。

⑤ 建立应急救援体系，增强应急处置能力。

根据国内外地铁运营救援抢险的经验和突发事件的特点，建立健全应急预案体系，针对轨道交通运营线路发生火灾、列车脱轨、列车冲突、大面积停电、爆炸、自然灾害以及设备故障、客流冲击、恐怖袭击等其他异常原因造成影响运营的非常情况制定相应的应急预案，在国家和地方发生紧急事件、疫病传播情况时，制定相应的应急预案。另外，还要针对部分预案经政府组织相关部门、专家进行评审，报市政府。

组织员工对各种预案进行学习，按计划进行演练。演练的方式包括培训式、桌面式、突发式。在演练的过程中，每个安全点都安排评估人员把关，使演练活动有序、安全地进行。定期的实战演练可以及时暴露预案的缺陷，发现救援设备是否足够，发现运营设备是否完好，发现员工是否熟悉掌握各种规章，改善各部门间的协调作战的能力，增强员工的熟练程度和信心，提高员工的安全意识；通过演练检验规章、设备和预案，提高员工的业务技能，增强员工对事故事件的应急处理能力。

⑥ 建立事故处理机制，落实责任追究制度。

建立健全事故处理机制，按照“四不放过”原则和“安全奖惩办法”，定因、定性、定责，严格惩处，通过教育和处罚使员工吸取教训，提高认识，增强岗位意识、责任意识和纪律意识；将“降低故障率事件率”作为一项长效工作机制专题研究，开展地铁事故案例研究，学习先进一流的运营安全管理，博采众长，取长补短，让每个员工认识到任何时候都不要把安全生产形势估计得过好，要始终保持一种危机感和忧患感；同时，转变观念，对发生的事故由此及彼，由表及里，透过现象看本质，从领导层、管理层上剖析深层次原因，从加强管理上，研究制定有针对性的措施，解决安全工作中的问题，变被动管理为主动管理，变事后惩处为事前预防，不断提高事故分析处理能力。

⑦ 建立警地联动机制，共保地铁一方平安。

目前，国内地铁都建立了相应的公安部门，地铁运营单位要加强与地铁公安的合作，充分依靠公安力量，保障地铁的平安秩序，建立《警地联动工作实施办法》，明确联动例会制度，工作联系机制及联动应急机制。通过双方精诚合作，共保地铁平安。

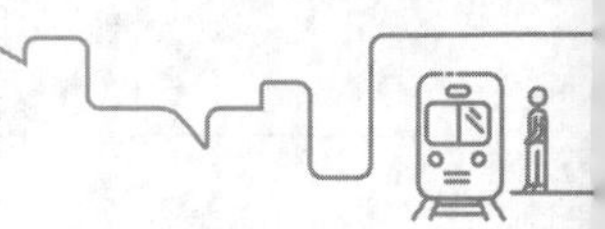

任务拓展

地铁火灾应急预案

为了保证安全，城市轨道交通运营企业会针对运营线路发生的火灾、列车脱轨、列车冲突、大面积停电、爆炸、自然灾害以及设备故障、客流冲击、恐怖袭击、国家和地方发生的紧急事件、疫病传播等情况，制定相应的应急预案。

相比列车脱轨、冲突及停电等事故，火灾及由爆炸引起的火灾在疏散过程中将更为困难。因为地铁发生火灾会产生大量浓烟和有毒气体，烟雾不宜扩散，出入口又较少，如果组织不利，将导致大量人员窒息身亡，事故等级上升，如 2003 年韩国蓄意纵火案。

知识链接

2003 年韩国蓄意纵火案具体情况如下:

1. 事故概况

2003 年 2 月 18 日 9 时 53 分，韩国大邱市 1079 号地铁列车到达中央路车站，在 3 号车厢内，有精神病史的 56 岁的金某某用打火机点燃装有汽油的塑料桶，扔进车厢，发生了韩国历史上最大的地铁蓄意纵火案。由于车厢内座椅上包着一层易燃的薄绒布，车厢间也没有隔断，3 号车厢的火势迅速蔓延，整个列车浓烟滚滚。因为 1079 号列车已经到站，车门打开，部分乘客得以逃生。

3 分钟之后，39 岁的列车司机崔某某驾驶另一列对开的 1080 号列车到达中央路站，他打开车门，浓烟立刻灌进来，又马上关上车门。列车司机向综合控制室请示怎么办，同时通知乘客等候，于是乘客坐着没动，失去了逃生时机。浓烟和大火自动切断车站的电源，站内一片漆黑。1080 号列车因为停电无法继续运行，6 节车厢迅速燃起大火。列车司机在逃生的同时拔出了主控钥匙，使得紧急电源切断，车厢陷入黑暗，同时车门无法打开。全列 24 个车门中，仅有 4 个车门被乘客中的地铁职工手动打开，许多普通乘客不知道如何手动开门，地铁列车车窗玻璃又很坚固无法打破，使得这一列车的遇难人数占了多数。

1300 多名消防队员经 3 个多小时才扑灭这场地铁大火，但是车站内温度仍然很高，直到降温后才进入车站救援。这次大邱市地铁火灾事故一共造成 296 人死亡，146 人受伤，269 人失踪。韩国大邱市中央路车站火灾后的场景如图 10.8 所示。

图 10.8　列车火灾后的场景

2. 事故原因

1）地铁车站缺乏安全检查措施

韩国地铁车站的运作方式是无人化状态，一般只有一位工作人员接待乘客。没人检查乘客及其随身携带物品，乘客可以携带任何物品乘坐地铁列车，以致纵火犯轻易地携带汽油这类危险品上车，制造了这起地铁惨案。

2）车站内和列车上灭火、通风设备能力不足

韩国的地铁车站内装有火灾自动报警和自动淋水灭火装置，但是在对付严重火灾时明显不足，尤其是自动淋水灭火装置，在此次事故中没有起到应有的作用；由于列车上空的接触网是高压电，为了防止触电，列车内不能安装自动淋水灭火装置，但是车厢内也没有配备灭火器，使得在火灾初期，乘客无法灭火自救，造成重大伤亡；车站设有通风设备，满足日常空气流通，但是在对付重大火灾时明显容量不足，大量浓烟无法排放，造成许多乘客窒息而死，并且救援人员到达后也无法进入现场救援。

3）车站供电系统缺乏备用电源

火灾自动切断电源，地铁车站的供电系统立即瘫痪，这种完全停电的状态带来两种不良后果。一是使两列地铁列车无法行驶，任由大火烧毁，扩大了灾难。二是地铁站内缺乏可以紧急启动的备用电源，无法点亮紧急照明灯、发光指示标志等，虽然站内到出口只有步行两分钟的路程，但是断电后车站立刻陷入黑暗，乘客在慌乱中根本找不到出口，扩大了伤亡。

4）列车设备存在火灾隐患

被烧毁的地铁列车地板、顶篷和座椅等，虽然由耐燃材料制成，不容易起火，可是一旦经高温燃烧后，就会释放出大量有毒气体。大量乘客正是吸入这些毒烟迅速死亡的。有毒气体还阻止救援人员及时进入现场抢救。该地铁列车的车厢内座椅较多，而座椅上都包着一层易燃的丝绒，一经着火迅速蔓延。

5）各方面缺乏防灾意识

在韩国现行的《消防法》中，针对飞机、船舶、火车等移动的交通工具，消防安全规定相对缺乏。大邱市地铁是依据20世纪70年代防灾标准建造的，防灾能力不能够适应较大灾害。

民众安全意识薄弱，逃生本领差。许多人不太清楚消防器材的位置和使用方法，遇紧急情况不知道使用灭火器材灭火自救；地铁部门防灾意识不强，对乘客从地铁中逃生的方法宣传教育不足。这次地铁火灾中，如果乘客能及时手动打开车门，就能减少大量伤亡。

6）地铁工作人员采取措施不当

调度人员在得知1079号列车发生火灾的情况下，仍将1080号列车放行进入中央路车站，并且在处理事故时犹豫不决，导致1080号列车也着火燃烧。1080号列车驾驶员逃离时拔出列车主控钥匙，致使列车车门无法打开，乘客难以逃生，大量遇难。

为了避免此类事件发生，下面以某地铁公司为例，介绍地铁火灾应急预案。

1. 火灾的应急处理原则

① 贯彻“救人第一，救人与灭火同步进行”原则，积极施救。

② 火灾发生的5分钟内是关键时期，灭火要把握好这个关键时期，做好两项工作：一是使用灭火器材灭火和疏散人员，二是同时报火警。

③ 做好个人防护，及时穿戴防烟面具、荧光服等防护用品。

④ 火灾发生后，车站值班员或列车司机应立即报告行车调度员、公安，车站视情况报119、110、120，报告时语言应简明、扼要。

2. 车站火灾应急处理

乘客在地铁车站遇到火灾发生，目的就一个：尽快离开车站，到地面上去。但是撤离时要沉着冷静，不要喊叫，避免引起大家的恐慌情绪。听从车站工作人员的指挥，有序撤离，争先恐后并不能加快速度，反而会因为拥挤使撤离变慢，极易造成踩踏事故。不要盲目奔跑，要按

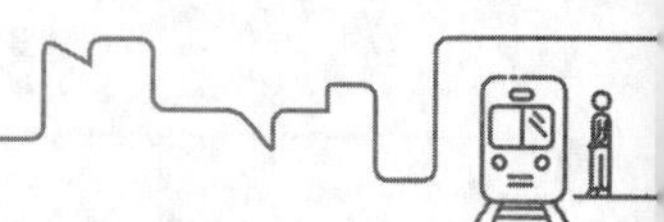

照车站疏散标志的方向撤到地面。即使火灾引起停电，地铁车站也有应急电源供电的指示标志。逃生时应背离火源方向，逆风而行。为了防止烟雾吸入，应弯腰低头，尽量贴近地面跑出。并用口罩、衣袖、毛巾、手帕等捂住口鼻，如果能弄湿这些织物，防烟雾效果更佳。

车站火灾应急处理流程如图 10.9 所示。

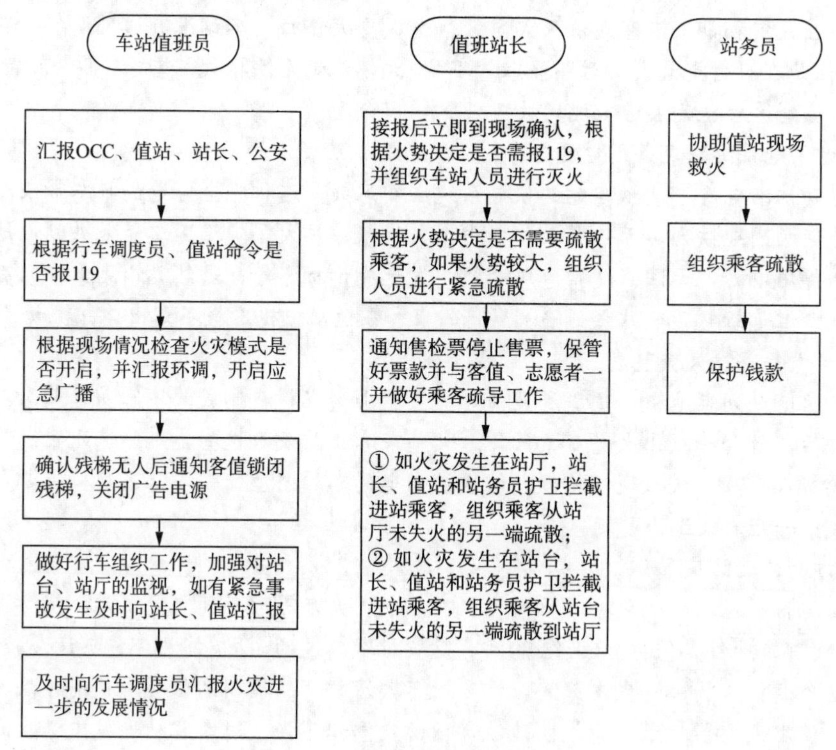

图 10.9　车站火灾应急处理流程

3. 列车火灾应急处理

列车上发生火灾时，在失火之初，乘客应迅速按下紧急对讲装置按钮向列车司机报警。并抓紧起火之初的有利时机，使用地铁列车车厢内配备的灭火器，进行灭火自救。初期灭火失败，不能控制火势时，应立即下车，争取逃生。如果列车停在隧道内无法运行时，要听从列车广播指引，有序地通过疏散门下车进入隧道，跟随工作人员向附近车站撤离（如图 10.10 所示）。下车及疏散时不要争先恐后的拥挤，避免造成不该有的伤亡。沿途不要踩踏轨道，以免轨道带电时造成触电。

图 10.10　列车疏散门疏散

列车火灾分为车站火灾和区间火灾，如图 10.11 所示。

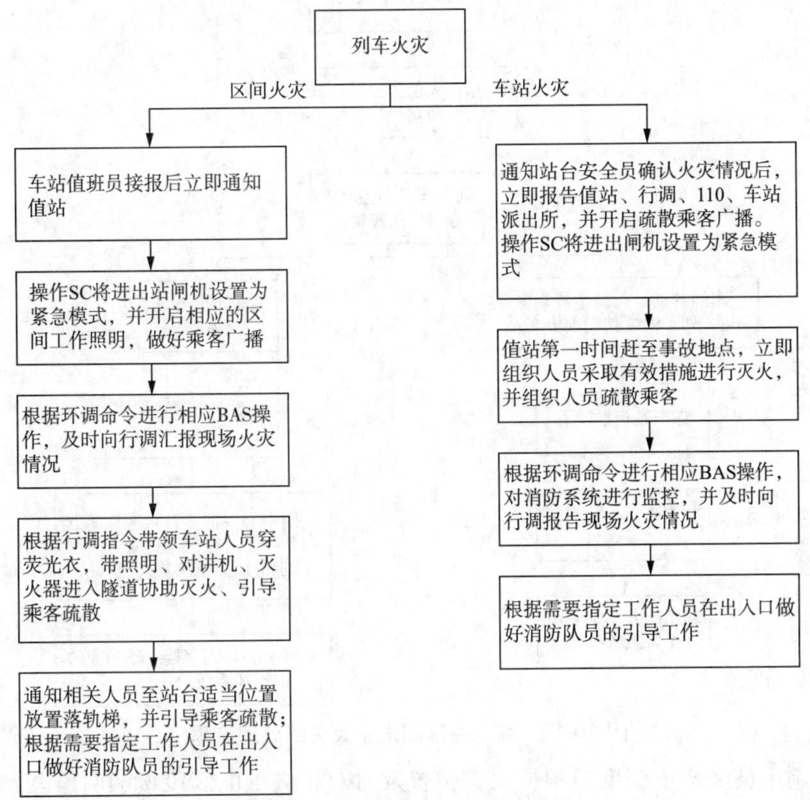

图 10.11 列车火灾应急处理卡片

1）列车在车站发生火灾

列车在车站发生火灾时，列车司机应迅速打开站台侧所有车门，使用车内灭火器进行扑救，对乘客进行广播疏散，配合车站工作人员的引导将乘客疏散到安全区域。

2）列车在区间发生火灾

列车在区间发生火灾时，地下线路运行的列车应尽一切可能运行到前方车站，及时向行车调度员报告，请求前方车站协助。

若无法运行到前方车站，列车司机应立即向行车调度员报告并进行初期灭火扑救，同时将起火车厢的乘客疏散到其他车厢，确认灭火器不能抑制火灾时，请求行车调度员接触轨停电，就地疏散乘客。

列车区间火灾处理流程如图 10.12 所示。

（1）OCC 控制中心

① 行车调度员接报火情后，命令事发列车司机尽量维持进站，并通知列车两端车站及控制中心各调度。若列车迫停区间，立即扣停进入该区间的列车，通知列车司机降弓，命令列车司机打开疏散平台侧车门立即疏散乘客。

② 电力调度员及环境调度员确认火灾的具体位置，若列车头部 / 尾部着火且迫停区间不能动车时，电力调度员及环境调度员执行相应的列车头部 / 尾部火灾模式。若列车中部火灾需两端疏散时，先不予送风，等待一端人员疏散完毕后，再行开启风机，确保另一侧乘客迎风疏散。

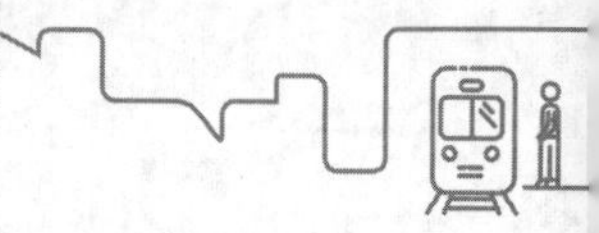

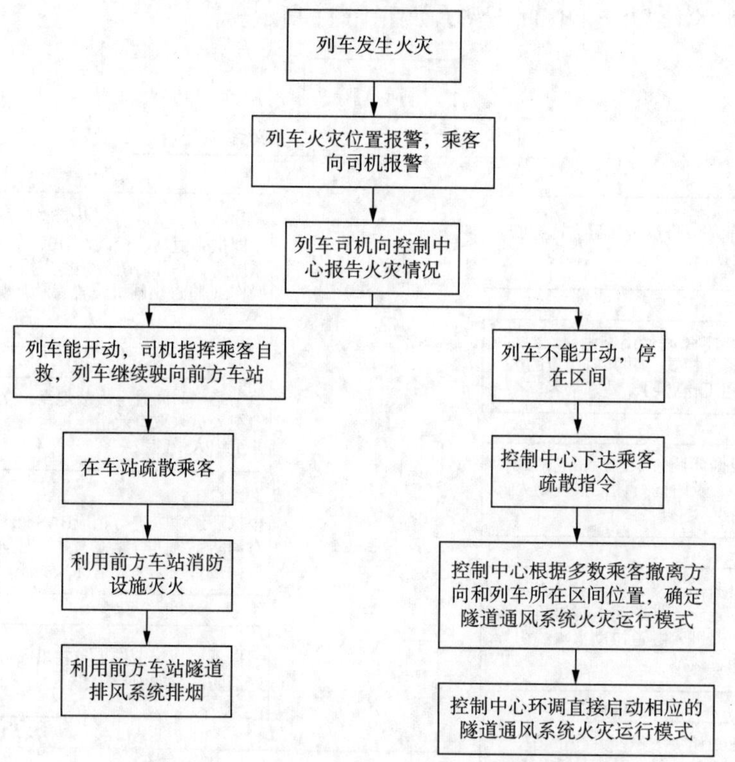

图 10.12　列车在区间发生火灾的处理流程

③ 电力调度员及环境调度员根据火灾位置及时对相应供电区段接触网停电，做好电力设备监控。

④ 信息调度将故障情况通报各相关部门，做好 PIS 信息发布及各类信息传递。

⑤ 值班主任组织控制中心各调度做好应急处置工作，视情况启动关站、公交接驳等处置程序。

（2）列车司机

① 列车司机接报或发现列车火情后，通过 CCTV 观察起火位置及灾害情况。立即报告行车调度员，及时使用广播安抚乘客，引导乘客远离起火位置，通知随车保安协助现场处置。

② 按照行车调度员命令，尽量维持列车进站，进站后按“列车车站火灾”进行处置。

③ 若列车迫停区间，按照行车调度员命令，降下受电弓，施加停放制动，同时按照行车调度员命令开启疏散平台侧车门，广播引导乘客进行疏散。做好个人防护，使用灭火器扑救初期火灾。

（3）车站

① 车站值班员接报火警信息立即通知行车调度员、值班站长（中心站长、副站长），将现场处置情况及配合需求报 119、地铁公安、120，做好通信联络工作。

② 若列车维持进站，进站后按“列车车站火灾”进行处置；若列车迫停区间，按照行车调度员命令，派人进入区间引导列车上的乘客进行疏散、救助受伤人员，同时协助列车司机进行列车现场初期火灾处置、做好外部救援力量接应，视情况向控制中心申请关站。

（4）其他部门

① 接报突发事件信息后，做好增援准备，接报控制中心支援命令时，立即组织人员、应急物资赶赴现场参与抢险救援工作。

② 做好舆情监控、舆论回复、媒体应对、危机公关等工作。

③ 做好处置过程中安全监控及防护，以及后勤保障、善后处置等工作。

任务实施

当发生行车事故时，应采用什么应急预案应对？根据所学的相关知识，完成以下任务：

1．分组讨论，由组员介绍应急预案的等级、管理。

2．模拟列车区间冲突，以小组为单位查阅相关资料，制定一份针对该类事件的应急预案，并说明该预案的可行性和合理性。

3．各组成员对所学知识进行汇总整理，并撰写心得体会。

任务评价

序　　号	评 价 内 容	评 价 标 准	分　　数	评 分 记 录		
				学生自评	组间互评	教师评分
1	小组计划	任务明确、分工合理	10			
2	应急预案介绍	描述正确、注意事项明确	20			
3	应急预案制定	流程正确、合理可行	40			
4	语言表达	逻辑清晰、表达清楚	10			
5	学习总结	资料全面、观点明确	20			
总　　分			100			

项目小结

城市轨道交通具备运量大、时速高、快捷等多种优势，系统运行要集成多种自动设备，并由多个部分和多个工种共同运转。有任何一个人员疏忽或设备故障都可能导致行车事故，所以始终要贯穿“安全第一，预防为主”的思想。

本项目重点介绍了行车事故的分类、构成条件及风险识别；行车事故的处理原则、应急机构的构成及职责，行车事故的处理流程；应急预案的等级、预案体系及预案管理以及火灾时的应急处理流程等。通过本项目的学习，学生对行车事故及事故预防有了更深入的认识和理解。

巩固与练习

一、单选题

1. 正线发生列车冲突事故导致 6 人死亡，该事故属于（　　）事故。

　A. 特别重大　　B. 重大　　C. 较大　　D. 一般

2. 在地铁运营工作中，造成人员伤亡、设备损坏、中断行车、危及运营安全及经济损失

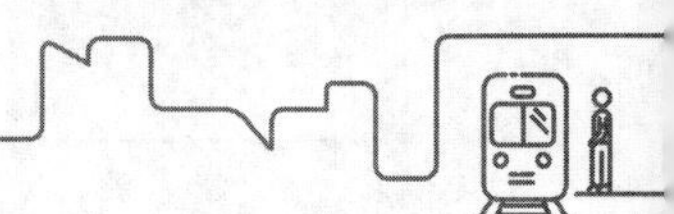

等情况属于（　　）事故。

A. 行车事故　　B. 客运事故　　C. 自然灾害引起的事故　　D. 责任事故

3. 为了保证运营突发事件公司成立应急救援指挥部，其中指挥长是（　　）。

A. 总经理助理　　B. 公司党委书记、总经理

C. 公司其他领导班子　　D. 副总工程师

4. 发生运营突发事件后，事发部门（　　）min 内须向控制中心进行电话初报，30 min 内向控制中心报送文字信息。

A. 10　　B. 15　　C. 18　　D. 20

5. 公司应急预案体系的总纲是（　　）。

A. 现场处置方案　　B. 专项应急预案

C. 综合应急预案　　D. 演练预案

6. 列车在（　　）发生火灾时，列车司机应迅速打开站台侧所有车门，使用车内灭火器进行扑救，对乘客进行广播疏散，配合车站工作人员的引导将乘客疏散到安全区域。

A. 区间　　B. 站台　　C. 车站　　D. 站段

二、判断题

1. 车辆系统的风险主要有机械部位故障、电气系统故障、制动系统故障、车门系统故障等，可能造成列车火灾、列车脱轨、列车相撞等事故，引发乘客拥挤踩踏等次生事故。（　　）

A. 正确　　B. 错误

2. 自动售检票系统的风险主要有自动售检票中央计算机系统故障、车站计算机系统故障、站级设备故障等，可能造成线路或车站大量自动售检票设备停用、乘客拥堵、收益损失。（　　）

A. 正确　　B. 错误

3. 各部门发现运营突发情况或接到外部突发事件信息时，可以不用向控制中心提出应急处置建议。（　　）

A. 正确　　B. 错误

4. 当运营突发事件处置完毕后，各部门要对应急救援过程认真进行总结评估，查找应急救援处置过程中存在的问题和不足，提出整改措施。（　　）

A. 正确　　B. 错误

5. 火灾发生的 5 min 内是关键时期，灭火要把握好这个关键时期，做好两项工作：一是使用灭火器材灭火和疏散人员，二是同时报火警。（　　）

A. 正确　　B. 错误

三、简答题

1. 简述突发事件的分类及构成条件

2. 简述城市轨道交通突发事件的特性。

3. 简述城市轨道交通突发事件处理工作原则。

4. 简述城市轨道交通运营突发事件应急组织、处理流程。

5. 简述火灾救援处理流程及各岗位处理要求。

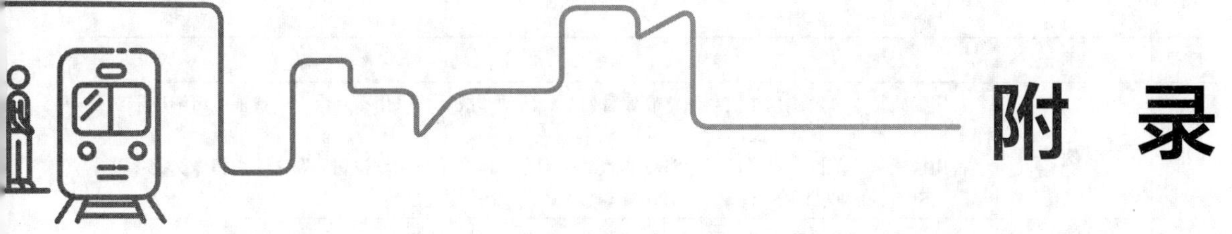

附　录

附录 A　专业词汇表

序号	专业词汇	定　义
1	限界	是指限定车辆运行及轨道周围构筑物超越的轮廓线。限界分车辆限界、设备限界和建筑限界三种，是工程建设、管线和设备安装等必须遵守的依据
2	车厂	车辆段或停车场的通称
3	CBTC	Communication Based Train Control System 的缩写，基于通信的列车控制系统。通常都是基于无线通信的列车控制系统
4	ITC	属 CBTC 模式的一种降级闭塞模式，即点式 ATP 模式，也称点式 ATP
5	闭塞	为保证列车运行安全，须保证列车间以一定的安全防护空间运行，这种安全防护空间称为闭塞。列车进入闭塞区间（区段）后，闭塞区间（区段）两端都不再向这一区间（区段）发车，以防止列车相撞和追尾。闭塞可分移动闭塞与固定闭塞两大类，固定闭塞又可根据安全防护区域划分的不同分为多种闭塞方式
6	移动闭塞法	信号系统通过轨旁与列车连续的无线通信来检测前后列车的位置，并计算相应的闭塞防护逻辑，实现对前后列车运行的安全防护和自动控制，这种闭塞方式称为移动闭塞法。移动闭塞时线路没有固定划分的闭塞空间，列车间隔是动态的，并随前一列车的移动而移动，列车防护区域由列车长度及其前后防护距离组成
7	进路闭塞法	一条进路内两个同方向相邻信号机间只允许一列车占用（列车救援时除外），列车凭地面信号运行的行车闭塞方法
8	电话闭塞法	车厂与车站间或相邻车站间通过电话联系，确认区段（一个区间及接车站线）空闲、道岔位置正确且锁闭，列车司机凭路票行车，一个区段只允许一列车占用的行车闭塞方法
9	道岔的定位、反位	对道岔位置的描述，指道岔除使用、清扫、检查、修理外，应规定经常保持向某一线路开通的位置，这个位置称为定位，反之则称为反位。正常情况下，道岔开通直股时为“定位”，开通侧股时为“反位”
10	故障导向安全	是指当设备发生故障时，能自动导向安全一方的技术
11	头端墙、尾端墙	按定义的列车正常运行方向，列车停在车站时头部对应的站台端墙为头端墙，尾部对应的站台端墙为尾端墙
12	站台紧急停车按钮（ESB）	设于站台柱墙上，当出现危及行车安全情况时，按压后，CBTC 模式下可使站台客车紧急停车，非 CBTC 模式下可使出站信号或有关进入该站台的信号机关闭的按钮，每站台设有 2 个
13	PSD	Platform Screen Doors 的缩写，站台门
14	ATS	列车自动监控系统
15	RM	ATP 监督下的限制人工驾驶模式（限速为 25 km/h）。RM 驾驶模式下，通过改变列车的方向手柄位置实现 RMF 与 RMR 模式。RMF 与 RMR 模式均属于 RM 驾驶模式，其中 RMF 模式为驾驶列车向前运行的 RM 模式，RMR 模式为驾驶列车向后退行的 RM 模式
16	NRM	（车辆本身提供的）非 ATP 限制人工驾驶模式

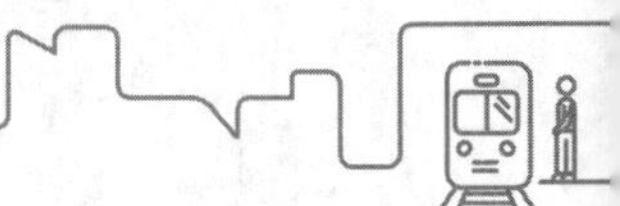

续表

序号	专业词汇	定　义
17	备用模式	备用模式是为了解决列车控制回路故障后列车无法动车故障，采用冷冗余方式增加一组继电器对列车关键继电器进行有效旁路的列车运行模式。 备用模式旁路范围：警惕按钮旁路；非激活端列车司机台紧急制动按钮旁路；牵引指令旁路；受电弓及 HSCB 控制回路旁路；紧急牵引旁路；列车运行方向旁路
18	LCW	车站人机接口，为车站级“联锁”与“ATS”合二为一的人机接口
19	HMI	中心人机接口，为中央级 ATS 的人机接口
20	DMI	Driver Machine Interface 的缩写，列车司机显示单元。有时称为 MMI 或 ATC-MMI
21	VOBC	Vehicle On-Board Controller 的缩写，车载控制器
22	ZC	Zone Controller 的缩写，区域控制器
23	DSU	Data Storage Unit 的缩写，数据库存储单元
24	DCS	Data Communication System 的缩写，数据传输系统
25	MSS	Maintenance Support System 的缩写，维护支持系统
26	CI	Computer Based Interlocking 的缩写，计算机联锁子系统
27	IBP	综合后备盘
28	TSR	Temporary Speed Restriction 的缩写，临时限速
29	TRB 模式	TRB 模式即紧急牵引模式，是车辆控制系统中的一种特殊的牵引控制模式，当列车发生车辆控制和通信系统局部故障时采用的一种降级牵引模式
30	计轴	计轴是一种列车检测设备，通过安装在轨道上的计轴点检测列车进入和离开某一轨道区域的情况，判断该轨道区域是否被列车占用。在 CBTC 模式下，计轴设备与 ATP 设备能各自独立检测列车位置，单纯计轴设备故障不影响列车运行；在非 CBTC 模式下，联锁系统只能利用计轴设备检测列车位置信息，执行列车闭塞防护功能，实现后备降级模式运行
31	计轴点	在轨道上用于探测车轮轴数及运行方向的车轮传感器的安装点称为计轴点
32	计轴区段	相邻计轴点之间（岔区为相邻几个计轴点之间）或计轴点与轨道末端之间的轨道区域称为一个计轴区段
33	计轴电路	一个计轴区段所有电子单元的集合称为计轴电路。一个计轴电路只用于一个计轴区段的轨道占用与空闲状态检测
34	计轴系统	所有计轴点、计轴电路及其他计轴设备的通称
35	天线	为实现 CBTC“车 – 地”通信而在正线沿线轨道旁隧道壁侧上方设置的轨旁 DCS 设备
36	跳停	指列车在车站不停车通过。可指一列客车在一个站或沿途所有站不停车；也可指某一站台的一列或所有客车不停车
37	跳停列车	指沿途不停站的运营客车
38	信号机内方、外方、前方、后方	信号机防护的一方为信号机内方，反之为外方；信号机显示的一方为信号机前方，反之为后方。两者对应关系是信号机内方即信号机后方，信号机外方即信号机前方
39	运营期间	对线网（或线路）而言：依据当日线网（或线路）运营时刻表，从线网（或线路）车厂第一客车进入正线时始，至线网（或线路）最后一列末班车进入车厂时止；其他时间为非运营期间。 对换乘站（或非换乘站）而言：依据当日线网（或线路）运营时刻表，从线网（或线路）车厂第一客车进入正线时始，至线网（或线路）最后一列末班车出清车站站线时止；其他时间为非运营期间
40	端墙	站台门端门对应处即为端墙
41	首班车	依据当日的运营时刻表，在站投入载客服务的第一列列车。一般情况下为多列
42	末班车	依据当日的运营时刻表，在站投入载客服务的最后一列列车。一般情况下只有两列
43	应答器	应答器是安装在道床上线路中间的器件，它可以接收来自车载应答器天线的射频信号，该信号为信标工作提供所需的能量。应答器可为列车提供定位、精确停车、提供地面信号机状态等功能。应答器根据有无线缆连接与信号源可分为有源应答器与无源应答器

附录B　月/周施工计划申报表

作业日期	作业部门	作业时间	作业内容	作业区域	接触网供电安排	配合部门	施工负责人及联系电话	防护措施	备注

制表人：＿＿＿＿＿＿　审核人：＿＿＿＿＿＿　批准人：＿＿＿＿＿＿　申报时间：＿＿＿＿＿＿

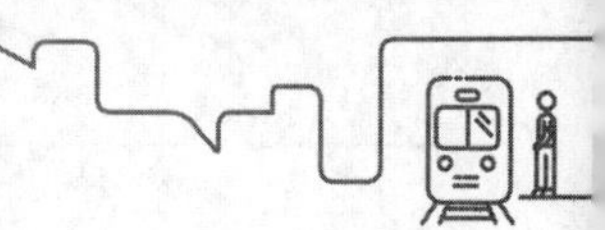

附录C 外单位施工作业许可单

外单位名称：______________________　　　　　　　　项目管理号：

工程负责人：______________________

工程名称		作业内容	
作业期限		作业地点	
施工类别		签订安全 协议日期	
主配合部门		配合要求	
其他配合部门			

签发人：　　　　　　　　　　　　　　　　　　签发日期：　　年　　月　　日

填单说明：1．此单交外单位留存作为申报计划及提供配合的依据；各配合部门应从系统上核对内容。

2．签发部门须在签发日期处盖部门章。

附录 D　施工进场作业令

作业代码		作业令号	[　]字(　)-　号
作业部门（单位）		作业人数	
施工负责人		联系电话	
作业日期		作业时间	
作业地点			
作业内容			
防护措施			
接触网供电安排			
备注			
计划类型			
发令人		发令日期	
主站		负责人	
辅站及负责人			

请点	时间		销点	时间		销令	时间	
	批准人			批准人			批准人	

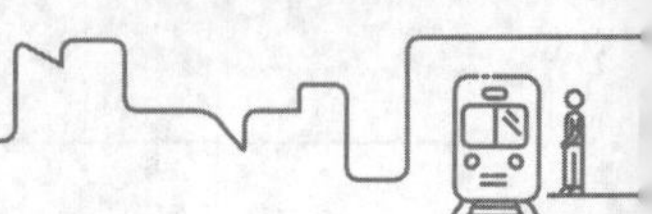

附录 E　日补充 / 临时补修计划申请表

提报单位：________________

提报人：________________　　　　　　　　　　　　　________年________月________日

作业类别	作业部门	作业时间	作业内容	作业区域	接触网供电安排	防护措施	配合部门	施工负责人	备注	审批意见

审批人：________________

附录F 特殊施工审批表

作业部门		作业类型	
作业日期	年 月 日	作业时间	至
作业内容			
作业区域			
申报原因			
对其他施工造成的影响			
部门领导	年 月 日		
分管领导	年 月 日		

注：本表适用于临时增加的对其他已安排的施工造成较大影响的施工计划申报。

参考文献

[1] 牛凯兰，牛红霞. 城市轨道交通行车组织 [M]. 北京：机械工业出版社，2009.
[2] 耿幸福，徐新玉. 城市轨道交通行车组织 [M]. 北京：人民交通出版社，2010.
[3] 史小微，刘炜. 城市轨道交通行车组织 [M]. 重庆：重庆大学出版社，2013.
[4] 颜月霞. 城市轨道交通行车组织基础 [M]. 北京：人民交通出版社，2014.
[5] 李俊辉，郭英明. 城市轨道交通行车组织 [M]. 成都：西南交通大学出版社，2015.
[6] 王希五. 城市轨道交通行车组织 [M]. 西安：西安交通大学出版社，2016.
[7] 罗钦. 城市轨道交通运营组织与管理 [M]. 成都：西南交通大学出版社，2017.
[8] 邓捷，罗江莲. 城市轨道交通行车组织 [M]. 武汉：武汉大学出版社，2019.
[9] 王博，申碧涛. 城市轨道交通应急处理实务 [M]. 北京：人民交通出版社股份有限公司，2017.